MONIKA KRENGEL

SOZIALSTRUKTUREN IM KUMAON

BEITRÄGE ZUR SÜDASIENFORSCHUNG
SÜDASIEN-INSTITUT
UNIVERSITÄT HEIDELBERG

BAND 124

STEINER VERLAG WIESBADEN GMBH
STUTTGART
1989

SOZIALSTRUKTUREN IM KUMAON

BERGBAUERN IM HIMALAYA

von

MONIKA KRENGEL

STEINER VERLAG WIESBADEN GMBH
STUTTGART
1989

CIP-Titelaufnahme der Deutschen Bibliothek

KRENGEL, MONIKA:
Sozialstrukturen im Kumaon: Bergbauern im Himalaya / von Monika Krengel. - Stuttgart : Steiner-Verl. Wiesbaden, 1989
(Beiträge zur Südasienforschung; Bd. 124)
Zugl.: Heidelberg, Univ., Diss., 1988
ISBN 3-515-05358-1

NE: GT

D 16

INHALT

Verzeichnis der Tabellen und Abbildungen		VIII
Bemerkungen zur Transliteration		IX
Vorwort		XI
1.	Einleitung	
1.1	Das Land	
	a) Geographie und Bevölkerung des Kumaon	1
	b) Geschichtlicher Überblick	3
1.2	Die Untersuchung	
	a) Schwerpunkte und Orientierungen	5
	b) Die Durchführung der Feldforschung	9
1.3	Der Kontext Kaste	
	a) Allgemeines	14
	b) Kasten im Kumaon	17
	c) Die lokale Interaktion der Kasten	22
2.	Der Lebensraum	
2.1	Das Dorf	29
2.2	Arbeit und Alltag	
	a) Das Personal des Alltags	38
	b) Ausstattung und Tageszyklus der Frauen	39
	c) Die Tierhaltung	42
	d) Jahreszyklus der Arbeit	44
	e) Abschließende Betrachtungen	53
3.	Die Sozialstruktur des Dorfes und der Subkaste	
3.1	Sozialstrukturelle Dispositionen	
	a) Die Binnengliederung der Subkaste	56
	b) Die lokale Besiedlung	61
3.2	Lokale Kooperation und Gabentausch	
	a) Die Objekte des Tauschs	64
	b) Akteure und Anlässe beim allgemeinen Tausch	67
	- Arbeitsleistungen und Einladungen - Nahrungsmittel	
	c) Der an eine partikulare Gruppe gebundene Tausch	72
3.3	Lokale Konflikte und Fraktionen	76

3.4 Der Dorfrat (*pañcāyat*) 81

3.5 Zusammenfassung und Ausblick 84

4. Die Ordnung innerhalb der unilinearen Deszendenzgruppe

4.1 Grade der Agnaten; Ahnenzählung und Ahnenverehrung 87

4.2 Die minimale Lineage bzw. der Haushalt

a) Kriterien für Haushalt ("Haus"/"Familie") 95

b) Haushaltszyklen und -größen 98

c) Stabilität und Wandel des Familienverbands 103

4.3 Besitzteilung und Erbrecht

a) Der Teilungsakt 113

b) Erbrecht und Erbregulationen 121

4.4 c) Zum Verhältnis von Autorität und Parität 129

5. Soziale Beziehungen am Beispiel des Hauses

5.1 Zuordnungen 134

5.2 Die Verteilung des Essens als Muster der Rangordnung 135

5.3 Die Rolle der Kinder im Hause 137

5.4 Die Integration in die Erwachsenenwelt 140

5.5 Die Stellung der Frauen im Hause, Rangordnung und Konflikte innerhalb des Frauenbereichs 145

5.6 Schlußbemerkungen 151

6. Die außerlokale Verwandtschaft

6.1 Göttlichkeitsaspekte von Frauen und Gaben 153

6.2 Zuordnung und Lokalisierung der Verwandtschaft 155

6.3 Die Bewegungen der Frauen zwischen *mait* (Ort der Eltern) und *saurās* (Ort des Ehemannes) 156

6.4 Merkmale der ungleichen Beziehung zwischen Frauennehmern und Frauengebern 159

6.5 Der affinale Gabentausch 167

6.6 Einladungen - Wer gehört zum Kreis der *paũṛ*? 177

7. Die Nomenklatur der Verwandtschaft

7.1 Benennungen und Haltungen 180

7.2 Darstellung der Kumaoniterminologie

a) Lineale und nichtlineale Zuordnungen 182

b) Die "Quasi-Konsanguinen" 189

c) Die Affinalen in der Ego-Generation 193

8. Heirat und Heiratsallianzen

8.1 Heiratsregeln 198

8.2 Heiratsverbindungen

a) Die regionale Verteilung 201

b) Die kategorielle Verteilung der Heiraten 203

8.3 Heirat und Status; Sichtweisen der Hypergamie 210

8.4 Das Ereignis Heirat

a) Die Verhandlungen 215

b) Exkurs: Heirat im Wandel; Aussteuer versus Brautpreis? 217

c) Die Hochzeit 221

8.5 Die Hauseinweihung, ein Analagon zur Hochzeit 231

8.6 Sekundärehen 233

9. Übergangsriten und Grenzbereiche

9.1 Exkurs über die Kategorien "rein" und "unrein" 237

9.2 Die Menstruation 239

9.3 Schwangerschaft und Geburt 242

9.4 Tod und Bestattung

a) die Bedeutung der Wiedergeburt und der Art des Sterbens 247

b) Bestattung und rituelle Verunreinigung 249

9.5 Fazit 251

10. Die Kommunikation mit Göttern und Geistern

10.1 Die Versammlung lokaler und überlokaler Götter 254

10.2 Die Anrufung der Götter im *jāgar*

a) Definition und Spektrum des *jāgar* sowie die Qualifikation der Experten 264

b) Das *jāgar*-Ritual 269

c) Variationen des *jāgar* 274

d) Fazit 277

11. Schlußbemerkungen 278

Appendix I: Legenden der Lokalgötter 283

Appendix II: Feste im Jahreszyklus 288

Literaturverzeichnis 295

Glossar 300

Index 307

Summery 311

Verzeichnis der Tabellen und Abbildungen

1)	Abb. 1:	Karte des Kumaon	XIII
2)	Tab. 1:	Die traditionelle Hierarchie der Kasten im Kumaon (zitiert n. Sanwal, 1963)	21
3)	Abb. 2:	Das Kumaonihaus	32
4)	Tab. 2:	Verteilung der Landbesitzgrößen auf Haushalte	35
5)	Abb. 3:	Ortsplan von Thama	37
6)	Tab. 3:	Art und Anzahl der gehaltenen Tiere	43
7)	Tab. 4:	Anbauarten und -zeiten	55
8)	Tab. 5:	Verteilung der lokalen Lineages nach Rängen	60
10)	Abb. 4:	Ein Stammbaumbeispiel für Lineagesegmentation	91
11)	Tab. 6:	Haushaltsgrößen (Klassifizierung nach Kolenda)	100
12)	Tab. 7:	Familienergänzungen	102
13)	Tab. 8:	Beschäftigungsverteilung der Männer	106
14)	Tab. 9:	Schulbildung der Männer	108
15)	Tab.10:	Anzahl der auswärts beschäftigten Männer pro Haushaltstyp	109
16)	Tab.11:	Männer deren Frauen mit in der Stadt leben (Einzelfallübersicht)	110
17)	Abb. 5:	Kreisprinzip bei der Besitzteilung	115
18)	Abb. 6:	Verschiedene Hausaufteilungen	117
19)	Tab.12:	Verwandtschaftstermini	196
20)	Abb. 7:	Der Heiratsradius von Thama	202
21)	Tab.13:	Die kategorielle Verteilung der Heiraten	205
22)	Tab.14:	Verteilung der Heiratsverbindungen Thamas mit anderen Lineages, unterteilt nach Statusgruppen	212

Bemerkungen zur Transliteration des Hindi bzw. Kumaoni

Lange Vokale sind durch einen Strich markiert: ā wie in Vater, ī wie in Miene, ū wie in Ruhe.

Bei den Konsonanten sind die folgenden Aussprachemodi zu beachten: c wird "tsch" (vgl. Kautschuk), j wird "dsch" (vgl. engl. just), s wie in was, ś und ṣ wie "sch" (vgl. Schule) gesprochen. Der Punkt bei ṭ, ṭh, ḍ, ṛ, ḍh, ṛh, ṇ kennzeichnet die cerebrale Lokation der Aussprache im Unterschied zur dentalen (t, th, d, dh, n); ṛ, ṛh sind cerebrale Retroflexlaute, ṇ und n gehören wie ṅ (vgl. engl. "ink") und ñ (vgl. span. "señor") zur Gruppe der Nasale. Auch jeder Vokal kann nasal ausgesprochen werden und ist in dem Fall durch eine Schleife gekennzeichnet (*gehū̃* = Weizen).

Viele Kumaonis, insbesondere die Männer und die jüngere Generation, sind zweisprachig. Sie sprechen Hindi (Schulsprache) und Kumaoni, eine Sprache, die zur indogermanischen Sprachgruppe des Pahāṛī gehört. Es entstand hier das Problem der Authentizität der Wiedergabe, denn oft ist ein Hindiwort umgangssprachlich dominanter – insbesondere gegenüber "Fremden" – als das entsprechende Kumaoniwort.

Kumaoni ist eine oral überlieferte Sprache. Vielfach schrieben Informanten das gleiche Wort auf unterschiedliche Weise und auch die Literatur über den Kumaon bietet keine Einheitlichkeit in der Transkription.

Angesichts dieser Probleme ist es zu begrüßen, daß 1985 erstmals ein umfangreiches Kumaoni-Hindi-Śabd-Koś (Wörterbuch), Verfasser N. D. Palival, erschienen ist. Bei der Transliteration habe ich mich nach diesem Wörterbuch gerichtet. Die wenigen Worte, die ich dort nicht gefunden habe – vermutlich aufgrund dessen, daß das Kumaoni von Region zu Region variiert – habe ich im Glossar mit einem * gekennzeichnet. Worte, die von verschiedenen Informanten übereinstimmend anders geschrieben wurden, habe ich der Wörterbuchversion nicht angepaßt, die Wörterbuchversion aber mit der Kennzeichnung KH-SK (Kumaoni-Hindi-Śabd-Koś) aufgeführt. Hindiworte (H), habe ich dort aufgenommen, wo keine alternativen Kumaonitermini zur Verfügung standen oder wo m.E. die Hindiversion dominanter ist als das Kumaoniwort (s.o.). In solchen Fällen ist die Wörterbuchversion (KH-SK) dem Hindiwort (H) nachgestellt.

Geographische Namen und Bezeichnungen wurden in ihrer englischen bzw. deutschen Schreibweise angeführt. Artikel wurden bei Worten, die der Duden enthält, eingedeutscht (der *sāṛī* anstatt die *sāṛī*). Bei der Transliteration der Artikel bin ich ansonsten davon ausgegangen, daß das Maskulinum im Hindi das

Neutrum einschließt. Ich habe ein Neutrum anstatt eines Maskulinums verwandt, wenn mir dies vom Sprachgefühl her angebracht erschien: das *ghar* (Haus) anstatt der *ghar*.

Von den von mir verwandten Transkriptionsregeln abweichende Schreibweisen in Zitaten sind im Original belassen.

In dieser Arbeit verwandte englischsprachige Abkürzungen für Verwandtschaftsterminologie:

B	brother
C	child
D	daughter
e	elder
F	father
H	husband
M	mother
S	son
W	wife
y	younger
Z	sister
f/s	female speaker
m/s	male speaker

Beispiele:

HyBW	Die Ehefrau des jüngeren Bruders des Ehemanns
eBWM	Die Mutter der Ehefrau des älteren Bruders
WeBW	Die Ehefrau des älteren Bruders der Gattin

Vorwort

Die vorliegende Dissertation ist das Ergebnis einer Feldforschung, die ich in der Zeit von Juli bis Dez. 1983 und von April 1984 bis Mai 1985 in einem Dorf im Kumaon durchgeführt habe. Eingang in den Untersuchungsort, den ich hier mit dem Pseudonym Thama versehe, fand ich zusammen mit meinem Mann, I.D. Coulthard, der sich auf die Sammlung und Übersetzung von Kumaonilegenden und -balladen spezialisiert hat.

Der Feldforschung ging außer dem Ethnologiestudium der Abschluß des Soziologiestudiums an der Universität in Frankfurt/M. voraus. Unter Anleitung von Herrn Professor Oevermann arbeitete ich zwei Jahre in einer kleinen Gruppe an einem Forschungsprojekt, das die Analyse des sozialen Wandels in fünf ehemaligen Nagelschmiededörfern im Hochtaunus zum Gegenstand hatte.

Herrn Professor Oevermann verdanke ich die Schulung in der Anwendung qualitativer Methoden der empirischen Sozialforschung. Die in dieser Zusammenarbeit erworbenen Kenntnisse waren von großem Nutzen bei der Durchführung der Untersuchung. Auch danke ich Herrn Professor Oevermann für Interpretationsanregungen bei der Auswertung der Feldforschung.

Die Bereitschaft und das Interesse von Herrn Professor G. Pfeffer, meine Arbeit zu betreuen, ermöglichte mir die Realisierung der Feldforschung im Kumaon. Seine Landes- und Fachkenntnisse waren mir eine unentbehrliche Orientierungshilfe. Ohne die wissenschaftlichen Anregungen von Herrn Professor Pfeffer wäre die Arbeit in der vorliegenden Form nicht zustande gekommen, und ich möchte ihm ganz herzlich für die Betreuung der Arbeit danken.

Nach langer Anpassungszeit in den Alltag der Frauen integriert, fand ich zunächst nicht den rechten Weg, die vielen Erfahrungen und Eindrücke durch systematische Interviews mit Informanten zu strukturieren. Unser Hausherr Dungar Singh, der in dieser Arbeit häufig zu Worte kommen wird, seine Brüder, die Nachbarn und gute Freundinnen wurden zu wichtigen Hauptinformanten. Ich möchte Dungar Singh und seiner großen Familie sowie meiner Freundin Basanti Devī, einer jungen Witwe, der Frau von Rām Singh, der Frau von Utap Singh und vielen anderen danken, da sie Stunden und Tage damit verbrachten, meinen Fragen Rede und Antwort zu stehen. Erst diese Gespräche machten es möglich, die aus der teilnehmenden Beobachtung gewonnenen Erkenntnisse und Hypothesen zu erweitern und zu prüfen.

Dankbar erinnere ich mich an eine große Zahl von Familien in Thama und in den umliegenden Dörfern, deren Häuser mir offen standen. Das Vertrauen, das sie mir entgegenbrachten, ermöglichte mir neben dem Einblick in ihre Lebenswelt, Isolation und Fremdheit abzustreifen.

Ich möchte allen Freundinnen und Freunden, die Teile der Arbeit gelesen und mit mir diskutiert haben, insbesondere U. Otten, der die gesamte Arbeit las und korrigierte, danken. Der größte Dank gilt meinem Mann, der alle Arbeitsschritte mit Verständnis und Geduld begleitete. Er gab mir zahlreiche Anregungen und Einblicke in die Kommunikation unter Männern.

Für die Bewilligung eines zweijährigen Graduiertenstipendiums bin ich der Universität Heidelberg zu großem Dank verpflichtet.

ABB. 1 Karte des Kumaon

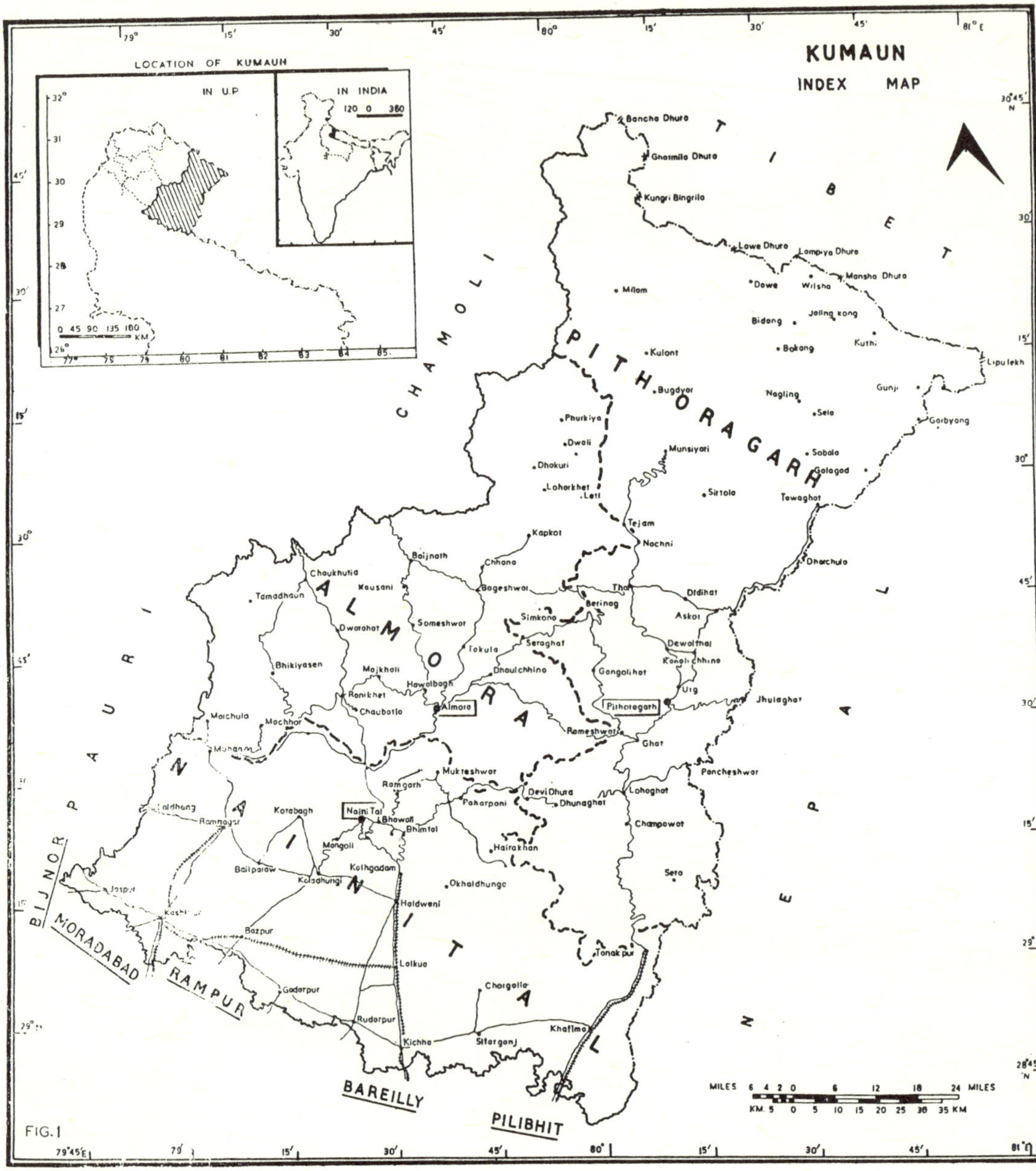

1. EINLEITUNG

1.1 DAS LAND

a) Geographie und Bevölkerung des Kumaon

Das ehemalige Königreich Kumaon ist heute administrativer Teil des Staates Uttar-Pradesh und besteht aus drei Distrikten: Almora im Zentrum des Kumaon, Pithoragarh im Nordosten und Nainital im Südwesten (s. Abb. 1).

Der Kumaon[1] erstreckt sich mit einem Nordsüd-Durchmesser von 235 km von den Kaltzonen der schneebedeckten Himalayaberge bis zur flachen und heißen Gangesebene. Seine Nachbarn sind Tibet im Norden, Nepal im Osten und die Provinz Tehri-Garhwal im Westen. Der Ostwest-Durchmesser des Kumaon beträgt 155 km. Auf einer Gesamtfläche von 21.035 Quadratkilometern leben lt. Census 1981 2.383.163 Personen.

Mein Untersuchungsgebiet liegt in der Nähe der 23.000 Einwohner zählenden Stadt Almora, die 1563 zur Hauptstadt des Königreichs ernannt wurde. Das alte Zentrum des Kumaon, mit der Hauptstadt Champawat, liegt im Osten, dem nach dem Grenzfluß Kāli benannten Kāli-Kumaon.

Die Kumaonis sind Bergbauern, die bis in jüngste Zeit fast ausschließlich von der Subsistenzwirtschaft lebten.

Heute sind bis zu 50 % der Männer in den Städten der Gangesebene oder im benachbarten Garhwal beschäftigt.

Die Topographie des Himalayavorgebirges, dessen Erhebungen von subtropischen Flußtälern bis zu 2000-2500 m hoch gelegenen Siedlungen abwechseln, bestimmt Anbauweisen und -arten. Den steilen Hängen werden kleine Feldterrassen abgetrotzt, um die Hauptnahrungsmittel, Getreide, Reis und Hülsenfrüchte (*dāl*) anzubauen. Geerntet wird zweimal im Jahr, im Oktober (*kharīf*-Ernte) und im April/Mai (*rabi*-Ernte).

Der Monsun setzt Ende Juni ein und dauert bis Mitte September. Die Temperaturen erreichen von April bis Mitte Juni ihren Jahreshöhepunkt von 30

---

[1] Laut S.C. Joshi u.a. (1983:1) entstammt das Wort Kumaon dem Sanskritwort 'Kurmachal' und bezeichnet schon in frühen Schriften eine der fünf alten geographischen Divisionen des zentralen und westlichen Himalayagürtels.

Grad und darüber. In der kalten Jahreszeit (Dezember bis Februar) herrscht Nachtfrost im Kumaon und es kommt zu Schneefällen.

Die Kumaonis sind Hindus wie ihre Nachbarn in Garhwal und in der Gangesebene und bilden lt. Berreman (1963) eine einheitliche Kulturzone mit den Garhwalis, deren traditionelle Erzfeinde sie gleichzeitig sind.

Kumaonis haben aber das Bewußtsein, über eine eigenständige Kultur und Tradition zu verfügen. Sie berufen sich dabei auf ihre Sprache, das Kumaoni, auf ihre lokalen Götter und Feste sowie auf bestimmte Sitten und Moralvorstellungen, die im Laufe dieser Arbeit dargestellt werden. Ihr positives Selbstbildnis setzen sie gerne in Kontrast zur urbanen Bevölkerung der Gangesebene, mit der sie im Zuge der Arbeitsmigration in Kontakt treten. Ein Kumaoni ist gradlinig, zuverlässig, einfältig, mit wenig zufrieden und betrügt nicht, um nur einige der Eigenschaften zu nennen, die sich die Leute selbst zuschreiben. Die Bevölkerung der Ebene betrachtet die Bergbauern mitunter als unkultivierte "Hinterwäldler", ein Stigma, das man bemüht ist, abzustreifen.

Ich habe nur wenige Kumaonis getroffen, die sich als erfolgreiche Geschäftsleute etabliert haben. Die meisten der auswärts beschäftigten Männer gehen einer ungelernten Tätigkeit im Dienstleistungssektor nach. Handel und Gewerbe gibt es ausschließlich in den Städten und Markflecken des Kumaon, in denen nur ein geringer Teil der Gesamtbevölkerung lebt.[2] Viele Geschäfte befinden sich in Händen tibetischer und muslimischer Händler sowie in Obhut aus anderen Teilen Indiens Zugezogener.

Im alpinen Norden (über 3.500 m) sowie im subtropischen Süden, dem Tarai (unter 600 m), sind die ethnischen Minderheiten des Kumaon angesiedelt. Mit den im Grenzland zu Tibet lebenden Bhoṭiyā, einem Nomaden- und Hirtenvolk, standen die Kumaonis seit alters her in Kontakt. Die Bhoṭiyā tauschten Decken und Wollbekleidung gegen Salz und andere Artikel. Heute trifft man die Bhoṭiyā, von denen ca. 23.600 im Kumaon leben, nur noch als Warenanbieter auf den großen Jahrmärkten an.

Im südlichen Tarai-Gürtel des Kumaon, einer urwaldartigen, sandig-sumpfigen Landschaft, leben zwei größere Stammesgruppen, die Tharu (ca. 38.000) und die Boksa (ca. 11.000), die ihr Gebiet inzwischen mit Siedlern aus anderen nordindischen Regionen teilen.

---

[2]Der Anteil der urbanen Bevölkerung beträgt lt. Census 1981 6,7% im Distrikt Almora und 5,8 % im Distrikt Pithoragarh. Der in die Ebene hineinreichende Distrikt Nainital weist allerdings einen urbanen Bevölkerungsanteil von 37,9% auf.

Die Unwegsamkeit und Gefährlichkeit des Tarai (Lebensraum für Tiger und andere wilde Tiere) trug zur Isolation des Kumaon von der Außenwelt bei.[3] Reisende waren in der Hauptsache indotibetische Händler und Pilger. Die Himalayagipfel sind

> "die Behausungen von Scharen von Göttern, himmlischer und übermenschlicher Wesen, und vollendet Heilige, welche dem Frommen Erfüllung seiner Wünsche schenken. Mehr noch: das Wasser, das von diesen Bergen herabfließt, ist so heilspendend wie das Elixier des unsterblichen Lebens. Es rinnt in Flüsse, die heilige Ziele der Pilgerschaft sind." (Zimmer 1984:61)

Eine der bedeutendsten heiligen Stätten des Hinduismus wie Buddhismus, der Berg Kailash-Manasarova (Tibet) war auch über den Kumaon erreichbar.

Erst Anfang dieses Jahrhunderts wurde der Kumaon, forciert durch die Interessen der englischen Kolonialherrschaft (1815-1947), verkehrsmäßig erschlossen. Heute verkehren überall im Kumaon Busse und das Straßennetz ist soweit ausgebaut, daß fast alle Orte in einem halben bis ganzen Tagesmarsch von einer befestigten Straße aus erreichbar sind.

b) Geschichtlicher Überblick

Ich habe keine eigenen historischen Quellenstudien betrieben und möchte mich aufgrund anderer Schwerpunkte in dieser Arbeit auf eine sehr knappe Skizzierung der Geschichte beschränken.[4]

> "Nearly all scholars of the Pahāṛī area agree that the great majority (about ninety percent) of the Rājpūts and Brahmans of Kumaon and Garhwal are descendants of an Aryan peoble who were once commonly (and are now pejoratively) known in the area as Khasa or Khasiya." (Fanger 1980:51)

Die Khasiyas bildeten kleine Königreiche. Schriftkundig wird erstmals die Existenz des Königreichs der Katyuris im 7.-9. Jahrhundert n.Chr., die angeblich aus Joshimat im Garhwal kamen und den größten Teil des Kumaons und Garh-

---

[3] Jim Corbett beschreibt in seinem Buch "Man-Eaters of the Kumaon" (1944) in sehr eindrucksvoller Weise die dichten Urwälder des Kumaon und die Bedrohung, die insbesondere menschenfressende Tiger für die Bevölkerung darstellten. Sein Erlebnisbericht als Jäger stammt aus den dreißiger Jahren dieses Jahrhunderts. Inzwischen sind die Bestände an Wild und Urwald rapide dezimiert worden.

[4] Bei den Arbeiten von Sanwal (1976) und Fanger (1980) steht die diachrone Perspektive der Kumaonigesellschaft im Mittelpunkt. Ich verweise daher auf diese Autoren und auf das umfangreiche Werk von Atkinson, Vol. I (1882), Vol. II (1884), Vol. III (1886).

wals vorübergehend unter ihre Kontrolle brachten. Es heißt, daß der Kumaon zu der Zeit überwiegend buddhistisch war und daß die Katyuris die Hinduisierung des Kumaons verfolgten. Hierzu wurden Brahmanen aus der Gangesebene gerufen.

Im späten 10. Jahrhundert endete die zentrale Katyuri-Herrschaft, da sich die Herrscher im ständigen Kampf mit den eingesessenen Khasareichen nicht behaupten konnten.

Der Keim für das nächste zentrale Königreich wurde durch die Verheiratung einer Katyuri-Prinzessin im Kāli-Kumaon an einen Prinzen aus Allahabad, Som Chand, gelegt. Som Chand bekam als Mitgift einen Teil des verbliebenen Königreichs im Ostkumaun geschenkt.

> "Several stories are told of how Som Chand, a member of a famous royal family came to Kāli Kumaon from the ancient town of Jhusi, near Allahabad. One account says that he met Brahm Deo, the Katyuri prince of Kali-Kumaon while visiting the Garhwali shrine at Badrinath. The Katyuri prince invited Som Chand to remain in Kumaon as his son-in-law." (Fanger 1980:61)

Die Chandherrschaft expandierte kontinuierlich und war 1420 bis zur Westgrenze des Kumaon vorgedrungen. Erst 1790 bereitete der Einmarsch der Gurkhas aus Nepal der Chanddynastie ein Ende. Während der 2. Hälfte des Chandregims gab es zahlreiche kriegerische Auseinandersetzungen und Grenzverschiebungen zwischen dem Kumaon und Garhwal, und noch heute wird der letzte siegreiche Krieg gegen Garhwal an einem Tag im Herbst mit Freudenfeuern gefeiert.

Die Herrschaft der Gurkhas, die die Bevölkerung sehr schlecht behandelt und zum Teil versklavt haben sollen, wurde 1815 durch die Kolonialherrschaft der Engländer beendet. Leute, die ich sprach, äußerten sich mit Respekt über die englische Herrschaft, was vordergründig als Höflichkeit gegenüber uns und aus der historischen Distanz erklärt werden kann. Sie waren die neuen Rājās, die in den Dörfern hauptsächlich durch Steuereintreiber repräsentiert waren, und alles in allem mischten sie sich selten direkt in das tägliche Leben der Leute ein.

Als Fazit der Geschichte ist hervorzuheben, daß der Kumaon unter der Chandherrschaft jahrhundertelang (spätestens 1420 bis 1790) ein zentrales und autonomes Königreich bildete und daß er nicht unter den Machtbereich der Mogulherrschaft fiel, die sich bis nach Garhwal ausgebreitet hatte.

> Im Jahre 1743-44 gelang den Muslims der Vormarsch bis nach Almora, aber sie zogen sich für eine Entschädigung von 300.000 Rupien wieder zurück. (s. Fanger 1980:64)

Auf die historischen Wurzeln der sozialen Differenzierung im Kumaon werde ich in dem die Kasten darstellenden Kapitel 1.3 kurz eingehen.

1.2 DIE UNTERSUCHUNG

a) Schwerpunkte und Orientierungen

Ein Hauptanliegen dieser Arbeit besteht in der Darstellung und Rekonstruktion der "sozialen Struktur", verstanden in dem folgenden Sinne:

> "The advantage of this term, as opposed to the more usual term "social organization" is that it draws attention to the interconnection and interdependence, within a single system of all the different classes of social relations found within a given society. This leads to questions being asked about the nature of these interconnections and the forces behind the system as a whole." (Fortes 1953:22)

Bis auf das Werk von Allen Fanger (Dissertation 1980), existieren über den Kumaon keine Untersuchungen, die die in der mikrokosmischen Sphäre beobachteten Kooperationen von Gruppen, Verbänden und Rollenträgern zum Gegenstand haben.[5]

Dieser Umstand trug dazu bei, eine monographische Arbeit zu schreiben, die alle erfahrenen Bereiche und ihre Verbindungen aufnimmt und die als Grundlage für weitere Forschungen und Reflexionen dienen kann.

Zugunsten einer geschlossenen Darstellung des erhobenen Materials verzichte ich im Rahmen dieser Arbeit weitgehend auf generelle theoretische Diskussionen und auch das umfangreiche Vergleichsmaterial über Nordindien wird von mir nur sparsam aufgenommen.

Als für den regionalen Vergleich (Subhimalayagürtel) bedeutende Untersuchungen stehen mir neben der o.g. Arbeit die Werke von Berreman 1963 (Garhwal) und Parry 1979 (Kangra, Himachal Pradesh) zur Verfügung.

Für die Untersuchung wählte ich ein einzelnes, durchschnittliches Dorf aus. Dies hatte nicht den Sinn, das Dorf als Größe per se zu erforschen. Ich wollte Interaktionen unter möglichst konkreten und verbindlichen Bedingungen erleben und einen Fixpunkt haben, von dem aus Kreise in die weitere Umgebung gezogen werden können.

Die meisten Kumaonidörfer bestehen aus einer Ṭhākur-Majorität - Bergbauern, die sich auch als Rājpūten bezeichnen - und aus einer Minorität, die der Unberührbarenkaste angehört und Handwerksberufe ausübt (s. Kap. 1.3). Die Dominanz von Ṭhākurdörfern wird in dem über fünfzigprozentigen Bevöl-

---

[5]Die Arbeit von Allen Fanger "Diachronic and synchronic Perspectives on Kumaoni Society and Culture", die auf einer Feldforschung im Jahre 1966/67 basiert, beschäftigt sich schwerpunktmäßig mit der Kastenstratifikation und ihrer historischen Entstehung.

kerungssanteil der Ṭhākurs deutlich. Brahmanen bewohnen häufig eigene Dörfer. Orte in denen alle drei im Kumaon vertretenen Hauptkasten beieinander wohnen, sind in der absoluten Minderheit.

Die Auswahl eines Ṭhākurdorfes führte dazu, daß die Untersuchung der Binnenstruktur einer Kaste im Vordergrund steht, während die in vielen anderen Arbeiten dominierende Analyse der Kasteninteraktion in den Hintergrund tritt.

Im Verlauf der Untersuchung stellte sich der Komplex Verwandtschaft als ein zentrales Deutungsmuster sozialer Beziehungen heraus. Die Organisation und Interaktion patrilinearer Abstammungsgruppen wurde zu einem Leitthema dieser Arbeit.

Jedes Individuum wird in eine *jāti* geboren. *Jāti* heißt Geburt und ordnet der Person einen unkündbaren Platz in der Gesellschaft zu.

> "Es handelt sich um eine sogenannte Bezugsgruppe: Ich identifiziere meine Natur, mein Wesen, indem ich angebe, welcher Gruppe ich angehöre." (Dumont 1976:81)

Wenn von *jāti* die Rede ist, läßt sich nur durch den Kontext erschließen, welche Bezugsgruppe gemeint ist, die Kaste, die Subkaste oder die exogame Abstammungsgruppe (Klan bzw. Lineage), denn alle drei Größen sind bemerkenswerterweise mit dem gleichen Terminus belegt.

Abstammung (Zugehörigkeit) ist also eine fundamentale Bezugsgröße sozialer Ordnung. Sie ist Mittel und Gebot, auf jeder der drei oben genannten Ebenen innerhalb einer großen Anzahl von Gruppen zu unterscheiden.

Parry als auch Dumont vertreten die These, daß die Beziehungen der Kasten untereinander den gleichen Prinzipien unterliegen wie die Beziehungen innerhalb einer Kaste.

> "Whether we focus on relationships between members of different castes or on relationships between members of the same household, inequality is almost axiomatic in all dyadic relations, and this inequality is expressed in the same idiom throughout. It is therefore impossible to draw the kind of clearcut distinction between "castes" und "grades within a single caste" which Leach (1960) has insisted on; and it is by no means "absurd" - as Pocock (1972:65) has recently asserted - to speak of "status" within the caste and thus to imply that the relationship between different levels within the caste is homologous to the relationship between different castes. "There is", as Dumont (1957) puts it, "no absolute distinction between what happens inside and outside a caste group, and we may expect to find in its internal constitution something of the principles which govern its external relations."" (Parry 1979:3, 4)

Meine Arbeit, die sich mit der hierarchischen Binnengliederung einer einzigen Subkaste beschäftigt, bestätigt diese Position.

Als ein wesentliches Unterscheidungsmerkmal zwischen Klan und Kaste bzw. Subkaste gilt, daß sich die erste Gruppe durch die Regel der Exogamie und die zweite durch Endogamie konstituiert. Im Kumaon wie in Kangra ist die Regel der Endogamie aber nicht auf die Größe Kaste oder Subkaste beschränkt, sondern Bündelungen von Klans können eine endogame Gruppe bilden und sich somit subkastenähnlich verhalten.

Die Ṭhākurs im Kumaon sind in eine große Anzahl exogamer Klans gegliedert, von denen ich im folgenden als UDG (unilineare Deszendenzgruppe) oder als Lineage spreche.[6] Die Lineage stellt die unmittelbarste gesellschaftliche Bezugs- und Statusgruppe eines Individuums dar, innerhalb der der Grundsatz bruderschaftlicher Gleichheit gilt.

> "Mit dem genealogischen und rechtlichen Prinzip der Bruderschaft ist die Brüderlichkeit als Wert verbunden. ... Die Einheit selbst gilt als Wert, durch den das Ansehen der Brüder, die zur rechten Zeit eins sind, steigt." (Tiemann 1968b:384)

Die Werte einer Lineage bilden einen stabilen Ordnungsbezug, dennoch können Einheit und Gleichheit, bezogen auf die empirische Körperschaft, nicht als rigide geltende Formeln betrachtet werden. So können Verstöße gegen die lokale Lineageloyalität zu Fraktionen führen und Bündnisse mit anderen als den genealogisch definierten "Brüdern" hervorbringen (s.Kap.3.2c).

Der erste Hauptteil dieser Arbeit behandelt im wesentlichen Lineageinteraktionen (Kap. 3) sowie Grade und Formen der Segmentation innerhalb der Lineage (Kap. 4), deren kleinste Division die Familie bzw. der Haushalt bildet.

Ich vertrete hier die These, daß alle Bereiche des lokalen, öffentlichen Lebens - Dorfpolitik/-kooperation, Gabentausch - mit dem Konzept der Lineage verwoben sind.[7]

---

[6]"British anthropologists now regularly use the term lineage for these descent groups. This helps both to stress the significance of descent in their structure and to distinguish them from wider often dispersed divisions of society ordered to the notion of common - but not demonstrable and often mythological-ancestry for which we find it useful to reserve the label clan." (Fortes 1953:25)

[7]Solche Erfahrungen teilen auch andere regionale wie überregionale Arbeiten mit: "Although lineage relations are essentially distinct from kinship relations, a lineage system defines political relations in the idiom of kinship." (Pradhan 1966:148)
"A prominent feature in all three (Arbeiten von Evans-Pritchard 1933-35, Firth 1937, Forde 1938-39) is the attention given to the part played by descent rules and institutions in social organization, and the recognition that they belong as much to the sphere of political organization as to that of kinship." (Fortes 1953:23)

Das sich mit dem Recht befassende Kap. 4.3 bildet als Focus der Grundwerte und Strukturen agnatischer Verbände den formalen Abschluß des Komplexes lokale bzw. agnatische Verwandtschaft.

Der zweite Teil der Arbeit wendet sich schwerpunktmäßig nichtagnatischen Verwandtschaftsbeziehungen zu. Kap. 5, das Alters- und Geschlechtsrollen am Beispiel des Hauses beschreibt, vernachlässigt die Männer, deren Positionen und Beziehungen im Rahmen des vorangegangenen Zyklus hinreichend beschrieben sind. Das "Haus" (ein Synonym für Familie) bildet die Nahtstelle von interner und externer (affinaler) Verwandtschaft. Die Frauen kommen aufgrund von patrilokaler Ehe und Dorfexogamie als "Fremde" in das Haus. Sie sind das Medium der Kommunikation zwischen zwei sich ausschließenden Verwandtschaftsgruppen, den Frauennehmern und den Frauengebern, deren Beziehung in Kap. 6 (die außerlokale Verwandtschaft) beschrieben wird.

Wie in den vorangehenden Kapiteln bemühe ich mich in diesem Abschnitt darum, Austauschformen und-objekte (Gaben) en detail zu beschreiben, da sie vergleichbar mit der in Kap. 7 dargestellten Verwandtschaftsterminologie als relativ objektive Zeugnisse der sozialen Struktur zu gelten haben.

Die den Gesichtskreis bestimmende und soziale Identität stiftende unilineare Abstammungsgruppe ist darauf angewiesen, sich mit außerhalb ihrer selbst liegenden Gruppen durch Heirat zu verbinden und kann zugleich aber keine beliebigen Allianzen eingehen. Die Modi der Heirat, die als gesellschaftliche Achse des Austausches und der Ergänzung bezeichnet werden können, sind in Kap. 8 beschrieben.

Ich hoffe, daß das Material dieser Kapitel einen Beitrag zu den allianztheoretischen Diskursen Dumonts (1961a, 1964, 1966) liefert. Dieser hat einen Vergleich zwischen nord-und südindischen Heiratsregeln vorgenommen. Er versucht zu zeigen,

- daß Kasten- und Heiratsregeln mentale Ähnlichkeiten aufweisen (Die Ergänzung setzt das Kriterium des Ausschlusses voraus; Frauennehmer und Frauengeber treten sich in einer hierarchischen Relation gegenüber.);
- daß nicht nur Kaste als universelles Phänomen eines ethnisch und religiös in sich divergenten Subkontinents angesehen werden kann, sondern daß das in Heirat ausgedrückte Allianzverhalten die gleiche Reichweite beanspruchen kann.

Zur Plausibilisierung der These möchte ich auf den folgenden Ausschnitt aus einem Aufsatz von Professor Pfeffer (1985a) verweisen:

> "Ziemlich genau mit dem Lauf des Indus beginnt im Nordwesten der "Nahe Osten" und damit der Verzicht auf bilaterale Konstruktionen im Bereich Verwandtschaft. Rein konsanguine Terminologien (siehe z.B. Pehrson 1966:38) finden affinal Verwandte ("Angeheiratete") nur über Hilfskonstruktionen, und über kleinere oder größere Stammbäume (bis hin zu Adam) ist jeder der Blutsverwandte von jedem, solange die Linien nur bis zur entsprechenden Verzweigung auf die eine Gesamtlinie zurückverfolgt werden. Hierarchisch segmentiert findet sich für alle Unterklassen letztlich ein gemeinsamer Überbegriff, so wie im okzidentalen Denken allgemein. Die monolinearen Gesellschaften sind bezeichnenderweise auch die monotheistischen. In der Verhaltenspraxis (und dem Reglement) fällt auch der sonst unübliche Brauch der bevorzugten Heirat zwischen Kindern zweier Brüder auf. "Selbstheirat" lautet die Formulierung für diese Präferenz." (ibid., S. 172)

In den Abschlußkapiteln der Arbeit (9 u. 10) sind Glaubensinhalte und die mit ihnen verbunden Rituale und Deutungsmuster versammelt. Sie bilden die Klammer der sozialen Ordnung. Das Thema Religion stellte allerdings keinen expliziten Schwerpunkt der Untersuchung dar. Es bedürfte einer gesonderten Forschungsarbeit, um diesem Komplex gerecht zu werden.

b) *Die Durchführung der Feldforschung*

Der Untersuchungsaufenthalt gliederte sich in drei Hauptphasen, die sich natürlich überschnitten:

- Die Zeit der Unwissenheit. Orientierung und Erlernen der einheimischen Sprache. (Die Untersuchung wurde ohne Übersetzer durchgeführt.)
- die Zeit des heuristischen Forschens. Integration und Teilnahme an täglichen Aktivitäten.
- Einsatz systematischer Forschungsmittel: Durchführung gut vorbereiteter Interviews und Einsatz standardisierter Fragebögen. Diese Phase nahm die letzten 6 - 7 Monate des insgesamt 16-monatigen Aufenthalts in Anspruch.

Die erste Phase war von dem Problem der Auswahl eines Untersuchungsortes dominiert. Es bestanden bereits gute Kontakte zu Dorfangehörigen, die wir in außerlokaler Umgebung kennengelernt hatten. Zwei Familien aus diesem Bekanntenkreis boten uns von sich aus die Aufnahme in ihr jeweiliges Dorf an.

Auf diesem Wege lernte ich zuerst das Leben in dem Dorf Moli (Pseudonym) kennen, einem Ort an der Grenze zum Distrikt Pithoragarh, wo wir als Gäste in einem Brahmanenhaushalt lebten. In einem zweiten Schritt lernte ich Thama, in der Nähe von Almora kennen, wo wir ein uns angebotenes Haus mieteten.

Meine Einführung in die Orte stand unter dem Motto, Kumaoni lernen und Hindi vertiefen zu wollen. Hindi wird als Schul- und Amtssprache von der Mehrheit der Männer gesprochen und von etlichen Frauen verstanden. Ich erhielt täglichen Sprachunterricht durch Männer die einen Schulabschluß hatten.

Nach ca. dreimonatigem Pendeln zwischen zwei Orten und Regionen entschloß ich mich aus den folgenden Gründen, die Untersuchung auf den Ort Thama und sein regionales Umfeld zu beschränken: Moli erwies sich insofern als ein untypisches Dorf, als der Ort im Begriff war, sich zu einem Marktflecken zu entwickeln. Mit einer Mittelpunktschule, einem Hospital, Geschäften und Poststation, bildete Moli eine Art Zentrum für die umliegenden Dörfer. Typisch für solche Orte ist die in Moli vorhandene Vertretung aller Kasten (Brahmanen, Ṭhākurs, Harijans und Nāth; s. Pkt. 1.3).

Integriert in einen Brahmanenhaushalt beschränkten sich meine sozialen Kontakte aber fast ausschließlich auf Brahmanen und diese Kaste hätte bei der Untersuchung zwangsläufig im Mittelpunkt gestanden.

Thama liegt ca. 1 1/2 Stunden Fußweg von Almora entfernt und ist mit 113 Haushalten (Ṭhākurs 102, Harijans 11) und ca. 800 Einwohnern ein Ort von noch überschaubarer Größe.

Bei der Auswahl Thamas war neben dem Kriterium der Repräsentativität die Entscheidung für die Subkaste Ṭhākurs ausschlaggebend. Die Brahmanenminderheit im Kumaon hat im Unterschied zu den Ṭhākurs eher überregionale Heirats- und Sozialverbindungen. Sie vertreten orthodoxere Sitten und Moralvorstellungen (z.B. keine Witwenheirat), die sich nur graduell vom Brahmanentum in anderen Landesteilen unterscheiden. Die Brahmanen in Moli verfügten über einen höheren Grad an Bildung als die Ṭhākurs in Thama, und ich konnte mich in Moli zum Teil sogar der englischen Sprache bedienen.

Die Ṭhākurs in Thama haben ein begrenztes Netz an Heiratsverbindungen mit den umliegenden Dörfern, so daß sich Kommunikationswege und Gabenfluß in einem überschaubaren Rahmen halten. Ein großer Teil der Dorfbevölkerung (alle Frauen) ist noch nicht von schulischen Einflüssen geprägt, gleichwohl sich der Grad an Auswärtsbeschäftigung nicht von dem der Brahmanen unterscheidet.

Da ich glaube, die Untersuchung unter verhältnismäßig ungewöhnlichen Bedingungen durchgeführt zu haben, möchte ich dem Leser einen Eindruck von der Phase der Integration, der mit ihr verbundenen Schwierigkeiten und Bedingungen vermitteln.

Das Kumaonidorf unterscheidet sich von der Sozialstruktur der Kleinstädte und Marktflecken durch die Abwehr von Fremdelementen. Die im Kumaon lebenden religiösen und ethnischen Minderheiten (Christen, Muslims, tibetische Immigranten und nepalesische Gastarbeiter), habe ich in keinem typischen Dorf angetroffen. Zu viele Vorsichtsmaßnahmen wären nötig, um die knappen Ressourcen, insbesondere die Wasserstellen, mit ihnen zu teilen. Auch ich war zu Anfang der Untersuchung angehalten worden, das Wasser nicht aus dem Wasserloch zu schöpfen, sondern aufgrund der darin gesehenen Verunreinigungsgefahr nur einem fließenden Quell zu entnehmen. Die Aufnahme in die aus den gleichen Gründen von Fremden gefährdeten Küchen und Eßgemeinschaften fand erst nach etlichen Wochen meines Aufenthalts in Thama statt.

Meine Integration vollzog sich, nachdem ich in der Küche der Familie unseres Hausherrn ein- und ausgehen konnte und die Gänge und Arbeiten der sechs Frauen des Hauses teilte, sehr rasch auch in der übrigen Nachbarschaft. Vorausgegangen war die von den Frauen vorgenommene Einweihung in alle Regeln und Tabus sowie deren weitgehende Befolgung. Dies schloß die Separation während der Menstruation (s. Kap. 9.2), das Tragen von lokaler Kleidung sowie die Zurückhaltung in Männergesellschaft ein. Und natürlich kann eine Frau niemals in der Öffentlichkeit rauchen.

Wesentlicher Bestandteil dieser Integration war die Führung eines Hauses nach dem Vorbild der anderen Haushalte des Dorfes. Das hieß, morgens mit dem Sonnenaufgang aufstehen, Wasser holen, sich selbst und dann das Haus reinigen, noch während der frühen Vormittagsstunden die große Tagesmahlzeit auf dem Feuer kochen (Reis und Linsen), mit den anderen Frauen an einem fließenden Quell die Wäsche waschen und vieles mehr.

Die Einnahme des mir zugewiesenen Platzes in der Gesellschaft führte zu einem inoffiziellen Status. Klatsch und Mitteilungen über familiale Spannungen gehörten zu meinen täglichen Informationen. Einbezogensein hieß auch, die lokalen Gabentauschregeln befolgen und zu allen Festtagen mit dem Backen von Fladenbroten beschäftigt zu sein, die an bestimmte Haushalte verteilt werden (s. Kap. 3.2), sowie die häufige Begleitung von Frauen auf ihren Gängen zu Brüdern bzw. Eltern und zu Festen (i.d.R. Hochzeiten). Diese Ausflüge ermöglichten es mir, einen Großteil der umliegenden Dörfer kennenzulernen, so daß die Untersuchung nicht als einzelne oder isolierte Dorfstudie betrachtet werden kann.

Die in die Untersuchung einbezogenen Dörfer lagen max. einen Tagesmarsch entfernt. Dieses Maß kennzeichnet die Grenze des Heiratsradius (s. Kap. 8).

All diese Vorgänge wurden von mir als Lernprozesse unmittelbarer Art verstanden und begrüßt, die allerdings von habituell-psychischen wie praktischen Schwierigkeiten begleitet waren: Die häufige Entbehrung einer

Privatsphäre und die Relativierung der eigenen Identität kosteten ebensolche Überwindungen wie mehrtätige Ausflüge zu Festen, bei denen mitunter mit 20 Frauen und Kindern auf dem Boden eines engen Raumes geschlafen wurde.

Das größte forschungspraktische Problem in diesem Abschnitt bestand in der Ausweitung des Kontaktnetzes auf das ganze, über ca. 3 km vertreute Dorf, das sich, wie viele Orte im Kumaon, in zwei separate Hälften, diesseits und jenseits des Flusses (größerer Bach), teilt.

Kein Kumaoni und schon gar keine Kumaonifrau bewegt sich auf den zum Teil in die Vorhöfe der Häuser integrierten Dorfpfaden ohne sichtbaren Zweck. Sobald ich mich in das entferntere Dorf begab, ohne Arbeitsgänge zu begleiten, erregte ich Aufsehen und provozierte viele Fragen nach dem warum und wohin.

Der Vorfall, daß uns die Nachbarschaft in der Trockenperiode kurzzeitig keine Milch mehr liefern konnte, bot die Möglichkeit, täglich zumindest das weitläufige Dorf diesseits des Flusses zu durchschreiten, um die Milch an seinem anderen Ende zu holen. Dieser einfache Umstand bereicherte meine Informationsquellen in entscheidender Weise, und ich gab diese Gänge trotz Insistierens der Nachbarn, nachdem diese wieder über Milch verfügten, nicht wieder auf. Erst die regelmäßigen und selbstverständlichen Gänge durch das Dorf, die sich mitunter auf einige Stunden ausdehnen konnten, gaben mir die Möglichkeit einer kontinuierlichen Fühlungnahme mit einer großen Zahl von Haushalten. In den Häusern der Nachbarschaft unserer Milchlieferanten konnte ich ebenso unaufgefordert ein-und ausgehen wie in denen der eigenen Nachbarschaft.

Schwieriger war es, häusliche Kontakte auf das Thama jenseits des Flusses auszuweiten. Zugang zu den dort lebenden Familien fand ich in der Hauptsache durch die Begegnung mit Frauen bei der Arbeit auf den Feldern und im Wald.

Eine Kontaktbegrenzung besonderer Art wurde durch den im Dorf herrschenden Fraktionalismus hervorgerufen. Die Nachbarschaft reagierte mit äußerster Mißbilligung, wenn ich die Häuser einer verfeindeten Fraktion (s. Kap. 3.3) aufsuchte.

Es bestand ein die freie Bewegung behindernder Loyalitätszwang auf verschiedenen Ebenen: Mit dem dreißigköpfigen Haushalt unseres Vermieters, als dessen Mitglieder wir betrachtet wurden; mit der Lineage und mit der Fraktion dieser Familie, der allerdings der größte Teil des diesseitigen Dorfes angehörte; mit der Subkaste.

Besuche von Haushalten der unberührbaren Kaste am Ort führten zu dem Argwohn, daß ich Nahrung von ihnen empfangen hätte und der Androhung der

Sanktion, daß man keine Nahrung mehr aus meiner Hand annehmen würde. Kontakte mit Vertretern dieser Kaste spielten sich mehrheitlich in unserem Haus ab bzw. mit den Frauen in Wald und Feld, wo all die oben genannten Hürden kaum eine Rolle spielen.

Das Fehlen eines professionellen Arrangements (räumliche und habituelle Distanz) erschwerte den Einsatz technischer und systematischer Arbeitsmittel (Tonbandgerät, konzentrierte Interviewführung und standardisierter Fragenkatalog) in der dritten Phase der Untersuchung.

Dieser Abschnitt beinhaltete die Durchführung bzw. Vervollständigung der folgenden Projekte:

- Aufzeichnung sämtlicher Heiratsverbindungen des Dorfes. Standardisiert erfaßt wurde, mit welcher Lineage und mit welchem Ort die Heirat stattfand sowie über welche Verwandtschaftskategorie die Heirat vermittelt bzw. zustande gekommen war (s. Kap.8.2 b).

- Eine Befragung, in der alle Familien des Dorfes detailliert beschrieben sind, die u.a. die Überprüfung bereits frühzeitig angelegter Stammbäume und umfangreicher informeller Datensammlungen ermöglicht. Bei diesem Fragebogen bin ich von einem 4-Generationenschema ausgegangen und habe versucht, für jede Generation auch die Daten der Herkunftsfamilien von Ehefrauen und Destinationsfamilien von Schwestern aufzunehmen. Es war aus den o.g. Gründen (Fraktionen) nicht möglich, jeden einzelnen Haushalt mit dem umfangreichen Fragebogen zu konfrontieren. Dieser Mangel konnte zum Teil durch den Umstand behoben werden, daß jeder die Verhältnisse und die verwandtschaftlichen Verbindungen des anderen bis ins Detail kennt. Nicht direkt erhobene Daten wurden durch informelle Gespräche gegengeprüft.

- Zu allen während der teilnehmenden Beobachtung gesammelten und systematisierten Issues sollten und wurden auf ein Tonbandgerät aufgezeichnete Interviews durchgeführt. Hierbei habe ich besonders darauf geachtet, den Leuten die Antwort nicht in den Mund zu legen, das heißt, möglichst offene Fragen zu formulieren. Die in dieser Arbeit zahlreich verwandten Aussagen (Zitate) von Informanten sind hauptsächlich den von mir transkribierten Interviewtexten entnommen worden.

Die Durchführung der o.g. Arbeitsschritte gelang nach sehr großen Anlaufschwierigkeiten besser als erwartet. Ich begann mit den systematischen Befragungen in der arbeitsentlasteten Winterzeit bei den Frauen. Männer, die solche Sitzungen zunächst am Rande belauschten, mischten sich schließlich ein und erklärten, daß die Frauen nicht kompetent seien, die Fragen zu beantworten. Sie boten sich an, Frage und Antwort zu stehen. Auf dem Wege konnte ein Arbeitsarrangement geschaffen werden, das es erlaubte, für diesen begrenzten und aus dem Alltag ausgegliederten Zweck auch stundenlange Gespräche mit Männern zu führen. Es versteht sich vonselbst, daß die Forschungssituation eines Mannes eine andere gewesen wäre und daß diese

Arbeit in einem hohen Maße von den Sichtweisen und Lebensumständen von Frauen geprägt ist.

Jedem Forscher stellt sich die Frage nach der Objektivität seiner Datenbasis. Häufig präsentierten Informanten ihre positions- oder situationsabhängigen Interpretationen als objektive Fakten oder sie übergingen wichtiges Regelwerk, da es selbstverständliches "common sense"-Gut darstellt. Insbesondere aber kam es vor, daß sich die Aussagen der gleichen Informanten im Abstand von Zeit und Umständen widersprachen.

Ich bin bei der Bearbeitung des Materials davon ausgegangen, daß widersprüchliche sowie strategische Aussagen Variationen eines Themas darstellen, das sequenziell zu rekonstruieren ist. Dieser Prozeß wird in einer einzelnen Arbeit nicht abgeschlossen, und es bleiben manche Tatsachen und Aussagen im Raume stehen, die vielleicht erst später einen Sinn ergeben.

1.3 DER KONTEXT KASTE

a) Allgemeines

Das Thema Kaste kann in dieser Arbeit aufgrund der oben beschriebenen Einschränkung des Untersuchungsfeldes nur als Kontext entfaltet werden. Der lokal erfahrenen Kasteninteraktion möchte ich zunächst einige die Problematik umreißende allgemeine Thesen und Definitionen voranstellen:

Ich vertrete bei meiner Betrachtung den Ansatz von L. Dumont (1966), der Kaste als eine auf den indischen Raum begrenzte Ordnung versteht, die auf anderen kausalen Zusammenhängen beruht, als die den okzidentalen Klassenstrukturen oder Formen der Rassendiskriminierung zugrundeliegen.[8]

Um nur einige der Dumont'schen Argumente aufzuführen:
Während unsere Gesellschaft den Anschein der Egalität erweckt und der Mensch als das Maß aller Dinge gilt, steht in der Kastenordnung

> "..die Ausrichtung auf das Ganze, das Spezialisierung und Interdependenz beeinflußt, im Vordergrund. Dies erscheint als das Gegenteil eines ökonomischen Prinzips, das das individuelle Subjekt voraussetzt und nicht das geordnete Ganze, das auf einer religiösen Grundlage basiert und jedem einzelnen seinen Platz zuweist." (Dumont (1966)1976:134)

---

[8]Anderer Ansicht sind u.a. Bailey (1959, 1963) und Berreman (1960a, 1963), die Kaste mit Klasse vergleichen bzw. davon ausgehen, daß Kasten in einer modifizierten Form auch in anderen Gesellschaften anzutreffen sind, s.Sklavenhaltung, Rassismus etc.

Der individuelle Heilsweg ist Asketen vorbehalten und streift die gesellschaftliche Identität ab. Das bereits erwähnte Idiom der Ungleichheit (s.Parry) bzw. Ungleichzeitigkeit beschreibt Dumont in der Formel des Ausschlusses von Priester- und Königtum. Priester (Brahmanen) stehen an der Spitze der Hierarchie. Sie waren die Berater der zweitrangigen Könige/Politiker/Krieger (Kṣatriyas).

> "Durch den König, insbesondere durch den König als obersten Richter, als Bindeglied zwischen der brahmanischen Weisheit, die durch seine Ratgeber repräsentiert wird, und der empirischen Welt der Menschen, so wie sie sind, herrscht das Dharma von oben her, ohne - was fatal für es selbst wäre - regieren zu müssen." (Dumont (1966)1976:101)

Ein Brahmane, der sein Feld pflügt, würde im Kumaon z.B. seinen Anspruch auf den höchsten Rang verlieren. Nicht in erster Linie aufgrund ökonomischer Faktoren, sondern der Erhaltung seines Status wegen ist er auf die Dienstleistung anderer Spezialisten (Kasten) angewiesen.

Um die Trennung von sich ergänzenden Spezialisierungen auf Dauer zu stellen, bedarf es einer medialen Formel, die die situative Konkretion von Gegensätzen gewährleistet. Dies geschieht mit Hilfe der Kategorien von "rein" und "unrein". Jeder Zustand und Gegenstand, jede Person und jede Gruppe steht zu den anderen in einer mehr oder weniger reinen oder unreinen Position.

Nach dem Bad und der Entleerung am Morgen ist der Mensch reiner als am Abend, aber auch stärker von Verunreinigung gefährdet und die morgendliche Mahlzeitszubereitung bedarf ganz besonderer Reinheitsvorkehrungen.[9]

Der Verzehr des in Wasser gekochten Reis (Morgenmahl) birgt eine größere Verunreinigungsgefahr als die in Öl gebackene Nahrung (im Kumaon die Abendmahlzeit).[10] Der Empfänger von Reis muß sicher gehen, daß der Koch mindestens statusgleich ist, möglichst sollte er aber statushöher sein. Der Statushöhere gilt als der konditionell reinere.

Ich betone den Reis bereits an dieser Stelle, weil von seiner Bedeutung des öfteren die Rede sein wird. Reis nehmen und geben können, setzt im Kumaon den Grad der Lineagegleichheit voraus. Der symmetrische Tausch von in Öl gebackener Nahrung ist dagegen mindestens auf der Ebene der Subkaste mög-

---

[9]Der Koch oder die Köchin hat idealiter ein Bad genommen und ist bei dem Kochvorgang nur mit einem nahtlosen, frisch gewaschenen Tuch bekleidet.

[10] Die beiden Arten korrespondieren mit *kaccā* und *pakkā* Essen (vgl. Mayer 1960:33, Marriott 1968b); diese begriffliche Unterscheidung traf ich im Kumaon aber nicht an. Die Reismahlzeit wird als *jūṭhā khana*, als Verunreinigungsgefahr bergendes Essen und die gebackene Nahrung (Fladenbrote) als *cokha khana* (reines Essen) bezeichnet.

lich, während die einzige Nahrung, die ohne Bedenken auch von der niedrigsten Kaste angenommen werden kann, in purem *ghī* (Butterschmalz) besteht.

Wasser, worin auch der Reis gekocht wird, ist die eigentliche sensible Substanz. Dem Wasser wird zwar die höchste Reinigungskraft zugeschrieben, aber damit es reinigend wirkt, muß seine Reinhaltung gewährleistet sein.

Der Ausspruch "ich nehme von ihm kein Wasser" signalisiert, daß der betreffende Mann einer unteren Kaste angehört. Der Ausspruch wird aber auch dann benutzt, wenn eine Person aufgrund schlechter Gewohnheiten oder zweifelhafter Herkunft lediglich als statusniedrig erachtet wird. In Moli hatte jede Kaste ihr eigenes Wasserloch. In dem Pilgerort Bageshwar, wohin ich mit mehreren Frauen zur Wintersonnenwende einen Ausflug unternahm, wurde ich erst nochmal auf Herz und Nieren geprüft, ob ich keine *dhā̃ti* (in Zweitehe verheiratet) sei, bevor ich das nächtliche Bad im heiligen Fluß mit den Frauen teilen konnte. Als *dhā̃ti* hätte ich mich an einen eigens für diese Frauen vorgesehenen Abschnitt des Flußufers begeben müssen.

Ich hoffe, mit diesen kurzen Ausschnitten einen Einblick in die Reichweite und Allgegenwärtigkeit der Kastenmodulation gegeben zu haben.

Zu klären bleibt die Verwendung des Begriffs Kaste. Dies stellt sich mir als ein schwieriges Unterfangen dar, zumal hier der Wunsch des Forschers nach eindeutigen Kriterien nicht durch die sprachliche Differenzierung seitens des Sprechers unterstützt wird.

> "The term *jat* (or *jati*) denotes a "genus" or "species" and is conventionally translated by English words "caste" or "sub-caste". ... As the term itself suggests, members of different castes are conceived of as members of different species." (Parry 1979:85)

Berreman 1963:198 gibt die folgende Minimaldefinition:

> "Castes are ranked endogamous divisions of society in which membership is hereditary and permanent."

Ich werde in dieser Arbeit, die am Varṇamodell orientierten Ränge als Kasten bezeichnen und im Falle der Ṭhākurs von Subkaste sprechen, sofern ihre Erwähnung nicht im Kontext der Relation zu einem anderen Varṇa steht.

Es gibt vier Varṇakategorien, die in dem Gesetzbuch Manus festgelegte, hierarchisierte Spezialisierungen sowie polare Gegensätze aufweisen:

1) Brahmanen (Priester)
2) Kṣatriya (Könige/Politiker/Krieger)
3) Vaiśya (Kaufleute/Landwirte)
4) Sūdra (Handwerker)

bilden eine Rangfolge innerhalb des Varṇas. Außerhalb, in der Pos. 5), bzw. als Gegenpol zum Varṇa stehen die Unberührbaren. Die Sūdras (4) stehen gemeinsam mit den Unberührbaren im Gegensatz zu den ersten drei Kategorien, die sich "zweimal geborene" nennen und denen das Studium der heiligen Texte vorbehalten ist. Der Gegensatz innerhalb der beiden höchsten Ränge besteht in dem bereits erwähnten wechselseitigen Ausschluß weltlicher und priesterlicher Kompetenzen.

> "Associated with these oppositions are radically opposed styles of life and radically opposed ethics. The ethos of the Brahman is in many respects the inverse of that of Kshatriya." (Parry 1979:89)

b) Kasten im Kumaon

Im Kumaon sind nur drei der oben genannten Kategorien vertreten und als Kasten registriert:

1) Brahmanen; Bāmeṇ oder Pandit genannt
2) Kṣatriya; Ṭhākur/Rājpūt oder Jimdār[11] genannt
Rang 3) und 4) fehlt im Kumaon
5) Unberührbare; Harijan, Ḍūm (Ḍom) oder Śilpkār[12] genannt

Jede der drei Kasten verfügt über eine interne Hierarchie, auf die ich nur am Beispiel der Ṭhākurs ausführlicher eingehen kann (s.Kap.3) und über endogame Segmente.

Die pflügenden Brahmanen (Haliyā) stehen niedriger als die nichtpflügenden und die beiden Gruppen heiraten einander nicht.

Zur gleichen Kaste wie die Ṭhākurs gehören die Sonars (Silber und Goldschmiede), die nur in den Städten und Marktflecken zu finden sind.[13] Mit dieser als niedrig erachteten Subkaste war eine Heirat ebenso ausgeschlossen wie mit den Naik, einer Gruppe, von der ich nur wenig in Erfahrung bringen

---

[11]"The qualifying term Jimdar literally means a small ownercultivator and did not have any caste connotation." (Sanwal 1976:54) "At Present it has completly replaced the Term "Khasi" which it qualified because of the inferior status associated with the latter term. The Khasi refer to themselves merely as Jimdar or less often as Rajput." (ibid., S.82) Jimdār wird heute als Synonym für Ṭhākur verwandt und hat keinerlei niedrige Statuskonnotation.

[12]Das Wort "Śilpkār" bedeutet sinngemäß Handwerker. "Harijan" ist ein von Ghandi geprägter Begriff für die Kaste der Unberührbaren, der "Kinder Gottes" bedeutet. Das Wort "Ḍūm", der traditionelle Begriff zur Bezeichnung dieser Kaste, gilt als diskriminierender Terminus, er wird aber von den Ṭhākurs durchaus häufig gebraucht.

[13]Zu den Sonars vgl. Berreman 1963:67: "Most of the Sonars of this area are of the Rajput group, and they include some of the wealthiest of Paharis." Berreman schreibt, daß es aber ebenso innerhalb der Kaste der Unberührbaren Sonars gibt.

konnte und einer größeren Anzahl von Ṭhākur-Lineages, denen ein geringer Status zugeschrieben wurde (s.Kap.3 und 8).

Die Kaste der Unberührbaren im Kumaon vermittelt im überregionalen Vergleich das ungewöhnlichste Bild. Sie haben Handwerksberufe, die in anderen Landesteilen häufig dem Sūdra-Status zugeordnet sind.[14] In ihren Reihen fehlen subkastenmäßig ausgewiesene Spezialisten für verschiedene Arten der Beseitigung von Unreinheit (Wäscher, Barbiere etc.).

Auch diese Kaste verfügt über eine Binnenhierarchie. Lvār (Eisenschmiede), Oṛ (Maurer) und Baṛhī (Zimmerleute) gelten als statushöher als z.B. die Hanki (Töpfer) und Bārūṛī (Korbflechter).

Durch Endogamie separieren sich diese Gruppen wiederum von den Ḍholis[15], während sich die Ḍholis nicht mit den Huṛkī (Tänzer) verbinden, die die unterste Stufe der Hierarchie einnehmen.

Diese grobe Übersicht der Kasten und ihrer Segmentation kann aufgrund der lokalen Begrenzung der Untersuchung nicht vollständig sein.[16] Sie verdeutlicht das Prinzip, daß jede Kaste intern sowohl mit Elementen linealer Ordnung (relativer Status) als auch mit Oppositionen (Ausschluß = Endogamie) operiert und damit auch innerhalb der Kaste/Subkaste Kriterien des Varṇaschemas reproduziert.

Meine bisherigen Ausführungen haben gezeigt, daß die Kastenhierarchie nur eine Form der allgegenwärtigen Hierarchie ist und ich möchte im folgenden die Unterschiede zwischen Intra- und Interkastenkommunikation betonen.

Innerhalb der Kaste ist es nicht ausgeschlossen, daß die Endogamieschwelle durchbrochen bzw. daß durch das Ablegen diskriminierender Attribute Statusgleichheit behauptet wird. So bestand ein großes Ärgernis für die Brahmanen in Moli darin, daß die "pflügenden Brahmanen" ihren Namen imitiert hatten und sich nach außen nicht mehr als Haliyā zu erkennen gaben. Ich habe Ṭhākurfamilien kennengelernt, deren Lineage als so niedrig galt, daß sie strikt aus

---

[14]"The latter are accorded the status of untouchables and include most of the occupational groups found among both the clean Shudras und the untouchables of the plains." (Berreman 1963:201)

[15]Ḍhol heißt große Trommel. Die Ḍholis schlagen die Trommel bei Hochzeiten und anderen rituellen Anlässen und gehen gleichzeitig dem Schneiderhandwerk (Darjī) nach.

[16]So gab es in Moli, aber nicht im Umkreis von Thama, die Nāth, die als Abkömmlinge von Sādhus (Asketen) gelten und eine endogame Gruppe bilden.

dem Heiratskreis anderer regionaler Ṭhākurlineages ausgeschlossen waren. Sie konnten sich aber damit brüsten, Töchter an statushohe Ṭhākurlineages außerhalb des lokalen Radius verheiratet zu haben.

Zwischen den drei Kasten ist ein solches Streben nicht möglich und in viel expliziterer Weise betrachtet die eine Gruppe die andere als eigene Spezies (s.Parry). Ein Śilpkār will kein Ṭhākur werden, ein Ṭhākur kein Brahmane, denn jede Kaste hat ihre eigene Identität und ein positives Selbstbildnis von ihrer Spezialisierung (Handwerk, Landwirtschaft/Militär, Priester).

Heiraten außerhalb der Kaste sind mit Sanktionen verbunden (Ausschluß aus der Gemeinschaft), nicht vorstellbar und unerwünscht. "Davon profitiert niemand", sagte mir ein Ṭhākur. "Auch wenn es möglich wäre, einem Brahmanen würde ich meine Tochter nicht geben wollen." Fälle einer Interkastenheirat sind mir im ländlichen Kumaon mit einer Ausnahme nicht begegnet.[17]

Ich möchte diese Übersicht durch einen kurzen Exkurs über die von Sanwal (1976) vorgenommene historische Rekonstruktion der Kasten im Kumaon, die auf eine weitere Problematik der Kastendefinition hinweist, beschließen:

Eine Minderheit von immigrierten Brahmanen und Rājpūten[18] bildete die Spitze der Hierarchie und wurde zusammen mit den Königsklans als Ṭhuljāt bezeichnet. Zugehörigkeit zu dieser Gruppe konnte nur erhalten, wer keine Feldarbeit verrichtete und sich nicht mit den Khasī durch Heirat verband. Als Khasī werden die Eingesessenen bezeichnet, die sich wiederum in Brahmanen (Priester) und Jimdār (Landwirte) unterteilten.

> "Traditionally each caste in Kumaon was assigned specific ranked occupational roles: the Bhal-Baman were priests, preceptors, physicians, astrologers, administrators and landlords; the Kshettri (Immigranten-Rājpūten) shared the last two roles with the Bhal-baman; the Khasi-Baman were given inferior priestly roles and shared the lowly agricultural occupation with the Khasi-Jimdar. The Dom were given absolutely polluting artisan roles to play." (Sanwal 1976:190) ..."The Thul-jat alone were entitled to use gold ornaments and the Bhal-Baman alone were entitled to wear a full length *dhoti*. The Khasi, both the Jimdar and the Baman, were allowed to use only silver and brass for personal ornamentation and wore a typical dress called gata and/or a broad G-string or loin-cloth. The Dom could use only *khabari* (a very base alloy) for

---

[17]Ein Ṭhākurmädchen aus einem Nachbardorf hatte einen Harijan aus Liebe geheiratet. "Sie ist eine von denen geworden, mit ihrer Familie und den Ṭhākurs hat sie nichts mehr zu tun", wurde gespöttelt. Sanwal 1976:66 schreibt, daß im Fall einer solchen Verbindung der Mann früher getötet und die Frau zum Selbstmord getrieben wurde.

[18]Anteil der Immigranten an der Gesamtbevölkerung: Brahmanen 3%, Rāpūten 11%.(vgl. Sanwal 1976:39)

personal ornamentation and in terms of dress followed the Khasi." (ibid.,S.28)

Die Tatsache, daß Teile einer im Varṇa-Modell statushöher angesiedelten Gruppe, Brahmanen, auf der attributiven Ebene hohen Rājpūtenklans nachgeordnet sind, läßt sich mit Sanwal nur unter Hinzunahme eines Klassenmodells erklären. Ich kann in diesem Rahmen das umfangreiche und von dem Autor schon jeweils interpretierte historische Material nicht ausbreiten, verweise aber darauf, daß die Überlagerung des linearen Varṇaschemas durch säkulare Ränge bzw. Attribute ein allgemeines Phänomen darstellt:

> "..the different ranks within the caste are associated with different sets of attributes. This creates a situation in which the aristrocratic Rajput clans have "higher" attributes than many low status Brahman clans; yet peoble clearly and unambiguously state that all Brahmans rank higher than all Rajputs." (Parry 1979:91)

Tambiah bringt das Verhältnis von Varṇarang und anderen Rangressourcen in die folgende Formel:

> "Conklin (1964) who distinguishes five methods of classification confirms the basic distinction between a taxonomic hierarchy (whose constituent taxa or entities are arranged vertically by nondimensional class inclusion and whose hierarchic positions are not permutable) and a key which is a multidimensional and hence often permutable arrangement of attribute oppositions, which by their hierarchic application help to locate the entities being identified." (Tambiah 1973:191)

Sanwals historisches Material zeigt, daß Berufswechsel (z.B. Aufnahme von Feldarbeit durch die Ṭhuljāt) und illegitime Heiratsverbindungen (keine Primärehen) zwischen Ṭhuljāts und Khasas zu säkularen Statusverschiebungen führten. In beiden Fällen ging der Ṭhuljāt-Status verloren.

> "...being *varna* peers of the Jimdar, the illegitimate offspring of the Kshettri (Thuljat-Thakurs) had no difficulty in being absorbed into the former through intermarrige." (Sanwal 1963:141)

Abkömmlinge aus konkubinalen Verbindungen zwischen Ṭhul- und Khasī-Brahmanen bzw. Ṭhul- und Khasī-Ṭhākurs schufen neue Statusgruppen innerhalb der Kaste. Die Verbindung eines Ṭhuljāt-Brahmanen mit einer Frau aus dem Kṣatriya-Varṇa aber führte, wie Sanwal schreibt, zur Bildung einer eigenen exogamen Subkaste, den Khattri (vgl. ibid. S. 140 f.).

Dieses Bild verdeutlicht nochmal den Unterschied zwischen kasteninterner und -externer Hierarchie sowie ihre Gemeinsamkeit: Die Überlagerung des zugeschriebenen Rangs durch andere Faktoren führt zu einer Statusdynamik, die den Rang innerhalb der Kaste alterniert, aber nicht die Kaste. Der gleiche Mechanismus führt, wenn er das Varṇa überschreitet, zum gesellschaftlichen Ausschluß oder aber zur Bildung einer neuen Subkaste (s. Khattri). Tambiah

(1973) formuliert die Hypothese, daß die Differenzierung der Varnakategorien in tausende von Kasten, Subkasten bzw. endogame Gruppen durch solche "mixed unions" erfolgt ist.

TAB. 1 Die traditionelle Hierarchie der Kasten im Kumaon, zitiert nach Sanwal 1963:38:

Division	Ethnic-political category	Caste	Sub-caste or Occupational group	Varna
	Asal-	Bhal- Bamen	Chauthani	Brahmin
			Pachbiri	
	or			
Bith	Thul-jat	Thakur-Rajput or Kshettri		
		Pitali-, Hali- or Khasi-Bamen		Kshatriya
	Khasi	Khasi-Jimdar Khattri[19]		
		line of pollution		
	Dom, Dum	(khalait)	Koi Tamat Lwar Agari Orh Bhul Pauri Baruri Sani Bakhari Chimari Chanyal Hanki	
			Das-Dholi Damai Auji	
		(mang-khani)	Hurki-Badi Mirasi Nat	

NOTE: 1. Unbroken lines in the above scheme denote connubial exclusiveness. Broken lines denote relatively frequent intermarriage. Women follow the arrow, more often in the direction of unbroken ones and less frequently in that of the broken ones.

2. The Dom were not divided into any formal named castes. The named occupational groups were also not castes in the sense the Pitali or Kshettri, for instance, were. The terms khalait and mangkhani describe the economic relationship which these two "classes" of Dom had with the Bith and have been used in the scheme to facilitate discussion.

Erläuterungen:

Bith	lt. Sanwal Zweimal-Geborene		
Chauthani	Priester und Berater hochrangigster Kṣatriyas/Königsklans		
Pachbiri	Priester der Chauthani und der Immigranten-Kṣatriyas (Kshettri)		
Pitali)	= Kupfer	) Landwirte und	
Hali) Bāmeṇ	= pflügen	) Priester der Jimdār	

Bis auf das Wort Jimdār (Synonym für Ṭhākur) und Hali-Bāmaṇ war meinen Informanten keiner der o.g. Begriffe bekannt. Auch der Name Khattri (s. Subkaste aus der Verbindung von Brahmanen und Kṣatriya) war unbekannt. Möglicherweise waren die obigen Kategorien nicht in allen Landesteilen vertreten bzw. bereits vergessen, denn die Dorfbevölkerung verfügt über kein Geschichtsbewußtsein bzw. -wissen in unserem Sinne.

---

[19]Von mir vorgenommene Ergänzung aus Tab. II des Autors (S.140)

c) Die lokale Interaktion der Kasten

Trotz weitreichender Veränderungen der Tätigkeiten und Existenzgrundlagen ist das Verhältnis der Kasten untereinander auch heute noch durch ihre gegenseitige Abhängigkeit geprägt. Ich erwähnte bereits, daß ein Brahmane sein Feld nicht selber pflügen kann, und ebenso soll keine der höheren Kasten (Brahmanen/Ṭhākurs) handwerkliche Arbeiten ausführen, die zum Berufsbild der Śilpkārs gehören (mauern, schmieden, töpfern, zimmern etc.).

Das interdependente Dienstleistungsverhältnis zwischen den Kasten wird auch als *jajmāni*-Beziehung bzw. -System bezeichnet. Der *jajmān* ist der Empfänger von Leistungen.
Dieser Begriff wird im Kumaon nur für die Priester-Klienten-Beziehung gebraucht. Der Empfänger von Leistungen seitens eines Unberührbaren heißt hier *guśai* und der Unberührbare wird in der Ausführung seines Auftrages *khaukī* genannt.

Bevor ich auf die in Thama beobachteten Kastenbeziehungen zu sprechen komme, möchte ich einen Spezialisten erwähnen, den ich nur im Brahmanendorf antraf, den Haliyā.

Den engsten Kontakt als *guśai* hatte mein Brahmanen-Gastgeber in Moli mit dem Haliyā (*hal* heißt Pflug) der Familie. Dieser pflügte nicht nur die Felder und besserte sie aus, sondern war mit allen möglichen landwirtschaftlichen Dispositionen betraut. Er befand nach Rücksprache mit dem *guśai* darüber, wie welche Felder bestellt werden. Um die täglichen Arbeiten wie säen, jäten und ernten kümmerte er sich nicht, denn dies ist selbst bei den Brahmanen im Kumaon Aufgabe der Frauen.

Diesem Verhältnis unterliegt ein Vertragsabkommen. Der Haliyā erhält eine bestimmte Geldsumme als "Kredit". Will der Haliyā das Verhältnis kündigen, muß er den Betrag zurückzahlen, will der *guśai* die Beziehung auflösen, verliert er sein Geld.[20]

Der Haliyā in Moli wurde mit Ländereien zur eigenen Bewirtschaftung entlohnt, die ihm zum Teil pachtfrei, zum Teil für eine 25%ige Ernteabgabe überlassen waren.

---

[20]vgl. hierzu Fanger (1980:220): "However, it is understood that the relationship can be terminated at any time by the halia if he returns the hundred rupees and relinquishes his usufructuary rights to the land. The *gusāī* may also end the relationship, but in that case he will lose his hundred rupees."

Haliyā sind häufiger in Brahmanendörfern vertreten, weil die Ṭhākurs, die selber pflügen, auch ohne diesen Spezialisten auskommen können.

Während *gusai* und *khaukī* meistens im gleichen Dorf wohnen, hat der Brahmane (Pandit, Purohit) sein Klientel in der Regel außerhalb des eigenen Ortes.

Die Pandit-Familie (Vater, Sohn und Neffe), die sich in die Betreuung des Dorfes Thama teilte, wohnte ca. 5 km entfernt und zu ihrem Klientenkreis gehörten vier bis fünf weitere Orte der Umgebung.

Ein Brahmane kommt nur dann ins Dorf, wenn er gerufen wird und die Kontakte der Ṭhākurs mit Brahmanen beschränkten sich auf das notwendigste Maß.

Die Anwesenheit eines Brahmanen ist bei allen lebenszyklischen Ereignissen sowie bei einigen saisonalen Zeremonien und Festen erforderlich, auf die ich im Laufe der Arbeit zu sprechen komme.

Die professionelle Qualifikation eines Familienpriesters besteht in der Kenntnis von in Sanskrit verfaßten heiligen Schriften und ihrer Anwendung im Ritual. Jeder Brahmane ist außerdem ein Astrologe und es gehört zu seinen Hauptaufgaben, Horoskope bei der Geburt zu erstellen und vor einer Heirat zu vergleichen. Brahmanen agieren als geistige Führer, wenn es sich um Fragen der religiösen Ordnung und Vorschriften (Dharma) handelt oder als astrologische Berater, die nach günstigen Zeiten z.B. für den Beginn einer Ernte, Reise oder anderer Unternehmungen befragt werden. Das Wissen des Brahmanen wird vom Vater auf den Sohn übertragen.

Ein Brahmane muß für seine Dienstleistung großzügig beschenkt werden, nicht entlohnt, denn es läge unter seiner Würde, etwas zu fordern. Die Gabe einer Kuh plus Kleidung, Geld und Naturalien ist anläßlich einer Hochzeit oder eines Sterbefalles geboten.

Spannungen im Verhältnis *purohit-jajmān* (Priester-Klient) entstanden aus der Sicht der Ṭhākurs immer durch Regelverletzungen seitens des Priesters.

Während einer Hochzeitszeremonie, kurz vor meiner Abreise, gab es Streit zwischen dem fremden, die Frauennehmer vertretenden Pandit und den Ṭhākurs. Der Brahmane hatte sich während der Zeremonie, die von allerlei Gehänsel zwischen Frauennehmer- und Frauengeberpartei begleitet wird, mit schmutzigen Reden beteiligt. Am nächsten Tag kam es fast zu Handgreiflichkeiten. Die aufgebrachten Ṭhākurs beschimpften den Brahmanen, er sei in ihren Augen kein Brahmane mehr, da er sich nicht wie ein Brahmane zu benehmen wisse.
Insbesondere aber wird anläßlich von Hochzeiten und Sterbefällen das jährliche Aufschlagen der Preise/Forderungen seitens der Brahmanen von den Ṭhākurs heftig moniert.

Außer einer gewissen Inflation der Werte, die ein Brahmane verkörpern sollte (er darf nicht fordern), unterliegt die *purohit-jajmān*-Beziehung keinem nennenswerten Wandel.

Die *guśai-khaukī*-Beziehung erfuhr dagegen in den letzten Jahrzehnten kontinuierliche Veränderungen, deren Grundlage der Wechsel ökonomischer und politischer Umstände bildet. Sanwal (1963) schreibt, daß die Unberührbaren erst im Zuge der britischen Kolonialherrschaft berechtigt wurden, Besitztitel an Land zu erwerben und sich frei (unabhängig vom *guśai*) zu bewegen. Die Verdingung als Dienstleistungspersonal bei den Kolonialherren, die die Kastenordnung zwar anerkannten, aber nicht vertraten, ermöglichte erstmals Existenzen außerhalb der traditionellen Berufe.[21]

Viele Berufe, z.B. der des Bhūl (Ölpresser), des Kolī (Weber), des Bārūṛī (Korbflechter), sind durch Maschinen und Marktartikel verdrängt oder abgeschafft worden. Die der *guśai-khaukī*-Beziehung traditionell zugrundeliegende Entgeltung durch Naturalien ist weitgehend einem Lohnabkommen gewichen, denn auch der *guśai* muß Naturalien zukaufen, um seine Familie zu ernähren.

Innerhalb der elf in Thama lebenden Lvārfamilien arbeiten nur noch zwei Männer hauptberuflich als Lvār (Eisenschmiede) und für Naturalien.[22] Die anderen arbeiten auf Lohnbasis als Oṛ (Steinmetz, Maurer), Baṛhī (Zimmermann) und eine Familie hat ihre Söhne im "Service", in einer Dienstleistungsarbeit in der Stadt, untergebracht. Der eine Lvār stellt die eisernen Pflugspitzen für das Dorf her, der andere Sicheln und verschiedene Hacken. Von der Frühjahrsernte erhalten sie von jeder Familie einen *sup* (schaufelförmiger Korb) Getreide und von der Herbsternte erhalten sie zwei *sup*.

Alle Lvārfamilien verfügen über eigenes Land, das den Anbau von etwas Gemüse ermöglicht und Gras für die Tierhaltung liefert.

Jede Ṭhākurfamilie hat ihren eigenen *khaukī*, der heutigentags in der Hauptsache Häuser baut und ausbessert. Der Auftrag wird einem Mann hauptverantwortlich übergeben. In der Regel handelt es sich dabei um den ältesten Sohn eines Familienverbands, dessen Vater oder Großvater bereits die Häuser für die bestimmte Ṭhākurfamilie baute. Dieser Mann sucht sich dann aus seiner

---

[21]"In fact some of the Dom families had become so rich from working as government contractors that the first commercial venture (a bus company to carry passengers between Almora and Haldwani in the foothills) was floated by a Dom of the coppersmith caste in 1920 (Government, U.P., 1925:10)." (Sanwal 1976:196)

[22]Häufig werden Lvārarbeiten auch als Nebentätigkeit ausgeführt; z.B. von 6 - 8 Uhr morgens, um anschließend einer anderen Arbeit nachgehen zu können.

Familie (Brüder, Cousins) vier bis fünf Hilfskräfte aus. Abgerechnet wird pauschal und nach einem Kostenvoranschlag. Zimmerleute arbeiten für einen Tageslohnsatz. Er beträgt ca. 18–20 Rupien.

Das Verhältnis kann dennoch nicht auf einen reinen Lohnvertrag reduziert werden. Bei der Einweihung des Hauses erhält der Baumeister großzügige Geschenke, mitunter eine Kuh, eine *parāt* (große Messingschale) oder einen Schmuck für seine Frau.[23] Bei dieser Gabe zu geizen, bringt Unglück für das neue Haus, heißt es. Die *guśai-khaukī*-Beziehung beinhaltet darüberhinaus gegenseitige Einladungen zur Hochzeit. Zu einer Hochzeit in einem Ṭhākurhaus werden alle Śilpkārfamilien des Dorfes als *pauṛ*[24] eingeladen.

> Unser Hausherr erzählte mir, daß wenn er zu Hochzeiten seiner *khaukī* gehe, dem Zug der die Braut abholt (*barāt*) nur eine kurze Strecke folge und dann umkehre, weil Unterkunft und Verpflegung am Ort der Braut ausgeschlossen seien. Heirate die Tochter eines *khaukī*, dann gehe er vielleicht für 10 Minuten hin, um sein Geschenk (*dhoti, thāli*) abzugeben. "Könnt ihr dort etwas verzehren?", fragte ich ihn. "Ja, warum denn nicht? Als Ganga Rāms Sohn heiratete, da bekamen wir einen Topf *ghī* (Butterschmalz) und *guṛ* (Melasse). Wir haben uns *haluvā* (Süßspeise) zubereitet. Unsere eigenen Leute holten das Wasser.

Wenn Brahmanen zu Gast bei Ṭhākurs sind kochen sie ebenfalls ihre eigene Mahlzeit.

Nicht ausschließlich, aber mehrheitlich aus der Kaste der Unberührbaren kommen die Sänger von Balladen und Legenden, die Überlieferer der oralen Tradition, die Unterhaltung und Belehrung zugleich ist. Im Kontext eines solchen Vortrags, der meistens in Zusammenhang mit einem *jāgar*[25] stattfindet, kann der Unberührbare zum bewunderten Meister werden.

> "The Dholi (unterste Statusgruppe der Śilpkār) are much respected on account of their ritual occupation and knowledge of culturehero lore.." (Sanwal 1976:169)

Ebenso sind Medien (*ḍaṅriyās*), die mit Lokalgöttern kommunizieren und von denen viele gleichzeitig als "Heiler" wirken, zahlreich in der Kaste der Unberührbaren vertreten. Diese Spezialisten sind ähnlich anfällig wie ein Brahmane. Sie sollen einen reinen Lebenswandel führen, "heiße Speisen" (Fleisch, Eier, Knoblauch, Alkohol etc.) meiden und Vorbild sein.

---

[23]Es handelte sich hierbei in zwei Fällen um *paunjīs*, 400 Gramm schwere Silberarmbänder.

[24]*Pauṛ* (Gast) geben und erhalten im Unterschied zu den eigenen Lineagemitgliedern Geschenke; s. Kap. 6.

[25]Veranstaltung, bei der Medien in Kontakt mit den Lokalgöttern treten (s.Kap.10.2).

Auch bei den an die Lokalgötter gerichteten Opferungen spielen die Śilpkār eine Rolle. So ist bei den Tieropfern im Tempel des großen Lokalgottes Golū in Geral (s.Kap.10.1) immer ein Unberührbarer vonnöten, der das Opfer vollzieht. Dafür erhält er Speisen. Er bekommt das vollständige geopferte Huhn, die Füße der geopferten Ziege und dazu einen Teller mit ungekochtem *dāl* (Linsen), Reis, Gewürzen und Geld (1 1/4 Rupien).

Das heißt, die Arbeiten dieser Kaste beschränken sich nicht auf materielle Dienste und sie bilden ein gewisses Pendant zur Leistung der Brahmanen.

Die Ṭhākurs haben das Gefühl, nach beiden Seiten ständig zu geben und von beiden Seiten abhängig zu sein. Es kommt in diesem Kontext zu Äußerungen wie, "die Brahmanen sind nicht besser als die Harijans". Die Hierarchie, die außer- und oberhalb der Attitüden besteht und wirkt, bringt solche Schrägen wieder ins Lot. Sobald ein semantischer Wechsel vom Alltag zum Ideal bzw. zur kategoriellen Vorgabe stattfindet, wird von den Brahmanen mit Ehrfurcht und von den Unberührbaren mit Abwertung gesprochen.

Was immer die letzteren auch leisten und wodurch ihnen personaler Respekt gezollt werden mag, es enthebt sie nicht ihrer Zuschreibung, Beseitiger des Unreinen zu sein.

Die Lvār in Thama waren früher verpflichtet, neben ihrem Beruf noch zahlreiche andere Arbeiten für den *guśai* zu übernehmen, deren Ausführung sie im Laufe der letzten Jahrzehnte abzulehnen begannen. Es war ihre Aufgabe, die Kadaver der toten Tiere zu beseitigen (bei Kühen: zu begraben). Sie holten die männlichen Kälber ab, die heute, da sie keine Milch geben und nur einige von ihnen als Zugtiere aufgezogen werden können, des Hungers sterben müssen.

Die Tatsache, daß sie diese Kälber verspeisten, wurde mir gegenüber als Hauptgrund für den Unberührbarenstatus der Śilpkār von einigen Ṭhākurs vorgebracht.

Die Unberührbaren mußten den Hochzeitszug (*barāt*) der Ṭhākurs als Träger der Flaggen und der hölzernen Sänften (*ḍoli*), in denen die Brautleute befördert werden, begleiten. Für all diese Arbeiten wurden sie nicht extra entlohnt. Bei ihren eigenen Hochzeiten durften sie weder Fahnen noch *ḍoli* verwenden.

Die *ḍoli* und die Flaggen bei den Brahmanenhochzeiten wiederum trugen die Ṭhākurs. Die Generation der jetzigen Haushaltsvorstände hat das nicht mehr erlebt, aber sie erzählten von ihren Vätern: "Bei den Pandits gingen die Ṭhākurs im *barāt*, aber wir haben Geld dafür bekommen."

Heute werden für Hochzeiten 8 bis 9 nepalesische Gastarbeiter engagiert, die Sänfte, Fahnen und die immer umfangreicher werdende Aussteuer tragen.

Lediglich das Schlagen der großen Trommel durch die bereits erwähnten Dās-Ḍholi ist personalmäßig nicht ersetzt worden.

Die *guśai-khaukī*-Beziehung lebt, wie ich oben ausgeführt habe, fort, aber die lokalen Śilpkār haben einige Aufgaben abgelegt, die als unrein und niedrig gelten.

Sie schicken ihre Söhne in die gleichen Schulen wie die Ṭhākurs oder zum Militär und folgen in ihrem Lebenswandel dem vegetarischen Ideal. Die Aggressionen von Ṭhākurs gegenüber diesen Veränderungen sind unverhohlen.

> "Ein Harijan hat nur Vorteile. Er bekommt 15 Rupien für jedes Schulkind im Monat. Ich muß für jedes Kind 11 Rupien bezahlen. ... Das viele Land ist ihnen geschenkt worden. ... Wenn sie keine Arbeit haben, bekommen sie Geld vom Staat, wenn wir keine haben, gibt uns keiner was."

Für die Hilfsarbeiten, die ein Ṭhākur, außerhalb des Dorfes beim Straßenbau oder Hausbau, in der Lage ist zu leisten, bekommt er höchstens 12 Rupien am Tag, während ein Śilpkār für seine qualifizierte Handwerksarbeit einen höheren Tagessatz fordern kann. Das löst Bitterkeit aus.

In der unmittelbaren und alltäglichen Kommunikation zwischen den Kasten konnte ich aber weder den Niederschlag einer Aggression noch den einer Statusangleichung feststellen.

> Jaman Rām, dessen Vater schon die Häuser unserer Vermieterfamilie baute, war ein typischer *khaukī*. Fiel ein Hausbau an, war er der Meister, der zuerst konsultiert wurde, den Kostenvorschlag machte und sich seine Gesellen suchte. In arbeitsentlasteten Zeiten legte er wie ein *haliyā* neue Felder an oder besserte Stützmauern für den *guśai* aus. Bei Krankheitsfällen wurde er als Heiler gerufen. Die sichtbare Entlohnung bestand immer in einer Mahlzeit, einem Tee zu festgesetzten Zeiten und einer Schachtel Bidis (indische Zigarillos).
>
> Jaman Rām oder Yoga Rām (*jagriyā* der Familie, der mit seinem musikalischen Vortrag die Götter anruft) konnte man oft stundenlang mit dem Ṭhākur auf der Hofmauer sitzend beobachten. Sie rauchen zusammen die *hukkā* (mit Tabak gestopfte Wasserpfeife) und trinken Tee. Niemals aber würden sie am gleichen Stück der Pfeife ziehen. Jaman Rām raucht am tönernen Aufsatz, der Ṭhākur vom Mundstück am Bauch der Pfeife.[26] Betritt Jaman Rām das Haus, wird er gleich neben dem Eingang Platz nehmen und sich nie über den Frontraum hinausbegeben. Er wird nach dem Genuß des Tees sofort hinausgehen und seinen Becher waschen.

Das Verhalten ist habitualisiert und konnte selbst nach Aufforderungen (in unserem Hause), hier oder dort Platz zu nehmen, den Abwasch dem Gastgeber zu überlassen etc., nicht verändert werden.

Ṭhākurs erteilen ihren *khaukī* mit der gleichen Selbstverständlichkeit Befehle und Anweisungen, wie sie eine Frau vom Mann erhält. Unsere Brah-

---

[26] Im Kumaon wird der Bauch der Wasserpfeife *cilam*, der tönerne Aufsatz *hukkā* und das Mundstück *gainai* genannt.

manen-Besucher aus Moli wiederum legten dieses Verhalten gegenüber den Ṭhākurs an den Tag. Oft war mir der Ton, mit dem diese die Ṭhākurs ansprachen und befehligten unangenehm, aber die Ṭhākurs empfanden den Umgangston als Selbstverständlichkeit.

Ungleichheit und Ungleichzeitigkeit ist das Axiom jeder Begegnung zwischen Kasten: Stirbt ein Ṭhākur, muß der Unberührbare Holz bringen und wenn ein Brahmane am gleichen Ort stirbt, ist der Ṭhākur verpflichtet, Holz zu bringen. Niemals aber könnte ein Brahmane dem Ṭhākur oder der Ṭhākur dem Unberührbaren diesen Dienst erweisen.

> "Asymmetrical exchanges may also be used to express or establish inequality. But, by contrast, they do not start from the premise of equality and do not therefore carry the same potential for expressing competition; for one can not compete with those who are selfevidently superior or inferior to oneself." (Parry 1979:92)

Berreman (1963) betont für Garhwal die Dichotomie zwischen Brahmanen/Ṭhākurs(Rājpūten) und Unberührbaren und spricht häufig von einer Zweiteilung der Gesellschaft.

> "In plains villages the most important division seems to be at least threefold (twiceborn, Shudra, untouchable) if not fivefold (Brahmin, Kshatriya, Vaishya, Shudra, untouchable) rather than twofold as in Sirkanda." (ibid., S.202)

Diese Sichtweise hat ihre guten Gründe. Ganz unabhängig von der auf dem Ausschluß von "rein" und "unrein" basierenden Kluft aber existiert eine andere Zweiteilung: Viele der traditionellen Regeln und Rituale, die in dieser Arbeit zur Sprache kommen, treffen ebenso auf die Kaste der Śilpkār zu, wie auf die der Ṭhākurs, sind aber nur bedingt auf die Kaste der Brahmanen übertragbar. Scheidung, Witwenheirat, Polygynie und Brautpreiszahlung sind bei den Brahmanen ausgeschlossen, bei den Erstgenannten möglich. Brahmanen sah ich nicht unter dem Zwang, ihre Töchter vor der Pubertät zu verheiraten und dabei den lokalen Radius nicht zu überschreiten, wie dies Śilpkārs und Ṭhākurs tun. Im Prozess der Anpassung an brahmanische Vorbilder befinden sich beide Kasten mit zeitlicher Verzögerung. So sollen die Śilpkār Brautpreiszahlungen erst vor kurzem, ein bis zwei Jahrzehnte später als die Ṭhākurs, abgelegt haben. Töchter von Śilpkārs heiraten auch heute noch i.d.R. unter 14 Jahren und ohne eine kostspielige Aussteuer.

Prozesse der Orientierung und Angleichung der unteren Kasten an die höheren bilden einen eigenen Themenkomplex, der von Srinivas (1952) mit dem Begriff "Sanskritisierung" umschrieben wurde, und können hier nicht weiter vertieft werden.

2. DER LEBENSRAUM

2.1 DAS DORF

Thama liegt in einem kreisförmigen Tal. Gleich einem halbgeöffneten Regenschirm laufen die Bergrücken und -falten auf den tiefsten Punkt, eine Flußschleife,zu. Der Ort öffnet sich leicht nach Südosten in ein weiteres Tal und wird im Westen durch einen steilen Hang begrenzt. Zwischen der von Reis- und Gemüsefeldern gesäumten schmalen Flußebene und den Siedlungsausläufern am Westrand des Dorfes liegt eine gute halbe Stunde Aufstieg (bis 1.900 m), der durch den Blick auf die schneebedeckten Himalayagipfel (Nandā Devī, Nandākot, Triśul u.a.) belohnt wird.

Seit alters her führt über diesen Berggrat, der in Südnordrichtung von Almora bis zur höchsten Erhebung der Umgebung, Binsar (ca. 3.000 m), verläuft, und der den Blick rechts- und linksseitig in viele zerklüftete Täler und zahlreiche Siedlungen eröffnet, eine Straße. Bei meinem ersten Besuch im Kumaon (1981) bestand diese Straße noch aus einem unbefestigten Pfad, der nichtsdestoweniger regen Durchgangsverkehr aufwies und die Anrainertäler mit Almora verband. Inzwischen wird die Straße ausgebaut und der Einsatz eines Busses ist vorgesehen.

Durch das Tal des Dorfes Thama selbst wird aufgrund der geographischen Unzugänglichkeit und der Nähe des obigen Verkehrswegs wohl nie eine Straße führen. Strom- und Wasserleitungen, die nach und nach in alle Täler gebracht werden, gibt es in Thama zum Zeitpunkt der Untersuchung nicht.

Ich wies bereits darauf hin, daß Thama ein durchschnittlicher Ort ist. Typisch für viele Kumaonidörfer ist eine landschaftsbedingte verstreute Siedlungsweise ohne ein eindeutiges Zentrum[1] und die Auslagerung von Geschäften und öffentlichen Gebäuden (Schule, Post) an die Pheripherie, die nächstgelegene Straße. Kleine Teestuben, oft kombiniert mit Krämerläden, in denen es auch ein paar Grundnahrungsmittel - Mehl, Linsen, Melasse (guṛ)- und Zigaretten zu kaufen gibt, bilden die Außenstationen eines Dorfes. In Thama sind vier solcher Teestuben an der o.g. Straße placiert. Der Ort verfügt

---

[1]Als Versammlungsort für bestimmte Feste und für den *pañcāyat* (Dorfrat) dient die *dhuṇi* (heilige Feuerstelle), ein offener Platz, der verschiedenen Lokalgottheiten geweiht ist (s.Kap.10).

seit ca. 15 Jahren über eine Grundschule, dem einzigen öffentlichen Gebäude.

Jedes rodbare Stück Land des Dorfes wird, unbesehen der steilen Hänge, bearbeitet. Oft sind die Nutzflächen nicht breiter als die Höhe der mühsam aus Steinen errichteten Stützmauern. Größere Plateaus oder die Nähe einer Quelle bzw. eines Wasserlochs regen zum Hausbau an. Baulich verdichtet ist der untere Teil des Tales. Die ältesten Siedlungen liegen in Flußnähe und die meisten der nach oben und außen strebenden Häuser sind erst in den letzten ein bis zwei Generationen gebaut worden. In und durch das Dorf führen schmale Pfade, deren Verlauf oft kaum erkennbar ist.

Das steile und weitläufige Terrain des Dorfes hat eine Kommunikationsart gefördert, die ich das 'Dorftelefon' genannt habe. Man stellt sich auf eine Mauer und kann stundenlange Streitgespräche mit einer Hunderte von Metern entfernt wohnenden Familie führen oder ruft so den Frauen, die auf der anderen Seite des Dorfes arbeiten, Nachrichten zu. Ein Auftrag für den Markt, ein Treffen für den Abend, all das wird mit der Gewalt der Stimme in das Dorf und an die Adressaten getragen.

Einen Kontrast zur landschaftsbedingten Streusiedlungsweise bilden dichte Nachbarschaftsgruppen bzw. die Bauweise der *bākhis* (Häuserketten). Alle traditionellen Kumaonihäuser sind in einer geraden Reihe aneinandergebaut, die je nach Terrain bis zu max. 15 Hausparzellen mit eigenem Eingang umfassen kann.

Bākhis haben meistens ein durchgehendes Dach aus flachen Steinplatten und einen verbundenen, mit den gleichen Steinen gepflasterten Vorhof. Dieser Hof *(khāv)* weist immer zum Tal. Alle Tür- und Fensteröffnungen liegen auf der Hofseite und die Rückwand des Hauses ist in der Regel durch einen Hang geschlossen.

Im *khāv* spielt sich das öffentliche Leben ab. Er ist Treffpunkt für Nachbarschaft und Passanten und bietet Raum für all das, was nicht im Inneren des Hauses vollzogen werden muß (das ist nur Kochen und Schlafen). Im Hof stehen die Tiere (Wasserbüffel und Kühe) vor den Häusern angebunden, und zur Erntezeit werden hier die Feldfrüchte zum Trocknen und zur Bearbeitung ausgebreitet. Ein Pendant zum Hof stellt das große, flachgieblige Steindach *(pākh)* dar. Es ist bei fast jedem Haus über den Hang begehbar und dient als Lager- und Trockenraum für Ernten, Holz und vieles mehr.

Große *bākhis* werden heute kaum noch gebaut, sondern meistens befinden sich zwei bis maximal sechs Wohneinheiten in einer Reihe. Die Neubauten unterscheiden sich aber im Stil und in der Aufteilung nicht wesentlich von den alten *bākhi*-Parzellen.

Eine steile steinerne Treppe führt in den ersten Stock, den Wohnbereich, von dem generell als *bhitar* (innen) gesprochen wird. Die mit kunstvollen

Holzschnitzereien versehene Türöffnung ist bei den alten Häusern so niedrig (ca. 1,30 m), daß das Haus nur gebückt betreten werden kann und die Frauen gaben hierfür als Bewandtnis an, daß man sich vor dem "Inneren" des Hauses zu verbeugen habe. Der erste Stock setzt sich vom Erdgeschoß ab, das *goṭh* (Stall) genannt wird, und zwar unabhängig davon, ob hier die Tiere oder auch Schlafkammern untergebracht sind.

Innerhalb des ersten Stocks findet sich wieder eine Einteilung in "innen" und "außen". Der Eingangsraum (*cākh*), dessen große, rundbogenförmige Fensteröffnung (*chāj*) zum Hof weist, bildet den Außenbereich. Dies ist der Aufenthalts- und Schlafraum für die Männer der Familie und für vertraute Gäste. Die meisten Häuser haben einen schmalen Mittelraum (*bij khan*), der als Schlafstätte für Frauen und Kinder dient. Fehlt diese Kammer, dann schließt sich gleich die Küche an, die im Gegensatz zum *cākh* als das Innere des ersten Stockes gilt.

In der Regel befindet sich in der Küche der Haustempel, der oft nur aus einer kleinen Nische im Gemäuer besteht. Zur täglichen Andacht (morgens und abends) sowie bei allen lebenszyklischen und anderen Ritualen ist der mit Bildern, Öllämpchen und Duftessenzen versehene Tempel Mittelpunkt des Hauses. Das Pendant zum Tempel ist die Feuerstelle (*cul*). Auf ihr wird Nahrung zubereitet, und Nahrung kommt von Gott. Das Feuer selbst ist göttlich. Nicht beim täglichen Kochen, aber bei Festen wird das erste Fladenbrot immer als Danksagung an das Feuer in die Glut geworfen.

Die Küche ist ein sakraler Bereich, den von Unreinheit betroffene Personen (Frauen während der Menstruation oder nach der Entbindung, Haupttrauernde nach einem Sterbefall, niedrige Kasten, Fremde etc.) nicht betreten sollen. Sie ist Aufenthaltsraum der Frauen und Kinder.

Unter dem von großen runden Holzstämmen getragenen Dachgiebel befinden sich die Lagerplätze des Hauses. In diesen Giebel ist im Übergang von Mittelraum und Küche eine offene Zwischenebene eingezogen, auf der große hölzerne und blecherne Kisten ruhen. Sie sind Vorratskammer, Kleiderschrank und Schmucktruhe.

Im Erdgeschoß befindet sich der Stall für Büffel, Ochsen, Kühe und Ziegen. Im Stall, der sich in den vorderen, zum Hof weisenden, *tal goṭh* (*tal* = unten) und den hinteren *mal goṭh* (*mal* = oben)[2] aufteilt, ist vom *tal goṭh* mindestens

---

[2]Im *mal goṭh* findet übrigens die Hochzeit statt, s. Kap. 8.4, auch ist dies der traditionelle Schlaf- und Aufenthaltsraum für menstruierende Frauen.

eine Wohnkammer abgetrennt (*goṭh kamar*). Sie ist eine Vorlagerung des *cākh*, also eher ein Männerraum. Hier werden z.B. Gäste empfangen und bewirtet, mit denen man Alkohol trinkt oder die man vom Inneren des Hauses fernhalten möchte (Fremde, Unberührbare etc.).

Die *goṭh kamar* ist i.d.R. der einzige Raum des Hauses der mit Möbeln (Bett, Tisch - Aussteuerartikel) ausgestattet ist und jungvermählte Paare bekommen die *goṭh kamar* heutigentags als Schlafraum zugewiesen.

<u>ABB</u>. 2 **Das Kumaonihaus**

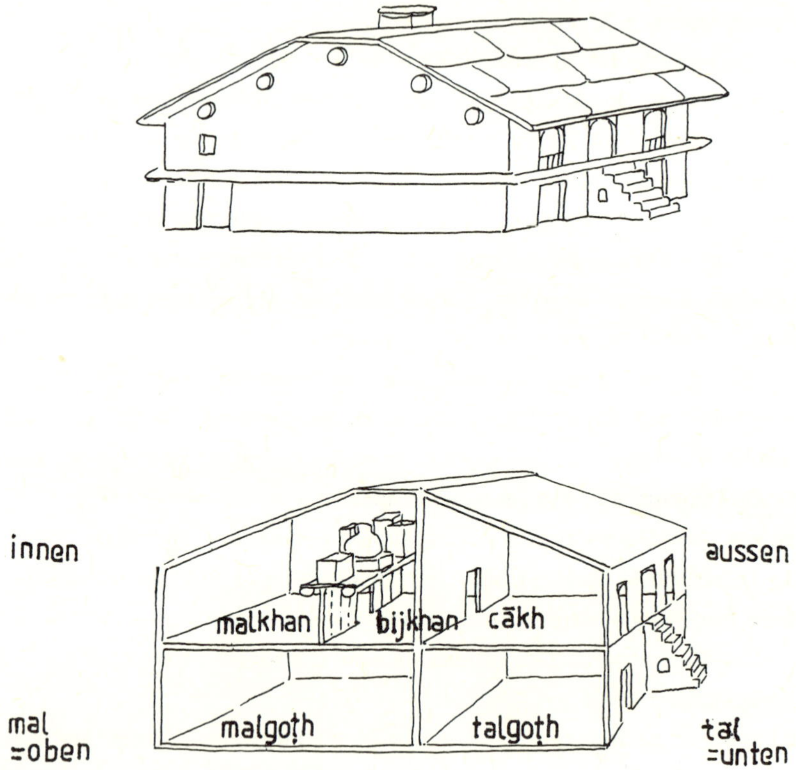

Dies ist die Grund- und Minimalausführung eines Kumaonihauses.[3] Es gibt Variationen, wie separate kleine Küchenhäuser (nicht in Thama), ausgelagerte Ställe und Vorratsräume, wozu meistens ein altes, von der Familie verlassenes Haus dient.[4] Alle Materialien für einen Hausbau werden der unmittelbaren Umgebung des Dorfes entnommen: Die Wände der Häuser bestehen aus Stein und sind innen und außen mit Lehm verputzt. Die Zwischendecke ruht wie das Dach auf massiven Baumstämmen, die mit Holzscheiten gedeckt und mit Lehm verfugt sind.

Mehrere *bākhis* oder ebensogut eine Gruppe von fünf bis acht einzelnen Häusern bilden die Nachbarschaft im engeren Sinne. In Thama werden solche Siedlungseinheiten mit Eigennamen gekennzeichnet. Das ganze Dorf, einschließlich der Feld- und Waldstücke, ist in ca. 20 Bezirke aufgeteilt, und in der täglichen Umgangssprache sind bei der personalen Referenz und Lokation diese auch als Eigennamen gebräuchlich. "Wer hilft Dir beim Pflügen?" "Dharme Sher Singh" oder "Dharme Sherdad" (dhar = Quelle; dad = Bruder). Die Namen bezeichnen Eigenschaften der Lokation, dort wo Wasser austritt, dort wo der Kaphalbaum steht, auf der Höhe usw.[5]

Wie bereits erwähnt, besteht eine andere Einteilung des Dorfes in der Unterscheidung zwischen diesseits und jenseits des Flusses (Vār- und Pār-Thama). Die Aufteilung in zwei separate Hälften, unter Zurhilfenahme geographischer Demarkationslinien, fand ich in fast Dörfern des Umkreises von Thama.

Erstreckt sich der Ort über einen tiefen Berghang, ist er i.d.R. in die obere und untere Hälfte geteilt (*mal* und *tal bākhi*). Die Referenz ist dann stabil bzw. absolut: Er wohnt in *mal*-Bakuna, *tal*-Djoli etc.. Bei einer horizontalen Aufteilung wie im Falle Thamas ist die Referenz immer eine relative. Beide Ortsteile bezeichneten sich gegenseitig als Pār-Thama (jenseits) und die eigene Flußseite als Vār-Thama (diesseits).

---

[3]Häufig sind Häuser innen noch durch eine Zwischenwand in eine linke und eine rechte Hälfte aufgeteilt (s. hierzu Kap. 4.3a), die sich als *pal-* und *val-ghar* (dort und hier) gegenüberstehen.

[4] Wenn einer Familie in einem Haus Unglück widerfährt - ungewöhnliche Todesfälle oder das Sterben mehrerer Kinder - wird es früher oder später aufgegeben oder für einen Neubau abgetragen.

[5]Wenn es nicht um funktionale Identifikationen, sondern um einzelne Personen im Kontext Klatsch ging, wurden häufig Spitznamen benutzt (der "Tropf", die "schwarze Krähe", der "Reiche" etc).

Jeder Ortsteil ist intern wiederum nach *mal* (oben) und *tal* (unten) unterschieden. Diese Differenzierung hat aber nicht den gleichen Charakter wie die Hälftenbildung des Dorfes, die eine soziale Aufteilung reflektiert (s.Kap.3).

Der Grund und Boden des Dorfes teilt sich in ererbtes Familienland und in Gemeindeland (*sancāyat*) auf. Das traditionelle Gemeineigentum des *sancāyat*, das ungefähr die Hälfte der Grundfläche des Dorfes ausmacht und zu circa einem Drittel aus Wald besteht, ist in den Staatsbesitz übergegangen. Der Staat befindet über die Nutzrechte.
Heute ist das Fällen eines Baumes nur noch anläßlich eines Sterbefalles erlaubt. Da der Wald aber eine lebensnotwendige Grundlage bildet, folgen viele Dörfer weiterhin dem alten Gewohnheitsrecht, wonach jedem Haushalt des Dorfes mindestens ein Baum pro Jahr und ein zusätzlicher Baum für Hochzeit und Hausbau zusteht.[6]

Zwei Drittel des *sancāyat* bestehen in einer großen Brachlandfläche am Rande des Ortes, wohin aus allen Teilen des Dorfes Kuh-, Ochsen- und Ziegenherden zum Weiden und Tränken geführt werden.

Seitdem der Staat private Pachtverträge (Nutzung für Hausbau und Garten) auf diesem traditionellen Gemeineigentum vergibt, so daß sich dadurch die gemeinschaftlich genutzte Fläche verringert, kommt es auch hier, wie bei dem Gemeindewald, zu einer Ambivalenz von Rechtsempfinden und Recht. Was in diesem Fall dem Einzelnen zum Vorteil gereicht (billiger Pachtgrund), ist der Gemeinschaft Nachteil und ich werde an anderer Stelle auf die latenten Konflikte um das Gemeindeland zurückkommen.[7]

Die im Familieneigentum befindlichen Landbesitzgrößen sind durch Bevölkerungswachstum und Erbteilung ständig dezimiert worden, so daß heute nur noch wenige Haushalte von der reinen Subsistenzwirtschaft leben können.

---

[6]Das Recht, in den ausgedehnten Staatswäldern außerhalb des Dorfes Gras zu schneiden sowie Laub und Kiefernnadeln zu sammeln, ist an die einzelnen Familien je nach Größe der Waldstücke für 80 bis 250 Rupien im Jahr verpachtet. Holz darf hier nicht geschlagen werden.

[7]Verstaatlichungen in einem monarchisch-hoheitlichen Stil, d.h. per Dekret und ohne die politische Rückbindung an Mitbestimmungs- und Kooperationsmodelle, wie sie bezogen auf das traditionelle Gemeineigentum vorgenommen wurden, sind offensichtlich weder dazu geeignet, den Wald zu schützen, noch die Gemeinschaft eines Dorfes zu stärken.

TAB. 2 Verteilung der Landbesitzgrößen auf Haushalte

Größe des Landbesitzes	Zahl der Haushalte
bis zu 10 *nalī*[8]	1
10 bis 20 *nalī*	26
20 bis 30 *nalī*	24
30 bis 50 *nalī*	39
50 bis 100 *nalī*	17
über 100 *nalī*	1
	107

Die in dieser Aufstellung enthaltenen 11 Śilpkārfamilien verfügen über durchschnittlich 20 *nalī* pro Haushalt, während ein Durchschnitt von 30 *nalī* auf die hier erfaßten 96 Ṭhākurhaushalte entfällt.[9]

Die Besitzanteile sind sehr ausgewogen, wenn man sie in Proportion zu Familiengrößen betrachtet und Großgrundbesitzer habe ich in keinem der Dörfer angetroffen.[10]

Zu jedem Haus gehört ein Gemüsegarten. Darüber hinaus aber reicht die Verteilung der Grundstücke einer Familie oft von einem Ortsende bis zum anderen, denn jede Lage weist besondere Qualitäten oder Nachteile auf (Sonneneinfall, Wasser etc.) und wird bei der Erbteilung sooft wie möglich parzelliert.

Die Bodenbeschaffenheiten können im Kumaon auch von Dorf zu Dorf sehr verschieden sein. Während für Thama der Gemüseverkauf auf dem Markt eine nicht unerhebliche Einnahmequelle darstellt, wächst in einem unmittelbaren Nachbarort, in Tina, kaum Gemüse, weil der Ort weniger Wasserläufe hat und sich über einen steilen, stärker verkarsteten Hang erstreckt. Solche Gewichtungen führen bei Dörfern, die, wie in diesem Falle, durch Heiraten verbunden sind, zum Austausch. Thama schickt den Familien der in Tina verheirateten Töchter Gemüse und holt sich im Winter Heu aus Tina, da dieser Ort über die

[8]Die Fläche *nalī* entspricht der aufgebrachten Menge Saatgut, die ein *nalī* (hölzerner, ca. 1 Liter großer Behälter) faßt. Umgerechnet hat ein *nalī* ca. 200 qm.

[9]Diese im Zuge der Familienbefragung miterhobenen Landgrößen können nur ein ungefähres Bild vermitteln, zumal die Informanten nur Circa-Größen in *nalī* angeben konnten.

[10]Großgrundbesitz besteht in separaten Gütern (Wald und Obstplantagen), die nicht zu einem Dorf gehören. Ihre Besitzer leben meistens in der Stadt, und die Plantagen werden von einheimischen oder nepalesischen Arbeitern bewirtschaftet.

größeren Grasflächen verfügt. Kauri liegt, wie viele Orte, mit denen Thama in enger verwandtschaftlicher Verbindung steht, im Westen, jenseits des die Täler teilenden hohen Bergrückens, und erstreckt sich in das breite und fruchtbare Tal des Kosi-Flusses. Hier werden soviel Weizen und Reis angebaut, daß die Vorräte für ein Jahr reichen, während Thama diese Naturalien schon vier bis fünf Monate nach der Ernte zukaufen muß. Kauri schickt Thama Saatgut und erhält ebenfalls mit jeder Frau die dort ihre Eltern bzw. Brüder besucht, einen großen Korb Gemüse. Dörfer, in denen weder Gemüse noch Getreide gut gedeiht, befinden sich hauptsächlich im Süden von Thama. Sie betreiben eine stärkere Viehzucht und stellen *koa* (getrocknete Milch) und mehr *ghī* (Butterschmalz) als die anderen Orte her.

So wie es innerhalb des Hauses eine *pal/val-* und *tal/mal-*Seite und im Dorf eine *pār/vār-* und *mal/tal-*Seite gibt, teilen sich auch die Dörfer in *tal* und *mal* auf. Alle Orte die südlich von Almora liegen werden als *taldesh* (unteres Land) bezeichnet, während sich Thama zum *maldesh* zählt.

ABB. 3 ORTSPLAN VON THAMA

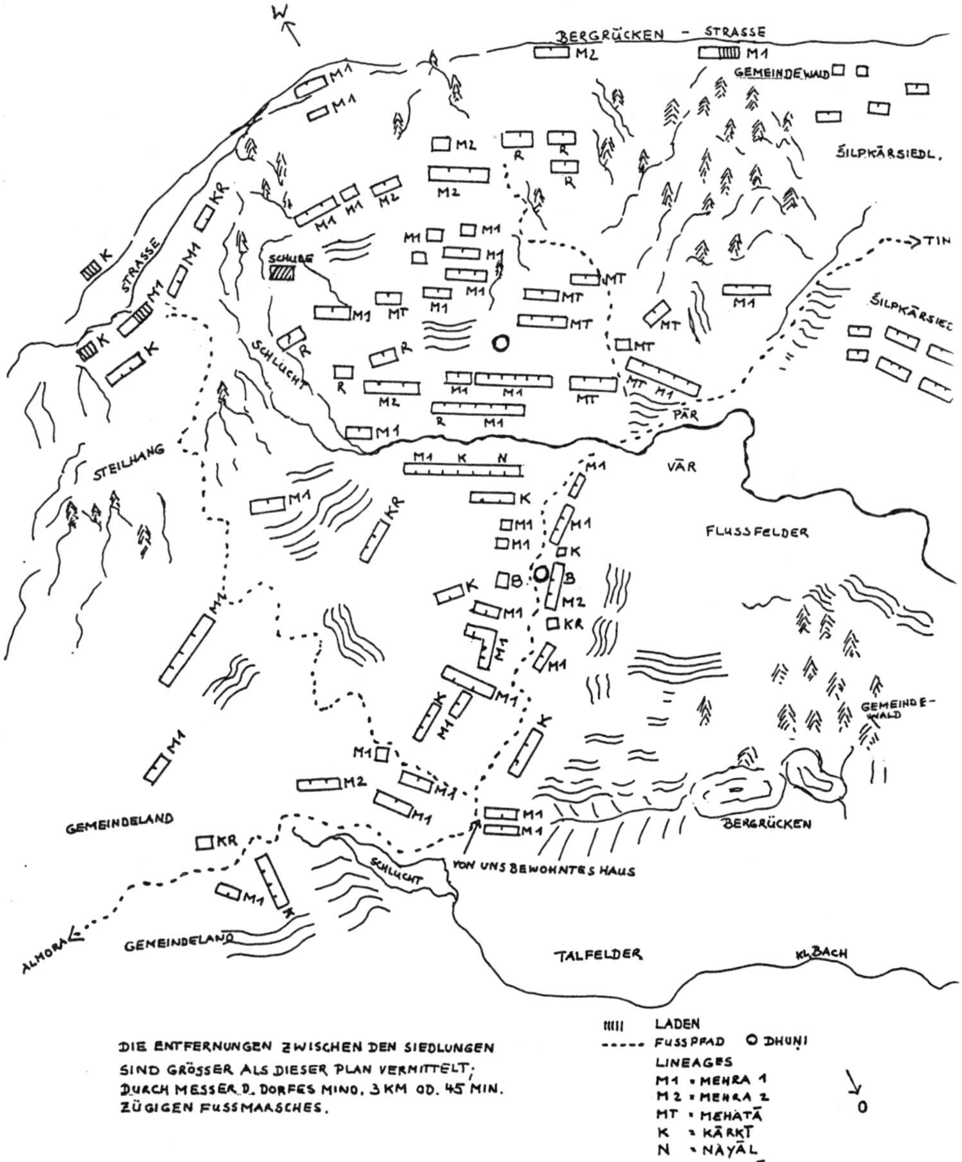

2.2 ALLTAG UND ARBEIT

a) Das Personal des Alltags

Fast die Hälfte der Männer des Dorfes (47 % von 184) arbeitet außerhalb des Kumaon in einer für Frauen anonymen Welt. Ein großer Teil dieser Männer ist beim Militär, andere arbeiten in Fabriken oder als Angestellte und Botengänger in Ämtern und Büros. Viele dieser Männer teilen die Behausung eines Bruders oder Onkels in der Stadt.

Obwohl fast jede zweite Frau des Dorfes ohne den Ehemann durch das Jahr geht, sind nur ca. 18 % der Haushalte ohne einen anwesenden männlichen Vorstand. Der Mann verwaltet das Geld, macht die Einkäufe im Basar und wacht in Vertretung seiner Brüder oder Söhne über die Familie. Für 63 % aller Haushalte gilt, daß sich zwei oder mehr Frauen in die Wirtschaft teilen. Ist eine Schwiegermutter vorhanden, was bei 47 % aller Haushalte der Fall ist, wacht sie über die Arbeit und die Arbeitsmoral der Frauen des Hauses.

Haushalte reichen von dem eines einzelnen Witwers bis zu Dreißig-Personen-Haushalten, die fünf bis sechs Kernfamilien umfassen.[11]

Die erst in den letzten 10 bis 20 Jahren explosionsartig angestiegene Auswärtsbeschäftigung hat die Bedeutung der Land- und Viehwirtschaft und ihre existenzielle Notwendigkeit nicht wesentlich vermindert. Die primäre Aufgabe der im Dorf lebenden Bevölkerung besteht darin, der Natur unter schwierigen Bedingungen und mit sehr einfachen Techniken Nahrung abzuringen.

Die Hauptlast der Arbeit liegt bei den Frauen. Den ca. 180 Frauen des Dorfes[12] stehen nur 65 männliche Arbeitskräfte in der häuslichen Wirtschaft gegenüber. Weitere 32 Männer wohnen zwar im Dorf, aber sie gehen einer regelmäßigen Arbeit in der Umgebung nach.

---

[11]Dies sollte als Begrenzung der Aussagekraft statistischer Durchschnittswerte berücksichtigt werden. In Kap. 4.2 werde ich die Familie und die Schwierigkeit, einen Haushalt zu definieren, behandeln. Es sei vorbemerkt, daß die Kernfamilie, wie wir sie kennen, nicht existiert, sondern daß Brüder nebst Ehefrauen und Kindern in der Regel eine Haus- und Wirtschaftsgemeinschaft bilden.

[12]Davon sind 147 verheiratet, 22 als Ehefrauen und Mütter (alt) im Dorf verwitwet, und 12 Frauen leben als verw. oder geschiedene Schwestern am Ort.

Die Männer im Hause sind oft alte Männer, die noch zu der Generation gehören, die keine Schule besuchte und den Ort nicht verließ, oder es handelt sich um solche Männer, die nach 12 bis 22 Jahren Militärzeit eine Pension beziehen (durchschnittlich 200 Rupien pro Monat). Ein großer Teil dieser Männer verfolgt neben der landwirtschaftlichen Arbeit für den Eigenbedarf die Aufbesserung des Familienbudgets durch den Verkauf von Gemüse und Ziegen bzw. durch Hilfsarbeiten (Straßenbau etc.) in den arbeitsentlasteten Zeiten.

b) Ausstattung und Tageszyklus der Frauen

Arbeit ist für die Frauen Freude, Klage und Selbstdarstellung zugleich. Für gute Arbeitskraft, und oft nur für diese, bekommt eine Frau Anerkennung. Arbeit erhält ihr und ihren Kindern das Leben. Eine Kumaonifrau ist selten krank, denn Ausfälle erlaubt der Tages- und Jahreszyklus nicht. Sie geht auch auf die Felder, wenn es regnet, wenn sie Schmerzen hat oder hochschwanger ist.

Die schönste Arbeit liegt fernab vom Haus, von der Schwiegermutter und den Männern, in den Wäldern und Feldern. Sie geben Raum für Träume, Gesänge, Scherze und Pausen.

Einen Rollenwechsel vollzieht die Frau durch ihre Besuche im Elternhaus. Ist sie jung verheiratet, geht sie an allen Festtagen (ca. einmal im Monat), bleibt ein paar Tage oder auch Wochen. Im Elternhaus genießt sie alle Freiheiten. Sie bekommt die besten Bissen zugesteckt, darf schlafen und so freiwillig über ihre Gelüste (zu arbeiten) entscheiden wie als Kind. Während für den Mann der Gang in die Außenwelt die Abwechselung vom Alltag darstellt, besteht für die Frau das größte außeralltägliche Ereignis im Besuch ihrer Eltern und Brüder.

Eine Kumaonifrau steht jeden Morgen vor Tagesanbruch, in den Sommermonaten vor 4 Uhr, im Winter gegen 5 Uhr, auf. Meistens übernimmt die ältere Frau des Hauses (Schwiegermutter) die Aufgabe zu kochen sowie die Kinder und Tiere zu versorgen.

Spätestens um 7 Uhr morgens ziehen die anderen Frauen des Haushalts mit ihren großen runden Körben (*ḍāl*) auf dem Kopf auf die Felder. Zu der einfachen und elementaren Ausstattung einer jeden Frau gehören neben diesem Korb die Sichel (*dātul*), ein Strohkranz (*sirūn*), der als Unterlage für die Lasten auf dem Kopf dient, und ein langes Seil zum Zusammenbinden größerer Lasten. Bis zu 2 Meter hohe Türme von Heu, Gras oder Kiefernnadeln, die als Streu dienen, bis zu 30 kg schwere Holzbündel oder bis zu 20 Liter umfassende Wasserbehälter aus Messing (*phuvav*) transportiert und balanciert die Frau sicher auf dem Kopf. Ihre Hände bleiben frei und oft braucht sie sie, um sich in dem steilen und unwegsamen Terrain einen Weg zu bahnen. Den Erfordernissen der Arbeit paßt sich auch die Kleidung an. Die traditionelle Kleidung der Frauen besteht aus dem *ghāgar*, einem mindestens 10 Meter weiten, leuchtend blauen oder grünen langen Rock (früher, hieß es, war er schwarz). Der *ghāgar* ist nicht geschlossen und seine Enden werden beim Arbeiten wie ein Gurtband um die Taille gewickelt. Das große Stoffvolumen wird oft durch geschicktes Feststecken des Saumes im Gurt in sackgroße Taschen verwandelt, in denen all das verstaut werden kann, was auf dem Kopf keinen Platz mehr hat oder nicht sichtbar sein soll. 'Was hast du in deinem *ghāgar* versteckt?', scherzen die Frauen oft miteinander.

Die wenigen persönlichen Habseligkeiten, die eine Frau bei sich trägt, verbirgt sie in den Falten des gewickelten Taillengurts. Es mag sich um eine Schachtel mit ein paar Streichhölzern, zwei, drei Bidis (aus Blättern gerollte Zigarillos) und ein zwei Groschen handeln. Fast alle Frauen rauchen Bidis und es ist das einzige Genußmittel, das sie kennen und schätzen[13]. Nur wenige Frauen haben das Geld, um sich regelmäßig Bidis zu kaufen, und vor den Männern wird diese Gewohnheit streng geheimgehalten. Der Genuß einer Bidis wird meistens mit mehreren Frauen in einer Runde geteilt. Andere, in der Kleidung verstaute Habseligkeiten bestehen vielleicht aus einem Säckchen mit gestampftem und gerösteten Reis (*cur*), den die Frauen kauen, wenn sie auf dem Felde Hunger bekommen, oder gerösteten Kichererbsen. Im rückenseitigen Taillengurt jeder Frau steckt die Sichel, deren Klinge auf dem Gesäß ruht, während der Stil herausschaut. Eine Frau verläßt, auch wenn sie nicht zur Arbeit, sondern zu einem Besuch oder einem Fest geht, das Haus selten ohne Sichel.

Kumaonifrauen gehen barfuß und nur die jüngeren bringen als Teil ihrer Aussteuer manchmal zwischen den Zehen gehaltene Gummisandalen mit. Es sind auch die jüngeren Frauen, die *ghāgars* für altmodisch und unschön halten und stattdessen einen *peṭikoṭ* (Baumwollrock aus 2-3 Meter Stoff) mit einem *dhoti* (Baumwoll-*sāṛī*) tragen. Der *dhoti* wird so gesteckt, daß er wie der *ghāgar*, bei der Arbeit zwei große Taschen ergibt. Alle Frauen legen großen Wert auf

---

[13]Die Bemerkung Fangers (1980:259), "A Pahāṛī woman smokes tobacco, eats and smokes bhāṅg (marijuana) and even drinks liquor, provided she does so discretely", kann ich nicht bestätigen. Lediglich alte Frauen rauchen manchmal eine *hukkā* (mit Tabak gestopfte Wasserpfeife).

schöne Kleidung, wobei das Haupkriterium leuchtende Farben sind, sowie auf das Tragen von massivem Gold- und Silberschmuck (Beschreibung Kap. 8.4b). Aber nur für die jung verheirateten Frauen ist es schicklich, sich auch für die Arbeit schön zu machen und den Schmuck anzulegen. Die anderen Frauen tragen, wie die Männer auch, bei der Arbeit ihre älteste Kleidung auf. Zerschlissene und zerfetzte *dhotis*, Flicken und Löcher sind ein ganz alltäglicher Anblick und zeugen nicht von Armut oder Standesunterschieden. Die Kleidung wird durch das Wegreißen von Stücken vollends aufgebraucht. Wird ein Verband für Wunden, eine zusätzliche Schnur oder schnell ein neuer *sirūn* (Kopfkranz) benötigt, reißen die Frauen Streifen von ihren Arbeits-*dhotis* ab.

Die Frauen sind mitunter den ganzen Tag auf den Feldern. In Phasen der Arbeitshochsaison (s. Jahreszyklus) nehmen sie ihr Essen mit oder bekommen es von den Kindern auf die Felder gebracht. In den normalen Zeiten hat die für den Haushalt zuständige Frau schon um 8 Uhr morgens damit begonnen, die Hauptmahlzeit des Tages, Linsen und Reis (*dāl-bhāt*), zuzubereiten.

Nach dem zwischen 5 und 6 Uhr morgens verabreichten Becher Tee, der das Frühstück darstellt, hat die Frau zuerst das Essen für die Tiere gekocht, die *jaul*.[14] Zwischen 10 und 11 Uhr am Morgen sollte in jeder Familie die Hauptmahlzeit fertig sein. Danach werden Feuerstelle und Küchenboden mit einer Lehmschlacke (*lipaṇ*) erneuert. In diesem makellosen Zustand bleibt die Küche normalerweise bis zum Abend.

Wenn die Frauen zwischen 7 und 8 Uhr abends ins Haus zurückkehren – im Winter früher, weil sich keine Frau während der Dunkelheit außerhalb des Hausbereichs bewegen soll – wird die zweite Hauptmahlzeit des Tages zubereitet. Sie besteht aus *roṭis* (Fladenbrote) mit Gemüse.

Die heimkehrenden Frauen gönnen sich kaum eine Pause, nachdem sie ihre Lasten vom Kopf geworfen haben. Sie melken Kühe, füttern die Tiere und folgen den Befehlen aus der Küche. Während am Morgen nur eine ältere Frau das besonderen Reinheitsvorschriften unterworfenen Mahl (*dāl-bhāt*) kochen kann, delegiert diese die Küchenarbeit am Abend oft an die jüngeren Frauen.[15]

---

[14]*Jaul* besteht aus geriebenem *bhat* (schwarze Sojabohnenart) bzw. pulverisiertem Reis, die vermischt oder einzeln in Buttermilch gekocht werden. *Jaul* wird allen Tieren die gekalbt haben ca. ein Jahr lang zur Stärkung verabreicht. *Jaul* wird insbesondere im Winter auch von Menschen, zusätzlich oder in armen Haushalten anstatt der üblichen Kost verzehrt.

[15]Der Aufnahme in den Kreis der Frauen, die berechtigt sind, morgens zu kochen, geht eine *pūjā* (religiöse Zeremonie) voraus, bei der die Frau, die mindestens einen Sohn geboren haben muß, im Beisein des Brahmanen ihren ersten Reis kocht.

Bis das Essen fertig ist, vergehen ein bis zwei Stunden, und für Frauen, die von Kleinkindern im Hause erwartet werden, ist dies die einzige Zeit des Tages, sich mit ihnen zu beschäftigen.

Das Stillen ist kein Hinderungsgrund, selbst Säuglinge tagsüber anderen Frauen zu überlassen. Alle Frauen des Hauses, im Bedarfsfall der Nachbarschaft oder des Dorfes, legen die Kinder an die Brust. Da in der Regel das Abstillen erst nach drei bis vier Jahren erfolgt, verfügt ein großer Teil der Frauen über Milch.[16]

Nach Einnahme der Abendmahlzeit und nachdem die Küche wieder in denselben tadellosen Zustand gebracht worden ist wie am Morgen legt man sich sofort schlafen. Die Frauen teilen das Nachtlager auf dem Lehmfußboden mit ihren Kindern. Die Männer schlafen in einem anderen Raum, oder, falls vorhanden, anderen Trakt des Hauses. Ausnahmen von dieser traditionellen Aufteilung kommen vor. Insbesondere dann, wenn die Männer nur einmal jährlich für einen ein- bis zweimonatigen Urlaub zuhause sind, wird nach Familien und nicht nach Geschlechtern getrennt geschlafen.

c) Die Tierhaltung

Der arbeitsintensivste Teil der sich täglich wiederholenden Routine besteht in der Tierhaltung und ihren Bedingungen. Es gibt keinen Futtermittelanbau. Fast jede Familie hat ein bis zwei, größere Familien fünf bis sieben Büffel, die hauptsächlich wegen der Milch gehalten werden.

Wasserbüffel sind massive und schwerfällige Tiere, die sich im Gebirgsterrain nur mühsam fortbewegen können. Sie stehen 24 Stunden vor dem Haus oder im Stall angebunden. Ihr Nahrungs- und Wasserbedarf ist so groß, daß bei einer Zahl von drei Büffeln eine einzige Frau durchaus den ganzen Tag damit beschäftigt sein kann, das benötigte Frischgras an den Feldrainen zu schneiden und die vier bis fünf Eimer Wasser pro Büffel von einem durchschnittlich 15 bis 20 Minuten entfernten Wasserloch ins Haus zu tragen. Ein Teil dieses Wassers wird für die tägliche Waschprozedur der Büffel benötigt. Ein Büffel gibt je nach Jahreszeit zwei bis sechs Liter Milch pro Tag.

---

[16]Für mich war der Anblick zunächst verwirrend, daß auch alte Frauen (50-60) Kinder bis zu 5, 6 Jahren häufig an die Brust legten. Dies ist ein allgemein verbreitetes Beruhigungsmittel. Ein konsequentes Abstillen des älteren Kindes nach einer Zweitgeburt habe ich nicht beobachtet.

Der Milch von Kühen wird der höchste Wert beigemessen, aber sie geben durchschnittlich weniger Milch als Büffel und sind in den Haushalten seltener vertreten.

TAB. 3 Anzahl der gehaltenen Tiere

	Total					
Büffel:	131	gehalten	von	91 %	der	Haushalte (97)
Kühe:	79	"	"	62 %	"	"
Ochsen:	94	"	"	82 %	"	"
Ziegen:	158	"	"	23 %	"	"
Hühner:	48	"	"	9 %	"	"
	510					

Auch die Haltung von Ochsen kann sich nicht jeder erlauben. Sie sind zwar als Zugtiere für die Landwirtschaft unentbehrlich, werden aber nicht ständig, sondern nur zu Zeiten des Pflügens gebraucht. Man leiht sich die Ochsen im Kreis der Nachbarschaft oder Verwandtschaft voneinander aus. Wird ein Ochse gekauft oder geliehen, muß darauf geachtet werden, ob es ein rechts- oder linksseitiger ist, weil die Ochsen nur auf eine Seite im Gespann konditioniert sind und sich auf gar keinen Fall auswechseln lassen.

Ziegen werden für den Verkauf (150 bis 200 Rupien pro Ziege) und zu Opferzwecken gehalten, denn es gibt häufig Anlässe, die ein Ziegenopfer erfordern. Ziegenfleisch ist traditionell das einzige im Dorf genossene Fleisch und der Verzehr ist an bestimmte Festtage oder Rituale (s.Kap.10) gebunden. Ziegen werden nicht gemolken, denn man kann nur das eine oder das andere Produkt eines Tieres genießen.[17]

Die Haltung von Hühnern ist eine Neuerscheinung. Ihr Fleisch und die Eier werden nach wie vor von den meisten Frauen als sehr schmutzig erachtet. In unserer Familie wurde bei größeren profanen Ereignissen, Heimkehr eines Bruders, Besuch der Heiratsallianzpartner etc., ein Huhn geschlachtet. Allerdings gibt es auch Anlässe, bei denen Hühner als Opfertiere dienen (s. Kap. 10).

Ochsen, Kühe und Ziegen werden gemeinsam auf dem ehemals dorfeigenen Brachland gehütet. Diese tagesfüllende Arbeit wird häufig von Kindern, die kein Interesse an der Schule haben, oder von alten Leuten übernommen. Die

[17]Milchspenden wird mit der Mutter verglichen und ein Tier zu töten, dessen Milch man trinkt, bedeutet Muttermord.

Grasnarbe ist dünn und trocken, so daß auch für diese Tiere Zusatzfutter geschnitten werden muß. In vielen Familien wirft das Kühehüten Personalprobleme auf. Hat man selbst nur zwei, drei Tiere zu hüten, werden sie einer Nachbarfamilie mitgegeben.

Ein bedeutsamer Aspekt bei der Tierhaltung ist die Düngerproduktion. Die Leute betonen immer wieder, daß der Boden ohne den Dünger der Tiere nichts hergeben würde. Die Verwendung von Kunstdünger ist zwar bekannt, wird aber aus Gründen der Kostenersparnis und aus Skepsis nicht praktiziert. So besteht eine ganz typische und tagtägliche Arbeit der Frauen im Kumaon darin, bei jedem Gang in die Felder, einen Korb mit *mauv* (Viehdünger) mitzunehmen und einen mit Gras beladenen Korb ins Haus zurückzubringen. Denn eine Frau ist selten unterwegs, ohne daß sie verschiedene Arbeitsgänge kombiniert und eine Last auf dem Kopf trägt.

d) Der Jahreszyklus

Alle übrigen Arbeiten folgen dem Zyklus des Säens, Pflanzens und Erntens. Ich möchte hier einen deskriptiven Gang durch das Kumaonijahr vornehmen, um die Arbeitsumstände, Arbeitsteilungen- und techniken vorzustellen. (Übersicht Anbauarten und -zeiten s. Tab. 4.)

Das Jahr folgt dem Hindukalender und beginnt mit dem Monat Cait (Mitte März), nach Abschluß des großen Frühlingsfestes Holi.

Bis Ende Februar ist mit Schneefällen und Frost zu rechnen, und die warme Jahreszeit kündigt sich übergangslos an. Innerhalb von zwei bis drei Wochen steigen die Temperaturen auf das Niveau des Sommers (max. 30-35 Grad Celsius). Die Himalayaberge verschwinden im Äther und tauchen erst nach der Regenzeit im Oktober wieder auf.

Die heiße und trockene Jahreszeit, die bis zum Beginn des Monsuns (Mitte Juni) anhält, kann insbesondere dann, wenn der Winter regenarm war, zu einer großen Strapaze für Menschen und Tiere werden. Es sind die Heuvoräte aufgebraucht und die Frauen schneiden mit ihrer Sichel jeden noch grünen Grashalm einzeln ab. Tiere, die nicht jeden Tag mindestens einen Korb frisches, grünes Futter bekommen, geben nur wenig Milch. Spätestens im Mai gehen die Frauen dazu über, bis hoch in die Bäume zu klettern, um das frische Laubwerk als Futter zu schneiden. Trotzdem versiegt bei den meisten Tieren die Milch bis auf ein, zwei Liter pro Tag.[18] Die Kost wird mangelhaft, zumal es um diese Zeit auch kaum Gemüse gibt (nur grünes Blattgemüse). Zyklisch gleicht die Jahreszeit unserem Frühling. Die Obstbäume haben geblüht und tragen Früchte[19], aber es fehlt der Regen und die ehemals bis ins Dorf dichtbestandenen Eichen-, Rhododendron- und Deodorawälder, deren Wurzeln das Wasser im Winter aufnahmen und sammelten, sind größtenteils abgeholzt worden. Der Wald wurde mit Kiefern aufgeforstet, die diese Qualität nicht aufweisen.

Trotz aller Unbill und gehäuft auftretender Krankheiten ist diese Jahreszeit angefüllt mit Aktivitäten und Ereignissen. Die meisten Männer nehmen ihren ein- bis zweimonatigen Jahresurlaub, und von Mitte April bis Mitte Juni folgt eine Hochzeit auf die andere. Im Monat Cait (Mitte März – Mitte April) lädt von Abend zu Abend ein anderes Haus zur *jhoṛa*, einem Reigentanz, im Hof ein.

Mit großem Enthusiasmus wird das Gemüse im April gepflanzt, denn es verspricht nach Einsetzen der Regenzeit die größte Einnahmequelle des Jahres und eine kulinarische Abwechselung von der einfachen Winterkost. Die jungen Pflanzen müssen zwei Monate lang morgens und abends gegossen werden. Hierzu werden große Mengen Wasser benötigt und da das Dorf weder eine Wasserleitung hat, noch über künstliche Bewässerung verfügt, verbringen manche Familien in dieser Zeit die Nacht am Wasserloch. Wer morgens kommt, dem kann es passieren, daß er ein bis zwei Stunden zur Füllung eines Eimers braucht und Kinder sind den ganzen Tag mit kleinen Konservendosen zum Wasserschöpfen abgeordert.

Ab Mitte April werden die Gerstenfelder abgeerntet. Im Mai folgt darauf die quantitativ größere Weizenernte. Nun vollziehen sich 6 bis 8 Wochen Tag für Tag die gleichen Arbeitsgänge. Die Ernte wird von den Frauen am Morgen mit der Sichel geschnitten, in kleine handliche Garben gebunden, auf dem Kopf nach Hause getragen und auf dem Dach zum Trocknen ausgebreitet. Nachmittag und Abend dienen der Verarbeitung der am Vortag geschnittenen Ernte. Die Frauen sitzen in Gruppen auf dem Hof beieinander und schlagen die Garben mit einem spatenförmigen Stück Holz. Am Nachmittag kommt um diese Jahres-

---

[18]Milch ist im Kumaon ein ganz elementares Nahrungsmittel. Wer Milch hat, kann Butter herstellen, den Speiseplan mit Joghurt anreichern und das Gemüse in Buttermilch kochen.

[19]Weit verbreitet ist die Kaphalfrucht, eine kleine rote Beere mit Kern. Es gibt etliche Mirabellenarten und vereinzelt finden sich Kirschen-, Apfel- und Birnbäume.

zeit immer ein starker, heißer Wind auf. In jedem Hof des Dorfes sind die Frauen jetzt damit beschäftigt, das Getreide in einem sup (flacher, schaufelförmiger Korb) zu schütteln, bis der Wind die Spreu abgetragen hat. Das Getreide wird anschließend einen Tag lang in der Sonne ausgebreitet und dann in die Behälter gefüllt. Das Stroh lagert bis nach der Monsunzeit im Haus und dann wird es die erste Lage eines *lūṭh* bilden. Das sind kegelförmig in oder um Bäume und in manchen Orten auf den Hausdächern angelegte Futtervorräte für den Winter, auf die mit jeder Ernte eine neue Lage Stroh oder Gras geschichtet wird.

An dieser Arbeitsweise erschien mir bemerkenswert, daß keine gleichartigen Arbeitsgänge zusammengelegt oder aufgespart werden, sondern daß sich jeden Tag ein kompletter Zyklus vollzieht.

An dem Tag, an dem das letzte Getreide in den weniger sonnigen Lagen geschnitten wird, verändert sich das Szenarium für das ganze Dorf. Hof und Dach werden gründlich gesäubert und die Steinritzen mit neuem Lehm verfugt.

Die Eröffnung der Hauptzeiten des Pflügens und Säens im Frühjahr und im Herbst ist auf den Tag genau festgelegt. Während meiner Untersuchung begannen diese Arbeitsgänge für die Herbstfrüchte (*kharīf*) am 8. April, für die obige Frühjahrsernte (*rabi*) am 29. September. Alle Beteiligten, der Mann, der pflügt, die Frau, die säen wird und die beiden Ochsen bekommen vor Aufnahme der Arbeit ein *ṭika*[20].

Gepflügt, gesät und geerntet wird in Intervallen das ganze Jahr über (Felder für Kartoffeln, Zwiebeln, Süßkartoffeln etc.), aber der Anbau dieser Feldfrüchte ist nicht mit der gleichen Bedeutung versehen, wie die zwei großen Erntezyklen, denen auch jeweils Erntedankzeremonien folgen.[21]

Das Führen des Pfluges ist neben dem Fällen von Bäumen die einzige Arbeit, die ausschließlich den Männern vorbehalten ist. Bei den hauptsächlich von Frauen ausgeführten Arbeiten, das Säen, Jäten, Ernten, selbst das Kochen am Morgen, Kinderbeaufsichtigung, Gemüse schneiden, Büffel waschen und melken etc., sind die Männer nicht ausgeschlossen. In Thama sah ich während

---

[20] *Ṭika* oder *piṭhayā lagāṇ* bezeichnet einen Punkt aus roter Paste und Reiskörnern, der als Zeichen göttlichen Segens auf die Stirn aufgetragen wird.

[21] Nach der Frühjahrernte wird am Tempel der Erdgottheit Bhumiyā, der oft nur aus einem ovalen Stein am Feldrain besteht, eine *pūjā* abgehalten, in deren Verlauf der Brahmane eine Mahlzeit für die Kinder des Hauses zubereitet. Nach der Herbsternte findet 11 Tage nach Divālī, an Ekādaśi, eine große *pūjā* auf dem Hof statt, bei der die steinerne Kuhle (*ukhav*), in der der Reis gestampft wird, zum Schrein wird. Alle Arbeitsgeräte werden mit Lehm bestrichen und mit einer Reispulverpaste kunstvoll dekoriert.

meines Aufenthalts zwar nur einen Mann, der aus häuslichem Personalmangel wie die Frauen Gras schnitt und im Korb auf dem Kopf nach Hause trug. Die älteren Informanten behaupteten aber, daß die Männer, als sie noch nicht auswärts beschäftigt waren, ausnahmslos auch die Arbeitsgänge machten, die heute Frauen ausführen. In Thama war auffällig, daß die Männer sich besonders um die Anlage und Pflege der Gemüsegärten und-felder kümmerten, also um den nach außen und auf die "Cash"-Ökonomie gerichteten Bereich des Anbaus.

Das **Pflügen** der Felder ist Schwerstarbeit. Insgesamt 3-4 Monate des Jahres war unserer Hausherr, zu dessen dreißigköpfigem Haushalt über 100 *nālī* Land gehörten, mit dieser Tätigkeit beschäftigt. Der große hölzerne Pflug, dessen Spitze mit einer Eisenzarge versehen ist, muß auf der Schulter von Feld zu Feld, die Ochsen vor sich hertreibend, getragen werden. Die Terrassenfelder sind oft nur fünf bis zehn Meter breit und haben ein Höhengefälle von ein bis drei Metern.

Die erwähnte Verteilung der Felder über das ganze Dorf und das Rotationssystem des Anbaus (s.u.) erlauben es nicht, stets Feld neben Feld zu bearbeiten. Der Boden, in den der Mann den Pflug zu drücken hat, ist steinig und hart und manche Getreidearten erfordern einen drei bis vierfachen, zeitlich auseinander liegenden Pfluggang. So ist analog zu den grasschneidenden Frauen das typische Bild des Kumaonimannes sein Unterwegssein mit dem schweren Pfluggeschirr.

Die **Anbaurotation**. Es wird unterschieden zwischen den flußnahen *talāvu*- und den hochgelegenen, trockeneren *uparau*-Feldern. *Talāvu*-Felder werden ganzjährig in beiden Erntezyklen bestellt. Bei den zahlreicheren *uparau*-Feldern werden Erntepausen eingelegt. Das sieht wie folgt aus: Die Hälfte der im Herbst abgeernteten Felder liegt brach. Diese Felder werden schon Anfang April, also noch vor der Ernte gepflügt und anschließend mit Reis, *mādirā* (Reisersatz) und *raīs kī dāl* (Hülsenfrucht) bestellt. Dann kommt die Gersten- und Weizenernte. Die Hälfte der abgeernteten Felder wird Mitte Mai mit *maduvā* (dunkles Mehl, Weizenersatz) und verschiedenen Hülsenfrüchten bestellt. Diejenigen Felder, die auf diese Weise ohne Pause genutzt wurden, bleiben im Herbst nach der Ernte brachliegen, während die Felder auf denen Reis, *mādirā* und *raīs kī dāl* gepflanzt wurde und die im vorhergehenden Zyklus brachlagen, im Herbst wieder mit Gerste und Weizen bestellt werden.

Weizen→*māduvā* ≠ Reis→Weizen→*māduvā* ≠ Reis→Weizen etc.

Für Reis gibt es zwei Zeiten des Säens und Pflanzens, die frühe Periode Anfang April in den hochgelegenen *uparau*-Feldern und eine auf die Erntezeit (Ende Mai) folgende Periode in den fruchtbaren und sonnigen Tallagen.

Wenn der Monsun im Juni einsetzt ist die Frühjahrsernte (*rabi*) eingebracht und Herbsternte (*kharīf*) in den o.g. zwei Etappen ausgesät. Die folgenden drei bis vier Monate bergen trotz des starken Regens keine Arbeitsentlastung oder Ruhepause. Das in den vergangenen Monaten ausgetreute Saatgut wächst dicht an dicht und sprießt unter dem Einfluß des Regens zusammen mit Unkraut. Die enorm mühsame Arbeit des Umpflanzens beginnt. Pflanze für Pflanze wird dem Boden wieder entnommen, vom Unkraut sondiert und neu gesetzt. Dieser Arbeitsgang, der vier bis sechs Wochen andauert, und der auch bei strömendem Regen nicht aussetzt, wurde und wird in einigen Orten heute noch kollektiv für das ganze Dorf durchgeführt. Es wird eine sogenannte *huṛkiyā baul* veranstaltet. *Huṛkā* kennzeichnet eine kleine, eieruhrförmige Trommel. Bei einer *huṛkiyā baul* begleitet ein Sänger (*jagriyā*) mit diesem Instrument und dem Vortrag von Balladen die Arbeit. In Thama gab es zwar keine *huṛkiyā baul* mehr, aber oft gingen 15 bis 20 Frauen gemeinsam von Feld zu Feld und bei der Arbeit wurde viel gesungen und gescherzt.

Am Abend liegen die Unkrautmassen gehäuft am Rande des Feldes, werden in die Körbe geladen und zum Fluß getragen. Die vollen Körbe werden abend für abend in das Wasser gekippt, mit Händen und Füßen wird das Unkraut bearbeitet, bis alles Erdreich abgespült ist und als Frischfutter für das Vieh nach Hause getragen werden kann.

Nachdem das Umpflanzen Ende Juli abgeschlossen ist, bleibt das tägliche Unkrautjäten bis zum Ende des Monsuns (September) bestehen. Neben den obigen Aktivitäten wird mit Beginn der Regenzeit das Gemüse geerntet: Paprika, Auberginen, Karela (Bitterkürbis), Lauki, Torai, Kākṛi (Gurkenarten). Vier bis sechstausend Rupien oder das Halbjahresgehalt eines Auswärtsbeschäftigten erwirtschaften manche Haushalte in diesem Zeitraum durch den Gemüseverkauf auf dem Markt.

Im September, wenn der Regen von Tag zu Tag weniger wird, beginnt eine neue Saison. Die Tiere geben mehr Milch denn je. Der Zuchtbulle des Dorfes, der früher Gemeineigentum war und frei durch den Ort wanderte, heute im Privatbesitz für 30 Rupien pro Deckung verliehen wird, hat Hochsaison. Kälber sollen im Monsun geboren werden, wenn es genügend Futter gibt. "Wer jetzt Milch hat, hat bald keine mehr", sagen die Leute, weil ihre Tiere trächtig werden und aussetzen, "wer jetzt keine Milch hat, der bekommt bald welche", weil die im letzten Jahr gedeckten Kühe gebären. Dieser Zyklus erfährt strengste Beachtung. Hat man zwei Büffel, so werden sie Jahr um Jahr wechselseitig gedeckt, damit die Milch für eine Familie nicht aussetzt. Hat man einen schlechten Büffel, wird er in diesem Zeitraum verkauft und neue Büffel werden gekauft.

Von September bis Mitte Oktober wird die *kharīf*-Ernte eingebracht. Sie besteht aus *maduvā*, einer Getreideart, die gemahlen ein sehr dunkles und leicht bitteres Mehl ergibt, verschiedenen Hülsenfrüchten (*dāl*), aus *cū* (einer Hirseart) sowie aus Reis und *mādirā*. *Mādirā*, ein kleines rundes Korn, ist ein Substitut für Reis, während *maduvā* den Weizen ersetzen kann. Beide Arten gedeihen im Kumaon besser als Reis und Weizen. *Mādirā* macht kalt, wie Reis, und soll nicht von Kranken genossen werden. *Maduvā* läßt sich nicht zu solch zarten und knusprigen *roṭis* (Fladenbrote) verarbeiten wie Weizen, aber es macht warm und stark, sagen die Leute. Beide Früchte decken im Unterschied zur Frühjahrsernte den Jahresbedarf der Familien. Reis und Weizen reichten dagegen in Thama maximal fünf bis sechs Monate und mußten anschließend zugekauft werden. In den Wintermonaten, wenn das morgentliche Reisgericht zum Teil durch *mādirā* und die Weizenroṭis am Abend durch *maduvā-roṭis* ersetzt wurden, bekam ich vielfach zu hören, daß dies die traditionelle Kumaonikost sei und daß sich erst in den letzten 20 Jahren die Eßgewohnheiten zugunsten von mehr Reis und Weizen verändert hätten.

Bei den im Herbst geernteten Feldfrüchten ist zwischen zwei Bearbeitungsweisen zu unterscheiden. *Maduvā* und *dāl* werden auf einen Haufen geschichtet und mit großen langen Holzschlägeln bearbeitet. *Mādirā* und Reis werden in die auf jedem Hof befindliche Steinkuhle (*ukhav*) gegeben, und zwei Frauen stampfen wechselseitig und rhythmisch mit schweren, über zwei Meter langen Rundhölzern (*mūsav*) das Korn, um es zu enthülsen. Die Stampf- und Schlagaktivitäten, die oft bis in die späten Abendstunden aus allen Höfen schallen, dauern bis zu zwei Monate.

Während und zum Teil schon vor der Herbsternte laufen die im Frühjahr gepflanzten Gemüsearten aus. Von allen Sorten bleiben nach jeder Ernte einige Exemplare zur Samenzucht stehen. Ein Teil der Ernte (Auberginen, Gurkenarten) wird zerschnitten, in der Sonne ausgebreitet und so als Winter-Trockengemüse konserviert. Unmittelbar nach jeder Gemüseernte werden die Felder gesäubert, gehackt und mit einer neuen, der Jahreszeit angepaßten Gemüseart bepflanzt. Blumenkohl und grüne Bohnen sind die letzten Gemüsearten des Jahres, die gute Profite auf dem Markt abwerfen. Blattgemüse (Spinat, Lay, Koriander), Rübenarten (Mul) und Süßkartoffeln sind die einzigen Gemüsearten, die mehrmals im Jahr gepflanzt und geerntet werden. Sie bringen nicht soviel Geld auf dem Markt, decken aber den Eigenbedarf an Gemüse bis in die Wintermonate hinein.

Nach der großen Herbsternte beginnt wieder die tägliche Routine des Pflügens. Der Pfluggang im Herbst unterscheidet sich von dem im Frühjahr. Bei der Frühjahrsaussaat wird zunächst der Dünger in den Boden gepflügt, der dann in einem zweiten Gang mit einer schweren Bohle (*may*) glattgezogen wird. Die Felder ruhen dann für zwei Wochen, bevor sie mit *maduva* bestellt werden. Die Samen bleiben oben, während die Herbstaussaat (Weizen, Gerste) in den Boden gepflügt wird. Das bedeutet doppelte Arbeit und mehrere Pfluggänge pro Feld.

Die Saat wird fast immer von Frauen verteilt. Es kann keine beliebige Frau sein. Sie muß bereits älter und Mutter sein und ist während dieser Zeit von bestimmten anderen Arbeiten, wie Dünger auf die Felder tragen, suspendiert. Auch die Tage für die Aussaat sind nicht beliebig. Sonntags, dienstags und freitags darf zwar gepflügt, aber nicht gesät werden.

In unmittelbarem Anschluß an die Ernte- und Saatzeit im Herbst beginnt die große Grasschneidesaison. Die satt-grüne Nachmonsunlandschaft wird in wochenlanger Arbeit von den Sicheln der Frauen kahlgeschnitten. Zuerst wird das dorfnahe Gras geschnitten und dann geht es immer weiter nach draußen, in die bis zu einer Stunde Fußmarsch entfernten Wälder. Morgens strömen die Frauen aus allen Häusern in einer langen Reihe mit einem Proviantpaket auf dem Kopf bergauf in den in einem anderen Tal gelegenen Wald. Die Waldstücke sind zwar nach Familien parzelliert (s. vom Staat gepachtet), aber geschnitten wird in großen Trupps.

Durch lautes Rufen wird bis über zwei Kilometer Entfernung hinweg miteinander kommuniziert. Man stattet sich gegenseitig Arbeitsbesuche ab. Ist das eigene Waldstück geschnitten, geht man zum nächsten weiter, bis die letzte Familie ihr Gras eingebracht hat. Bei dieser Arbeit ist auch nicht aushilfsweise ein erwachsener Mann beteiligt oder in der Nähe.

Die Frauen sprachen schon Wochen vorher davon, wie schön das Grasschneiden in den entfernten Wäldern sei. Nach Herzenslust werden Pausen eingelegt und Bidis geraucht. Es wird gesungen und eine scherzhafte Provokation löst die andere ab. Frauen neigen in allen Situationen, wo sie unter sich und außer Beobachtung sind, zu Ausgelassenheit. Scherze und Gesänge haben sich immer wiederholende Themen zum Inhalt. Sie übersetzen mir schöne und traurige Liebeslieder; Lästerlieder auf die Schwiegermutter. Sexuelle Anspielungen auf die fernen Männer der anderen Frauen gehören zum Repertoir. 'Sie denkt an ihn, er hat bei ihr gesessen' (Umschreibung für Geschlechtsverkehr). Die beliebteste Provokation ist die Anspielung auf Schwangerschaften. Die bezichtigte Frau wird böse, steckt der Rednerin ein Bündel Gras unter den *dhoti* und gibt die Provokation zurück oder weiter. Mit der Wendung 'sie hat einen *bhūt*'(einen bösen Geist), wird die Herauskehrung der schlechten Eigenschaften oder Schwächen der anderen eingeleitet. Einen *bhūt* hat, wer krank ist und wem Unglück widerfuhr. All das wird nicht etwa verschwiegen, sondern hervorgestrichen, ohne daß die Betroffenen je mit Beleidigung oder Rückzug reagieren. Auch körperliche Mängel werden mit großer Vorliebe unterstrichen: 'Schau dir sie an, sie hat schon mit 31 Jahren keine Zähne mehr im Mund.' Lauthals wird verkündet, 'schau dir sie an, sie wird von ihrem Mann geschlagen', oder 'sie bekam nur so dünne *jaul* (Brei aus gemahlenem Reis oder Linsen), daß ihr das Essen in den Ärmel lief, bevor es den Mund erreichte, deshalb hat sie ihren Mann verlassen.' Die Betroffenen bestätigen es lachend und wissen bald etwas über die anderen Frauen zu erzählen. Fast jede Frau hat einen dunklen und abenteuerlichen Fleck in ihrer Geschichte, den Ausbruch. Sie kehrte vom Elternbesuch nicht zurück oder floh heimlich und ohne Erlaubnis zu ihren Eltern. All das und viel mehr bietet lebhaften Gesprächsstoff während der harten Arbeit.

Obgleich öfters Pausen gemacht werden, versucht jede Frau im Rekordtempo zu arbeiten. Es sind nicht primär die Männer, sondern die Frauen, die das Stigma vergeben: 'Sie kann nicht arbeiten, sie ist langsam.'

Beim Grasschneiden fallen Fraktions- und Kastengrenzen weg. Ich habe Trupps in allen Zusammensetzungen erlebt. In einigen Nachbardörfern war die Kollektivität des Grasschneidens noch organisiert: Jede Familie lädt abwechselnd für einen Tag alle Frauen des Dorfes zum Schneiden ein. In Thama setzte sich diese Struktur informell fort.

Ich habe eine Variante dieser Arbeitsphase noch nicht erwähnt, den Tausch von Arbeitspersonal zwischen den Dörfern bzw. den affinalen Verwandten. Jede Frau des Haushalts lädtdie Frauen der Familie ihrer Brüder bzw. Eltern zum Grasschneiden ein. Circa einmal pro Woche ging man nach auswärts und hatte umgekehrt auswärtige Frauen bei der Arbeit zu Gast. Diese Besuche und Empfänge waren jeweils von einem festlichen Essen im Walde begleitet. Bei der Verabschiedung nach getaner Arbeit am Abend erhielt jede Besucherin eine Geldnote (eine bis zwei Rupien) und ein *ṭika* (Stirnmal/Segen) von der ältesten Frau des einladenden Hauses.

Als die letzte Familie ihr Gras Ende November geschnitten und auf die durch das Stroh der Herbsternte schon angeschwollenen Vorratskegel um die Bäume geschichtet hatte, erwartete ich die Winterpause. Die Frauen aber fuhren fort, jetzt den Wald vollends zu säubern und sammelten in großen Netzen die unter dem Gras gelegenen Kiefernnadeln, die als Streuvorräte für das Vieh in Haufen um das Haus geschichtet wurden. Außer Kartoffeln, Zwiebeln und Süßkartoffeln gab es in diesem Zeitraum nichts zu säen und zu pflanzen. Es gab auch außer spärlichem Blattgemüse nichts zu ernten. Die Frauen aber bereiteten mich auf eine neue Saison vor, die in zwei Tagen beginnen sollte. Sie gingen den ganzen Dezember über jeden zweiten Tag zu Hunderten aus den umliegenden Dörfern zusammenstrebend in den noch dicht bewaldeten Forst der höchsten Erhebung der Umgebung (Binsar, ca. 3.000 Mtr.), um Holz für den Winter zu schlagen. Der Fußmarsch dauerte drei bis vier Stunden. Jede Frau war neben ihrer Sichel mit einer größeren Klinge ausgerüstet und trug ein Seil zum Zusammenbinden der Holzlast und den in einen alten *dhoti*-Fetzen gebundenen Tagesproviant (*roṭis* und Gemüse) auf dem Kopf. Bei unserer Ankunft am Zielort verschwanden die Frauen nach dem Verzehr des Proviants für maximal ein bis zwei Stunden in einem so dichten und steilen Urwald, daß es unmöglich war, ihnen ohne Gefahr zu folgen. Die Frauen traten dann, in nach Dörfern getrennten Gruppen, den drei- bis vierstündigen Rückmarsch mit einer schweren Last auf dem Kopf an. Zwei bis dreimal mußte der Zug anhalten, weil die Holzscheite verrutschen, ausgestreut und neu gebunden werden. Frauen, die ein von Brüdern erhaltenes Kleingeld in der Tasche hatten, scherten aus, um die seltene Gelegenheit, in Marktflecken gläserne Armreifen und Bonbons zu kaufen, zu nutzen. Im letzten Drittel der Strecke kamen uns Kinder und alte Frauen aus dem Dorf entgegen, um Teile der Last zu übernehmen.

Frost und Winterregen beenden diesen Arbeitsgang Ende Dezember, Anfang Januar. Die jeden zweiten Tag eingebrachten Holzbündel reichten als Feuerholz für jeweils zwei bis drei Tage aus. Selbst im strengsten Winter wird nur für die Zubereitung von Essen und Tee Feuer gemacht, und nicht, um sich daran zu wärmen.

Es folgt eine kurze Spanne, in der man bei kaltem Regen oder Schnee das Haus hütet, sich um die Tiere kümmert, strickt und sich viel erzählt. Aber schon Ende Januar setzt das erneute Pflügen, Säen, Ernten und Jäten langsam wieder ein. In den sonnigen bis heißen Mittagsstunden sitzen die Frauen im Hof, nähen die Stoffetzen ihrer abgetragenen Kleidung um das bistar (Bettzeug)[22], beratschlagen die bevorstehenden Hochzeiten und andere Ereignisse.

---

[22]Die Leute schlafen auf dem Fußboden und diese aus Flicken zusammengesetzten Decken, um die immer wieder neue Schichten genäht werden, dienen als Unterlage und als Zudecke.

Im Februar kündigen sich Frühling und Sommer an. Alle Häuser werden bis auf den letzten Topf ausgeräumt, gesäubert und neu arrangiert, der Jahresvorrat an Tonerde für die in der Küche täglich zu erneuernde Lehmschicht wird geholt. Die Männer realisieren in dieser arbeitsentlasteten Zeit ihre Bauprojekte und bessern die Mauern der Terrassenfelder aus. Die Frauen befördern die benötigten Steine. Sie verbrennen die schnell wuchernden Dornenhecken auf den Feldern, und schon ab Holi, Anfang März, erneuert sich der arbeitsintensive Jahreszyklus.

e) Abschließende Betrachtungen

Ich hoffe mit diesen Ausführungen auch auf die äußerst sparsame ökologische Existenzweise der Leute hingewiesen zu haben. Es ist nur schwer vorstellbar, daß die Probleme im Himalaya - Verkarstung, Wasser- und Holzmangel - einzig auf das Konto des Raubbaus der Bevölkerung und des Bevölkerungswachstums gehen.[23]

Die Durchsetzbarkeit mancher von Umweltexperten vorgeschlagener Lösungen des offensichtlichen ökologischen Dilemmas im Himalaya ist ebenso schwer vorstellbar. So die Abschaffung "verschwenderischer Koch- und Heiztechniken" oder die Dezimierung der Viehwirtschaft wegen Überweidung.

Für die heilige Feuerstelle, die täglich so sorgfältig mit Lehmschlacke ausgeglättet wird, findet sich nur schwerlich ein Ersatz. Auch haben die Leute ein ausgeprägtes Bewußtsein davon, welche Mittel sie in der Landwirtschaft verwenden (s. z.B. keinen Kunstdünger) und welche Nahrung sie zu sich nehmen. Was den Lebensmitteln, insbesondere der Milch, aber auch anderen Naturalien, ihre Qualität verleiht, ist die Tatsache, daß ihre Produzenten nicht anonym sind. Kein Dorfbewohner würde die Milch eines Bauern trinken, den er nicht kennt. Es geht hierbei nicht nur um Aberglauben und Vorurteile, sondern um elementare Ordnungsbezüge, die sich nicht in funktionalistischen Betrachtungen erschöpfen.

---

[23] Bei Jim Corbett (1944) ist in einer kurzen Passage zu lesen, daß 400 Holzfäller und Träger in der Nähe des Dorfes in einem großen Lager einquartiert waren. In Moli, wo Wasser- und Holzknappheit noch drastischer waren als in Thama, wurde in den Jahren 1960-63 ein großer kommerzieller Kahlschlag verübt. Unser dortiger Hausherr erzählte mir, daß in diesen Jahren einige Hundert Arbeiter kamen und ein Zeltdorf errichteten. Das Holz wurde über den Fluß abgetrieben. Die Urwälder sind, wenn überhaupt, durch Kiefernmonokulturen wieder aufgeforstet worden, deren Brennwert sehr gering ist, so daß sich dieser Wald auch schneller verbraucht.

> "One cannot share the food prepared by peoble without sharing in their nature." (Dumont/Pocock 1959:37)

Das gilt für gekochte Nahrung, aber diese Vorstellung ist auch bei anderen Naturalien und Materialien nicht fern.

> "What is in question, more probably, is the notion of appropriation of the object; when a man uses an object it becomes a part of him." (ibid., S. 37)

Es gibt im ländlichen Kumaon keinen Abfall oder Müll. Dinge, die solchen erzeugen könnten, werden nicht benutzt. Dieser Umstand fiel mir infolge eines trivialen Umstandes besonders auf.

> Wir hatten von europäischen Touristen eine Fischkonserve geschenkt bekommen. Der Überrest dieses flüchtigen Genusses begleitete mich wochenlang. Ich wusch die Konserve aus, sah aber ein, daß niemand Verwendung dafür hatte. Ich legte sie unter einen Stein. Ausgerechnet dieser Stein wurde zur Errichtung einer Stützmauer aufgehoben. Ich holte einen Spaten, um sie zu vergraben. Der Boden war entweder zu hart oder er wurde benutzt. Ich kann mich nicht erinnern, was mit der unnützen Materie letztendlich geschah, sondern nur daran, daß diese wie ein Bumerang zurückkehrte und ihre Vernichtung ein Problem darstellte.

TAB. 4 Anbauarten und -zeiten

Feldfrüchte		Aussaat	Ernte
Jaũ	Gerste	Nov.	April
Gyũ	Weizen	Nov.	Mai
Dern	Senfkorn	Nov.	April
Dhā̃n	Reis	April	Sept.
Mādirā	kleines rundes Korn (Reisersatz)	April	Sept.
Raĩs	kl. weiße Bohnen	April	Sept.
Tīl	Sesam	April	Sept.
Maduvā	dunkles Mehl (Ersatz für Weizen)	Mai	Sept./Okt.
Bhat	kl. schwarze Bohnen	Mai	Sept./Okt.
Cū	Hirseart	Mai	Sept./Okt.
Mā̃ś	Hülsenfrucht	Mai	Sept./Okt.
Makka	Mais (Verarb. zu Mehl)	Juni	Sept.
Bhā̃g	Hanf (Seilherstellung) Körner werden Speisen zugesetzt	Juni	Sept.
Pinalū	Süßkartoffel (klein))	Juni	Okt. und
Ghaderi	Süßkartoffel (groß))	Febr.	Mai
Ālu	Kartoffeln	Febr.	Mai
Pyā̃j	Zwiebeln	Jan.	Mai
Lay	Blattgemüse)	Nov.	Febr.
Palaṇ	Spinat)	Jan.	März
Methi	Blattgemüse)	Juni	Aug.
Dhā̃nia	Koriander)	Sept.	Nov.
Mul	Rettich)	Juni	Aug.
Kaddu	Kürbis) weiße Rübe	Aug.	Okt.
Khaũsaĩn	Paprika / Chilli	Anf.März	Juni/Juli
Baigāṇ	Auberginen	Anf.März	Juni/Juli
Kākṛi	Gurkenart)		
Lauki	Flaschenkürbis)	Ende März	Juli
Torai	Netzgurke)		
Karela	Bitterkürbis)		
Phulkopi	Blumenkohl	Juni	Sept./Okt.
French-bean	Grüne Bohnen	Juli	Sept./Okt.
Lāsāṇ	Knoblauch	Juli	Okt.

3. DIE SOZIALSTRUKTUR DES DORFES UND DER SUBKASTE

3.1 SOZIALSTRUKTURELLE DISPOSITIONEN

a) Binnengliederung der Subkaste

Pradhan, der die in der Gangesebene lebenden Jāt untersucht hat, betont die Ähnlichkeit in der sozialen Organisation zwischen Jāt und Rājpūten (hier Ṭhākurs).

> "The Jats and the Rajputs are alike in that their societies are made up of clans. And while the Jats in Meerut Division have no subcastes, the Rajputs have only a limited number of sub-castes."1966:239

Wie eingangs begründet, bezeichne ich die Kaste (Ṭhākurs) als Subkaste und den Klan als Lineage bzw. UDG (unilineare Deszendenzgruppe).

Die Ṭhākurs haben mit den Jāt gemeinsam, daß sie die Mehrheit der Bevölkerung darstellen, also eine große, von außen homogen erscheinende Gruppe bilden. Diese differenziert sich intern unter Rekurs auf die Zugehörigkeit zu bestimmten Lineages. Die Lineage ist in diesem Falle mehr als ein Verwandtschaftsverband; sie bestimmt den Status und die Stellung des Einzelnen innerhalb der Ṭhākurgesellschaft.

Die Identifikation mit der paternalen Lineage hat für den Mann eine andere Bedeutung als für die Frau. Die Frau wechselt die Lineagezugehörigkeit mit der Heirat. Sie verliert damit für immer die Mitgliedschaft in der Gruppe, in die sie geboren wurde und durch die im Kumaon mögliche Sekundärehe mag sie die Zugehörigkeit mehrmals wechseln. Ein Mann kann seine Lineage mit einer Ausnahme, der Adoption (s.Kap.4.3b), nicht alternieren.

Die Mitglieder einer Lineage bezeichnen sich untereinander als *brādar*[1]. Zur Gruppe der *brādar* zählen gemäß des o.g. Lineagewechsels auch die Ehefrauen und Mütter, während die eigenen Schwestern nach der Heirat zur Gruppe der *paũṛ* gehören. *Paũṛ* werden alle nichtagnatischen Verwandten, die

---

[1]Siehe Hindi: *birādari*; "Nicholas points out that the word is cognate with Sanskrit bhratr, "brother", Latin frater, "brother" and Greek phrater, "member of the same clan"." (Alavi 1972:2)

Herkunftsfamilien der Mütter (Kognaten bzw. uterine Verwandte), der Ehefrauen (Affine) und die Gattenfamilien der Schwestern (Affine) genannt.

Aufgrund von Lineage- und Dorfexogamie sowie patrilinealer Erb- und Wohnfolge sind alle lokalen Verwandten *brādar* bzw. Lineagebrüder[2] und wie ich später zeigen werde, verhält sich jedes Dorf so, als ob es eine Lineage wäre.

Lineage und Dorf sind auch de facto oft identisch. Schätzungsweise 50% aller Orte werden jeweils fast ausschließlich von einer bestimmten Ṭhākurlineage bewohnt, die häufig den gleichen Namen trägt wie der Ort. Wenn mehrere Lineages in einem Dorf vertreten sind, so ist meistens eine zahlenmäßig dominant.

Die soziale Kooperation innerhalb einer Lineage beschränkt sich im Kumaon auf die lokale Lineage. Das heißt, mit den Lineagebrüdern in anderen Orten bestehen keine durch die gemeinsame Lineagemitgliedschaft begründeten sozialen oder rituellen Verbindungen.[3] Diesen Umstand muß Sanwal meinen, wenn er davon spricht, daß den unilinearen Deszendenzgruppen im Kumaon keine große soziale Bedeutung zukommt.

> "The Khasi are divided into a large number of patri-clans, the majority of which are named after villages or occupations. These clan-like units, variously called *biradari, vansh, khandan* or even *jat*, are socially not very important and sometimes not even exogamous." ... "Interaction between neighbouring villages, even if they are inhabited by different lineages of the same clan, is never intense." (Sanwal 166:47 u. 48)

Nach meinem Ermessen bestehen durchaus intensive Verbindungen mit anderen Orten, aber diese setzen die affinale Beziehung voraus und können als affinale Kommunikation bezeichnet werden, deren Bindeglieder die Frauen sind.

Bündnispolitik und Rechtsfragen, die bei den von Pradhan beschriebenen Jāt Gegenstand eines überlokaler Lineagekonzils sind, sind im Kumaon lokale Angelegenheiten, wobei der Rekurs auf die Zugehörigkeit zu einer bestimmten Lineage sowie Ordnung und Werte der Lineageorganisation ansich von großer Bedeutung sind.

---

[2]Eine Ausnahme von dieser Regel bildet der sogenannte *ghar-javāī*, der Schwiegersohn, der in den Ort der Frau zieht.

[3]Dies steht ganz im Gegensatz zu der von Pradhan (1966) untersuchten Jāt-Gesellschaft, bei der die Mitglieder einer Lineage in starken überlokalen Verbänden organisiert waren, die in politischen und rechtlichen Fragen höchste Autorität besaßen.

Das Dorf Thama, von dessen Lineageverteilung und Organisation ich bei der Auswahl des Untersuchungsortes noch keine Vorstellung hatte, ist besonders geeignet, eine Schwierigkeit bei der Definition bzw. Abgrenzung von Lineages im Kumaon zu demonstrieren, die auch Sanwal möglicherweise anspricht, wenn er sagt, daß die klanähnliche Einheit manchmal nichtmal exogam ist.

Circa 70 % der Haushalte in Thama tragen den Namen Mehra. Man sollte annehmen, wie ich es übrigens über Monate hinweg tat, daß es sich um eine Lineage, eine UDG handelt. Im Verlauf der Untersuchung wurde ich belehrt, daß sich hinter demselben Namen zwei verschiedene *jāts* (lokaler Begriff für Lineage) verbergen, die untereinander Statusdifferenzen aufweisen und jeweils exogame Gruppen bilden. Ich nenne sie Mehra I und II. So hat Mehra I z.B. rege Heiratsverbindungen mit den auch in einem Nachbardorf vertretenen Mehra II.

Die Mehra in Thama sagen, daß sie unterschiedliche Vorfahren haben (s. Geschichte der Besiedlung), aber sie berufen sich alle auf die gleiche Legende, die ihren Namen betrifft und in diesem Sinne sind sie als maximale Lineage oder als Klan zu bezeichnen.

> Der Name Mehra (auch Mahara oder Mara genannt) ist bereits in der Kumaoniversion des Mahabharataepos erwähnt und Atkinson berichtet von zwei machtvollen Fraktionen, den Mara und den Phartiyal. Als Som Chand, das erste Glied der späteren Chand-Dynastie in den Kumaon kam, "...he found the country divided into a number of small pattis, in each of which was a semiindependent ruler. These again took part in the quarrels of the two great factions, the Maras and the Phartiyals. Perhaps in the entire history of India there is no record of such bitter and long-continued strife as has existed from time immemorial between these two parties ... He made the head of one faction the chief adviser and minister in civil matters and he head of the other faction chief of his forces." (Atkinson (1884)1981:507/8)

Die Größe der im Heiratsradius von Thama vertretenen Lineages kann von einigen Hundert bis zu etlichen Tausend Mitgliedern variieren. Besonders weit verbreitet ist z.B. die Lineage Mehatā, die in einer Vielzahl von Orten dominiert. Hier läßt sich auch vom Namensträger auf seine Lineagezugehörigkeit schließen, und das gilt für die meisten der von mir im Heiratsradius verzeichneten ca. 50 Lineages.

Namensidentität bei gleichzeitiger Aufspaltung in unterschiedliche exogame Abstammungsgruppen ist oft von dem Phänomen begleitet, daß sowohl eine sehr statushohe Gruppe als auch eine der niedrigsten Lineages den gleichen Namen tragen. Dies wird z.B. explizit bei den Namen Borā, Kārkī und Biṣṭ. In allen drei Namensgruppen befindet sich jeweils eine Lineage, der der Rang 1 (s. Kap.

Heirat 8.3) zugesprochen wird und eine andere, die als so niedrig gilt, daß man keinen Reis von ihr annimmt. Von den niedrigen Borā werden nicht mal Frauen genommen. Die Verwendung des Namens Biṣṭ[4] gibt eine Erklärung für die Entstehung unterschiedlicher Lineages mit gleichem Namen.

Jedermann in Thama wußte zwischen "richtigen" und "falschen" Biṣṭ zu unterscheiden. Richtige Biṣṭ gab es nur an der Pheripherie des Heiratskreises von Thama. Alle anderen Biṣṭ der Umgebung haben lediglich den ranghohen Namen adoptiert und die größte Gruppe unter ihnen wird lokal Biṣṭ-Bhāṭ genannt und gilt als eine sehr niedrige Lineage.[5]

Es ist zu vermuten, daß die Statussegmentation innerhalb einer "maximalen Lineage" (Namensgleichheit) durch die folgenden Faktoren zustande gekommen ist:

a) Immitation des Namens (s. Beispiel Biṣṭ)

b) Statusverzweigungen aufgrund illegitimer Heiratsverbindungen (s.a. Exkurs Kap. 1.3a) bzw. Nachkommenschaft.[6]

c) In der Langzeitperspektive Statusverschiebung durch Heirat generell (s. Kap. 8.3).

Der Rang einer Lineage stellte sich in Thama und Umgebung in den folgenden vier verschiedenen Ausprägungen dar:

a) Lineages, von denen man weder Reis noch Frauen nimmt; in Thama selbst waren solche Lineages nicht vertreten, aber in der nächsten Umgebung.

---

[4]Laut Sanwal (1976:50) kennzeichnete der Name Biṣṭ wie der Name Adhikārī ein hohes administratives Amt, das mit dem Status der "Ṭhuljāts" verbunden war. "These became status symbols and were adopted as additional or secondary clan titles by the descendants of the person initiallly invested with it or in many cases these titles completely replaced the clan names with the result that what appeared like clans in fact included several lineages belonging not only to unrelated clans but also to different *gotras.*" (ibid. S. 50)

[5]Bei meinen Erhebungen stieß ich auf Aussagen, daß sich auch die Biṣṭ-Bhāṭ nochmals in zwei Statussegmente teilen, die angeblich exogame Gruppen bilden. In die eine Gruppe gaben die Mehra in Thama Frauen, in die andere nicht.

[6]Ein Informant, den ich speziell nach der Entstehung unterschiedlicher Mehralineages fragte, erklärte mir, daß die Söhne, die eine zum zweiten mal heiratende Frau mitbringt, die Ursache für die Entstehung einer neuen, niedrigen *jāt* unter gleichem Namen seien. Es gab allerdings einen historischen Fall dieser Art im Dorf, der offensichtlich nicht diese Konsequenz hatte. Joshi (1929)1984, der solche Kinder als "*Jhantela*" bezeichnet, schreibt, "Khasa Family Law recognized a *Jhantela* as a son, through opinion is growing in some places against the recognition of such a right." (ibid., S. 176)

b) Lineages von denen man keinen Reis nimmt, aber Frauen.

c) Lineages die niedriger stehen als man selbst, mit denen aber dennoch Reis und Frauen auf reziproker Basis getauscht werden.

d) Statusgleiche Lineages.

Diesem Modell ordneten sich in Thama, das neben den zwei Mehra noch andere Lineages beherbergte und somit als Multilineagedorf[7] zu gelten hat, die folgenden Lineages zu:

TAB. 5 Verteilung der lokalen Lineages nach Rängen

Rang	Lineage	Anteil Familien	Anteil Ortsteil Vār[8]	Pār
statushoch u. gleich:	Mehra I	60,6 % (57)	59,9 %	40,1 %
	Mehātā	8,5 % (8)	-	100 %
	Khaṛaī	4,3 % (4)	100 %	-
zweitrangig:	Rāil	5,3 % (5)	-	100 %
drittrangig, man nimmt keinen Reis:	Mehra II	8,5 % (8)	30 %	70 %
	Nayāl	1 % (1)	100 %	-
	Kārkī	9,6 % (9)	100 %	-
	Biṣṭ-Bhāṭ	2,3 % (2)	100 %	-
		100 % 94		

Die Frage nach den Ursachen für diese Rangfolge kann von mir ebensowenig beantwortet werden, wie meine Mehra I-Informanten sie nicht zu erklären wußten: "Es ist so, das weiß jeder, das kann dir auch der Brahmane bestätigen." Mehra II-Informanten bestätigten, wie die übrigen Angehörigen der 3. Gruppe, den Lineage-, aber nicht den Rangunterschied, so daß nur die Interaktionsprotokolle hierüber Auskunft geben können.

Konkrete Statusbegründungen erhielt ich in Bezug auf die Kārkī: "Sie waren ehemals Seilhersteller aus der Gegend von Bageshwar." Und auch über die aus dem Heiratskreis ausgeschlossenen Lineages hieß es: "Ṭhākurs nennen

---

[7]Sanwal (1976:10) spricht von "multicaste-multilineage villages which sprang up in Kumaon during the caste-neutral British rule."

[8]Vār-Thama bezeichnet hier den Ortsteil, in dem wir wohnten und der sich über den südöstlichen Hang des Dorfes erstreckt, während die meisten Siedlungen Pār-Thamas am Westhang liegen.

sie sich, aber wir wissen, daß ihre Vorfahren Handwerker waren." Der Abstand zwischen den unteren Ṭhākur-Lineages und den Śilpkār ist in den Augen der hochrangigen Ṭhākur-Lineages demnach gering.

Der Frage, inwieweit die hier dargestellte Rangordnung bei den Heiratsverbindungen zum Tragen kommt, gehe ich in Kap. 8.3 nach.

b) Die lokale Besiedlung

Wie bei allen mündlichen Überlieferungen ist bei der folgenden Wiedergabe der Lokalgeschichte davon auszugehen, daß sich Mythos und Fakten miteinander vermischen.

Aus Chakhātā bei Nainital kamen die Mehra I als Erstsiedler in das Tal. Es heißt, daß es sich um zwei Brüder handelte, die sich in den rechts- und linksseitigen Tälern des vorerwähnten Bergkammes und der Straße niederließen. Eine Ṭhākurfamilie existierte nie alleine, sie brauchte die Dienste der Unberührbaren, und so werden als die ersten Bewohner des Thamatales eine Mehra I- und eine Ḍomfamilie genannt.

Von dieser Mehra I-Lineage gibt es angeblich außer dem "Bruder", der jenseits des Bergkammes in einem Nachbardorf siedelte, den Vorfahren in Chakhātā und einem Lineagezweig in der Nähe von Pitoragarh keine weiteren Vertreter im Kumaon.

Die Lineage spaltete sich in die West- und Ostseite des Flusses (*vār* und *pār*) und jeder Ortsteil hatte einen eigenen *padhān* (Dorfoberhaupt).

> *Padhān* konnte nur ein Mann der erstsiedelnden Lineages werden, und sein Amt vererbte sich auf den ältesten Sohn. Ein *padhān* kassierte die Steuern und hatte für Recht und Ordnung innerhalb des Dorfes bzw. der Lineage zu sorgen. Seine Dienste wurden seitens der Herrschaft mit der Überlassung steuerfreier, fruchtbarer Ländereien (*padhānchāri*-Land) belohnt.
> Über das Phänomen, daß ein Dorf zwei *padhāns* hatte, schreibt Stowell (1966): "Sometimes there are two or even more *padhans* in one village either by reason of the village being divided into different clans or castes (*dhara, rath*) or by reason of its having several *lagas* attached to it..." (Als *laga* bezeichnet Stowell Aussiedlung und als *asl* ein Haupt- bzw. Stammdorf.) (ibid., S. 111)
> Stowells auf Gerichtsakten der britischen Kolonialherrschaft basierenden Aufzeichnungen enthalten den Hinweis, daß die Anträge auf Mehrfach-*Padhān*-Besetzungen in einem Dorf ein großes Problem für die Verwaltung darstellten, 'da jede Fraktion ihren eigenen *padhān* verlangte' (ibid., S. 111).
> Laut Auskunft meiner Informanten mußte eine Lineage, die ihren eigenen *padhān* haben wollte, mindestens zehn Haushalte nachweisen können.

Vor ca. 150 Jahren forderte der Pār-Thama-*padhān* die Vār-Thama-Mehras auf, einen Bruder herüberzuschicken, "zur Gesellschaft", wie einige Leute es formulierten, "weil es viel Land gab, aber nur wenige Menschen und die Umwelt (Urwald, wilde Tiere) sehr bedrohlich war." Der Pār-Thama-*padhān* stattete den Bruder der Vār-Thama-Mehra mit Land aus.

Aus dem gleichen Grund, so heißt es, gab derselbe *padhān* später auch einer Mehatā-Familie aus einem nahegelegenen Dorf Land und ließ die Mehra II in Pār-Thama siedeln. Die Mehra II kamen aus dem Dorf über dem Kamm, wo die Brüder der Mehra I ansässig geworden waren. Die Mehra II gaben wiederum einer Rāilfamilie aus Rāilkot etwas von ihrem Land ab.

In Vār-Thama nahm man zwei Kārkībrüder, eine Nayāl-Familie aus dem nahegelegenen Nay und ebenfalls eine Mehra II-Familie auf. Die Biṣṭ-Bhāṭ und die Khaṛaī kamen erst später als *ghar-javaī* nach Vār-Thama.

Den Ausführungen Stowells (1966) folgend, lassen sich die damaligen Bedingungen für Erwerb und Weitervergabe von Land wie folgt rekonstruieren: Eigentumstitel an Neuland konnten sowohl durch Schenkungen seitens der Herrschaft aufgrund administrativer oder militärischer Leistungen als auch durch Rodung von Urwald (unvermessenes Land) erworben werden (ibid., S.146). Beides ist im Falle der Mehra I möglich. Solche Landerwerber wurden als *hissadār* bezeichnet. Jeder *hissadār*-Lineage stand es frei, ihr Land an *khaikārs* zu vergeben. *Khaikārs* zahlten eine geringe Steuer und bis zu 25 % Naturalabgaben *(malikana)* an den *hissadār*. *Khaikār* bezeichnete nicht einen einfachen und kündbaren Pächter (*sirtān*). Das dem *khaikār* überlassene Land wurde Erbland und konnte nur unter äußerst schwierigen Bedingungen (keine Erbfolger) vom *hissadār* zurückgefordert werden. Ein *khaikār* konnte anderen das Land unter Zustimmung des *hissadārs* überlassen.

> "A *khaikar* can sublet his land and get it cultivated through any one he likes. There is no question about this so long as he does not purport to make over the *khaikari* right." (ibid., S.85)

Stowell weist darauf hin, daß die Trennungslinie zwischen *hissadārs* und *khaikārs* so unscharf war, daß diese von der Kolonialherrschaft oft miteinander verwechselt wurden (s.S.90).

> "They are in all respects equal to proprietors with the exception that they cannot sell their holdings and they pay a small sum in addition to the quota of revenue due from the land recorded in their names," says Sir Henry Ramsay (Kumaon Report, page 15)." (ibid., S.89)

So ist es wahrscheinlich, daß die erstsiedelnden Mehra I *hissadārs* waren[9], die nachfolgenden Lineages ihr Land als *khaikārs* erhielten und nach dem o.g. Prinzip wieder untervergaben. Einhellig wurde mir bestätigt, daß das Land nicht verkauft wurde und daß man von den neuen Lineages Loyalität mit der Landgeberlineage sowie die Unterordnung unter die Direktiven der prestigehöchsten, erstsiedelnden Lineages erwartete.

Im Zuge der Kolonialherrschaft wurde die Vielfalt an Titeln aufgelöst und die realen Landinhaber wurden zu Eigentümern.

Lediglich über die Lineage der Kārkī konnte ich in Erfahrung bringen, unter welchen Bedingungen sie in das Dorf aufgenommen wurden. Man erzählte mir, daß es sich um zwei Brüder handelte, die als elternlose Hirtenjungen in einem Dorf, zu dem affinale Beziehungen bestanden, arbeiteten. Die Mehra I sagten zu ihrer Verwandtschaft: "Gebt uns einen Jungen ab, er soll für uns arbeiten." Der zweite Bruder grämte sich und folgte seinem Bruder nach Thama. Man mußte sie verheiraten und gab ihnen im Zuge der Familiengründung etwas Land und ein Haus. Die Geschichte der Kārkī-Brüder und ihr weiterer Verlauf ist interessant, denn einer der Brüder blieb kinderlos und adoptierte einen Jungen aus einem Nachbardorf, dessen Mutter im Wochenbett gestorben war.

Die Nachkommen des Adoptivsohns, der übrigens wieder einen Sohn adoptieren mußte, führen nicht den Namen Kārkī, sondern den Namen Mehra (I). Die Begründung meiner Informanten lautete: "Weil es unser Boden war, den er erbte."

Der Fall bedarf weiterer Recherchen, z.B., ob es eine Regel gab, nach der sich vergebenes Land nur durch Blutsbande in Ahnen- bzw. Lineageland transformieren ließ.[10] Der von mir protokollierte Einzelfall weist Merkmale auf, die möglicherweise auf die Entstehung einer neuen exogamen Abstammungsgruppe

---

[9]Dies wurde mir auf Nachfragen bestätigt, obwohl mir niemand detaillierte Auskunft über die damalige Rechtsgrundlage geben konnte.

[10]Interessanterweise erwähnt Stowell (1966) einige Protokolle, die *khaikār*-Erbfälle behandeln, und registriert "a mixed question of adoption and transfer." (ibid., S.79) "The right of an adopted son to succeed would not be worth noticing were it not that it was denied in several cases by Mr. Ross while Commissioner." (ibid., S.82)

hinweisen.[11] "Sie gehören zu unserer Lineage (*jāt*)", sagten einige Mehra I über diese Familie, "sie haben nichts mit uns zu tun", sagten die anderen.

Die Ausführungen zeigen im Nachgang zu dem einleitenden Abschnitt dieses Kapitels die Komplexität der Rekrutierung der Zugehörigkeit. Einerseits gibt es die maximale Lineage, den Namen, der vergleichbar mit der Bezeichnung der Kaste das "Aushängeschild" darstellt, andererseits drängen vielfältige Faktoren zur Segmentation. Diese wird dadurch bekundet, daß die Lineage ihre Geschlossenheit als exogame Gruppe aufgibt, so daß ein neues "Gegenüber" entsteht.

3.2 LOKALE KOOPERATION UND GABENTAUSCH

a) Die Objekte des Tauschs

Die fragmentarische und mit Mythen versetzte Darstellung der Besiedlung war notwendig, um die lokalen Beziehungen, um die es in diesem Kapitel geht, aus ihren historisch gewachsenen Dimensionen heraus transparent machen zu können.

Beziehungen sind im Tauschgebaren ausgedrückt. Wenn sie sich wandeln, wird dies durch eine Veränderung der Tauschgestik angezeigt und somit öffentlich. Die Tauschobjekte selbst haben die Eigenschaft und Wirkkraft einer Sprache und sind demgemäß semantisch gruppiert:

1) Reis. Ich erwähnte bereits, daß das gegenseitige Geben und Nehmen von gekochtem Reis Statusgleichheit voraussetzt bzw. daß der Koch von Reis möglichst statushöher sein soll, auf keinen Fall aber statusniedriger sein darf. Deshalb kann der Reis dazu dienen, Statusdifferenzen zwischen Lineages praktisch werden zu lassen. Da das Reisgericht, verbunden mit Linsen, im Kumaon, wie übrigens auch in Kangra, die Hauptfestmahlzeit darstellt, ist es von der Lineage des Reiskochs abhängig, ob man auf reziproker Basis Festen, insbesondere Hochzeiten, beiwohnen kann.[12] Im historischen Kontext äußerte sich die dominante Stellung und Statussuperiorität der Mehra I darin, daß diese Lineage dorfweit zu jedem Fest die Köche stellte. Alle nachgeordneten Lineages

---

[11]Bei der Auswertung der Heiratsdaten stellte sich heraus, daß zwei Mehra I-Töchter eine Schwester dieser Mehrafamilie zur Schwiegermutter hatten, was den Exogamieregeln widerspricht (s. Kap. 8.1).

[12]Zum Vergleich Kangra s. Parry 1979:95: "Marriott (ibid., P. 144) reports that in Dishan Garhi festive food is *pakka* food. In Kangra, by contrast, the festive food par excellence is boiled rice accompanied by several side dishes of lentils and vegetables."

waren Nehmer von Reis und die Mehra I waren analog zum Modus der Landvergabe die Geber. Reziprozität gilt auch unter Bedingungen der asymmetrischen Gabengestik. Die Geber von Reis fordern Ehre als Rückfluß (Tausch unterschiedlicher Stofflichkeiten).

Vor ca. 20 bis 30 Jahren ereignete sich der Fall, daß die Kārkī einen Mehra II-Koch (niedriger als Mehra I) nahmen und damit das obige Monopol der Mehra I unterminierten. Daraufhin war es den Mehra I angeblich nicht mehr möglich, im Hause der Kārkī Reis zu essen. Sie konnten nur noch an den Kārkī-Festivitäten teilnehmen, die keine gemeinsame Reismahlzeit beinhalteten[13] bzw. nahm man bei Hochzeiten im Hause der Kārkī nur die Abendmahlzeiten ein. Die Kārkī hatten ihrerseits keinen Grund, das große Festessen bei den Mehra I zu verweigern, so daß die in dem obigen Akt ausgedrückte Auflehnung gegen die dominante Gruppe die statusgebundene Kooperation nicht aufhob.

Dieser Schritt ereignete sich allerdings zum Zeitpunkt meiner Untersuchung (1984): Erstmals lehnten es die Kārkīs ab, bei den Mehras Reis zu essen. Ich werde auf diese Entwicklung im nächsten Abschnitt (Lokale Konflikte und Fraktionen) eingehen, da ich hier zunächst die Symbolsprache der Gaben und ihre Funktion darstellen möchte.

2) *Puris* (auch *lagaṛ* genannt) sind in Öl gebackene Fladenbrote, und ich werde später auf die zahlreichen Gelegenheiten, bei denen sie getauscht werden, eingehen. Sie werden im Unterschied zum Reis grundsätzlich auf symmetrischer Basis, das heißt, unabhängig vom Status der Geber und Empfänger innerhalb der Subkaste getauscht. Man könnte sagen, daß das Geben und Neben von *puris* den Aspekt der Gleichheit bzw. der Gemeinschaft symbolisiert.

Wie die Rekonstruktion neuerlicher Fraktionen im Dorf Thama allerdings zeigt, setzt der Tausch von *puris* (symmetrische Reziprozität) das Akzeptieren des asymmetrischen Tauschmodus von Reis voraus, denn der *puri*-Tausch mit den Kārkīs kam zum Erliegen, als diese sich weigerten, bei den Mehras weiterhin Reis zu essen (s. Kap. 3.3).

---

[13]Dies sind z.B. die Begleitung des *barāt*, der die Braut abholt, denn bei der Hochzeit essen die Frauennehmer bei den Frauengebern niemals Reis. Es gibt andere Gerichte.

3) Arbeitsleistungen gehören in die gleiche Kategorie wie *puris*. *Puri*mengen und Umfang der Arbeit sind pro Anlaß exakt vorgeschrieben, so daß die Beteiligten immer das zurückerhalten, was sie gegeben haben.

4) Geld. Während die Tauschverbindungen 1–3 (Naturalien und Arbeitsleistungen) einer allgemeinen, im Prinzip dorfweiten Reziprozität folgen, setzt das Geldtauschen bzw. -leihen eine partikulare und positiv bestimmte Beziehung voraus, die, um einen Begriff von Mayer (1960) zu borgen, an die "Lineage of co-operation" bzw. an die Fraktion (*pāliṭi*) gebunden ist.

Dem Geldtausch unterliegt ein Prinzip, das bei Eglar (1960) im Kontext von "vartan bhanji" beschrieben wird.

> "This brings us to the second rule of vartan bhanji, namely, that while there should be reciprocity, there should never be an equilibrium. The things exchanged should not exactly balance, because this would bring the relationship to an end." (ibid., S.125)

Eine Geldtauschbeziehung ist an bestimmte Anlässe (Heirat, Hausbau) gebunden. Der Empfänger von Geld muß, wenn bei dem Geber eine Heirat oder ein Hausbau ansteht, die zu dem gleichen Anlaß erhaltene Summe zurückzahlen. "Es darf nicht der gleiche Betrag sein, es muß mehr sein!" Das "mehr" stellt eine neue Geldleihgabe dar und der Gläubiger wechselt zum Schuldner. Die Beträge belaufen sich lt. Auskunft meiner Informanten auf bis zu 1.000 Rupien und darüber. Daraufgelegt werden soll bei Rückgabe mindestens die Hälfte (500 Rupien).

Das Konto ist also nie ausgeglichen und dem der die Tauschregeln verletzt, droht der Verlust von Ehre. Mir wurde versichert, daß das nicht vorkommt und daß über das Geld weder gesprochen noch verhandelt wird. Es muß unaufgefordert gezahlt werden, und zwar nur zu den o.g. Anlässen. Findet im Haus eines Gebers keine Hochzeit bzw. kein Hausbau statt, bekommt er sein Geld nicht und kann es auch nicht fordern.

5) Leihobjekte gehören zu der Gruppe von Tauschobjekten, die eine partikulare Beziehung voraussetzen. Sie spielen eine sehr große Rolle, denn die sparsame Ausstattung erlaubt es nicht jeder Familie, "notwendige Besitztümer" zu erwerben. Es handelt sich hierbei in der Hauptsache um Zugtiere (Ochsen), Hochzeitsfahnen, *ḍoli* (hölzerne Sänfte für Brautzüge und in Krankheitsfällen gebraucht) und um Messinggefäße (*bartan*), die bis zu einem Meter Durchmesser haben, um die großen Mengen auf Hochzeiten zu kochen. Früher gehörte auch

der goldene Nasenring (*nath*) für die Braut zur Gruppe dieser Objekte. Er wurde zu jeder Hochzeit ausgeliehen.

Es ist erstaunlich, daß diese Gegenstände mit Ausnahme der Zugtiere natürlich - nicht etwa als Gemeinschaftseigentum einer Lineage oder des Dorfes angeschafft und deponiert werden, sondern daß sie sich auf einzelne Familienverbände innerhalb des Dorfes verteilen, die diese gegen die Gabe einer Kokosnuß ausleihen. Diese Kooperationsform erwirkt gegenseitige Abhängigkeiten. Wechselt die Familie, in der sich bestimmte Gegenstände befinden die Fraktion, dann kann es passieren, daß man ohne Fahnen oder *ḍoli* dasteht und in einem anderen Dorf um die Leihgabe bitten muß.

Es bleibt zu erwähnen, daß es für das Kleingeschirr (Becher, Teller) allerdings einen Fond gibt. An Holi (Frühlingsfest) zahlt jede Familie der "Lineage of co-operation" 10-15 Rupien und ein Mann wird damit beauftragt, den Bestand an gemeinschaftlich genutztem Geschirr zu erneuern und aufzubewahren.

6) Geschirr (*bartan*) und Kleidung sind Gaben anläßlich der Hochzeit eines Mädchens und gehen in die Aussteuer (*daij*) ein. Während in den Orten südlich und östlich von Almora *daij* zum lokalen bzw. agnatischen Gabentausch gehört, beschränkt sich die Gabe von *daij* in Thama und Umgebung auf den Familienverband der Braut.

Im lokalen Kontext gibt derjenige *daij*, der gleichzeitig ein *paũṛ* (affinal Verwandter) der Familie ist, so daß die Gabe kategorielle Doppelverwandtschaft kennzeichnet.[14] Da diese Gabe nur in der singulären Beziehung des einen Hauses zu einem anderen auftritt ist sie von anderer Art wie die oben genannten und sei hier nur erwähnt (Ausführung s.Kap.6.6).

b) Akteure und Anlässe beim allgemeinen Tausch

(Nahrungsmittel, Arbeitsleistungen, Einladungen)

Ich habe die Gaben zunächst als Objekte vorgestellt und ihnen die Akteure vage zugeordnet. Dies hat seinen guten Grund. Die aktuellen Gruppenprozesse in Thama waren so vielfältig und schwierig, daß ich sie, sozusagen als situatives Zeitgeschehen, erst darstellen kann, wenn die Konzeption und Reichweite des Gabentausches bzw. der Kooperation klar ist. Ich werde in diesem

---

[14]Im Unterschied zur agnatischen Gabentausch, der bei Streit (Fraktion) aufgehoben werden kann, ist die Gabenverpflichtung zwischen lokalen *paũṛ* nicht kündbar.

Kapitel das Modell, so wie es im Kopf der Leute in Thama und in anderen Orten besteht und normalerweise befolgt wird, darstellen und in die Abweichungen überleiten.

Danach ist der Austausch von Nahrungsmitteln, Arbeitsleistungen und Einladungen grundsätzlich auf das ganze Dorf ausgeweitet, das heißt, er integriert alle Lineages.

Arbeitsleistungen und Einladungen (nyū̃t)

Von allen sozialen Aktivitäten und Verpflichtungen kommen Hausbau und Heirat die größten Gewichtungen zu. Hausbau ist die Verpflichtung gegenüber dem Sohn, Heirat die Pflicht gegenüber der Tochter. Beide Projekte sind mit einem so großen personellen und finanziellen Aufwand verbunden, daß sie die Kapazität einer Familie übersteigen. Sie sind die einzigen Anlässe, bei denen Vertreter des ganzen Dorfes sowohl Hilfe leisten wie auch eingeladen werden müssen. Aus jedem Familienverband wird ein Mann aufgefordert, den nur aus Männern bestehenden Zug (*barāt*) zu begleiten, der den Bräutigam in den Ort der Braut trägt, wo die Hochzeit stattfindet, und die Braut in das Haus des Mannes bringt.

Bei einem Hausbau hat traditionell jede Familie des Dorfes die Pflicht, eine Person für einen Tag Arbeit (unentgeltlich) abzustellen.

Nach den Pflichten folgen die Feste. Hochzeit und Einweihung eines Hauses (*ghar-paiṭ*) haben Ähnlichkeiten in der Zeremonie (s.Kap.8.5) und es müssen bei einem *ghar-paiṭ* die gleichen Gäste eingeladen werden wie bei einer Hochzeit.

Die Einladungsverteilung in Thama reflektiert die im historischen Abriß dargestellte Teilung des Dorfes und der dominanten Lineage unter zwei *padhāns*:

Aus dem anderen Ortsteil, dem Pār-Dorf, wird nur eine Person pro Familie eingeladen (*mauvāri nyū̃t*), und zwar unabhängig davon, ob es sich um Lineagebrüder handelt oder nicht. Im Vār-Dorf werden innerhalb der eigenen Lineage alle Familienmitglieder eingeladen (*cul nyū̃t*) und von anderen Lineages eine Person pro Haushalt.[15]

Die Mehra I in Vār-Thama (Südostseite) bildeten eine eigene Gruppe, die 33 *brādar*, die mit den Mehra I-Familien in *Pār*-Thama keine hervorgehobenen

[15]Die Unterscheidung in *cul nyū̃t* - die Feuerstelle bleibt kalt - und *mauvari nyū̃t* - eine Person pro Familie -fand ich auch in anderen Regionen des Kumaon, und zwar im gleichen Modus: *mauvāri nyū̃t* für die Pār-Dörfer, *cul nyū̃t* für die Vār-Dörfer, dort für die eigene Lineage oder *pālṭi* (Fraktion).

sozialen Beziehungen unterhielt. Deshalb bietet sich an, die 33 *brādar* in Vār-Thama als "lineages of co-operation" zu bezeichnen, der eine "lineage of recognition" gegenübersteht.[16]

Mehra I-Familien, die nach Ablösung der Regentschaft der *padhāns* (1947) in Pār-Thama bauten, blieben weiterhin in die Vār-Thama-Lineagesektion (33 Familien) integriert, so daß die geographische Aufteilung (Trennungslinie Fluß) nicht ganz identisch ist mit der sozialen.

Nahrungsmittel

Der soziale Beziehungen signalisierende und klassifizierende Tausch von Nahrungsmitteln, in der Hauptsache *puris*, wird als *paiṇ* bezeichnet und ist überall im Kumaon verbreitet. Der Tausch ist nach den folgenden Reichweiten und Anlässen differenziert:

Bei lebenszyklischen Ereignissen werden *puris* dorfweit verteilt. Die Geburt des ersten Sohnes erfordert die Distribution einer *puri* pro Haus des Ortes plus 5 Paisa.[17] Die Verteilung erfolgt nach Beendigung der Verunreinigungsphase, am 11. Tag nach der Geburt.

Bei einer Hochzeit bringen Brüder der Braut, dem *barāt* in mehrstündigem Abstand folgend, *bheṭaṇ*[18]. Die Gabe des *bheṭaṇ*, die sich jedes Jahr wiederholt ist in Kap. 6.5 ausführlich beschrieben. Sie besteht je nach Größe des Dorfes aus 300 bis 800 *puris*, die nach dem folgenden Schlüssel verteilt werden: Im eigenen Ortsteil eine *puri* pro im Haus lebender Ehefrau und eine *puri* für das Haus. Im anderen Ortsteil zwei *puris* pro Haus. In Thama wurde an Holi vor vier Jahren der Beschluß gefaßt, *bheṭaṇ* nur noch im eigenen Ortsteil zu verteilen.

---

[16]Zur begrifflichen Unterscheidung s. Mayer (1960:169): "There appear to be two kinds of lineage, therefore. One is recognized to contain agnates who come to one's social functions (and since these functions are the main occasions for local subcaste action, this is more important than it may appear). ...One can call this the lineage of co-operation. ... The other kind of lineage is that which is based simply on recognition of a previous agnatic link; this link may not be known in any detail to members, but it can be traced through the record of the genealogist. We can call this a lineage of recognition."

[17]Eine Rupie entspricht etwa 25 Pfg. und hat 100 Paisa. Vergleiche mit unseren Kosten-Nutzen-Relationen können allerdings nicht angestellt werden.

[18]*bheṭ* bedeutet "sich treffen"

"Man muß sich vorstellen, daß unser Haushalt sechs Frauen hat und sechs mal 700 *puris* ankamen, die jeweils an das ganze Dorf verteilt werden mußten. Damit war man den ganzen Monat über beschäftigt. Das Dorf ist zu groß geworden, deshalb wurde dieser Beschluß gefaßt." (Dungar Singh)

Bei einem Sterbefall sollen Vertreter von allen Familien des Dorfes Holz bringen (*cil laguṇ chū*). Diejenigen die den Trauerzug begleiten, erhalten unmittelbar nach der Rückkehr Süßigkeiten. Unabhängig davon muß am 12. Tag (nach Beendigung der Verunreinigungsphase) eine *puri* pro Haus im Dorf verteilt werden. Mitglieder von allen Lineages des Dorfes bringen dem Haupttrauernden (ältester Sohn), der in einer Ecke sitzt und fastet, Gaben, die er genießen kann (Zigaretten, Obst, Süßigkeiten).

Die zweite Reichweite von Gaben beschränkt sich auf den eigenen Ortsteil, *apne bākhi*. So als stünden sich nach wie vor nur zwei *bākhis* (Hausketten) gegenüber, wird der eigene Ortsteil auch als *vār-bākhi*, der andere als *pār-bākhi* bezeichnet.

Wenn die Schwiegertochter die erste Periode bekommt (Frauen müssen vor der Menstruation verheiratet sein), erhält am 11. Tag, wie nach der Geburt, jede Familie des eigenen Ortsteils eine *puri*.

Im Gedenkmonat an die Toten, Asauj (Mitte Sept. bis Mitte Okt.), werden von allen Familien des Dorfes an verschiedenen Tagen die Ahnen verehrt (*sola-śrāddh*). Die Familie, die einen *sola-śrāddh* abhält, verteilt an alle Häuser des Ortsteils eine *puri*.

Neben *puris* gehören Milch und Joghurt zu den verbreitetsten Gaben. In der dritten Reichweite, Tausch innerhalb der Nachbarschaft, soll jede Familie, die Milch hat, den Familien deren Büffel oder Kühe trocken sind, Milch geben. Die Verteilung von *puris* und Milchprodukten findet in diesem Kreis an allen Festtagen statt (s.Appendix) und jede Frau, die das Dorf zu einem Besuch im Elterndorf oder bei Verwandten verlassen hat, muß *puris* zurückbringen und sie an die Nachbarschaft verteilen. Familien, bei denen ein Kalb geboren wurde, verteilen am 11. Tag (*nāmkaraṇ*) große Teller mit Milch, Joghurt und Milchreis an die Nachbarschaft.

Im Unterschied zu der eher mechanischen Verteilung von *puris* bei lebenszyklischen Ereignissen, ist der Nachbarschaftstausch in manchen Hinsichten flexibel sowie in der Lage, gute Beziehungen zu signalisieren.

Die relativ kleine Nachbarschaft, deren Tauschkreis wir angehörten (7 Haushalte) tauschte untereinander *puris* bei allen Anlässen: Dem häufigen Kommen und Gehen von Töchtern und Schwiegertöchtern sowie an allen

Festtagen (ein bis zwei pro Monat).[19] Sie bildeten einen Kreis, in dem alle sieben im gleichen Tauschverhältnis standen. An den Rändern wurde dieser Kreis von anderen Zirkeln überschnitten.
A tauschte mit den 6 plus mit einer weiteren Nachbarfamilie, die für die anderen keine Nachbarn darstellten. Dasselbe galt für B und C (D, E, F, G lagen in der Mitte und hatten keinen additiven Tauschpartner).

Jedem steht es frei, insbesondere bei großen Festen über diesen Kreis hinausgehend *puris* als Zeichen der Aufmerksamkeit oder guten Beziehung zu verteilen. Man verbindet dieses mit einem Besuch, gibt die *puris* ab und bekommt gleichzeitig andere dafür zurück.

Vār-Thama bestand aus ca. vier konstanten Tauschzirkeln, wobei der größte im unteren Dorf 14 Familien umfaßte. Wie bei einer Kette gab es an den Übergängen immer ein Glied, das mit Vertretern aus zwei Kreisen tauschte. Das was sich in Thama als Nachbarschaftstausch darstellt, ist in anderen, vornehmlich kleineren Dörfern, mitunter auf den ganzen Ort ausgeweitet.

Der *puri*-Tausch hat für einen Außenstehenden etwas Kurioses. Auswärts beschäftigte Männer zeigten sich sogar beschämt: "Das ist alles nichts, diese *puris*, das ist, weil wir Kumaonis verrückt sind."

Jede Familie produziert dasselbe Produkt in großen Mengen. Am Abend ist ein Korb mit etwa dem gleichen Quantum an *puris* gefüllt, der am Morgen das Haus verließ. Der Unterschied besteht darin, daß das Erhaltene aus anderen Häusern und von vielen Händen stammt. Die wirtschaftliche Unsinnigkeit der *puri*-Verteilung verweist darauf, daß hier Reziprozität und Sozialität in einer von materiellen Interessen entlasteten Form symbolisiert und praktiziert werden.

Marcel Mauss (1968) wie Lévi-Strauss (1981) betonen in ihren Ausführungen über die Gabe die sekundäre Rolle des ökonomischen Nutzens gegenüber anderen Funktionen. Von den obigen Autoren werden zahlreiche Beispiele angeführt, nach denen die ausgetauschten Gaben oft von genau der gleichen Art sind. Lévi-Strauss (1981) sagt, das Prinzip der Gegenseitigkeit in "primitiven Kulturen" behandelnd,

> "daß diese primitive Form des Tauschs nicht ausschließlich und nicht in erster Linie einen wirtschaftlichen Charakter trägt, sondern uns mit etwas konfrontiert, das er (Marcel Mauss, 1968) treffend ein "fait social total" nennt, eine totale gesellschaftliche Tatsache, d.h. eine Tatsache,

---

[19]Bei jeder Gabe von Nahrung wird zuerst ein Anteil für die Ahnen (*gagarās*) auf einem Stein deponiert, und bevor nicht die Kühe und Büffel eine Portion erhalten haben, verläßt der Korb mit den Gaben (meistens *puris*) nicht das Haus.

> die eine sowohl gesellschaftliche wie religiöse, magische wie ökonomische, utilitäre wie sentimentale, juristische wie moralische Bedeutung hat." (ibid., S. 107)
> "Was dem Objekt seinen Wert verleiht, ist die Beziehung zu anderen." (ibid., S. 150) ..."Jenseits des inneren Werts der gegebenen Sache steht die Gabe selbst als Zeichen der Liebe; und jenseits dessen die Gabe als Zeichen dafür, daß man der Liebe würdig ist." (ibid., S.151)

Selbst Familien, mit denen man nicht spricht, sind in diesen allgemeinen Tausch eingeschlossen. Statt selbst zu erscheinen, schickt man ein Kind hin.

> "Wir trinken von vielen Müttern Milch und rufen viele Väter Vater, deshalb die *puris* bei der Geburt an alle Häuser",

erklärten mir die Frauen.

Lokaler *puri*-Tausch betont die kategorielle Gleichheit in Dimensionen der "Dorfverwandtschaft", die auf anderen Ebenen (Reisgabe gegen Prestige, Bündnisse und Lineageverwandtschaft; s.u.) wieder aufgehoben bzw. differenziert wird.

c) Der an eine partikulare Gruppe gebundene Tausch

Ich habe diese Gruppe bereits als "Lineage of co-operation" eingeführt und geklärt, daß dieser, bezogen auf die dominante Lineage Mehra I, eine "Lineage of recognition" gegenübersteht. Der Einfachkeit halber benutze ich künftig zur Kennzeichnung dieser eng miteinander kooperierenden Gruppe das Wort "Bruderschaft" ("brotherhood").

Eine dominante Verbindlichkeit innerhalb dieser Gruppe läßt sich durch den Satz: "Sie richten die Hochzeit füreinander aus", ausdrücken. Neben den finanziellen und sächlichen Hilfen (s.o.) werden dem Hochzeitshaus umfangreiche Arbeiten, die sich über Wochen erstrecken, abgenommen.

Die Bruderschaft fällt und spaltet den Baum für die Unterhaltung der großen Hochzeitsküche. Sie befördert alle vom Basar benötigten Naturalien, große Säcke mit Reis, Linsen etc.. Ihre Frauen schürfen die zum Neuverputz des Hauses benötigten großen Lehmmengen aus dem Berg, um nur einige Aktivitäten zu nennen.

Die Organisation des Hochzeitsfests selbst, bei dem mitunter bis zu 300 Gäste bewirtet werden, liegt in den Händen der Bruderschaft. Wie bei einer gut geölten Maschine ist das gesamte Personal eingeteilt: Frauen, die nur Gewürze auf großen Steinen zermahlen, Frauen, die in einer ununterbrochenen Kette Wasser tragen, solche, die für den Abwasch zuständig sind usw.. Männer werden zum Gemüseschneiden, zum Verteilen des Essens, zur Unterhaltung des Feuers und vielen anderen Arbeiten eingeteilt.

Ich habe diese Aktivitäten im Vorgriff auf die Beschreibung einer Hochzeit dargestellt, um deutlich zu machen, daß es ganz und gar ausgeschlossen ist, eine Hochzeit als einzelne Familie oder als Familienverband durchzuführen.

Gleichsam wie um einen Stein, der nur mit vereinten Kräften aufgehoben werden kann, versammelt sich die Bruderschaft, um zentrale gesellschaftliche Verpflichtungen und Aufgaben gemeinsam zu tragen. Im Unterschied zum *puri*-Tausch beruht die Gegenseitigkeit hier auf einer ökonomischen Notwendigkeit. Ohne Leihgaben und Geldtausch könnten nur wenige Leute eine Hochzeit finanzieren, deren Kosten sich ungefähr auf zwei bis drei Jahresgehälter eines Durchschnittsverdieners belaufen. Außerdem könnte nur dann geheiratet werden, wenn das Geld da ist, wohingegen jedoch die Regeln die Verheiratung der Tochter vor deren Pubertät[20] vorschreiben und keine Aufschubmöglichkeit beinhalten.

Es gibt noch viele andere Anlässe und Aktivitäten, bei denen die gegenseitige Unterstützung innerhalb der Bruderschaft erfolgt, die ich hier nicht im Einzelnen darlegen möchte. Die Leistungen, um die man einen *brādar* bitten kann, unterscheiden sich nur graduell von denjenigen, die ich im Kap. 4.2 für die minimale Lineage oder den Familienverband beschreibe. Der jüngere Bruder fragt den älteren, der ältere den Vater, der Vater den "ältesten" Mann der Bruderschaft vor einer Entscheidung. Es gibt zwar keinen offiziellen Führer der Bruderschaft[21], informell aber hat jede Gruppe einen höchsten Autoritätsträger. Er muß alt sein, ist aber nicht zwangsläufig der älteste Mann der Gruppe. So wie dieser Mann oder ein ihm nahekommender z.B. bei Verhandlungen über Eheschließungen hinzugezogen wird und den Vater vertreten kann, ersetzen die *brādar* der gleichen Generation abwesende oder fehlende Brüder, wenn es z.B. darum geht, der Braut das *bheṭaṇ* zu bringen, Pflugarbeiten zu übernehmen etc.

Das Stellvertreter- oder Ersatzprinzip (was der eine nicht hat, hat der andere) und der Multiplikationsfaktor (was zehn Hände schaffen, ist einer Hand unmöglich) sind die Klammer für den Zusammenhalt der Bruderschaft.

Ich habe die Bruderschaft bisher, synonym mit *brādar*, als Segment einer Abstammungsgruppe, als einen biologisch determinierten Bund dargestellt.

---

[20]Dies gilt zumindest formal, Töchter die erst mit 17 oder 18 Jahren heiraten, haben offiziell noch nicht menstruiert (s. Kap. 5.4).

[21]vgl. demgegenüber Pradhan bezogen auf die Jāt: "Every clan has a leader called the chaudhry. ...Like the clan, each segment has its own headman or chaudhry, but unlike the clan his office is not always hereditory." (1966:58)

Abstammung ist in unmittelbarer Weise sinnstiftend und liefert das Modell für eine solche Gruppe. Nichts aber hält davon ab, einen einmal etablierten Bezug, eine Position, auf anderes Personal zu übertragen (siehe auch die Möglichkeit der Adoption). Abstammung bildet den personellen und ideologischen Kern der Gruppe, sie ist aber keine zwingende Voraussetzung für die Aufnahme in den partikularen Kooperations- und Tauschkreis.

So gehört z.B. ein *ghar-javaī*, der als Schwiegersohn in den Ort der Frau zieht, nicht zur biologisch definierten Bruderschaft. Er könnte aber gesellschaftlich kaum überleben (z.B. seine Hochzeiten ausrichten), würde er nicht im metaphorischen Sinne von einer Bruderschaft "adoptiert" werden. Das gleiche gilt für alle lokalen Lineages, die nur über wenige Mitglieder verfügen.

Sind andere Lineages dem Kreis der Bruderschaft angeschlossen, werden sie in allen oben dargestellten Bezügen so behandelt, als ob sie *brādar* seien. Exklusiv für die biologische Bruderschaft ist

- gemeinsame Ahnenverehrung[22];
- Statusgleichheit, selbst wenn die Lineages A und B in engstem Tauschverhältnis stehen, wird A von B keinen Reis nehmen, wenn dessen Status niedriger ist;
- die Bezeichnung *brādar*;

Die kategorielle Trennung zwischen handlungspraktisch zusammengeschlossenem Personal (Agnaten, Nichtagnaten) ist durch die obigen Bedingungen immer gewährleistet.

Die durch Mitglieder anderer Lineages erweiterte Bruderschaft wird *pālṭi* oder *dhaṛa*[23] genannt. *Pālṭi* kann mit Bündnis oder Fraktion übersetzt werden und verkörpert eine Synthese aus Verwandtschaft und Politik.

Ein großer Streit zwischen zwei Brüdern, der sich nicht innerhalb der Bruderschaft schlichten läßt, kann z.B. dazu führen, daß eine Familie ihre Gruppe verläßt und bei einer anderen darum bittet, in die *pālṭi* aufgenommen zu werden. Die Aufnahme in eine *pālṭi* ist ein offizieller Akt, der nur an dem Frühlingsfest Holi durchgeführt werden kann. Assoziation mit einer *pālṭi*-

---

[22]Die gemeinsame Ahnenverehrung ist höher eingestuft als die lebenspraktische Kooperation. "Was nutzt es den Bhāṭ (2 Brüder/*ghar-javaī*), daß sie zu uns gehören", erklärte mir Basanti Devī, "sie sind arm dran, weil sie bei einer Bestattung allein gelassen werden. Keiner von uns schert sich die Haare, wenn sie sterben. Nicht alleine sterben ist wichtiger als Hochzeit und Hausbau."

[23]Das Wort *pālṭi* entstammt dem engl. "party"; *dhaṛa* bedeutet auch "zerrissenes Tuch".

Inanspruchnahme ihrer Leistungen - kann der Aufnahme vorausgehen, durch die die oben ausgeführten Gegenseitigkeiten quasi vertraglich garantiert werden.

Da das Holifest einen zeitlichen Mittelpunkt für lokale Umgruppierungen bildet - es werden Bündnisse geschlossen oder bestätigt - ist es notwendig, seinen Verlauf in einem Exkurs darzustellen:

Holi (Anfang März) zeigt den Beginn des Frühlings und des Erntejahres an. Das Fest dauert fünf, in manchen Jahren auch sechs Tage. In seinem Verlauf werden Formen der Zugehörigkeit bzw. der politisch-verwandtschaftlichen Synthese demonstriert:

1. Tag - **Die Eröffnung des Festes am Dorfplatz** (*dhuṇi* - heiliges Feuer) erfolgt nach Ortsteilen getrennt. Vār- wie Pār-Thama haben ihre eigene *dhuṇi*.

2. Tag - **Die Eröffnung des Festes im Haus.** Sie findet bei einer Familie der Bruderschaft bzw. *pālṭi* statt. Am nächsten Abend wird eine andere Familie aus diesem Kreis einladen und am übernächsten Abend wieder eine andere. Im gepflasterten Hof werden Steine ausgehoben und es wird ein großes Feuer errichtet, um das die Männer tanzen. Die Frauen bilden abseits des Feuers einen eigenen Kreis und tanzen *jhoṛa* (Reigen).
"Soviele Feuer du an diesem Abend zählst, soviele *pāltis* gibt es im Dorf.", sagen die Leute. Sie erinnern sich, daß es im letzten Jahr und in all den Jahren davor fünf Feuer waren (in diesem Jahr gibt es 6). Sie weisen darauf hin, daß in dem sich am Nordhang des Tales erstreckenden Ort Tina nur ein großes Feuer brennt. Das Dorf besteht aus einer Lineage und ein paar *ghar-javaī*-Haushalten.

Die Feuer in Thama verteilten sich folgenden Lineages bzw. *pālṭis*:

1) 1 Mehatā-Feuer (Pār) + Rāil
2) 1 Mehra I-Feuer der *padhān*-Familien (Pār)
3) 1 Mehra I-Feuer der vor ca. 150 Jahren übergesiedelten Familien (Pār)
4) 1 Mehra II-Feuer (Vār+Pār) + Kārki, Nayāl, Khaṛaī
5) 1 Mehra I-Feuer (Vār) +1 Kārkī-, 2 Biṣṭ-Bhāṭ- u. 1 Mehra II-Fam.
6) 1985, gegen Ende der Untersuchung, gab es zwei Mehra I-Feuer in Vār-Thama, die Bruderschaft (33 *brādar*) hatte sich gespalten.

Die auf der rechten Seite aufgeführten Lineages bzw. Familien sind in die Bruderschaften der auf der linken Seite aufgeführten Lineages aufgenommen bzw. bilden sie mit diesen eine gemeinsame *pālṭi*.

Die Śilpkār des Dorfes haben ein eigenes Feuer. Es wurde mir gesagt, daß sie in manchen Orten mit den Ṭhākurs gemeinsam feiern.

Will eine Familie oder eine Gruppe aus der Bruderschaft bzw. *pālṭi* ausscheren, erscheint sie an diesem Abend nicht zum Fest der eigenen Leute, sondern geht in ein anderes Haus. Es mag längst bekannt sein, daß dies passiert, aber erst durch dessen Demonstration an Holi wird es gültig. *Pālṭis*, die freundschaftlich verbunden sind, haben zwar eigene Feuer, besuchen sich aber auch gegenseitig und mögen sich für den nächsten Morgen zum gemeinsamen Zug der Männer zu einem außerlokalen Tempel verabreden.

3. Tag Die Männer des ganzen Dorfes ziehen zu einem außerlokalen Tempel (Kāsar Devī), wo Züge aus verschiedenen Orten zusammen treffen.

4. Tag Holisingen. Die Männer ziehen den ganzen Tag von Haus zu Haus und von Tempel zu Tempel. *Pālṭis* die miteinander sympathisieren, demonstrieren dies durch den gemeinsamen Gang. Ansonsten besteht der Zug aus den Mitgliedern der eigenen Bruderschaft bzw. *pālṭi* und nur deren Häuser werden aufgesucht. Die Männer singen und tanzen, verkleiden sich zum Teil als Frauen, bewerfen ihre aus weissen Leinenkleidern bestehende Holitracht mit Farben. In jedem Haus erhalten sie zwei Ballen *guṛ* (Melasse) und jede Familie gibt 10 Rupien. Von diesem Geld wird das Gemeinschaftsgeschirr (sancāyat) erneuert. In einen zweiten Topf wandert Geld für *haluvā* (Süßspeise), das am 5. Tag, zum Abschluß des Festes von den Männern in großen Mengen zubereitet und an alle Haushalte der *pālṭi* mit einem *ṭika* verteilt wird.

5. Tag *Haluvā*-Verteilung und *ṭika*-Verleihung an alle Haushalte der *pālṭi*.

Am 3. Tag, im Anschluß an den Gang zum Tempel, sowie am 5. Tag, zu Abschluß des Festes, wird über Dorfpolitik gesprochen, z.B. über die Kooperation zwischen beiden Ortsteilen oder zwischen einzelnen *pālṭis*. So wurde z.B. der Beschluß, die *puri*-Gabe anläßlich *bheṭaṇ* auf den eigenen Ortsteil zu beschränken, an Holi gefaßt.

Daß sich das Fest, parallel zu der Institution des *pañcāyat* (Dorfrat), zu einem politischen Medium entwickelt hat, ist möglicherweise darauf zurückzuführen, daß es früher keinen gemeinsamen Dorfrat gab, sondern zwei *padhāns*. Allerdings haben meine Recherchen ergeben, daß das Holiritual auch in nicht zweigeteilten Dörfern sowie in anderen Teilen des Kumaon dazu dient, Gruppenzusammenschlüsse zu demonstrieren und die Richtlinien für die Dorfpolitik festzulegen.

Der Wechsel von dem an einen Agnatenverbund gebundenen Tausch zur nicht biologisch fundierten *pālṭi*, die sozusagen durch eine "metaphorische Adoption" von anderen Lineages zustandekommt, stellt einen fließenden Übergang zwischen Verwandtschaft und Politik dar. Verwandtschaftliche Kategorien behalten dabei die Oberhand. Welche Zusammensetzung eine *pālṭi* auch erfährt, die Prinzipien nach denen sie handelt, sind die der Bruderschaft bzw. Lineageorganisation.

3.3 LOKALE KONFLIKTE UND FRAKTIONEN

"Kriege sind das Ergebnis unglücklicher Transaktionen", sagt Lévi-Strauss (1981:127). Im Zeitraum meiner Untersuchung entbrannte ein Dorfkrieg. Irgendwelche Dinge waren im bereits beschriebenen Kooperationsgefüge fehlgelaufen.

1) Es geriet eine *pālṭi* in Feindschaft zu einer anderen. In diesem Zusammenhang wurde eine Lineage (Kārkī) vom *Puri*-Tausch ausgeschlossen ("exkommuniziert").

2) Es spaltete sich in Vār-Thama die Bruderschaft der 33 Mehra I-Familien, die angeblich seit der historischen Aufteilung der Vār-Thama-Mehra in zwei Ortsteile vor ca. 150 Jahren zusammengehalten hatte.

Die Vorgänge waren tabuisiert[24], so daß ich gewisse Skrupel habe, darüber zu schreiben. Aber es kamen mir Variationen solcher Vorkommnisse auch von anderen Orten zu Ohren[25]. Außerdem würden sonst die vorbeschriebenen Kooperationen als nicht hintergehbar bzw. als unabdingbar festgeschrieben erscheinen.

Die folgende Beschreibung der Vorgänge basiert hauptsächlich auf Berichten von Frauen. Sie soll eine exemplarische Rekonstruktion lokaler Konflikte darstellen.

Fall 1 ereignete sich an Holi 1984. Eine Mehra I-Familie in Vār-Thama feierte in diesem Zeitraum ihr *ghar-paiṭ* (Einweihung des Hauses). Nach dem vorbeschriebenen Modus war das ganze Dorf zum Festessen (Reis und Linsen) eingeladen.[26] Die Kārkī-*pālṭi* (fusioniert mit Mehra II u.a.) kam nicht. Vorräte verdarben oder wurden zum Basar zurückgetragen.

---

[24]Man wollte mich nicht wissen lassen, was geschah, und auf den ersten Vorfall, der sich kurz vor Aufnahme des permanenten Wohnsitzes in Thama während unserer Abwesenheit abspielte, wurde ich erst Wochen später aufmerksam.

[25]Wenn das Wort *pālṭi* im überlokalen Kontext gebraucht wird, bedeutet es Fraktion in dem Sinne von Streit bzw. daß das Kooperationsgefüge gestört ist, und die Aussage, "dort gibt es *pālṭis*", kennzeichnet diese Störung. Im innerlokalen Sinn bezeichnet es sowohl die Koexistenz von bruderschaftsgleichen Bündnissen, die nur in Multi-Lineage-Dörfern möglich sind, als auch den obigen Sachverhalt.

[26]Hier taucht bereits die Unklarheit auf, ob es tatsächlich noch üblich war, das ganze Dorf einzuladen. Es wird behauptet. Sicher ist, daß die mechanische Reziprozität (*puri*-Tausch, Arbeitsleistungen, Einladungen) im eigenen Ortsteil galt. Einige Einzelprotokolle von Einladungen vor der Untersuchung gaben alle Lineages bzw. Familien in Pār-Thama an, andere schlossen einige aus, z.B. Mehatā und Rāil. "Wir hatten zu der Zeit nichts miteinander zu tun." "Hättet ihr ihnen bei einem Sterbefall oder der Geburt eines Sohnes *puris* gebracht?" "Ja, natürlich, das gilt immer für das ganze Dorf." Während meiner Untersuchung galt es nicht mehr und ich hoffe mit dieser Fußnote die Schwierigkeit deutlich gemacht zu haben, die sich in der Unterscheidung zwischen Norm und Realität auftut. Es wird immer das Modell dargelegt und selbst dann wenn man seine Folgeleistung widerlegt, wird sie noch behauptet.

Daraufhin sagten die Mehra: "Wenn die Kārkīs keinen Reis mehr von uns annehmen, dann nehmen wir auch keine *puris* mehr von ihnen."[27] (sinngemäße Aussage der Frauen)

Der Beschluß, künftig die Annahme von *puris* zu verweigern, wurde am letzten Holitag einheitlich von allen *Pālṭi*-Mitgliedern gefaßt. Am gleichen Tag hatte die Mehra I-*pālṭi* eine schriftliche Mitteilung erhalten, daß die Kārkī-*pālṭi* die obligatorischen Hilfeleistungen bei Hausbau und Heirat gegenüber den Mehra I in Vār-Thama einstellt.

Aufgrund der Koinzidenz dieser zwei Vorgänge ließ sich nicht mehr rekonstruieren, ob die Sanktion der *puri*-Verweigerung bereits vor Eintreffen des Briefes beschlossen worden war oder danach beschlossen wurde. Einige Leute begründeten die Sanktion durch die o.g. Rede, andere durch den Satz, "Wenn man uns nicht mehr beim Hausbau und bei der Arbeit hilft, wie können wir da *puris* geben?"

Angebliche Voraussetzung für die Provokation: Zwei Jahre vor dem Vorfall war erstmals ein Mann aus der *pālṭi*, der die Kārkī angehörten, ein Mehra II, *sabhāpati* (gewähltes Dorfoberhaupt) geworden. Er soll, anstatt für Einheit zu sorgen, seine *pālṭi* aufgewiegelt haben, den Mehra I jetzt mal die Stirn zu bieten.[28]

Aktueller Konflikthintergrund: Vor einigen Jahren entwickelte sich ein großer Streit zwischen zwei Kārkībrüdern. Der eine Bruder hatte es geschafft, ein großes Stück Staatsland (ehemaliges Gemeindeland) zu bebauen. Der andere bekam ein kleineres Grundstück zugesprochen (Bemessung nach Familiengröße) und monierte dies. Die Verwaltung bestand jedoch auf eine Selbsteinigung. Der Einigungsversuch endete mit Prügeleien, Polizeieinschaltung und dem Gesuch des benachteiligten Kārkī-Bruders, in die Mehra I-*pālṭi* aufgenommen zu wer-

---

[27]Dies ist als endgültige Aberkennung der Statussuperiorität der Mehra I, siehe erster Schritt Ablehnung der Mehra I-Köche für die eigenen Feste, zu werten.

[28]Interessanterweise wurden mit einer Mehra II-Familie der feindlichen *pālṭi* in unserer Nachbarschaft weiterhin *puris* getauscht und tatsächlich war die Rede immer nur von den Kārkīs. Ihnen galt die Sanktion, obgleich die Provokation von der gesamten *pālṭi* ausgegangen bzw. getragen war.

den. Seine eigene *pālṭi* bemühte sich sehr, den Bruder zurückzugewinnen. Die Hochzeit seines Sohnes stand an und die Mehra I "machten sie für ihn".[29]

> "Dieser Mann ist an allem schuld, weil er sich weigerte, die eigenen *brādar* und ihre Verbündeten einzuladen. Das ist nicht in Ordnung, denn Einladungen zur Hochzeit und Hilfen beim Hausbau laufen unabhängig von *pālṭis*." (Aussage einer Frau)

Vermutlich fügte das der allgemeinen, pālṭiübergreifenden Reziprozität den Riß zu und führte zum späteren Boykott der Einladung zum Mehra I-*ghar-paiṭ* durch die *pālṭi* des anderen Bruders.

Daß die Mehra I diesen Unglück verheißenden Pakt eingegangen waren, hatte seine eigenen historischen wie aktuellen Gründe. So wurde mir von einem weiteren Kārkī-Mehra I-Streit erzählt, der durch den folgenden Vorgang ausgelöst worden war: Die Mehra I hatten für einen Sohn eine bestimmte Frau aus einer statushohen Lineage ausgesucht. Die Verhandlungen waren bereits geführt worden, aber die Mehra I bekamen eine Absage. Anders als vereinbart ging die Frau an eine gut situierte Kārkīfamilie in der Nachbarschaft. Es soll daraufhin große Auseinandersetzungen und Handgreiflichkeiten gegeben haben.

Fall 2 ist die Fortsetzung des ersten Falls. Nach Holi kommt der Monat, in dem das *bheṭaṇ* verteilt wird. Die Kārkīs brachten den Mehra I trotz aller Vorfälle *puris* (s. spezifischer Charakter der *puri*-Gabe). Die Mehra hielten sich an den obigen Beschluß und lehnten die *puris* ab, aber eine Familie nahm sie an.

Interessanterweise handelte es sich hierbei um eine Familie, deren Nachbarschaftstauschzirkel zur Hälfte aus Kārkīs bestand, so daß es denkbar ist, daß bei dieser Familie, wie offenbar auch bei den Kārkīs, eine Scheu bestand, die allgemeinste und stabilste Kategorie der Reziprozität zu verletzten.

Diese Familie wurde daraufhin sozial geschnitten, als abtrünnig und schlecht bezeichnet. Sie erschien nicht zu den Hochzeiten der eigenen Bruderschaft.

Die obige Familie blieb nicht in Isolation. Nach und nach bekannten sich weitere Mehra I-Familien zu ihrer Seite (insgesamt 11 von 33). Welche Seite das war, blieb offen. Einige Frauen sagten, es sei eine Pro-Kārkī-Bewegung. Männer bestritten das energisch, es habe andere Gründe, und beides war wohl richtig. Unterschwellige Konflikte, die bislang in Anbetracht der Einheit der Bruderschaft im Zaum gehalten worden waren, kamen plötzlich zum Ausbruch.

---

[29]"Die Hochzeit für jemand machen", heißt es wörtlich und bedeutet Aufnahme in die *pālṭi*, auch wenn die offizielle Aufnahme erst an Holi geschehen kann.

Ein Konflikt zwischen zwei Brüdern, die von unterschiedlichen Müttern stammten, artikulierte sich jetzt, in dem der eine Bruder zur neu entstehenden *pālṭi* ging. Für jeden Einzelfall der Abtrünnigen summierten sich mehrere mögliche Motive (Streit zwischen Frauen zweier Brüder, Landstreitigkeiten etc.), von denen ich zwei hervorheben will:

1) Adoption: Die Familien von fünf Brüdern spalteten sich im Verhältnis 4 zu 1. Vier Brüder verließen die *pālṭi*, einer blieb. Dieser war vom kinderlosen Bruder des Vaters adoptiert worden und verfügte aufgrund dessen über mehr Land als seine Brüder (das vierfache).

2) Loyalitätskonflikte zwischen agnatischer und affinaler bzw. kognatischer Verwandtschaft: Zur Kārkī-MehraII-*pālti* gehörten auch die als *ghar-javāī* ins Dorf gekommenen Khaṛaī. Ein Mehra I-Familienverband, deren Mutter die Schwester des Khaṛaī-Ältesten war, den sie *mam* (Mutterbruder) nannten, ging zur neu entstehenden und mit Kārkī, Khaṛaī und Mehra II sympathisierenden *pālṭi* über.

Nichtagnatische Verwandschaftsverbindungen (*paūṛ*) sind m.E. ein nicht unwesentlicher Faktor, der Loyalitäten und Bündnisse beeinflussen kann. Der Faktor ist aber bei all diesen Vorgängen schwer einschätzbar, da das ganze Dorf untereinander affinal verbunden ist. Die Tochter eines Mutterbruders von Lineage A ist Ehefrau in Lineage B usw. (s.Kap.8.2).

Die Spaltung der Mehra I-Bruderschaft wurde dadurch offenkundig, daß die 11 Familien nicht zu den Vorarbeiten bei einer Hochzeit erschienen (Baum fällen, einkaufen etc.). "Wenn sie nicht helfen, werden sie nicht kommen", hieß es, "denn wer nicht hilft, kann nicht essen." ..."Wenn sie nicht mit uns essen und trinken, können wir auch nicht mit ihnen essen und trinken." Das heißt, das Nichterscheinen von elf *brādar*-Familien zu den Vorbereitungen einer Hochzeit signalisierte den Abbruch einer bestimmten Reziprozitätskette. Die verbliebenen Mehra I (22 *brādar*) luden die anderen weiterhin zur Hochzeit ein, obwohl man wußte, daß sie nicht kommen. Ich fragte: "Was ist passiert, seid ihr jetzt gespalten?" "Warte auf Holi, bevor Holi nicht vorüber ist, ist nichts endgültig", lautete die sinngemäße Antwort.

Am ersten Holiabend 1985 ("jeder in seinem Ortsteil") gab es eine große Prügelei. Am zweiten Abend ("soviel Feuer, soviel *pālṭis*") machten die abgespaltenen Mehra I ihr eigenes Feuer. Aufgrund der Regel "Wer sich besucht, sympathisiert", wurde genau beobachtet, ob Mehra I-Mitglieder zum Holi der Kārkī-*pālṭi* gehen. Sie besuchten sich nicht und machten jeweils einen eigenen Zug zum Tempel. Nach dem Gang zum Tempel wurde die Frage gestellt, ob man gemeinsam oder getrennt weitergehen wolle. Alle Männer versammelten sich in einem Teeladen an der Straße, aber man wurde nicht einig, die Bruderschaft blieb gespalten. *Puris* wurden weiterhin getauscht, und als nach Holi die erste Hochzeit im Kreise der 22 Mehra I anstand, wurde lange beraten, ob man die abgespaltenen *brādar* einlädt oder nicht. Sie wurden eingeladen, kamen aber nicht.

Die Fraktionsbindung war rigoros. In der Stadt arbeitende Söhne, die zum Fest ihren Urlaub genommen hatten und von all dem nichts wußten, hatten sich sofort einzufädeln und mußten jetzt vielleicht ihrem besten Freund aus dem Wege gehen.

Fraktionspolitik wird von den Männern verhandelt und ausgetragen. Wenn sich Frauen, insbesondere die jüngeren, über die Fraktionsschwellen hinweg frei miteinander bewegen und austauschen, sagt niemand etwas. Wie eh und je treffen sie sich auf den Feldern und im Wald. Auch häusliche Besuche sind nicht ausgeschlossen, aber dabei läßt man Vorsicht walten. So schlich sich eine Kārkīfrau oft heimlich in die Küche einer Mehra I-Frau und natürlich bekam sie dort *puris* an Festtagen. Viele Frauen des Dorfes sind Schwestern. Sie kommen aus demselben Ort oder gar aus der gleichen Familie. Das heißt, sie haben Beziehungen zueinander, die sich nicht von einem männlichen und Ehrenkodizes verteidigenden Schema absorbieren lassen.

So sind Frauen Träger informeller Kommunikationstrukturen, und das System scheidet diese sowohl von den öffentlichen wie von den politischen Handlungen, die nur von Männern veranlaßt und verantwortet werden.

So strikt die Demonstrationen der Männer auch waren, die nach der Zukunft der Fraktionierung Befragten gaben eine flexible Antwort: "Das geht vorüber mit den *pālṭis*, Brüder müssen zusammenhalten." Man erzählte mir zahlreiche Beispiele aus anderen Orten, in denen die Kooperation zusammenbrach und deren Bewohner heute wieder in dem in Kap. 3.2 beschriebenen Modus miteinander tauschen.

3.4 DER DORFRAT

Nach der vorangegangenen Darstellung einer Version von Dorfpolitik möchte ich kurz auf die Existenz des offiziellen politischen Organs, des *pañcāyat* (Dorfrat), eingehen. Vorausgeschickt sei, daß dieser in Thama im Verlauf eines Jahres nicht einmal tagte, also "gestorben" war.

Der *pañcāyat* ist eine alte Einrichtung lokaler Selbstverwaltung. Er war insbesondere mit der Lösung von Delikten und Rechtsfragen betraut.

> "The *panches* or council members sitting in a *panchayat* meeting to decide or settle cases or disputes are regarded as five gods endowed with qualities such as justice, impartiality and fair play." (Pradhan 1966:ix)

Bis zur Unabängigkeit (1947) führte ein *padhān* den Vorsitz im *pañcāyat*. Wie bereits ausgeführt, war sein Amt erblich und mit steuerfreien Ländereien dotiert. 1947 wurde die Position des *padhān* durch einen demokratisch gewählten und ehrenamtlichen Dorfvertreter, *sabhāpati*, abgelöst. In den meisten lineagehomogenen Dörfern blieb das Amt des Dorfoberhaupts in der Familie des ehemaligen *padhān*, d.h. de facto erblich. Hier hat sich auch die Bezeichnung nicht geändert, man spricht weiterhin vom *padhān*.

In Orten mit einem gewählten Dorfoberhaupt bleibt der *padhān*-Titel neben dem des *sabhāpati* bestehen. Zu Festen werden beide, der *padhān* und der *sabhāpati*, als Ehrengäste eingeladen.

In Thama gab des zwei Männer, die den *padhān*-Titel führten und einen gewählten *sabhāpati*.[30]

Der *sabhāpati* wird alle fünf Jahre gewählt. Er ernennt einen Vertreter und fünf Räte (pāñch). Der *pañcāyat* umfaßt also 7 Mitglieder. Das Prinzip der Entscheidungsfindung beruht nicht auf Abstimmung, sondern auf Beratung und Übereinkunft. Der *sabhāpati* hat, wie ehemals der *padhān*, zu vermitteln und die endgültige Entscheidung zu treffen. Er ist mit richterlicher Autonomie ausgestattet und in diesem Sinne kein Repräsentant von Mehrheitsverhältnissen, sondern von Prinzipien. Rein formal ist festzuhalten, daß sich das Wesen eines solchen Amtes nicht mit einer Rekrutierung dessen Inhabers über Mehrheitswahl verträgt.

Der *pañcāyat* soll einmal im Monat tagen, um die Angelegenheiten des Dorfes zu besprechen. Er tagte in Thama im Verlauf eines Jahres nicht ein einziges mal.

Das im letzten Abschnitt geschilderte Ereignis und die Person des *sabhāpati* wurden als ein Grund genannt. Es habe keinen Sinn, weil der *sabhāpati* doch nur die Interessen seiner Leute vertrete. Auf meine Frage, ob der *pañcāyat* in den Jahren davor aktiver war, bekam ich ausweichende Antworten. Er tagte ebenfalls sehr selten und hatte keine bedeutende politische Funktion.

---

[30]Der Vār-Thama-*padhān* war übrigens derjenige, der von den Kārkīs *puris* nahm und der sich als informeller Anführer der Abspaltung herausstellte. Eine Variable, auf die ich im letzten Punkt nicht einging, um die Komplexität der Faktoren nicht über Gebühr zu strapazieren. Ich bin mir außerdem nicht sicher, ob sein Titel eine ausschlaggebende Rolle spielte.

Die Entfunktionalisierung des *pañcāyat* schien in einem unmittelbaren Zusammenhang mit den Rekrutierungsbedingungen für das Amt des *sabhāpati* zu stehen, denn es hieß, daß Versammlungen und Konfliktlösungen auf Dorfebene in den Dörfern stattfinden, die die Tradition des *padhān* beibehalten haben. Das sind die lineagehomogenen Dörfer.

Ein *padhān* regiert das Dorf legitimerweise als Lineageoberhaupt. Ein *sabhāpati* aber soll gerade nicht die Lineage, sondern das Dorf repräsentieren. Die Rekonstruktion der Verhältnisse in Thama zeigt aber meines Erachtens, daß sich das Dorf als solches nicht vertreten läßt, weil es als autonome, politische und soziale Einheit nicht existiert.

Es scheint, daß sich im Dorf nur auf der Grundlage der Separation (*vār–pār*) und der Anerkennung der Lineagehierarchie eine Einheit herstellen ließ. Der *padhān* hatte als Oberhaupt der dominanten Lineage die Integration und Einheit zu vertreten.[31]

Fortes (1955), Pradhan (1966) u.a. Autoren weisen auf das Phänomen hin, daß nicht Lokalität sondern Abstammungsgruppen die Basis politischer Kooperation und Integration darstellen.

> "Why descent rather than locality or some other principle forms the basis of these corporate groups is a question that needs more study." (Fortes 1955:30)

> "The territorial councils...are based on an extension of the principle of segmentary groups functioning as political institutions." (Pradhan 1966:148)

> "The strength of the system lies in the kinship structure and its close correlation with the territorial framework at all levels." (ibid., S.212)

So basiert auch die Wahl des *sabhāpatis* nicht etwa auf einer "demokratischen" (individuellen) Entscheidung, sondern die Bruderschaft/*pālṭi* beschließt einen Kandidaten und die *pālṭis* einigen sich dann untereinander, wer *sabhāpati* werden soll. Dieser Modus wurde mir als für die letzte Wahl geltend beschrieben. Das Erstaunliche bei dieser Wahl war, daß sich die *pālṭis* nicht um die Be-

---

[31] Möglicherweise handelte der Vār-Thama-*padhān*, der die *puris* der Kārkīs annahm, noch nach diesem Prinzip, obgleich "das Kind schon in den Brunnen gefallen war" (s. Ablehnung des asymmetrischen Tauschs - Reis geben aber nicht nehmen - als eine Voraussetzung der Integration).

setzung dieses Amts zu drängen schienen. Es gab nur einen Kandidaten (Mehra II).[32]

Die Begründungen für die Unattraktivität des Amtes bestärken die obige Argumentation.

> "*Sabhāpati* kann jeder werden, was ist das schon." ... "Ein *sabhāpati* erntet nur Undankbarkeit und sitzt zwischen allen Stühlen." ... "Der *padhān* wurde von allen anerkannt und er bekam gute Felder. Ein *sabhāpati* bekommt nichts. Wer nichts bekommt, der gibt auch nichts, sondern nimmt sich was."

Prestigeträger und politische Meinungsmacher bleiben die ältesten Männer einer Bruderschaft (oder *pālṭi*), mit einem *padhān* im Hintergrund, so daß der *sabhāpati* tatsächlich zwischen den Stühlen sitzt. Beim *sabhāpati* ist weder die Ehre gesichert noch die materielle Gabe, die in diesem Kontext eine Verstärkung der Ehre bedeuten würde.

3.5 ZUSAMMENFASSUNG UND AUSBLICK

Ich habe in diesem Kapitel ein Multilineagedorf vorgestellt und gezeigt, mit welcher speziellen Problematik ein solcher Ort konfrontiert ist. Es müssen alle nichtagnatischen Elemente in agnatische übersetzt werden und gleichzeitig ist die Exklusivität der Abstammungsgruppe zu bewahren.

In Kap. 3.2 (lokale Kooperation und Gabentausch) beschrieb ich normative Grundmuster der Kooperation, die sich sämtlich in dem Idiom der Gabe ausdrücken. Höherer Status ist mit Geben von Reis verbunden.

> "Gaining dominance over others through feeding them or securing dependence on others through being fed by them appear to be comprehensive goals of actors in the system of transactions." (Marriott 1968b:168)

Mechanische Reziprozität - man bekommt automatisch das zurück, was man gibt, ohne es anfordern oder aushandeln zu müssen - zeigte sich als Grundmuster der Transaktionen.

Ausweitung einer Gabe über etablierte Zirkel hinaus, siehe Nachbarschaftskreise, signalisierte Freundschaft. Die Ablehnung einer Gabe aber zeigte sich

---

[32]vgl. Besetzung seit 1947

Mehra I	(Vār)	10 Jahre Amtsdauer
Rāil	(Pār)	5 " "
Mehra I	(Pār)	10 " "
Mehra I	(Vār)	10 " "
Mehra II	(Pār)	seit 1982

als ultimatives Sanktionsmittel, das ein Überdenken bzw. eine Reformulierung der Beziehung erzwingt.

In diesem Spannungsfeld der Ablehnung (Reformulierung) traf ich das Dorf an. Die Ereignisse waren brandaktuell und überstürzten sich regelrecht. Sie führten dazu, daß ich von bestimmten Gruppen ausgeschlossen wurde, so daß die Vorgänge in einer späteren Nachuntersuchung auf ihre Ergebnisse hin sondiert werden müßten.

Der Ausgang eines solchen Konflikts ist von eminenter und exemplarischer Bedeutung. Es fragt sich, ob die Vorgänge noch Wesensmerkmal der alten Struktur sind (Spaltungen gab es in vielen Dörfern und gingen vorüber) oder ob sie eine Transformation des Kooperationsgefüges ankündigen. Die folgende Aussage von Frauen machte mich stutzig:

> "Wenn die Söhne, die Geld schicken, nicht wären, hätte es nicht soweit kommen können. Man hätte es sich gar nicht erlauben können, soweit zu gehen und man kann es sich auch jetzt nicht erlauben, du wirst es sehen."

Daß man es sich nicht erlauben kann, wurde in der Winterzeit bei einem Bauprojekt offensichtlich. Erstmals arbeiteten Mitglieder innerhalb der eigenen Bruderschaft/*pālṭi* auch gegen finanzielle Entlohnung, weil der Kooperationskreis für ritualisierte Hilfeleistungen zu klein geworden war. Ich erlebte, daß das zu Unstimmigkeiten innerhalb einer Familie führte. Auswärts beschäftigte Brüder protestierten: "So etwas haben wir noch nie gemacht, das haben wir nicht nötig" (Tagelöhnerarbeiten leisten). Eine neue "unglückliche Transaktion" hatte sich eingeschlichen: Gegenseitigkeit schließt "Dienerschaft" aus.

> "The logic for deriving rank from service is the exact inverse of the logic for deriving rank from food transfers. If a member of caste A serves a member of caste B, then caste A must be regarded as lower than caste B." (Marriott 1968b:15)

Es ist zu betonen, daß es gar kein Problem darstellt, wenn dieselben Männer Tagelöhnerdienste außerhalb des lokalen Gefüges, z.B. beim Straßenbau, leisten.

Männer im Hause beteuerten: "Wir machen es nicht um des Geldes willen, wir müssen es machen, weil Arbeitskräfte aufgrund des Streits ausgefallen sind." Ohne eine Bezahlung der außergewöhnlichen Leistungen wäre die Reziprozität ebenso aus der Balance geraten, da sie von gleichen Kapazitäten ausgeht. Niemand soll mehr geben, als der andere zurückgeben kann, weshalb der Grad der Hilfeleistungen genau festgelegt ist. Aus einem persönlichen Motiv mehr geben, wäre unanständig. Man würde alle anderen überfordern, und der Rückfluß, auf den es im wesentlichen ankommt, wäre nicht gesichert.

Viele Autoren vertreten die Hypothese, daß der erweiterten Familie ("joint family") aufgrund von Auswärtsbeschäftigung und Markwirtschaft der Zerfall droht. Ich denke, daß ein solcher Prozeß nicht bei der kleinsten Zelle ansetzt, sondern daß das beschriebene Kooperationsgefüge an Gleichgewicht verliert. Die kleineren Segmente der Gesellschaft werden dadurch zunächst gestärkt, weil sie das kompensieren, was die größeren Einheiten nicht mehr leisten.

4. DIE ORDNUNG INNERHALB DER UNILINEAREN DESZENDENZGRUPPE

4.1 GRADE DER AGNATEN; AHNENZÄHLUNG UND -VEREHRUNG

Im vorangegangenen Kapitel stand die konzeptionelle Bedeutung der Abstammungsgruppe, ihr Wirken als integratives gesellschaftliches Prinzip, im Vordergrund. Dieser einschließende Charakter der Abstammungsgruppe kann als horizontales Kontinuum gesehen werden. Auf einer Metaebene verhält sich das Dorf wie ein Agnatenverband. Demgegenüber steht das vertikale Kontinuum der exklusiven Abstammungsgruppe, das von einer durch den Ahnenmythos begründeten maximalen Lineage bis zum minimalsten Segment einer Lineage, der Gattenfamilie, reicht.

Die Gattenfamilie ist eingekapselt in eine Brüderreihe, die einen gemeinsamen Vater (als unmittelbarsten Ahnen) zu verehren haben. Die Brüder sind eingeschlossen in die Gruppe paternaler Cousins, die auf einen gemeinsamen Großvater blicken. In diesem Bereich der Nachkommenschaft von Vätern bis Großvätern ist die Haushaltsgemeinschaft angesiedelt, die Fortes (1949) als effektive minimale Lineage bezeichnet.

> "The effective minimal lineage is marked by the fact that it commonly forms the basis of a domestic family which usually constitutes a single unit of food production and consumption." (ibid., S.9)

Der Haushalt bildet im Unterschied zur Gattenfamilie, die sich nicht systematisch von anderen Segmenten absetzt, eine eigenständige Größe. Er wird wiederum von einem Familienverband eingeschlossen, den man mit Fortes "nuclear lineage" nennen könnte. Ich werde auf die speziellen Konditionen des Verbandes später eingehen. Seine Mitglieder sind bis zu über vier Generationen entfernt miteinander verwandt (über den gemeinsamer Urgroßvater) und werden von einer Gruppe eingeschlossen, die über fünf Generationen entfernt miteinander verwandt ist. Bis zu diesem Grad der genealogischen Reichweite wird der Begriff Familie (*parvār*/ H *parivār*) benutzt. Ähnlich wie bei dem Begriff *jāt* signalisiert der Kontext oder ein Zusatz die Bezugsgruppe:

Der Haushalt wird *parvār* genannt, daneben aber als *mau*, *mauvāsa* oder als *ghar* (Haus) spezifiziert. Die Vier-Generationen-Gruppe kennzeichnet der

Zusatz *bhaicyal*[1] oder *cācera-bhai* (paternale Cousins). Für die fünf Generationen-Gruppe konnte ich keine zusätzliche Benennung in Erfahrung bringen.

Die über sieben Generationen miteinander verbundenen Agnaten sind bei einem Todesfall von Verunreinigung (*sūtak*[2]) betroffen. Der Name des sie einigenden Ahnen war bei den meisten Informanten der Erinnerung entfallen, während der gemeinsame Ahne der über fünf Generationen miteinander verbundenen Agnaten teilweise, der Vier-Generationen-Gruppe hingegen durchgängig präsent war.

Den verschiedenen Generationsgraden sind bestimmte rituelle Verpflichtungen zugeordnet. Bevor ich diese darstelle, ist noch die folgende Begriffsvariation des Wortes *brādar* zu erläutern: Das Wort bezeichnet

a) alle Mitglieder einer Lineage (s. Kap. 3);

b) nur die Bruderschaft ("Wir sind 33 *brādar*. Seitdem wir uns getrennt haben sind die *brādar* in Pār-Thama keine *brādar* mehr.");

c) nur die Bruderschaft ab der 5. Generation ("Die, die bis zu fünf *puśt* entfernt sind, nennen wir nicht *brādar*, sondern *parvār*.")[3]

Die 33 *brādar*-Familien in Vār-Thama sind maximal bis zu 10 Generationen entfernt miteinander verwandt. Exklusives Merkmal dieser Gruppe ist ein gemeinsamer Tempel, *bhūt kā mauṛ*, zu dem nur sie Zugang haben (s.Kap.10). Sanwal (1966:48) schreibt, daß die 10-Generationen-Gruppe bei Tod und Geburt

---

[1] = Söhne von Brüdern (*cyal* Sohn)

[2]Das Wort *sūtak* wird nur für die Unreinheit in Folge von Tod benutzt. Die Unreinheit nach einer Geburt wird *nātak* genannt und beschränkt sich auf den engsten Familienkreis. Der Zustand der Unreinheit generell wird als chūt bezeichnet.

[3]Das Wort *brādar* oder *birādar* fand ich in anderen Regionen des Kumaon seltener gebraucht als in der Umgebung von Thama. So spricht man im Distrikt Pithoragarh von *rāṭh*, um den Kreis der Agnaten zu bezeichnen, deren genealogische Entfernung bekannt ist oder von *śvar*, um den weiteren Agnatenkreis, die Mitglieder der exogamen Gruppe, zu kennzeichnen. Das betrifft die Ṭhākurs. Brahmanen verstanden unter *rāṭh* die exogame Gruppe. Diese beruft sich auf einen imaginären Gründervater oder einen Herkunftsort: z.B. "Mania-*rāṭh*", das sind die Joshi-Brahmanen, deren Vorväter aus dem Ort Mania kamen und die sich mit einem anderen *rāṭh*, deren Mitglieder ebenfalls den Namen Joshi tragen, durch Heirat verbinden. Das Wort *rāṭh* war den Frauen in Thama nicht bekannt, Männer sagten, es bezeichne die 7-Generationen-Gruppe. Der Begriff *śvar* war allgemein bekannt, und es hieß, daß es die *brādar* bezeichne, mit denen man rituell nichts mehr zu tun habe, weil sie über zehn bzw. zwölf Generationen entfernt hinausgehend verwandt seien. Umgangssprachlich fand ich aber lediglich das Wort *brādar* mit vielen adjektivischen Zusätzen – nah, fern, wirklicher (*pakkā*, *khās*), auf Lineageebene (*jāt mẽ*) – gebraucht.

drei Tage von Verunreinigung betroffen ist. Es wurde mir zwar bestätigt, daß dies stimme, aber es gibt kaum rituellen Äußerungen für die Unreinheit dieser Gruppe (s. Kap. 9.4).

Die über sieben Generationen entfernten Agnaten dagegen bilden beim Tod eines ihrer Mitglieder eine enge Trauergemeinschaft. Sie sind bis zum 10. Tag von Verunreinigung betroffen und begeben sich morgens und abends gemeinsam zu rituellen Waschungen an den Fluß. Am am 7. Tag scheren sie sich die Haare.[4]

> In Thama gab es einen Todesfall, als Streit und Spaltung der Bruderschaft, die mitten durch diese Gruppe gingen, einen Höhepunkt erreicht hatten. Ungeachtet dessen mußten die Mitglieder dieser Gruppe ihre Pflichten einträchtig wahrnehmen und sich täglich mindestens zweimal versammeln. Der Streit schien während des gesamten Zeitraums ausgesetzt zu sein.

Innerhalb der über fünf Generationen miteinander verbundenen Agnaten (*parvār*) werden bei jedem *śrāddh* (Totengedenkzeremonie) die verstorbenen Mitglieder der Gruppe namentlich genannt. Es fällt schwer, die große Bedeutung des *śrāddh* zu vermitteln, und ich werde im Kontext verschiedener Kapitel exemplarisch auf den Gehalt der Ahnenverehrung eingehen. Die Nennung gemeinsamer Ahnen in diesem Ritual impliziert kategoriell vorgeschriebene Sozialität. Bilaterale Deszendenten sind in die Nennung einbezogen, so daß hier die Registrierung von Abstammung nicht auf die unilaterale Gruppe beschränkt ist.

Der Modus des *śrāddh* wurde mir als folgender beschrieben: *Śrāddh* wird von leiblichen bzw. adoptierten Söhnen für die Eltern abgehalten. Über eine junge Frau, die starb, nachdem sie zwei Töchter, aber keinen Sohn geboren hatte, hieß es: "Für sie wird kein *śrāddh* gehalten, weil sie keine Söhne hat."

Der älteste Mann vollzieht *śrāddh* in Vertretung aller Mitglieder des Haushalts. Ich möchte den Vorgang am Beispiel unserer Vermieterfamilie (vgl. Abb. 3, Stammbaum I, Nr. 10) verdeutlichen: Dungar Singh hielt *śrāddh* am jeweiligen Todestag seines Vaters und seiner Mutter (in Vertretung der Brüder), am Todestag seines älteren Bruders und dem der Schwägerin (in Vertretung der anwesenden Söhne).

---

[4]Im Unterschied zu anderen nordindischen Regionen beschränkt sich das Ritual der Rasur in Thama und Umgebung ausschließlich auf Agnaten. Vgl. Parry (1979:139) – Brüder scheren sich die Haare beim Tod einer Schwester – und Vatuk (1969:301): "A man shaves his head in mourning five days after the death of his FZH and ZH, and seven days after the death of a married sister or FZ, but is not obliged to shave for any relative of a wife-giving group."

Nennungen: Beim *śrāddh* für die Mutter werden nur Frauen erwähnt- M, WM, FM, MM, MFFW -, bei dem für den Vater nur Männer:

Agnaten	Beispiel Stammbaum I, rechts	nichtagn. Kognaten	Affine
F	Kim Singh		
FF	Chandan Singh	MF	WF
FFF	Dan Singh	MFF	WFF

Während Ego beim *śrāddh* für den Vater die Namen linearer Agnaten nennt, rezitiert der Brahmane die Namen aller verstorbenen kollateralen Agnaten dieses Kreises.

Mādo Singh (s. Stammbaum I, links) nennt beim *śrāddh* für seinen Vater (Gulap Singh) den Namen des Ahnen, der die Fünf-Generationen-Gruppe zusammenhält: Laksman Singh Padhān (für Ego FFFF). Wenn Mādo Singh stirbt, wird sich ein Generationenwechsel vollziehen. Bildlich vergleichbar mit dem Umschlagen der Ziffern auf einer Fahrplantafel ändern sich die Positionen. Diejenigen die als über sieben Generationen hinweg miteinander verwandt bezeichnet wurden (Gruppe Stammbaum Iu.II) wechseln über auf den 8. Grad und werden keine Trauergemeinschaft mehr bilden. Aufgrund der Tatsache, daß kein Mitglied der Fünf-Generationen-Gruppe mehr den Namen Laksman Singh erwähnt, teilt sich die "Familie" (*parvār*) und man wird sich fortan gegenseitig als *brādar* bezeichnen.

Einen solchen Stichtag gibt es nicht für die Übergänge innerhalb der Fünf-Generationen-Gruppe, wie in der folgenden Beschreibung der *bhaicyal* gezeigt werden wird.

Die *bhaicyal* oder die bis zu vier Generationen entfernten Verwandten, stellen einen sehr engen Verband dar, wenn sie nicht durch Streit gespalten sind. Bei Fehlen eines männlichen Nachfolgers ist es üblich, daß aus dieser Gruppe ein Adoptivsohn als Erbe gestellt wird. *Bhaicyal* sind erbberechtigt, wenn durch besondere Umstände ein Mitglied ohne Nachfolger stirbt (s. Kap. 4.3).

Ein Hauptaspekt, der die Gruppe der *bhaicyal* auszeichnet, ist ihre Mitverantwortung für die Ausstattung einer Braut. Sie geben *daij* (Aussteuer). Wie ausgeprägt diese Beziehung ist, hängt wesentlich von der Größe der Gruppe ab. Besteht sie aus vielen Haushalten, mögen die meisten Häuser nur das erforderliche Minimum an *daij* geben, einen *dhoti* (Baumwollsāṛi) und eine *thāli* (Messingteller). Es sind bereits wieder neue Familienverbände im Entstehen, die engere Verbindungen haben und mehr Verpflichtungen füreinander übernehmen.

ABB. 4 STAMMBAUMBEISPIEL FÜR LINEAGESEGMENTATION (7-GENERATIONEN-GRUPPE)

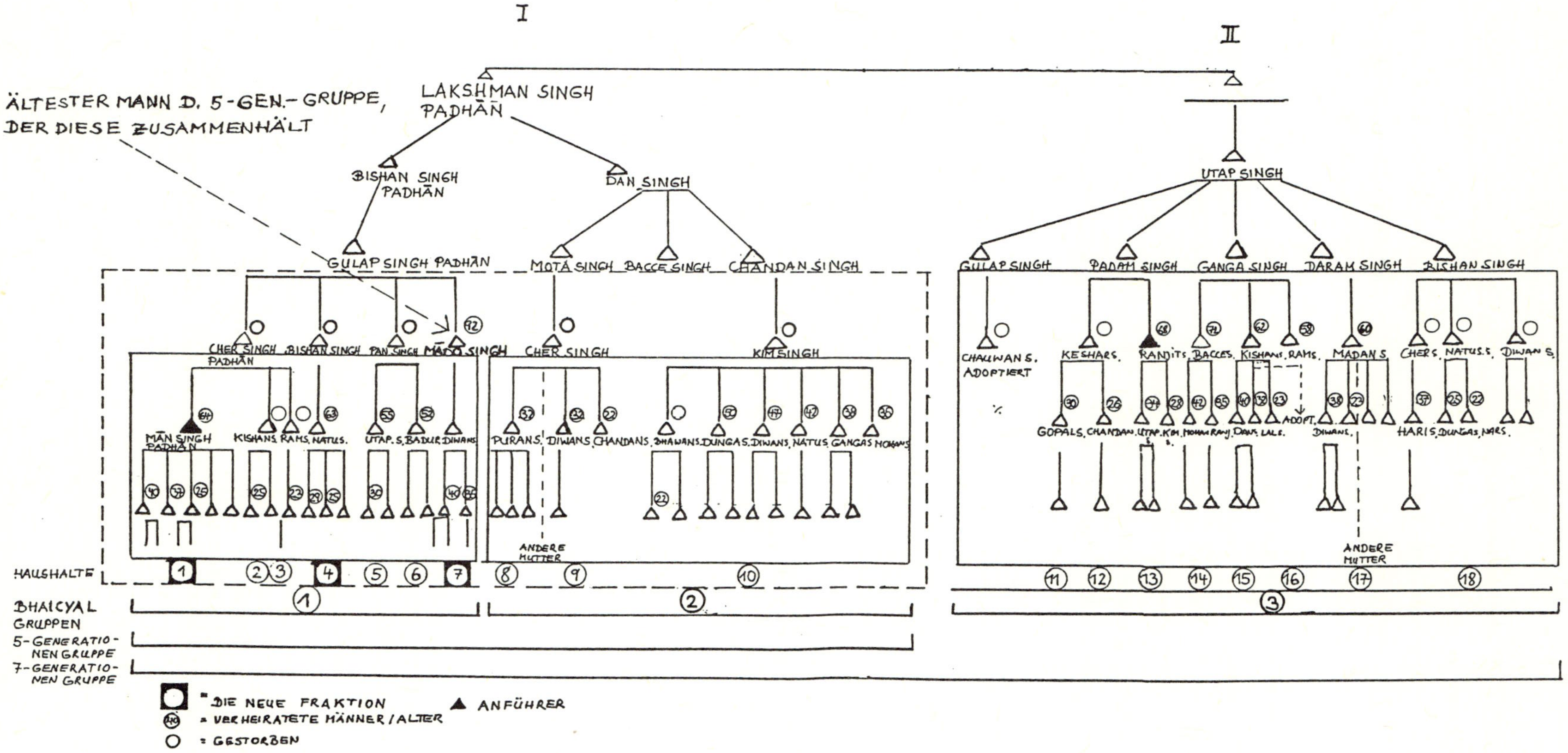

Eine enge *bhaicyal*-Beziehung ist formal an der Gabe einer *parāt* (großer Messingteller) an *durgūṇ*[5] zu erkennen.

Der Übergang von der Spezifikation *bhaicyal* zu *parvār* (bis zu fünf Generationen entfernt) ist also ein gradueller, der durch die Aufhebung der Gabe von *daij* signalisiert wird.

Um die Grenzziehung zu verdeutlichen: Wenn von der fünf Generationen entfernten Gruppe (*parvār*) die Rede ist impliziert dies, daß sie kein *daij* geben. Wird sich auf die vier Generationen entfernte Gruppe bezogen, dann ist nicht automatisch angezeigt, daß sie *daij* geben. Sie mögen sich bereits wie die fünf Generationen entfernte Gruppe verhalten. Jede Gruppe befindet sich in einem Übergang. Der Ausspruch: "Familie (*parvār*) gibt *daij*, *brādar* geben kein *daij*, weist darauf, hin, daß die fünf Generationen Entfernten (*parvār*) gabenmäßig bereits wie *brādar* handeln.

Die Gabe von *daij* entfällt bei Streit. Sie ist kündbar, während die Ahnenverehrung alle Mitglieder zum Verband zwingt.

Bhaicyal-Beziehungen konnte ich in einigen Familien aus der Mikrosperspektive erleben:

In einem Fall übernahm ein *bhaicyal*, der sich besser stand als der Brautvater, die gesamte Aussteuer (Möbel, goldene Ohrringe etc.). Nichts von all dem muß proportional zurückerstattet werden oder bringt den Nehmer in eine akute Schuldnerposition. Das heißt, hier liegt im Anklang an unseren Familienbegriff ein Vertrauensverhältnis vor, das sich von den in Kap. 3 beschriebenen Grundsätzen ritualisierter Reziprozität unterscheidet.[6]

Auch Arbeitseinsätze beim Hausbau waren in diesem Kreise nicht ritualisiert (ein bis max. drei Tage pro Haushalt), sondern ich erlebte, daß einige *bhaicyal* einen überdurchschnittlichen, aber unentgeltlichen Einsatz leisteten.

---

[5]Als *durgūṇ* wird ein zweiter Abschnitt der Hochzeitsfeierlichkeiten bezeichnet: Das Brautpaar geht nach der Hochzeit nochmals in den Ort der Braut zurück.

[6]Diese These bedarf weiterer Reflektionen und kann nicht assimilativ verstanden werden, denn in unserer Zivilisation, die den Sprung zur "Autonomie des Subjekts" vollzogen hat, ist das individuelle Ehebündnis Ausgangspunkt der Familie. Vertrauen ist in der Metapher gegengeschlechtlicher Liebe begründet, und damit findet eine Zäsur zwischen Gattenfamilie und übriger Welt statt, die dieses Kriterium nicht teilen kann. Es ist also zu betonen, daß es sich nicht um eine an Individuen, sondern an Normen gebundene Vertrauensbasis innerhalb der *bhaicyal* handelt.

In einem Fall hatte der zum Kreis der *bhaicyal* gehörende Ranjit Singh (s. Stammbaum II) für seinen "Neffen" Hari Singh (FBSS)[7], der als leichtsinnig galt, alle Wertgegenstände, Schmuck, Metallgeschirr, alte Münzen, in Verwahrung genommen. Er finanzierte aus diesem Fond die Hochzeit der Cousins des "Neffen" (Dungar Singh und Nar Singh), die unter Hari Singh als Vorstand einen Haushalt bildeten. Dieses Beispiel verweist auf die folgenden Merkmale des Systems: Ein Haushaltsvorstand (hier Hari Singh) ist nur bedingt autonom. Er ist der Autorität eines genealogischen Vaters oder älteren Bruders unterstellt (hier der älteste Sohn des erstgeborenen Großvaters). Diese Einbindung des Haushalts und die Sukzession der Rollen innerhalb der *bhaicyal* konnte ich im Stammbaum I, rechts exemplarisch nachvollziehen:

Chandan Singh überlebte seine zwei älteren Brüder um ca. zwei Jahrzehnte. Er war das Oberhaupt der *bhaicyal* Cher Singh/Kim Singh. Alle wesentlichen Entscheidungen, die die Haushalte getroffen hatten (Hausbauten/Heiraten/Beschäftigungen), waren mit seinem Namen verbunden. Nach seinem Tode übernahm Cher Singh diese Rolle. Der fast gleichaltrige Kim Singh starb im selben Zeitraum wie Cher Singh, ohne je ein Oberhaupt gewesen zu sein. Er hatte zwar sechs Söhne, aber es waren nur wenige Entscheidungen mit seinem Namen verbunden. Die Rolle von Cher Singh übernahm Dungar Singh, nachdem sein älterer Bruder gestorben war.[8]

Was diese Rolle beinhaltet und wie sich die Kooperation zwischen *bhaicyal*-Haushalten gestaltet, möchte ich an einigen Beispielen verdeutlichen:

> Als Chandan Singh, der kategorielle jüngere Bruder von Dungar Singh (Abkürzung: D.) im Zeitraum meiner Untersuchung heiratete, bekam er die Frau, die D. für ihn ausgesucht hatte. Hätte sein ältester Bruder einen Vorschlag gehabt, wäre zuerst D. angehört worden. Chandan Singh und Divan Singh, die einen Haushalt bildeten (s. HH Nr. 9), planten ein

---

[7]Vaters Bruders Sohn ist ein Bruder. Der Sohn des Bruders wird bei uns "Neffe", im Kumaon *cyal* (Sohn) genannt.

[8]Hier ist zu ergänzen, daß parallel zu der Hierarchie des absoluten Alters zwischen *jeṭhi mau* und *khā̃śi mau* (Senior- und Junioar-Familien) unterschieden wird. Um bei dem Stammbaum I zu bleiben: Die Familie von Mān Singh Padhān (HH Nr. 1) ist jeṭhi mau der fünf Generationen-Gruppe; die Familie von Puran Singh (HH Nr. 8) ist *jeṭhi mau* der vier Generationengruppe und Gopal Singh ist zukünftiger *jeṭhi mau* des HH Nr. 10. Als *jeṭhi mau* werden diese Familien einmal jährlich durch die Gabe von *og* gewürdigt. *Og* besteht aus 2 Auberginen, 2 Rettichen, 2 Torai, 4 Paprika und Joghurt. Es findet im Monat Srāvan (Juli/Aug.), der auch als Ogīā bezeichnet wird, statt. Die *jeṭhi mau* erwidern diese Gabe durch Geld. Auf die alltagspraktische Autoritätsrangfolge soll die Postion der *jeṭhi mau* keinen Einfluß haben. So muß sich Puran Singh Dungar Singh unterordnen, weil dieser älter ist, obgleich er dessen *jeṭhi mau* ist.

neues Haus. D. bestimmte den Standort. Die Haushalte investierten gemeinsam in Hochzeitsfahnen und einen Hochzeitsstuhl.[9] Sie halfen sich gegenseitig mit Arbeitskräften und mit Personal für andere Verpflichtungen aus. D.'s Haushalt hatte ohne Pachtvertrag oder Entgelt Landstücke übernommen, die der andere Haushalt nicht mehr bewirtschaften konnte.
Einmal jährlich wurden für alle Kinder neue Kleider angeschafft. Der Stoff wurde gemeinsam gekauft, so daß alle elf Mädchen der drei Haushalte das gleiche Kleidermuster trugen. Ich erwähne diesen an sich unbedeutenden Umstand, weil es mich beeindruckte, auch bei einigen anderen Familien an den Kleidern der Kinder ihre Zusammengehörigkeit als *bhaicyal* zu erkennen. Die Gründe waren praktischer Natur: Großaufträge sparen Zeit und Geld.

Es würde zu weit führen, alle Kooperationsformen zwischen den Haushalten von *bhaicyal* zu benennen. Sie überschneiden sich einerseits mit den Kooperationen innerhalb der Bruderschaft (s. Kap. 3.2) und andererseits mit denen innerhalb eines Haushalts.

Bhaicyal grenzen sich durch die Gabe von *daij* und dadurch, daß unbesetzte Rollen in einem Haushalt auf ganz unmittelbare Weise von einem anderen übernommen werden, von der Bruderschaft ab.

So übernahm Dungar Singh in Vertretung der auswärts beschäftigten *bhaicyal* und als Oberhaupt des Verbandes die gesamte Kontaktpflege mit Frauennehmern bzw. -gebern. Ihm oblag gleichzeitig die Verantwortung für die Haushalte, deren Vorstände abwesend waren.

Cher Singhs Frau war die Schwiegermutter aller neun Frauen dieser drei Haushalte. Zu jeder Hochzeit in einer der Herkunftsfamilien der Frauen wurde sie als Schwiegermutter eingeladen und gewürdigt.

Verfügt ein Haushalt über *bhaicyal*, gibt es bei allen sozialen und rituellen Anlässen keine unbesetzten Rollen!

Vom Haushalt setzten sich *bhaicyal* dadurch ab, daß sie keine Wohn-, Eß- und generelle Gütergemeinschaft bilden. Die Definition eines Haushalts ist allerdings vielschichtiger, wie der folgende Abschnitt zeigt.

---

[9] Beide Artikel befanden sich nach der Spaltung der Bruderschaft bei der anderen Seite. Diese Familie schaffte sie erneut an, um sie, wie beschrieben, im Kreise der *pālṭi* zu verleihen.

4.2 DIE MINIMALE LINEAGE BZW. DER HAUSHALT

a) Kriterien für Haushalt ("Haus"/"Familie")

Im vorangegangenen Kapitel habe ich drei Größen vorgestellt die mit dem Terminus *parvār* (Familie) belegt sind und gezeigt, daß sich die Gruppen funktional überlappen, sich aber anhand formaler Kriterien (z.B. Gabengestik) differenzieren lassen.

Nachdem so deutlich geworden ist, daß das Modell der fließenden Übergänge an die Stelle einer an die Gattenfamilie gebundenen Institution und Eigengesetzlichkeit tritt, benutze ich fortan das Wort Familie (*parvār*) oder Haus (*ghar*), um den Haushalt bzw. eine Gruppe zu kennzeichnen, deren Systematisierung problematisch ist:

> "When it comes down to it, it sometimes is not at all clear - even to the people concerned - just who belongs to which household." (Parry 1979:158)
>
> "Turning first to the problem of what the family unit shares we find that most of the studies considered here use commensality as defining criterion." (Kolenda 1970:344)
>
> "Some further comments relating to the definition of Indian family types are pertinent here. Some scientists (Madan, 1962a, pp. 88-89; 1962b; Bailey, 1960, p. 347) have advocated the limitation of the term "joint family" to a group of relatives who form a property-owning group, the co-parcenary family. It is useful to distinguish the co-parcenary family from the residential and commensal family groups, but since the term as used in India seems to refer to the composition of the residential and hearth family as often as it refers to the sharing of joint property - and, of course, they probably usually coincide - it is worth retaining the popular usage along with specifying adjectives: the co-parcenary joint family, the residential joint family, the commensal joint family." (ibid., S. 349)

Die in diesen Zitaten angedeuteten Divergenzen - wie definiert sich ein Haushalt? - führten auch zu Entscheidungsproblemen über Grenzfälle bei der statistischen Auswertung meiner Familienbefragung.[10]

In vielen Fällen war ich überrascht, es anhand der Merkmale nicht mit einer, sondern mit drei oder mehr Familien zu tun zu haben.

> Ein Beispiel: Vier von sechs Brüder teilten ein Haus, in dem vier Generationen unter einem Dach lebten. Einige waren auswärts beschäftigt und erschienen nur zu Festtagen, an denen gemeinsam gespeist und das

---

[10]Der einzelne Fragebogen war aus Raumspargründen so angelegt, daß er die Brüderreihe (Söhne eines Vaters), ausgehend von der Generation der Haushaltsvorstände, aufnahm. Anzahl der Herde, Häuser, Teilung der Brüder in eigene Haushalte und die Gründe die zur Teilung geführt hatten bildeten Unterkategorien bzw. Merkmale der Brüderreihe.

Bild eines großen Haushalts vermittelt wurde. Zu meiner Überraschung erfuhr ich dann, daß sie verschiedene Herde hatten und daß die Besitzteilung ihres Landes bereits vollzogen worden war. Sie zählten als sechs Familien.

Die Bevölkerung verfügt über eigene Kriterien, nach denen Familien gezählt werden. Jedes Dorf konnte mir Auskunft über die Anzahl seiner "Häuser" (es sind nicht die physikalischen Häuser gemeint) geben. Der Ort Thama hatte nach übereinstimmender Meinung der Befragten 102 Ṭhākur-Häuser (*ghar*). Einige Informanten erläuterten mir die Kriterien für das Zustandekommen der Zahl. Ich konnte die Regeln wie folgt rekonstruieren[11]:

1. Grundregel: Eine Familie zählt dann als in neue Familien aufgeteilt- *nyār hago* (H *alag*) –, wenn sie ihr Land und ihre Güter geteilt hat (Teilung s. Kap. 4.3). Nur in Ausnahmefällen soll es vorkommen, daß die Gütertrennung nicht von einer Herdteilung begleitet wird. Eine solche Konstellation wird dann als Provisorium angesehen, für das es verschiedene Gründe gibt: Neue Herdstellen sind z.B. noch nicht eingeweiht oder es wird noch die Heirat eines jüngeren Bruders abgewartet.

In Folge einer Landteilung müssen die Herdstellen getrennt werden. Die vollzogene Land- und Gütertrennung in Verbindung mit einer Herdteilung ist das formale Kriterium zur Definition eines eigenen Haushalts.

Brüder die aufgrund der Landteilung als geteilt registriert waren, werden wieder als ein Haus gezählt, wenn einer der Brüder wider Erwarten nicht heiratet. Dann fließt das Land erneut zusammen, und solche Männer führen in der Regel keinen eigenen Haushalt.

2. Grundregel: **Wenn sich der gemeinsame Haushalt auflöst, muß auch das Land aufgeteilt werden.**[12] Von Familien, die aufgrund von Streit oder Meinungsverschiedenheiten aufhören, ihren Herd und ihr Einkommen zu teilen, wird erwartet, daß sie bald darauf ihr Land aufteilen. Sie bleiben zunächst als eine Familie registriert, bis der "juristische" Akt der Landteilung vollzogen ist.

Erfolgt die Landteilung nicht innerhalb von ein bis zwei Jahren, gilt sie als verschleppt. Eine "schleichende" Gütertrennung ist die Folge. Jeder nimmt sich

---

[11]In der Zahl sind auch Familien enthalten, die mit Frau und Kindern den Ort verlassen haben und von denen es ungewiß ist, ob sie zurückkehren. Auf diesen Aspekt der Zählung werde ich später eingehen.

[12]Diesen Grundsatz fand ich bei Ṭhākurs streng vertreten, aber nicht bei den Brahmanen in Moli, die trotz unabhängiger Haushalte (getrenntes Budget) ihr Land weiterhin in Gemeinschaft hielten.

ein Stück aus dem Kuchen, so etwa die Felder die seinem Haus am nächsten liegen. Solche Haushalte zählen schließlich als einzelne Häuser, obwohl sie das formale Kriterium der Landteilung nicht erfüllt haben.

Diese Familien befinden sich in einer Zwitterstellung. Die Teilung ist aufgeschoben aber nicht aufgehoben. Streit und Probleme sind eine Folge eines solchen Zustandes.

> So brach z.B. ein Familienstreit aus, als A einen Baum gefällt hatte. Die Brüder B und C sagten, "du kannst den Baum nicht fällen, er gehört dir nicht alleine." Noch zahlreiche andere Beispiele könnten das Konfliktpotential dieser Konstellation belegen.

Getrennte Herde bzw. Wohnungen können sowohl erste Anzeichen für die Entstehung eines neuen Haushalts sein als auch normaler Bestandteil eines Haushalts, der das Selbstverständnis und das Funktionieren als ein Haus nicht infrage stellt.

> Divan Singh lebt mit Frau und Kindern schon seit ca. 15 Jahren in einem Haus an der Straße, wo die Familie (6 Brüder) einen Laden hat. Er führt alle Einkünfte an den älteren Bruder ab. Das Personal zwischen dem Haupthaushalt im unteren Dorf und dem Nebenhaushalt fluktuiert. Mal wohnen Kinder von unten oben, weil der Weg zur Schule näher ist. Ein Sohn Divan Singhs wurde aus disziplinarischen Gründen, um die strengere Hand des älteren Bruders zu spüren, nach unten verlegt. Frauen von unten kochen und schlafen auch oben, wenn die Arbeit dort zu viel wird oder wenn Divan Singhs Frau in Folge von Unreinheit (Menstruation) oder Besuchen in ihrem Elternhaus verhindert ist.

Es gab ca. acht solcher pragmatischen Herdteilungen im Dorf, die durch ökonomische oder landwirtschaftliche Außenstationen begründet waren.

> Basanti, die nach dem Tod ihres Mannes als junge und kinderlose Witwe in den Ort der Eltern zurückgekehrt war, hatte mit ihrer noch unverheirateten 14jährigen Schwester einen eigenen Herd im unteren Dorf, wo sie die Flußfelder bestellte, während die Eltern die Felder im oberen Dorf bewirtschafteten. Obgleich sie ihren Unterhalt aus eigenen Einkünften bestritt (Subsistenzwirtschaft und saisonaler Gemüseverkauf), zählte sie nicht als eigener Haushalt.

Ich fragte Basanti und andere Frauen, ob es nicht gleichgültig sei, daß man als ein Haushalt zähle oder als zwei. Sie verwiesen mich darauf, daß es wegen der Gaben und Einladungen bedeutsam sei, wer als ein Haus gelte und wer nicht (s. *daij*- und *puri*-Gaben oder Einladungen - eine Person pro Familie), und sagten, daß die Haushalte nach den Gaben registriert würden.

> In der Tat war es so, daß ein Haushalt trotz getrennter Herde nur einmal *puris* verteilte, so daß z.B. in der Nachbarschaft des oben erwähnten Divan Singh, wo sich mehrere "Außenstationen" befanden, keine *puris* getauscht wurden. Basanti verteilte nur an den Festtagen *puris*, wenn ihre Eltern keine verteilten. Sie wechselten sich in der Verteilung ab.

Diese Klassifikationsweise ist interessant, denn auch in den vorangegangenen Betrachtungen (s. *bhaicyal*) wurden neue Einheiten normativ durch eine Veränderung des Gabenmodus definiert. Von den oben genannten Parametern für "Haus" könnte gleichermaßen angenommen werden, daß sie eine kategorielle Ebene darstellen, die durch Gaben- und Einladungsmodus einen normativen Gehalt annehmen. Die Vorgaben

- wer Land aufteilt, muß die Herde trennen,
- wer den Haushalt trennt, muß das Land aufteilen, um als eigenständiges "Haus" zu gelten,

produzieren Grenzfälle, die durch ein zwischen empirische Größen und kategorielle Kriterien vermittelndes Symbol, wie das der Gabe, eingeordnet werden müssen.

Daß Fragen wie: 'Wer ist eine "Familie" und wer nicht?' überhaupt entstehen können, verweist darauf, daß es nicht möglich ist, "Familie" inhaltlich als exklusive Einheit zu bestimmen. Das macht die Schwierigkeit im Umgang mit dieser Größe aus, deren "juristische" Substanz einen formalen Verband darstellt, der nicht deckungsgleich sein muß mit der sozialen Substanz.

Dies wird besonders deutlich bei den Fällen, auf die ich später im Rahmen der Auswärtsbeschäftigung eingehe. Ein Sohn mag mit Frau und Kindern seit Jahren in der Stadt leben und kein Geld mehr schicken. Er zählt weiterhin zum Haushalt, wenn das Land nicht geteilt ist, während ein Bruder in der Nachbarschaft, mit dem engste familiale Bindungen bestehen mögen, als separates Haus gelten kann.

b) Haushaltszyklen und -größen

> "..Indian families were generally characterised as either "nuclear" or "joint" and then some statement was made about change based on the proportion of nuclear to joint families." (Gould 1968:413)

Kann die Gesellschaft als in "Joint"- und in "Nuklear"-Familien differenziert betrachtet werden oder ist diese Unterscheidung gegenüber anderen Faktoren sekundär? Es ist eine Frage der Ideologie. Wird unsere Familie als universaler Ausgangspunkt gedacht, dann ist es naheliegend, mit diesen Gegensatzpaaren zu operieren.

Die vorangegangenen Ausführungen haben gezeigt, daß die Familie Segment einer Familie ist und daß sich auf verschiedenen Niveaus, die nicht in erster Linie inhaltlich sondern formal voneinander geschieden sind, die gleichen Strukturen reproduzieren.

So verwundert es nicht, daß der "native speaker" über keinen Terminus verfügt, der "joint"- bzw. "nuclear"-"family" als Typus kennzeichnet.[13] Stattdessen bezeichnen die Adjektive dagaṛ (eins, zusammen) und nyār (getrennt, geteilt) Zustände, die alle Haushalte zyklisch durchlaufen.[14] Haushalte regenerieren sich durch Auflösung. Eine Bruderfamilie, deren Kinder (Cousins) bereits verheiratet sind und wieder Kinder haben, muß sich irgendwann teilen. So können von einem Tag auf den anderen durch den Akt der Teilung aus einer Familie sechs werden. Umgekehrt mögen als Kernfamilien registrierbare Haushalte in Kürze zu Bruderfamilien werden, weil sie heiratsfähige Söhne haben. Das Nichtzustandekommen einer Bruderfamilie ist einzig von biologischen Faktoren abhängig, wenn z.B. ein Mann keinen Bruder hat. In solchen Fällen bleibt aber oft länger als üblich, die Hausgemeinschaft mit den Cousins erhalten. Haushalte befinden sich also in einer ständigen Bewegung des Wachsens und Teilens, wobei das Teilen sowohl zyklisch (der Verband wird zu groß) als auch durch Konflikte bedingt sein mag.

Aufgrund dieser Fluidität und der im letzten Abschnitt dargestellten Ambivalenzen bei der Definition von Haushalten, können Familien nicht in vorgeblich statistisch valide Kategorien aufgeteilt werden, ohne daß ihrer Natur Zwang angetan wird. Ich möchte die Haushaltsgrößen Thamas dennoch in der folgenden Tabelle präsentieren, da dies einen Vergleich mit anderen Orten bzw. Regionen ermöglicht und da so ein quantitatives Bild über die Zusammensetzung der Haushalte vermittelt werden kann.

---

[13]Es fällt schwer, den Begriff "joint family" empiriegerecht zu substantiieren und noch schwieriger ist es, das Wort adäquat ins deutsche zu übersetzten. Die Termini, "zusammengesetzte" oder "erweiterte" Familie (Schmitz 1964) bleiben artifiziell, weil sie die Zusammenfügung bzw. Ausdehnung von Kernfamilien unterstellen. Da das Wort Familienverband bereits für die Gruppe der *bhaicyal* vergeben ist, benutze ich neben der englischen Version "joint family" das Wort "Bruderfamilie", um eine Haushaltsform zu kennzeichnen, die aus den Gattenfamilien mehrerer Brüder bzw. Cousins besteht, während Kern- bzw. Gattenfamilie einen Haushalt bezeichnet, der aus Eltern und unverheirateten Kindern gebildet wird.

[14]Vergleiche hierzu Goody 1958 ('Every family goes through a kind of biological development cycle') und Parry 1979:154: "What Bailey and Epstein fail to take into account is that a normal developmental cycle will inevitably produce a certain number of nuclear families."

TAB. 6 Klassifizierung der Haushalte nach Kolenda

	Kategorien[15]	Haushalt Anzahl	%	Bevölkerung Personen	%
1)	Nuclear family (Kernfamilie)	35	34,3	145	21,2
2)	Supplemented nuclear family (wie 1 +Eltern bzw. Elternteil/od.Schwester)	25	24,5	144	21,1
3)	Subnuclear family (unvollständige Familie, z.B. Witwe(r) mit Kindern	7	6,9	22	3,2
4)	Single-person household	1	1	1	0,6
5)	Supplemented subnuclear (wie 3) + weitere Personen, vw. Mutter etc.	1	1	5	0,7
6)	Collateral joint family (zwei oder mehr vh. Brüder m. Frauen u. Kindern)	2	2	34	4,9
7)	Supplemented collateral joint family (wie 6) + vw. Elternteil u.a.)	17	16,6	198	29
8)	Lineal joint family (Eltern plus vh. Sohn und unvh. Sohn)	7	6,8	57	8,3
9)	Supplemented lineal joint family (wie 8) + z.B. vw. Bruder des Vaters)	2	2	16	2,3
10)	Lineal-collateral joint family Eltern + mind. 2 vh. Söhne u. unvh. Kinder	4	3,9	47	6,9
11)	Supplemented lineal-collateral joint family (wie 10 + and.)	1	1	14	2,5
		102	100	683	100

Anmerkung: In der Tab. sind 8 Fam. enthalten, deren Hauptresidenz nicht mehr im Dorf ist. Sie verteilen sich auf die Kat. 1 (4), 2 (3) und 8 (1). Da die Bevölkerung sie mitzählte, habe ich sie auch statistisch mit erfaßt.

Gemäß der obigen Tabelle leben 53,6 % der Ṭhākurdorfbevölkerung des Dorfes und ca. 1/3 der Haushalte (32.3 %) in "joint families" (Kat. 6-11).

Während die Extreme der Skala, die Kernfamilie und die aus mehreren verheirateten Brüdern bestehende Familie konsistente Zuordnungen erlauben, entstehen bei vielen Autoren Divergenzen bei der Kategorisierung der Übergangsbereiche. Bei Berreman zählt zur "joint family" schon eine Kernfamilie plus ein Elternteil des Mannes. Er bezeichnet sie als "minimal extended family" (Berre-

[15] Um einen Vergleich zu gewährleisten, benutze ich die von Kolenda (1968:339f.) entwickelten Kategorien zur Klassifizierung verschiedener Haushaltskonstellationen. Dasselbe Schema wurde von Parry (1979) und Fanger (1980) verwandt. Zwei ihrer Kategorien (2) u. (8) habe ich modifiziert, und zwar in Kat. 2 durch den Zusatz + Eltern. Eltern mit nur einem Sohn wurden aus der Kat. 8 abgezogen (Begründung s.u.).

man 1963:146, 147), die bei Kolenda unter die Kategorie 2), "supplemented nuclear family" fällt.

> "By Kolenda's definition, this does not constitute a joint family, as the unit does not contain two married couples." (Fanger 1980:288)

Ich vertrete den Standpunkt, daß es keine linealen "joint families" gibt (Eltern plus verheirateter Sohn = zwei Paare = "joint family"). Wenn man das Verständnis der Leute zugrundelegt, dann gilt als *dagaṛ* (zusammen) nur eine Familie, die sich theoretisch teilen könnte, weil sie aus mehreren Brüdern besteht. Die Konstellation, daß ein Elternpaar mit dem einzigen Sohn (vh.) einen Haushalt bildet, würde nicht als *dagaṛ* beschrieben, sondern allenfalls mit dem Adjektiv *ekaul* (einzeln, allein) bedacht. Die Leute sagten, daß eine Besitzteilung zwischen Eltern und einem Sohn ausgeschlossen sei, und mir ist im Kumaon nicht ein Fall zu Ohren gekommen, in dem Eltern oder ein Elternteil einen eigenen Haushalt bildeten, obwohl ein Sohn vorhanden ist.[16]

Als einziges lokales Synonym für "joint family" ist das Wort *dagaṛ* anzusehen. Es bezieht sich auf die kollaterale Ebene, den Bruderverband. Für diesen Verband wiederum gibt es keine strukturelle Alternative, die Kernfamilie heißt. Ob *dagaṛ* (zusammen) oder *nyār* (getrennt), das Personal, die eng verbundenen Brüder, bleibt sich gleich. Aber es heißt: "Wer keinen Bruder hat, ist arm dran". Unfreiwillig wird er eine "Kernfamilie" bilden. Der Haushalt wird unabhängig davon, ob die Eltern noch leben oder nicht, als *ekaul* (alleine) bezeichnet. Semantisch unterscheidet er sich von den Kernfamilienhaushalten, die als Ergebnis einer Teilung entstehen und die als *nyār* (getrennt, geteilt) bezeichnet werden.

Ich denke, daß es wichtig ist, diese mentale Differenz zwischen lateralen und kollateralen Haushaltszusammensetzungen zu betonen.

Aus den o.g. Gründen habe ich acht Haushalte (51 Personen), die bei Kolenda zur "lineal joint family" (Kat. 8) gehören, in der Kategorie 2 ("supplemented nuclear family") untergebracht, da sie trotz Eltern zum Typus der unfreiwilligen "Kleinfamilie", Eltern mit nur einem Sohn bzw. Adoptivsohn, gehören. Hätte ich diese Haushalte zur "joint family" gerechnet, würde sich Anteil von "joint family" Haushalten in Thama von 32,3% auf 40% und deren Anteil an der Dorfbevölkerung von 53,6% auf 61 % erhöhen.

---

[16]Wie ich bei Parry (1979) sehe, läßt sich diese Aussage allerdings nicht verallgemeinern: "In 35 (28 per cent) of the cases in the table the split had been between father and son; while in another 75 cases (60 per cent) it was between brothers. But out of the 35 father-son partitions, 21 concerned low-caste households, nearly all of whom were completely landless." (ibid., S. 162)

Zum Abschluß dieser Zahlenoperation möchte ich Auskunft über die Familienergänzungen geben, die ich nach linearen (Eltern), kollateralen und affinalen Verwandten geschieden habe.

TAB. 7 Familienergänzungen

Ergänzungen	Haush. insg.	"nuklear"		"joint"	
		Kernf. u. unvollst. Familien	Kernf. + Eltern oder Elternteil	lineal	kollat.
a beide Eltern	26	-	8	9	9
Vater	6	-	4	-	2
Mutter	21	-	10	-	11
(ohne Eltern)	49	47	-	-	2
Haush.total	102	47	22	9	24
b vw./ld. Brüder	9	4	4	1	-
vh./vw. Schwest.	12	3	6	-	3
c Mutter der Ehefrau	2				2

Besonders auffällig ist, daß Familien sehr viel häufiger durch verwitwete Mütter (21) ergänzt werden wie durch verwitwete Väter (6). Dies wird u.a. darauf zurückzuführen sein, daß bei den Männern der älteren Generation Zweit- und Drittehen keine Seltenheit waren, und Zweitfrauen sind i.d.R. erheblich jünger als ihre Männer.

Bei der Gruppe der kollateralen Ergänzungen (b = 21 Personen) ist zu bedenken, daß die Anwesenheit der Schwestern (12) vorübergehend sein kann (Wiederheirat oder Rückkehr zum Ehemann).

Bei den den Haushalt ergänzenden Brüdern (9) handelt es sich in drei Fällen um kinderlose Witwer und sechs Männer haben aus verschiedensten Gründen nicht geheiratet: Zwei dieser Männer sind geistesgestört, zwei haben eine höhere Bildung und wollten nicht heiraten. Demgegenüber gibt es im Dorf nur eine Frau, die nicht geheiratet hat und alleine mit ihrer Mutter einen Haushalt bildet. Solch ein Fall ist im Unterschied zu ledigen Männern ganz ungewöhnlich und ist mir auch in keinem anderen Dorf begegnet. Es hieß, daß die Frau sich weigerte, zu heiraten, weil sie weder Bruder noch Vater hatte.

c) Stabilität und Wandel der Familie

Ich möchte hier der Frage nachgehen, welche Regeln den Haushalt zusammenhalten bzw. welche Regelverletzungen zu Konflikten oder Teilungen führen. Damit verbunden ist eine Betrachtung des Phänomens der Auswärtsbeschäftigung. Wie verarbeitet die Familie den Wandel der Ökonomie?

(1) Indikatoren für den Zusammenhalt bzw. die Auflösung eines Haushalts.

Grundregel: Solange der Vater lebt, werden sich die Brüder nicht trennen.

Beispiel Stammb. I, Cher Singh: Es gab schon lange latente Konflikte in der Familie, denn die Frau von Puran Singh, dem ältesten Sohn von Cher Singh, kochte ihren eigenen Reis. Begründung: Die Mutter der Halbbrüder von Puran Singh war eine *dhā̃ti* (Zweitfrau), aus deren Hand die Kernfamilie Puran Singhs keinen Reis nahm. "Solange Cher Singh lebte, hätte es dennoch keiner der drei Brüder es gewagt, von einer Teilung zu sprechen," erzählte mir Dungar Singh über seinen *ṭhul-baujyu* (großen Vater). Bereits ein Jahr nach dem Ableben Cher Singhs wurde die Familie 1:2 geteilt. Die leiblichen Söhne blieben in einem Haushalt.[17]

Das Beispiel Cher Singh verkörpert den o.g. Grundsatz und die Abweichung zugleich. Es gab im Dorf nur einen Fall, bei dem leibliche Brüder getrennte Haushalte hatten, und wo der Vater noch lebte, und es gab drei Fälle, in denen sich Halbbrüder trotzdem der Vater noch lebte getrennt hatten. Da Zweitfrauen häufig *dhā̃tis* sind, ist eine solche Trennung aus den oben beschriebenen Umständen eher angebracht und legitimiert. Ebenso kann in Betracht gezogen werden, daß die minimalste Segmentation der Familie nicht aus den Söhnen eines Vaters, sondern aus den Söhnen einer Mutter besteht.

Wenn sich Haushalte teilen, dann sind meistens die Frauen daran schuld. Der Streit von Ehefrauen wurde in ca. 80 % der Fälle von konfliktbegründeten Haushaltsteilungen angegeben, und es fiel schwer, darüber hinausgehende Motive zu ermitteln. In der Regel erfolgt ein öffentlich ausgetragener Streit von Frauen nur dann, wenn ihre Ehemänner (Brüder) abwesend sind oder selbst Konflikte miteinander haben.

Konflikte unter Brüdern haben fast immer den Verstoß gegen das Gebot des Teilens zum Inhalt: Ein Bruder, der seine Einkünfte nicht abführt, ist auf die Dauer nicht tragbar. Gewisse Zugeständnisse werden bei den auswärts Beschäf-

[17] Diese Geschichte hat den folgenden erwähnenswerten Hintergrund: Cher Singh hatte sechs Töchter und keinen Sohn. Er rief die Lokalgötter an und erhielt den Rat, sich eine *dhā̃ti* zu holen. Beide Frauen wurden zum gleichen Zeitpunkt schwanger und gebaren einen Sohn.

tigten gemacht, deren Einkommenslage nicht immer überschaubar ist. Ebenso wie die Privatisierung des Verdienstes sind Bevorzugung der eigenen Kinder oder Bevorteilung der Ehefrau normativ untersagt und führen daher zu Problemen.

> Wenn mehrere Frauen in einem Haushalt leben, ist es z.B. nicht möglich, nur der eigenen Frau ein Geschenk zu machen. Ich wurde in zwei Fälle involviert, in denen ein Ehemann seiner Frau heimlich etwas Geld zugesteckt hatte. Die Frauen konnten nichts mit dem Geld anfangen, weil es dann auffällig geworden wäre, und sie bedrängten mich, etwas davon zu kaufen und es ihnen zu schenken. Entweder alle oder niemand, lautete der Grundsatz. "Individuelle" Geschenke können Frauen nur von ihren Brüdern und Kinder nur von Mutters Brüdern empfangen (s. Kap. 6).

Bevorzugungen sind immer heimlicher Natur und führen zu latentem Streit. Die Veruntreuung von Geld seitens eines Sohnes oder Bruders dagegen führt zu einem offenen Eklat. In unserer Nachbarschaft konnte ich einen solchen Konfliktfall über mehrere Monate hinweg verfolgen.

> Der junge Mann arbeitete in Almora und hatte zwei Monatsgehälter angeblich für Spiel- oder Trinkschulden ausgegeben. Er konnte daraufhin den Brüdern seines verstorbenen Vaters, mit denen er in einem Haushalt lebte, nicht mehr unter die Augen treten, und wenn er heimlich in der Dunkelheit nachhause kam, um seine Frau zu sehen, waren Küche und Haus für ihn verschlossen. Niemand zeigte Mitleid oder Verständnis für seine immer verzweifelter werdende Lage. Seine junge Frau hatte am meisten unter dem Zustand zu leiden. Ihr wurden Vorhaltungen gemacht, daß sie keinen guten Einfluß auf ihren Mann ausübe. Sie wurde schließlich auf unbestimmte Zeit zu ihren Eltern geschickt, weil man nicht einsah, sie zu ernähren, wenn der Ehemann nicht zahlt. Das war ein Druckmittel, das den jungen Mann zur Besinnung brachte. Er entschuldigte sich, lieferte, vermutlich mit Unterstützung des Schwiegervaters, der Angst hatte, auf einer Tochter sitzen zu bleiben, eine größere Summe Geldes ab und erbrachte fortan nach der Arbeit viele Sonderleistungen in Haus und Feld. Wäre es nicht zu dieser Wendung gekommen, hätte man eine Teilung vollzogen. Der junge Mann wäre nebst seinem noch unverheirateten jüngeren Bruder "ausbezahlt" und aus dem Haushalt ausgeschlossen worden.

Konflikte sind zwar eine häufige Ursache für die Auflösung eines Haushalts, ebenso oft aber teilen sich Haushalte, weil die Zeit dafür reif ist. Die folgenden Faktoren beeinflussen bei den zyklisch bedingten Teilungen den Zeitpunkt: Bevor es zur Teilung kommt, soll mindestens ein Sohn pro zukünftigem Haushalt bereits verheiratet sein. Als neuerliches Kriterium kommt hinzu, daß ein Sohn bereits Geld verdient, damit auch die Bareinkünfte für die neu entstehenden Haushaltseinheiten gesichert sind.

(2) Die Faktoren Auswärtsbeschäftigung und "cash economy"

Mit diesem Thema beschäftigen sich zahlreiche Arbeiten. Ich möchte jedoch in diesem Rahmen nur Ausschnitte von Argumentationen voranstellen, auf ich in der empirischen Darstellung eingehen werde:

> "The joint family cannot survive divergent interests and disparate incomes among its members." (Bailey 1958:92) "...the conversion of the subsistence into a cash economy will necessarly produce competition between the component families and lead to the breaking of wider kinship ties." (Epstein 1962:178)
> "The new opportunities to earn cash induce young men to seek independence from the parental productive unit; ..." (ibid., S.177)

Diese Autoren prognostizieren den Zerfall der "joint family", während andere davon sprechen, daß der Familienverband durch Auswärtsbeschäftigung und "cash economy" eine Bestärkung erfährt:

> "Clearly, far from undermining the joint family, employment in the cash economy seems to be contributing to the strength of the joint family." (Fanger 1980:310)
> "Where men going to the city leave their wives and children in the village, their departure may actually seem to strengthen the joint family as Basu suggests (1962, p. 90)." (Kolenda 1970:341)
> "...industrialization, modernization, and Westernization in their various manifestations may serve to strengthen the joint family because an economic base has been provided to support a joint family or because more hands are needed in a new family enterprise or because kin can help one another in the striving for upward mobility (Johnson, 1964; Friedl, 1964, p. 574)." (ibid., S.341)

Bailey und Epstein sagen sinngemäß, daß die neueren Entwicklungen das Moment der Konkurrenz in die Familien hineintragen, weil die Statusgleichheit unter Brüdern von sekundären Statusquellen - Verdienst, Bildung - überlagert wird, und daß durch die "cash economy" die Voraussetzung geschaffen ist, sich von der Familie unabhängig zu machen. Fangers These einer Stärkung der Familie beruht auf der Annahme, daß Konflikte zwischen Brüdern - man könnte sagen Autoritätskonflikte - durch die Auswärtsbeschäftigung (den Wegfall von Reibungsflächen) reduziert werden und daß Familien aufgrund dessen länger einen Haushalt bilden als wenn diese Bedingung nicht gegeben wäre. Das Argument von Basu/Kolenda führt die Frauen ein. Solange der Familienverband die Verantwortung für die Frauen und Kinder seiner Mitglieder übernimmt, ist eine Einheit gegeben, die gleichzeitig die Mobilität von Männern gewährleistet.

Meine empirischen Untersuchungen zu diesem Thema führten zu den folgenden Ergebnissen:

TAB. 8 Beschäftigungsverteilung der Männer

Art der Tätigkeiten	Anzahl der Männer	%
1) Höhere Bildung (Lehrer, Ing.)[18]	8	4.4
2) Militär	26	14,1
3) Polizei	6	3,3
4) Angelernte Angestellte in Banken, Ämtern etc. (Bābū)	38	20,7
5) Botengänger, Hilfsarbeiter, ungelerntes Dienstleistungspersonal (Chaprāsi)	30	16,2
6) Handel (Tee, Verzehr, Kurzwaren)	11	6,0
7) Ohne dauernde Beschäftigung (Landwirte, Gelegenheitsarbeiter, Pensionsbezieher (ehem. Militär)	65	35,3
	184	100,0

Von den o.g. Männern sind 47% in der Stadt beschäftigt und ihr Durchschnittseinkommen beträgt 750 Rupien im Monat.

Männer, die in der Stadt arbeiten, genießen zunächst unabhängig von der Art ihrer Arbeit ein besonderes Prestige. Sie gelten als welterfahren, sie bringen Opfer für die Familie und sie leisten durch ihre Überweisungen einen für die Familienökonomie unentbehrlichen Beitrag.

Junge Männer, die unter normalen Umständen nicht mit den alten zusammensitzen dürfen, werden, wenn sie aus der Stadt heimkehren, auch von den Alten angehört und gefeiert. Für einen Abend mag man die Statusregeln vergessen und mit einem Sohn oder Neffen gemeinsam Alkohol trinken und ihm Zigaretten anbieten.[19] Bislang habe ich aber in keinem Fall erlebt, daß die Autorität der Älteren aufgrund der mit der Auswärtsbeschäftigung verbundenen Prestigequellen unterminiert worden wäre.

Entscheidungen, wie und wo ein Mann eingesetzt wird, richten sich nach den Bedürfnissen der Familie. Sie werden im Bruderverband gemeinschaftlich beraten, und der älteste Bruder bzw. der Vater trifft die Entscheidung. Bevor-

---

[18]Hier ist zu beachten, daß fünf Männer aus dieser Gruppe einer Familie angehören *(ghar javaī*, Lineage Khaṛaī) und daß der Vater bereits Lehrer war.

[19]Junge Männer können nicht in Gegenwart älterer Männer der Familie rauchen oder trinken, es sei denn, sie werden ausdrücklich dazu aufgefordert.

zugt werden Tätigkeiten im öffentlichen Dienst, weil diese Arbeitsplätze als verhältnismäßig sicher gelten, konstantes Einkommen und gewisse soziale Leistungen garantieren.[20]

In einem idealen Passungsverhältnis zur Familienstruktur steht der Militärdienst: Die Männer haben zwei Monate Urlaub im Jahr, die sie während einer arbeitsintensiven Jahreszeit nehmen; es entstehen dem Familienverband keine Kosten für Unterkunft und Verpflegung. Eine große Attraktivität des Militärdienstes besteht in seiner zeitlichen Begrenzung. Die Männer verpflichten sich für durchschnittlich 15 Jahre. Sie erhalten anschließend eine Pension von durchschnittlich 300 Rupien im Monat. Ein großer Teil der Männer, die das Haus verwalten (Kat. 8 - Landwirte, Gelegenheitsarbeiter), haben vorher als Berufssoldaten gedient.

Einen Vertreter in der zweiten großen Kategorie, die der Angestellten, zu haben, ist allerdings ebenso geschätzt wie die Unterbringung beim Militär. Solche Männer werden benötigt, um einen familialen Zweighaushalt in der Stadt zu etablieren, der die Söhne von verschiedenen Brüdern aufnehmen kann, mit der Absicht, ihnen eine Ausbildung in der Stadt zu geben bzw. junge Männer der Familie in die Auswärtsbeschäftigung einzuführen.

Während Militärdienst und eine feste Anstellung wenig Flexibilität erlauben, man kann froh sein, einen Sohn oder Bruder hier untergebracht zu haben, sind die von mir unter dem Begriff "Chaprāsi" zusammengefaßten Tätigkeiten mit einer größeren Mobilität verbunden. Söhne, die als Hilfsarbeiter in Fabriken beschäftigt sind, in Hotels die Teller waschen und vieles mehr, können bei Bedarf leichter ins Dorf zurückbeordert werden. Etliche Männer der Kat. 8 haben einige Jahre in der Stadt gearbeitet und sind auf Wunsch der Familie, bzw. weil der Verdienstüberschuß zu gering war, ins Dorf zurückgekommen.

Die von Bailey und Epstein prognostizierten Folgen des ökonomischen Wandels, der Zerfall der Familienstruktur, war für mich in Thama nicht sichtbar. Ihm müßte m.E. ein Generationenkonflikt, die Schwächung des Senioritätsprinzips, und eine größere Diversifikation der Berufe und des Einkommens vorausgehen. Ein sichtbarer Einstellungswandel, dessen Folgen noch nicht absehbar sind, läßt sich allerdings an den Bildungsansprüchen gegenüber den Söhnen ablesen. Schon sehr früh entscheiden Familien, u.a. anhand der Noten, welche Söhne das Geld verdienen sollen. Man ist kollektiv darum bemüht, daß

[20]Ich habe mich mit der Gesetzeslage nicht beschäftigt. Es wurde von Befragten hervorgehoben, daß Anstellungen im öffentlichen Dienst vererbbar sind, d.h., daß der Sohn das Recht hat, den Posten seines Vaters zu übernehmen, wenn dieser stirbt oder erwerbsunfähig wird.

diese Auserwählten die 10. oder 12. Klasse abschließen. An Söhne, die bis zur 5. Klasse noch nicht lesen und schreiben gelernt haben, wird eine andere Erwartung herangetragen. Sie sind dazu bestimmt, der häuslichen Wirtschaft vorzustehen.

Mit Ausnahme der Kat. 1 (höhere Bildung) ließ sich bei der älteren Generation (Haushaltsvorstände) keine eindeutige positive Korrelation zwischen Schulbildung und Tätigkeit feststellen. Ich traf Männer, die im begehrten Militärdienst waren und die sich ihre Briefe von Kollegen schreiben lassen mußten. In der Gruppe Bābū (Angestellte) waren auch Männer mit fünf Jahren Schulbildung, in der Kategorie Chaprāsi und Gelegenheitsarbeiter gab es viele Männer mit acht und zehn Jahren Schulbildung.

Die Informanten behaupteten, daß sich die Bedingungen für den Berufserfolg drastisch verändert hätten und daß heute kein Sohn mehr beim Militär oder in einem Amt untergebracht werden könnte, der nicht die 10. Klasse abgeschlossen habe.

Die folgende Tabelle gibt Auskunft über die nach Alter gestaffelte Schulbildung. Sie ist mit Vorbehalt zu betrachten, da ich glaube, daß die Befragten bei der Angabe der Zahl ihrer Schuljahre eher übertrieben als untertrieben haben:

TAB. 9 Schulbildung der Männer

Alter	absolvierte Schuljahre						
	0	1-5	6-8	8-10	10-12	höh.Bild. (Studium)	Männer insges.
21-30	2	14	17	17	3	1	54
31-40	1	13	13	10	-	3	40
41-50	5	11	12	2	1	-	31
51-60	11	9	7	1	-	4	32
61 und älter	10	6	3	1	-	-	20
	29	53	52	31	4	8	177

Ob der Haushaltszusammenhalt von Brüdern (z.B. aufgrund gemeinsamer Investitionen in die Bildung der Söhne, Wegfall von Reibungsflächen (s.o.) und Stabilisierung der Existenz mittels Auswärtsbeschäftigung) im Gegensatz zu früher sich heute über einen längeren Zeitraum erstreckt, läßt sich nicht feststellen, da es keine Vergleichsdaten gibt.

100% der zur Kategorie "joint family" gehörenden Haushalte haben mindestens einen Mann, der auswärts beschäftigt ist, während bei nur 35,5% der als Kernfamilien registrierten Haushalte jeweils ein Mann in der Stadt arbeitet. Das heißt, daß sich Auswärtsbeschäftigung problemloser innerhalb eines größeren Familienverbandes realisieren läßt.

TAB. 10 Anzahl der auswärts beschäftigten Männer pro Haushaltstyp[21]:

Haushaltstyp	Fam. insg.	davon Fam. die min . 1 Mann außerh. besch. haben		außerh. besch. Männer	HH i.d. Stadt
1) Kernfamilien	31	11	35,5 %	11	+ 4
2) lineal ergänzte Kernfamilien	22	6	27,3 %	7	+ 4
3) lineale "joint family"	8	8	100,0 %	12	(20)
4) versch. Formen d.kollateralen "joint family"	24	24	100,0 %	57	
	85	49	57,6 %	87	28

Innerhalb der Gruppe "joint family" gab es zum Zeitpunkt der Untersuchung zwanzig Männer, die mit ihren Ehefrauen in der Stadt lebten. Nimmt man die acht in der Stadt lebenden Gattenfamilien hinzu, die keinen Teil einer "joint family" bilden, ergibt sich die beachtliche Zahl von 28 Gattenfamilien, die in der Stadt leben.

Wie die folgende Tabelle zeigt, lassen sich bei den außerhalb des Dorfes lebenden Gattenfamilien Fälle konfliktbedingter Ablösungen von der lokalen Familie von Fällen funktional begründeter Arrangements - siehe auch die zwei Arten von Herdteilungen im Dorf - unterscheiden. Ich habe versucht, für jeden Einzelfall zu spezifizieren, warum bzw. unter welchen Umständen Frauen mit ihren Gatten in der Stadt leben:

---

[21]Die als Kernfamilien in der Stadt lebenden Haushalte (8) habe ich separat aufgeführt (HH i.d. Stadt). Die unvollständigen Haushalte (Witwer, Witwen mit Kindern), denen es nicht möglich ist, einen Mann in die Stadt zu senden, habe ich bei dieser Aufstellung weggelassen.

TAB. 11 **Männer, deren Frauen mit in der Stadt leben:**

Fam.	geteilt	Zahl der Brüder	davon in der Stadt lebend	davon mit Frau i.d. Stadt leb.	Grund für die Anwesenheit der Ehefrau und Besonderes des Arrangements
1)	-	6	3	1	schul. Bild. der Kinder; ein Sohn pro Bruder lebt im Stadthaushalt;
2)	-	5 +Va.	2	1	Frau ist nur saisonweise in der Stadt;
3)	-	5	3	1	2 Brüder gleicher HH; Ehefrauen wechseln sich ab;
4)	-	2 +Va.	1	1	Umstände nicht bekannt;
5)	-	5	3	2	+ Söhne von allen 5 Brüdern;
6)	-	5	5	1	führt HH von 2 Brüdern, + Söhne von 3 Brüdern;
7)	-	2	1	1	+ Söhne des 2. Bruders;
8)	-	5	3	3	2 Brüder + 2 Söhne des ält. Bruders in einem HH, Frauen sind nur saisonweise in der Stadt;
9)	-	2 +Va.	2	1	+ Söhne beider Brüder;
10)	-	3 +Va.	3	1	Konflikt mit Vater, schickt kein Geld;
11)	-	3 +Va.	3	1	Streit, schickt kein Geld;
12)	-	3 +Va.	2	1	Konflikt, Frau in der Stadt genommen, kommt nicht zurück;
13)	-	2	1	1	Als Junge weggelaufen, Frau in der Stadt genommen, kommt nicht zurück;
14)	-	5 +Va.	1	1	Streit mit der Stiefmutter, schickt kein Geld;
15)	-	4	3	1	Konflikt, 2. Frau in der Stadt genommen, verstoßen, weil er eine Bezieh. mit kateg. Schwester hatte;
16)	-	3 +Va.	1	1	Lehrer, Frau in der Stadt (Lehrerin) genommen, kein Konflikt, schickt Geld
17)	-	2 +Va.	1	1	Konflikt, Frau in der Stadt genommen, kommt nicht zurück;
18)	x	5	3	1	Konflikt, Frau in der Stadt genommen, kommt nicht zurück;
19)	x	3	2	2	Streit mit älterem Bruder, einer der Brüder hat 2. Frau in der Stadt genommen, kommen nicht zurück;
20)	x	3	1	1	Lehrer, Liebesheirat, kein Konflikt;
21)	x	3	2	2	+ 2 Söhne des ält. Bruders;
22)	x	6	4	1	bestes Einvernehmen mit den Brüdern im Dorf;
23)	x	3	1	1	Umstände nicht bekannt
			51	28	

Zunächst ist festzustellen, daß das formale Kriterium Zugehörigkeit zu einer "joint family" (alle Fälle 1-17) wenig Aussagekraft hat, denn in dieser Gruppe befinden sich etliche Gattenfamilien (Nr.10-17, ausgen.16), die keine Beziehungen mehr zu ihrer lokalen "joint family" haben. Umgekehrt gibt es innerhalb der acht Gattenfamilien, die formal nicht zu einer "joint family" gehören, Fälle von äußerst enger Verbindung zur lokalen Familie. Ich möchte dies am Beispiel Fall Nr. 21 verdeutlichen:

> Von drei Brüdern, die ihre Haushalte und ihr Land im Dorf bereits geteilt haben, leben zwei im Panjab in einem Haushalt mit Mutter, Ehefrauen, Kindern und mit zwei heranwachsenden Söhnen des dritten Bruders, der zuhause die Wirtschaft hütet. Alle stehen im besten Einvernehmen und die Mutter pendelt zwischen den beiden Residenzen.

Die Tabelle zeigt, daß der Umstand, daß die Ehefrau mit dem Mann in der Stadt lebt, in vielen Fällen (Fam. Nr. 1-9) nicht die Eigenschaften einer Kernfamilieexistenz aufweist. Frauen werden vom Familienverband in die Stadt delegiert, weil dort ein Zweckhaushalt (siehe Ausbildung der Söhne) gegründet wird.[22]

> Ich verfolgte in unserer Familie die langwierigen Debatten, die der Entsendung einer Frau in den Stadthaushalt (Lucknow) vorausgingen. Man erwog, die Versetzung des Neffen, der bei den Wasserwerken in Almora arbeitete, nach Lucknow zu beantragen, damit sich zwei Ehefrauen in jährlichen Zyklen abwechseln können. Es hieß, daß es nicht gut sei, eine einzelne Frau mit der Aufgabe zu betrauen. Erst als der in Lucknow fest angestellte Bruder in seinen Briefen immer mehr drängte - die fünf Söhne im Alter von 7 bis 16 drohten zu verwahrlosen - entschloß man sich, die Ehefrau des Bruders in die Stadt zu bringen. Ihre Töchter (11 und 14 Jahre alt) blieben bei der Familie im Dorf.

Die Unterhaltung eines solchen Haushalts ist eine kostspielige Angelegenheit, und alle Familienmitglieder bringen Opfer, um Stadthaushalte zu finanzieren. *Ghī* (Butterschmalz) gab es im Dorf nur zu Festtagen, weil alle haltbaren und hochwertigen Naturalien in die Stadt geschickt wurden. Der Bruder ohne Sohn leistete ebenso seine Überweisungen an den Stadthaushalt wie die Brüder, deren Söhne darin aufgenommen waren.

Auswärtsbeschäftigung ist eine zwingende Notwendigkeit. Ohne sie könnte die Familie ihren Verpflichtungen nicht nachkommen. Ohne die Familie im Dorf wiederum ließe sich die Auswärtsbeschäftigung in den meisten Fällen gar nicht

---

[22]Des öfteren ist es mir auch zu Ohren gekommen, daß noch kinderlose Frauen oder solche ohne Sohn vorübergehend zu ihrem Mann in die Stadt geschickt werden, um den Nachwuchs zu forcieren.

realisieren. Ein großer Teil der nationalen Ökonomie wird möglicherweise durch diese wechselseitige Ergänzung getragen.[23]

Nur in seltenen Fällen ist eindeutig eine freiwillige Abkehr von der lokalen Familie zu konstatieren. Der Zusatz "kommt nicht zurück" (Kommentar der Befragten), bedeutet, daß dieser darin genannte Mann nicht zurückkommen kann, weil er elementare Regeln verletzt hat.[24] Der lokale Familienverband befindet sich in der Position der Sanktionsvergabe und in nur drei Fällen (Nr. 10, 11, 14) war klar, daß die Sanktionierung durch den Sohn erfolgte. Die Väter wünschten die Reintegration der Söhne in den Familienverband und diese verweigerten sie: Sie verbrachten ihre Urlaube nicht im Dorf, sie schickten kein Geld und ihre Frauen kamen zur Entbindung nicht in den Ort zurück. Das Zusammentreffen dieser drei Faktoren wird als eine soziale Abkehr von der lokalen Familie gewertet.

Alle Söhne bzw. Brüder behalten, unabhängig von dem Grund und der Dauer ihrer Abkehr von der Familie, ihren Anspruch auf das Land.

> Über einen alten Mann, dessen zwei Brüder zur Kategorie "Abkehr in Verbindung mit Fremdheirat" (Kommentar: Die Brüder kehren nicht zurück) gehörten, wurde wiederholt gesagt, daß er fremdes Eigentum (Land und 2 Häuser) verwalte und daß er und seine Nachkommen mit der Einklagung des Anspruches seitens der Söhne der Brüder zu rechnen haben.

Solange keine friedliche Regelung getroffen wurde - Abtretung des Landes an den lokal ansässigen Bruder - verwaltet der Bruder im Dorf das Eigentum der "Abtrünnigen". Mir wurde erklärt, daß eine friedliche Regelung - offizielle Überlassung des Landes - wiederum nur in solchen Fällen getroffen werden kann, wo der Verlust des Erblandes durch den Erwerb von Grundbesitz an einem anderen Ort bereits kompensiert wurde. Dies erklärt m.E. auch den Umstand, warum alle Familien, einschließlich der Fälle, von denen es hieß, daß sie mit Sicherheit nicht in das Dorf zurückkehren, in die lokale Familienzäh-

---

[23]vgl. die Marx'sche Unterscheidung von intensiver und extensiver Kapitalakkumulation. Extensive Kapitalakkumulation bedeutet, daß ein Produktionsprozeß mit vielen Arbeitskräften billiger ist als eine Rationalisierung durch Maschinen. Er kann nur dort Fuß fassen, wo die Kosten für die Regeneration von Arbeitskraft (Gesundheitsvorsorge, Sozialversicherungen, Freizeit, Haus, Nahrung etc.) nicht voll in den Lohn eingeschlossen werden müssen, wie dies bei uns zu Zeiten der Manufakturen und Heimarbeitindustrien der Fall war und heute in der Dritten Welt häufig der Fall ist.

[24]Eine Frau ohne Mitwirkung und Einverständnis der Familie zu heiraten, ist eine solche Regelverletzung (s. Tab. "Frau in der Stadt genommen"). Bei Männern mit höherer Bildung (s. Lehrer) werden bezüglich der Partnerwahl allerdings Zugeständnisse gemacht.

lung (102) eingeschlossen waren. Ihr Einschluß ist durch die nicht aufgegebenen Landbesitzrechte begründet.

In meiner Familienbefragung, die Auskünfte über alle Familien mit denen Heiratsverbindungen bestanden einschloß, gab es nur einen Mann, der aufgrund besonderer Umstände zwar einen gemieteten Laden im Basar führte, aber kein Land und kein Haus mehr im Dorf besaß. Von dem Mann wurde mit Verachtung und Bedauern gesprochen. "Er ist nichts", sagte mein Gesprächspartner.

Ich habe mir die hohe Stellung von ererbtem Eigentum nur durch den Zusatz erklären können, daß Eigentum mit "Zugehörigkeit" oder Recht auf einen "Platz" in der Gesellschaft übersetzt werden sollte. Frauen, die traditionell von materiellen Eigentumtransfers ausgeschlossen sind haben unbesehen von ihrer persönlichen Erscheinung und familialen Ausstattung das Recht auf einen "Eheplatz". Der Mann hat den "Platz" für die Reproduktion zu stellen.

Ohne Kinder verliert die Frau ihre Rolle als Ehefrau und damit ihren "Platz", ohne Land und Haus verliert der Mann sein Ansehen und seine Basis als Empfänger der Frau und als Ernährer.

Dieser weitgefaßte Eigentumsbegriff verkörpert die höchste moralisch-rechtliche Instanz, ohne juristisch festgeschrieben zu sein. Auf dieser Ebene bleiben Familien, die sozial desintegriert sein mögen, formal gleichwohl integriert.

4.3 BESITZTEILUNG UND ERBRECHT

a) Der Teilungsakt

Die Teilung weist in einigen Aspekten Analogien zur Verheiratung einer Tochter auf. Von dem Tag an, an dem eine Tochter geboren wird, wächst der Gedanke an die Trennung von ihr, verbunden mit all den materiellen Vorsorgen und Verpflichtungen, die ihre Verheiratung erfordert. Wird ein Sohn geboren, ist damit der Grundstock für ein neues Familiensegment geschaffen und die Haushaltstrennung der Brüder gedanklich eingeleitet. Beide Vorgänge - die Trennung von einem gemeinsamen Besitz wie die von der Tochter - sind ebenso unumgänglich wie schmerzhaft. Ihre Durchführung ist eine Sache von Tagen, ihre Vorsorge eine Angelegenheit von Jahren.

Es ist die Pflicht der Vätergeneration, ihren Haushalt und Besitz für die Söhne (Cousins) aufzuteilen und klare Verhältnisse zu schaffen. Das Versäumnis der Aufteilung wird als übel und konfliktträchtig angesehen und es heißt sinngemäß, daß es den Söhnen nicht zugemutet werden darf, eine Suppe aus zulöffeln, die ihnen die Väter eingebrockt haben, indem sie sich nicht einigen konnten.

> "Es ist eine traurige Angelegenheit," sagte Dungar Singh über den auch dieser Familie bevorstehenden Teilungsvorgang. "Aus einem großen Stück werden sechs kleine. Aber wir Brüder werden alt und wir wissen, daß unser Tod nicht mehr so fern ist, deshalb müssen wir für unsere Söhne den Boden teilen. Wir wissen, daß wir sterben werden und dann werden sich unsere Kinder streiten, deshalb müssen wir den Boden vorher aufteilen."

Der Teilungsakt ist je nach Größe der Familie eine Angelegenheit von 4 bis 6 Tagen. Die Vorbereitung dagegen beginnt schon viele Jahre vorher. Im Idealfall muß heute, bevor geteilt wird, für jeden Bruder ein Haus zur Verfügung stehen. Die Teilung wird unter Anwesenheit von mindestens zwei neutralen Männern aus dem Dorf vollzogen. Die Redewendung lautet sogar: "Wir rufen zwei Männer ins Haus, damit sie uns teilen." Zuerst werden die Ländereien aufgeteilt und in einem zweiten Durchgang der Hausrat und der Schmuck (s.u.).

Leider fand während meines Aufenthalts keine Teilung statt; um so ausführlicher habe ich die Leute nach den Vorgängen befragt.

Bei der Teilung bilden die Brüder eine altershierarchische Reihe. Verstorbene Brüder werden durch ihren jeweils ältesten Sohn ersetzt. So steht z.B. in unserer Familie der jüngste Mann des Haushalts (Gopal Singh) in Vertretung des verstorbenen Vaters (des ältesten Bruders) an erster Stelle. Während er in allen anderen Belangen seinem Alter gemäß den letzten Rang einnimmt, gebührt ihm beim Erbteilungsakt das Privileg des ältesten Bruders. Dies besteht darin, daß er sich, noch bevor die Teilung eröffnet wird, ein größeres Stück Land seiner Wahl aussuchen darf. Dieses Recht wird *jiṭhaun* genannt und dadurch begründet, daß der älteste Bruder die Rolle des Haupttrauernden beim Tod der Eltern übernimmt.

Dann erfolgt die Teilung in vielen Durchgängen. Das Land wird nicht nach Grundflächen, sondern nach Lage und Augenmaß taxiert. Derjenige, der die erste Wahl hat, kann sich das beste Stück aussuchen. Im ersten Durchgang hat der älteste Bruder bzw. sein Repräsentant die erste Wahl und der jüngste Bruder die schlechteste Stellung. Beim zweiten Durchgang fällt die erste Wahl auf den zweitältesten Bruder und der älteste Bruder rückt an die letzte Stelle. Wenn die Position der ersten Wahl beim jüngsten Bruder angekommen ist, ist der Kreis geschlossen, und der älteste Bruder rückt erneut an die erste Stelle. Viehbestand, landwirtschaftliche Geräte, *bartan* und Schmuck, alles wird nach diesem Kreisprinzip Stück für Stück aufgeteilt (s. Abb. 5).

ABB. 5 Das Kreisprinzip bei der Besitzteilung

Die Darstellung soll lediglich das Prinzip verdeutlichen. Es soll bei einer großen Familie alleine für die Feldstücke 10–15 Durchgänge geben. *Bartan* wird so aufgeteilt, daß für jeden gleiche Werte herauskommen müssen, Schmuck wird nach Gewicht aufgeteilt. Ist z.B. eine Kuh oder ein gleichwertiges Tier zu wenig vorhanden, legen die Brüder zusammen, damit sich derjenige, der die letzte Wahl hat und leer ausgeht, eine Kuh kaufen kann. Einmalige Stücke, die besonders wertvoll sind (z.B. ein großer *kasera*) bleiben Gemeinschaftsbesitz (*sancāyat*). Das gleiche gilt für bestimmte Bäume.

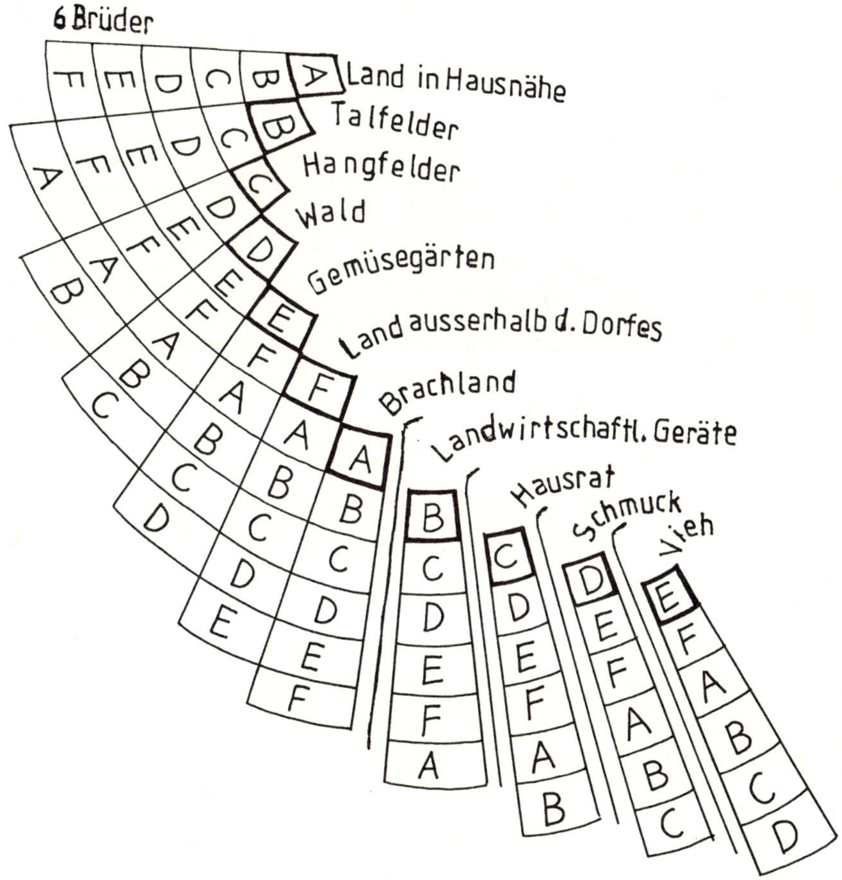

Ist einer der Brüder noch nicht verheiratet oder sind zum Zeitpunkt der Erbteilung weniger Häuser als Brüder vorhanden, wird vorher von der liquiden Teilungsmasse (Geld, *bartan*, Schmuck) ein Teil abgezogen, um Heiraten bzw. Häuser davon zu finanzieren. Wenn die vorhandenen Werte nicht ausreichen, um die veranschlagten Kosten zu decken, dann müssen die Brüder vor den zwei "Teilungsvollstreckern"[26], die die Dorföffentlichkeit vertreten, das Versprechen abgeben, die Leistungen innerhalb einer bestimmten Frist nachzuholen.

> "Wenn die Brüder ihr Versprechen nicht halten, dann kommen die Leute und fragen, "warum habt ihr ihn noch nicht verheiratet?" Jeder kennt die Absprachen und es heißt, diese Leute taugen nichts."

Auch die Verheiratung der Kinder der Brüder ist Thema der Teilung. Sind bei einem Bruder Hochzeiten gemeinsam finanziert worden, müssen Hochzeiten, die bei den Kindern der anderen Brüder anstehen, ebenfalls anteilig getragen werden. In jedem Fall ist die Proportionalität zu wahren. Deshalb werden anstehende Heiraten und Hausbauten möglichst vor der Teilung realisiert bzw. durch Rücklagen einkalkuliert.

> Unsere Familie (6 Brüder) wird sich voraussichtlich erst in 10 bis 15 Jahren teilen, aber schon seit Jahren ist sie damit beschäftigt, Materialien für die noch fehlenden zwei Häuser zu besorgen. Das gilt auch für andere Familien. Ein alter Mann, dessen zwei verheiratete Söhne beim Militär sind, begann im Zeitraum meiner Untersuchung mit einem Hausbau. Ich wunderte mich, weil die Familie ein relativ neues und ausreichendes Haus bewohnte, und fragte die Frauen, "wollen sie sich teilen, gibt es Streit"? "Nein, sie werden weiterhin so leben wie bisher, auf Lebzeiten, wenn es gut geht, und das Haus ist für die Kinder. Aber Streit kann es jederzeit geben, dann ist das Haus da und man kann ohne Probleme auseinandergehen."

Häuser, die an der Straße liegen und die nicht gemäß der traditionellen Raumaufteilung gebaut sind, weil in ihnen ein Laden aufgenommen ist, werden nicht in den bei der Teilung notwendigen Hausbestand eingeschlossen.

> "Es ist eine andere Sache", wurde mir erklärt, "das Haus liegt draußen. Ein Haus im Dorf ist nötig, ein Haus, das vom Vater kommt."

Auf die Allgegenwärtigkeit von "außen" und "innen" werde ich später zu sprechen kommen. Unabhängig von dieser Differenzierung entspricht die Regel dem Grundsatz des gerechten Teilens. Ein Laden ist ökonomisch gesehen von eigener Qualität und muß extra behandelt werden.

---

[26]Es handelt sich hierbei nicht um politische Persönlichkeiten (*pañcāyat*), sondern um alte und hoch respektierte Männer aus dem Kreis der *brādar*.

Die Zuteilung der Häuser an die Brüder folgt einem eigenen System. Das rechte Haus (vom Eingang aus gesehen) ist immer etwas größer als das linke, ohne daß es dem bloßen Auge auffällt. Die Leute benutzten mir gegenüber das englische Maß und sagten, "es sind fünf inchi". Alle Hausparzellen in einer *bākhi* bilden Paare von rechts und links und von größer und kleiner. Häuser, die nicht in einer *bākhi* stehen, haben oft nur einen Eingang, bestehen aber aus zwei vollständigen Parzellen, einer rechten und einer linken. Der älteste Bruder erhält die rechte und größere Seite des Hauses. Der nächstälteste Bruder wird die linke und kleinere Haushälfte beziehen, der drittälteste bekommt wieder eine rechte und größere Haushälfte, sein jüngerer Bruder die linke Seite usw. Weist die linke Seite eines Hauses allerdings nach Osten, dann ist sie etwas größer und gehört dem ältesten Bruder. "Die Ostseite, dort wo die Sonne aufgeht, das ist die Seite vom großen Bruder", heißt es.

Bei armen Familien kommt es vor, daß eine Hausparzelle nochmals in zwei Teile dividiert wird. Im Dorf fand sich diese Lösung bei zwei Śilpkār-Familien und bei nur einer Ṭhākur-Familie. Dem ältesten Bruder steht dabei die hintere Hälfte (Küche) der rechten Parzelle zu, dem nächstältesten die Vorderseite zu, usw.

ABB. 6 Hausaufteilung

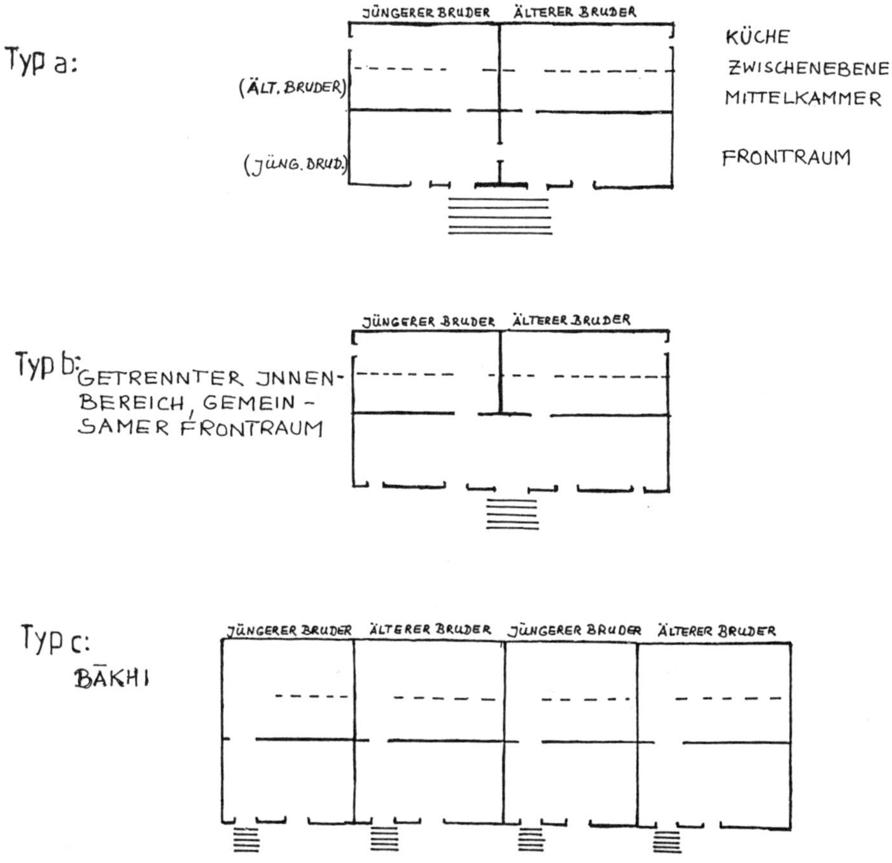

Die räumliche Ordnung nach Oppositionen und Rangstufen ist eine Metapher sozialer Organisation.

> "Symbolism is doubly necessary to mark what is socially important, and to induce men to conform in recognizing the values by which they should live." (Needham 1979:5)

Ich habe bereits die horizontale Dorfaufteilung in *vār* und *pār* (diesseits und jenseits), die sich wie bei einem Dialog von "Selbst" und "Anderem" wechselseitig mit dem gleichen Terminus bezeichnen, sowie die vertikale Aufteilung der Dörfer und der Region in *tal* (unten) und *mal* (oben) beschrieben. In Kap. 2.1 (Abb. 2) zeigte ich, daß diese Klassifikation ebenso im Haus anzutreffen ist (*val/pal ghar*) und daß hier "oben" mit "innen" gleichgesetzt wird (*mal khan* = Küche) .

Aufgrund der vorausgegangenen Zuordnungen lassen sich die folgenden Äquivalenzen und Oppositionen erfassen:

<u>Älter</u> - Osten - rechts - größer - oben - innen - sakral (Küche)
<u>Jünger</u> - Westen - links - kleiner - unten - außen - profan (Frontr.)

Solche Entsprechungen haben einen universellen Charakter, der in sehr eindrücklicher Weise von R. Hertz (1973:3f.), ausgehend von der Physiognomie des Körpers, der rechten und der linken Hand/Seite, dargestellt wird.

> "A no less significant concordance links the sides of the body to regions in space. ... The relation uniting the right to the east or south and the left to the north or west is even more direct and constant, to the extent that in many languages the same word denote the sides of the body and the cardinal points." ... "Right and left transcend the limits of our body to embrace the universe."
> "The right is the inside, the finite, assured wellbeing, and certain peace; the left is the outside, the infinite, hostile, and the perpetual menace of evil." (ibid., S.13)

Ein weiteres Zuordnungsmerkmal bei der Hausverteilung bildet das <u>Alter der Häuser.</u>

> "Ins alte Haus geht immer der älteste Bruder, egal wie klein das Haus ist. Das Haus, in dem unser Vater lebte, in dem lebte auch sein Vater. Von Anfang an ging der älteste Bruder in das Haus."

Der älteste Bruder kann seinen Anspruch aber erst dann geltend machen, wenn der jüngste Bruder ein Haus besitzt. Ich möchte diese Regel am Beispiel unserer Familie - die über zwei Häuser = 4 Hausparzellen verfügt, aber aus sechs Brüdern besteht - durch die Worte des ältesten Bruders illustrieren:

> <u>"Der erste Teil ist der des jüngeren Bruders, erst danach kann der älteste Bruder seinen Teil bekommen.</u> Solange kein weiteres Haus gebaut ist, gehört dieses Haus (es handelt sich um das ältere, von uns gemietete Haus) Divan Singh (dritter Bruder) und Nathu Singh (vierter Bruder). Die rechte Seite des neueren Hauses (Wohnhaus der Familie) gehört Ganga Singh (fünfter Bruder) und die linke Seite Mohan Singh (sechster

Bruder). Wenn das Haus für Ganga Singh und Mohan Singh gebaut worden ist, dann gehört die rechte Seite dieses Haus Gopal Singh (Sohn des verstorbenen ältesten Bruders) und die linke Seite mir (zweiter Bruder)."

Die Regel, daß der oder die älteren Brüder ihren Platz nur dann einnehmen können, wenn für die jüngeren Brüder ein Haus zur Verfügung steht, wurde mir von allen Informanten bestätigt. Die Frauen nannten mir aber bezogen auf die Besetzung des ältesten Hauses eine andere Regel als die oben dargestellte Chronologie:

> "In das älteste Haus teilen sich der älteste und der jüngste Bruder, wenn der älteste es nicht will, muß es der jüngste nehmen, niemals der mittlere, der nicht."
> Nach ihrer Meinung gehörte das Haus, in dem wir wohnten, Gopal Singh (Sohn des verstorbenen ältesten Bruders) und Mohan Singh (jüngster von sechs Brüdern).

Diese Regelinkonsistenz steht im Raum, und es fällt schwer, in der Praxis nachzuweisen, welche Regel befolgt wird. Während die Ordnung, daß der älteste Bruder rechts wohnt, in allen Fällen befolgt ist, gibt es sowohl Beispiele für die zweite Regel wie für die erste. So teilten sich in ca. fünf Fällen ältester und jüngster Bruder in ein Hauspaar, während der bzw. die mittleren Brüder in einem anderen Haus leben. In der Mehrzahl der Fälle aber folgt die Aufteilung der zuerst beschriebenen Chronologie, wobei das Zuordnungskriterium "Alter der Häuser" nicht die wesentliche Rolle zu spielen scheint. In einigen Fällen bezogen die älteren Brüder das neue Haus und die jüngeren das alte.

Ich kann mir diesen Regelkomplex nur so erklären, daß die Oppositionen als solche - älter/jünger; altes/neues Haus etc. - eine entscheidende Rolle spielen. Jeder Bruder ist relativ älter oder jünger als der andere und sie reihen sich wie die Glieder einer Kette in rechts und links ein. Der älteste und der jüngste Bruder aber bilden die Enden dieser Kette - die absoluten Oppositionen im Unterschied zu den relativen - und schließen den Kreis als Paar. Beide haben sie konträre wie herausgehobene Stellungen. Während sich der älteste Bruder bei der Landverteilung in der besten und der jüngste in der schlechtesten Stellung befindet kehren sich die Positionen bei der Hausverteilung um.

Von Wichtigkeit für die Deutung und das Verständnis der Verteilungsregeln erscheint mir das von Needham (1979) vorgetragene Argument, daß die Rangordnung gegenüber der dualen Ordnung ein sekundäres Moment, einen Aspekt bzw. ein Potential der dualen Klassifikation, darstellt, so daß regelgeleitete

Umkehrungen von Rangfolgen durchaus möglich sind, wenn nicht gar nötig.

> "The dual division thus not only classifies, it also provides for a ranking of categories. So Classification by Partition, in even its simplest form, permits much the same conceptual operations as does hierarchical classification, only by relative discrimination instead of absolute." (ibid., S. 8/9)
> "But one of the most interesting features of symbolic classification (whether we concentrate on schemes of partition or on opposition or whatever) is that characteristically it is not hierarchical. There need be no genus or species, no process of division and subdivision, no regular diminution in extension as one category is subsumed under another. Instead of a fixed order of generality, there is what Dumezil has called a "classificatory current" (cf. Needham 1973 a: xxix) in which various connections by analogy are made according to the perspectives in which they are viewed." (ibid., S. 67).

Als ganz bemerkenswert erschien mir die hohe Flexibilität, die mit der Handhabung unumstrittener Regeln einherzugehen schien. Als ich Dungar Singh fragte,

> "Wird Divan Singh nach der Teilung das für ihn im Dorf bereitgestellte Haus beziehen?" antwortete er: "Warum?, das ist nicht nötig, darauf kommt es nicht an. Das Haus ist für seine Söhne und für deren Söhne, egal wer darin wohnt."

Vielleicht lassen die Vorgaben gerade aufgrund der Tatsache, daß sie so grundlegend sind, einen großen Spielraum an situationsgerechten Lösungen zu. Die Regeln können nur dadurch verletzt werden, indem der Logik der Norm zuwidergehandelt wird, wie etwa dem Grundsatz, daß alle Brüder an einem Arrangement gleichermaßen profitieren müssen.

Die Variabilität zwischen Norm und Praxis könnte verglichen werden mit der Chomsky'schen Unterscheidung von Performanz und grammatikalischer Struktur: Es gibt keine ungrammatikalischen Sätze. Auch ein falsch formulierter Satz ist grammatikalisch, weil er sich ohne das Vorhandensein der Grammatikalität gar nicht als falsch rekonstruieren ließe.

Als eine keine Variationen und Umkehrungen zulassende Logik erwies sich die Aufteilung in linke und rechte Seite bzw. innen und außen, der in der Praxis Folge geleistet wird. Diese Einreihung wird mit der Natur verglichen (s. auch Hertz), die zuordnen muß, damit die Dinge ihren Lauf nehmen können. Ich fragte die Frauen nach dem Grund für die Rechts-und Linkszuteilung der Brüder in ihren Häusern, und sie antworteten mir mit der Erzählung von den Ochsen:

> "Wie sollten die Ochsen eine Pflugspur ziehen können, wenn sie nicht von klein an in einen linken und einen rechten Ochsen trainiert wären. Setz den rechten Ochsen auf die linke Seite und er geht keinen Schritt."

b) Erbrecht und Erbregulationen

Die Grundzüge des traditionellen Erbrechts im Kumaon entsprechen dem von Joshi (1929)1984 dargestellten "Khasa customary law".[27]

> "The rules of inheritance are based on the theory that agnates alone are entitled to the estate left by a deceased person, und that the ancestral land held by a person who has no male descendants reverts to the immediate parent stock and is distributable accordingly." (ibid., S. 297)

Das "Khasa customary law" ist mit Prinzipien des Mitakshara-Systems vergleichbar.

> "Fundamental to this system is a distinction between self-acquired and ancestral property. By contrast with the Dayabhaga rule that the heirs only acquire their rights on the death of the owner, the basic principle here is that they have rights in the ancestral property from the moment of their conception. This difference generates a number of other differences. It means that ancestral property is held in common by a man and his descendants as co-sharers, and any one of them can demand partition at any time. The members of the senior generation are trustees rather than absolute owners of the joint property, and have no right to sell or give away the joint capital to the detriment of the other shareholders. But a man has full rights of ownership over his self-acquired property and can dispose of it as he likes (Karve 1965:341ff)." (Parry 1979:164, 165)

Joshi betont aber, daß das "Khasa customary law" älter ist als das Mitakshara-Gesetz und von diesem abweicht. Die folgenden Unterschiede hebt er hervor:

1) Söhne können keine Aufteilung des Landes fordern.[28]

   Joshi schreibt, daß die Position der Söhne im "Khasa customary law" derjenigen im "early Indo-Aryan law" entspricht:

   > "The sons had an interest in the family property from the moment of their birth, but could not have it separated against the wishes of the father who continued with gradually diminishing powers to be the head of a patriarchal household till the Mitakshara declared the right of the sons to secure partition of the ancestral estate in spite of the father's wishes." (ibid., S. 217/218)

---

[27]"In the Kumaon division of the United Provinces this customary law is sometimes called Kumaon customary law." (ibid., S. 44)

[28]Dies deckt sich mit meinen Beobachtungen in Kap. 4.2 (ein Konzept der linealen Familienteilung - Aufteilung zwischen Vater und Sohn - existiert nicht) und den Ausführungen unter Pkt. a) Teilungsakt (Väter müssen das Land für ihre Söhne teilen).

2) Land kann nicht verkauft werden, und zwar betont Joshi hier, "the family law of the Khasas .. made no distingtion between ancestral and self-aquired land" (ibid., S. 231).

> "Under the Mitakshara ... sale of land was recognized and it was to be made in the garb of a gift with gold and water." (ibid., S. 219) "...the agriculturists in Kumaon in the past considered it a crime to sell land. Until lately they used to say that land is one's mother and to sell it is to sell a mother." (ibid., S. 201)

Die neue Gesetzgebung ("Hindu Succession Act" von 1956) sieht sowohl die Verfügungsgewalt des Vaters über den Besitz als auch die Gleichstellung der Geschlechter bei der Vererbung vor.

Parry und Mayer berichten von einschneidenden Veränderungen in der Rechtspraxis.

> "Before, inheritance was almost entirely a matter for agnates; but now the daughter (and her husband) claims rights as a person having a very high priority." (Mayer 1960:245)

Parry hebt insbesondere den Wandel und die Stärkung der Position des Vaters hervor:

> "The Hindu Code bill of 1948[29] gives him the right to dispose of his property as he likes. In other words, he can exclude a recalcitrant son from the inheritance; and, in fact, I recorded a number of instances in which fathers had done just that." (Parry 1979:162) ... "What goes most against the grain is the provision by which a married daughter inherits on the same basis as a son. .... In order to forestall the possibility of daughters inheriting along with their brothers, many men now make wills." (Parry 1979:170)

Im Umkreis meiner Untersuchung waren Einfluß und Anwendung der neuen Gesetzgebung kaum spürbar und die meisten Leute waren nur oberflächlich mit den Inhalten der Gesetze vertraut. Dies veranschaulicht der folgende Gesprächsausschnitt über die Verfügungsgewalt des Vaters, in dem die Gesetzeslage von vor 1956 als aktuelles Recht dargestellt wird.

> "So etwas gibt es in ganz Indien nicht! Nehmen wir an, mein Vater hat Dir seinen Besitz verkauft, dann kann ich morgen gegen meinen Vater vor Gericht gehen. Wo ist mein Haus zum Wohnen, wo ist mein Boden zum Essen? Ich kann das Feld pflügen und auf den Feldern herumgehen, dann bekämst du Probleme. Der Staat würde zu dir sagen, du wußtest, daß er einen Sohn hat, warum hast du das Haus genommen."

Im Kumaon, bzw. in Thama und Umgebung, sind alle Söhne mit der Geburt erbberechtigt und Väter fungieren als Verwalter des Erbes. Die Brüder erhalten gleiche Anteile, unbesehen dessen, ob sie verschiedene Mütter haben. Stowell (1966:55f) bezeichnet diese Regelung als *bhai bant*. Sie unterscheidet sich von

---

[29]Hier müßte es "Hindu Succession Act" von 1956 heißen.

sautia bant, der Erbteilung, die sich nach der Anzahl der Mütter richtet und die lt. Parry in Kangra vorherrscht.[30]

Söhne von *dhãtis* (ohne Eheritual genommene Zweitfrauen) sind im Kumaon als legitime und gleichberechtigte Erben anerkannt. Das ist meine Beobachtung.[31] Stowell verweist auf einige historische Fälle (Gerichtsentscheidungen), bei denen das "Hindu Law" angewandt wurde.

> "It is a well-known principle of Hindu Law that among the higher castes (Brahmans, Chattris and Vaishs) an illegitimate son has not a right to a proper share in the estate, but only to maintenance." (ibid., S.56)

Es handelte sich hierbei ausschließlich um hochrangige Brahmanen- und Rājpūten-Klans.

Der paritätischen Besitzteilung unter Brüdern ist das Problem inhärent, daß ungleiche Geburtenraten zu unterschiedlichen Besitzgrößen führen: Hat der Bruder A fünf Söhne und der Brüder B nur einen Sohn, verfügen die Nachkommen des einen Sohns über fünfmal soviel Land wie die seiner Cousins.[32]

Den Leuten ist dieses Problem bewußt und man ist darauf bedacht, die Disparitäten im Rahmen zu halten.

> Die Männer unserer Familie sprachen sich zwar gegen die staatliche Geburtenkontrolle aus, betonten aber, daß drei der Brüder, die je zwei Söhne haben, keine Kinder mehr zeugen dürfen. Auch für den Bruder mit drei Töchtern und einem Sohn sei Schluß, während der jüngste mit nur einer Tochter sich als einziger nicht zu beschränken habe und "keinen Urlaub versäumen dürfe!".

Mindestens ein Sohn ist notwendig. Männer heiraten bis zu drei-, viermal, wenn Ehefrauen sterben oder dieses Soll innerhalb einer Frist von ca. fünf Jahren nach der Geschlechtsreife nicht erfüllen.

---

[30]Hat ein Mann mit der ersten Frau nur einen Sohn, mit der zweiten drei, wird das Erbe nicht vier- sondern zweigeteilt.
vgl. Parry (1979:165): Erbteilung nach der Anzahl der Söhne (hier *pagbandh* genannt) wurde nur von einigen königlichen Klans befolgt, während die Aufteilung nach der Anzahl der Mütter (*chundabandh*) in Kangra die dominante Regel war.

[31]s.a. Joshi (1929)1984: "The position of a *Dhanti* wife is identical with that of married wives among the Khasas."

[32]Parry 1979:184f. beschäftigt sich ausführlich mit diesem Problem. So ist es nach seiner Überlegung, um bei dem obigen Beispiel zu bleiben, für den Bruder mit fünf Söhnen vorteilhafter, die Teilung der Familie so lange wie möglich hinauszuzögern, während der Bruder B von einer Teilung profitiert, weil dann weniger Konsumenten über mehr Land verfügen.

Wenn ein Bruder dennoch ohne männliche Nachkommen bleibt, dann gibt es eine Reihe von erbrechtlichen Alternativen. Die Adoption des Sohnes eines Bruders wird als die beste und natürlichste Lösung angesehen. Sie ist aber nur dann möglich, wenn dieser Bruder mindestens drei Söhne hat. In allen mir bekannten Fällen - es sind drei im Ort - wurde der mittlere Sohn, also weder der jüngste noch der älteste, adoptiert.

Einen Sohn außerhalb der Agnaten oder des Dorfes zu adoptieren, wird ebenso häufig praktiziert, aber dies wird als von einer anderen Qualität seiend betrachtet.

> Singgemäßer Kommentar: Ein Bruder darf niemals Reue zeigen, wenn er seinen Sohn abtritt, und die Brüder des Adoptierten sollen nicht neidisch sein, weil dieser als alleiniger "Sohn" ein größeres Erbe antritt. "Gebe ich den Sohn einem Nachbarn, dann ist das anders: Ich bitte dich um eine Zigarette, du sagst, gut nimm sie, dann streiten wir uns, dann sagst du, gib mir die Zigarette zurück." (Bezug auf einen konkreten Fall in Pār-Thama/Nichtagnaten.)

Ein Adoptivsohn wird in allen Belangen zum eigenen Sohn. Er nimmt die Lineagezugehörigkeit des Adoptivvaters an. Selbst bei der Ahnenverehrung im *śrāddh* erwähnt er nicht den Namen des leiblichen, sondern den des Adoptivvaters. Lt. Joshi behält ein Adoptivsohn auch dann seinen vollen Status, wenn wider Erwarten ein Sohn nachgeboren wird.[33]

Es gab in den letzten zwei bis drei Generationen fünf Fälle der nicht agnatischen Adoption im Dorf. Bis auf den o.g. Fall, der rückgängig gemacht wurde, kamen die Adoptivsöhne alle von außerhalb des Dorfes, und es handelte es sich dabei um Kinder, deren Mutter nach der Geburt einem bösen Geist erlegen war und starb. Eventuell sind solche Kinder für eine Adoption prädestiniert.

Bei allen Adoptionen waren die Adoptivsöhne entweder als Säuglinge oder im Falle von Bruder-Kindern spätestens im Alter von drei bis vier Jahren in den Haushalt der Adoptiveltern aufgenommen worden.

Niemand außer dem eigenen (oder adoptierten) Sohn kann den Vater im *śrāddh* verehren und damit die Chronologie der Ahnenzählung fortführen. Hierin besteht der qualitative Unterschied zu der im Dorf am zweithäufigsten praktizierten Erbfolgelösung, sich einen Schwiegersohn, einen *ghar-javaī*, ins Haus zu nehmen (2 historische Fälle, 1 aktueller Fall). Ein *ghar-javaī* wechselt

---

[33]"The adopted son does not only share equally with an after-born legitimate son, but at times gets *Jethon* (i.e. the elder brother's excessive portion), and has even succeeded to heritable offices such as Padhanship and Thokdari, in preference to his after-born "adoptive" brother." (Joshi (1929) 1984:274)

die Lineagezugehörigkeit nicht. Er und seine Söhne werden die Ahnen in einem anderen Dorf verehren.[34] Wenn eine verwitwete Mutter, die nur Töchter hat– häufige Konstellation für die Aufnahme eines *ghar–javaĩ* –, versucht, einen Schwiegersohn ins Haus zu holen, gelingt das nur selten.[35] Dem materiellen Anreiz des Erbes stehen viele Nachteile entgegen. Er ist ein Eindringling im Dorf, erfüllt nicht die Pflichten gegenüber Eltern und Brüdern und kann sich wiederum nicht auf ihren Beistand stützen. Außerdem verträgt sich das Angewiesensein auf die Verwandtschaft der Frau nicht mit seiner superioren Stellung als Frauennehmer (s.Kap.6).

Die Frage, ob nicht auch Frauen die Erbfolge antreten können, wurde von den von mir befragten Männern wie Frauen mit einem kategorischen "Nein" beantwortet. "Schwestern und Töchter sind *bahar* (draußen)", hieß es wiederholt. "Man kann weder Haus noch Land nach draußen geben. Wenn das anders wäre, könnte man es ja auch verkaufen." (s. Grundsatz, daß Land nicht verkauft werden kann)

In der Praxis gestaltet sich die Rechtslage aber differenzierter. Frauen können erben, und Verkauf des Landes wird praktiziert. Die Bedingungen, unter denen dieses geschieht, erfüllen allerdings wiederum die kategorielle Vorgabe:

Wenn ein Ehepaar keinen Sohn hat, dann ist es ein unüblicher aber möglicher Entschluß, der Tochter, auch ohne daß sie mit ihrem Mann in das Dorf zieht, den Besitz zu vererben. Die Tochter verkauft im nächsten Zug das Land wieder an einen nahen Verwandten ihres Vaters, den Bruder oder den Cousin. Das heißt, den Besitztitel an die Tochter zu geben, ändert nichts an der Realverteilung der feststehenden Güter. Die Tochter kann von einer Erbtransaktion profitieren, aber nicht Empfänger des Erbes sein. Dasselbe gilt auch für Witwen (Beispiele s.u.).

---

[34]Diese rituellen Pflichten eines Sohnes sind von höchster Bedeutung. Er trägt den Leichnam der Eltern aus dem Haus und ist der Haupttrauernde, der in einer Ecke sitzend fastet. Der Ausspruch "Ohne einen Sohn kann man nicht sterben" ist mindestens als gleichgewichtig mit dem Aspekt zu betrachten, daß man ohne einen Sohn nicht vererben kann.

[35]Joshi (1929)1984:249 führt aus, daß eine Witwe nicht mal berechtigt ist, aus eigenem Entschluß einen *ghar–javaĩ* ins Haus zu nehmen: "Among the Khasas in the Kumaon division a sonless man can bring in a Gharjawain without the consent of his agnates, but a widow cannot. The discretion as to whether the agnatic succession shall be diverted always rests with a male owner."

Man Singh, selbst ein Adoptivsohn[36] und ohne männliche Nachkommen, bedachte seine einzige Tochter nicht in der oben dargestellten Weise. Er gab sein Land noch zu Lebzeiten direkt an die nächststehenden Agnaten und bekam Geld dafür, das er angeblich in der Stadt ausgab, bevor er starb.

So ist es also auch möglich, ererbtes Land zu verkaufen, aber die Agnaten haben - wie im Falle der Erbschaft einer Tochter - das Vorkaufsrecht. Da dieses Recht gleichzeitig Kaufpflicht bedeutet - das Land darf nur an diese verkauft werden - ist dies nicht als eine marktwirtschaftliche Transaktion zu betrachten. Es wird nach dem gleichen Verteilungsmodus verfahren, wie bei einem Mann, der ohne Nachkommen stirbt.[37]

Die Verteilung des Landes - Fall Mān Singh:

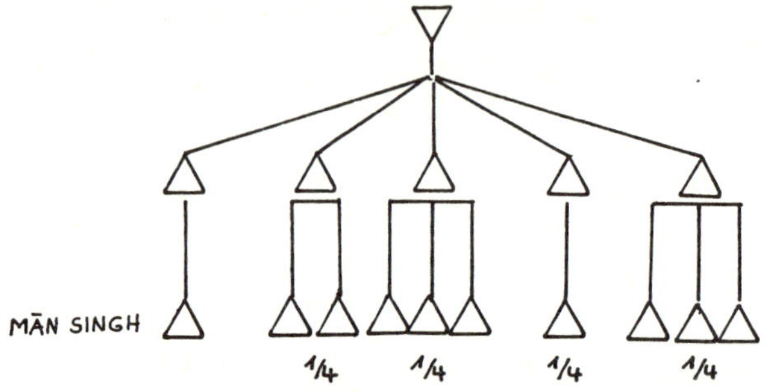

Die Umstände des Falles Mān Singh sind mir sehr vertraut, weil ich zu seiner Witwe ein gutes Verhältnis hatte und zugegen war, als sie starb. Sie hatte danach getrachtet, alles ihrer Tochter zu überschreiben, aber ihr Mann war ihr mit der frühzeitigen Verteilung des Erbes zuvorgekommen. Wie sehr häufig, war der Fall von Gerüchten umgeben, die Verwandten des Mannes hätten möglicherweise "nachgeholfen", um auch in den Besitz des der Witwe zur Nutzung verbliebenen Hauses und Gartens zu gelangen.

---

[36]Mān Singhs Mutter kam als schwangere Frau in das Haus. Da sie ein Kind von einem anderen Mann erwartete, war sie von ihrem Ehemann vertrieben worden und wurde als Zweitfrau aufgenommen, weil die erste kinderlos war. Der Junge sollte nach der Geburt getötet werden, aber die Frau wehrte sich dagegen und da sie keine weiteren Kinder bekam, wurde Mān Singh als Adoptivsohn akzeptiert.

[37]vgl. Joshi (1929)1984:296: "There is no rule of the nearer agnate excluding the more remote such as is found in the Hindu law. The sons of a deceased brother take the share which their father would have received if he had been alive when the inheritance opens."

Dies wirft ein Licht auf die schwache Stellung einer Frau ohne Sohn, der sozusagen ihre Integration in das Haus der Agnaten gewährleistet und ihr persönlicher Beschützer und Garant ist.

Die Interessen- und Rechtsverquickung von Agnaten und Witwen, die nur Töchter hatten, war häufiger Ursache für Erbkonflikte, wie das folgende Beispiel veranschaulichen kann.

> Die Witwe des älteren Bruders von Dungar Singhs Großvater hatte nur drei Töchter. Dungar Singh wurde ihr zur Adoption gegeben, das Land auf ihn überschrieben. Sie gab ihm angeblich nicht genug zu essen und behandelte ihn schlecht, weil sich all ihre Hoffnung darauf richtete, das Erbe einer Tochter zukommen zu lassen. Die Adoption wurde in diesem Falle und aus den o.g. Gründen bereits nach kurzer Zeit wieder aufgelöst. Die Frau zog, nachdem es ihr trotz großer Bemühungen nicht gelang, einen Schwiegersohn ins Haus zu holen, zu einer ihrer Töchter. Sie sagte, daß sie Geld brauche und daher das Land verkaufen werde. "Davon erfuhren mein Vater und Cher Singh, mein großer Vater, und sie sagten: 'Unser Land kannst du nicht an andere verkaufen.' Sie gaben ihr 600 Rupien für das Land und 100 Rupien hielten sie für die Bestattung zurück."

Dieser Fall wurde während meines Aufenthalts in einem *jāgar*-Ritual wieder aufgerollt. Die alte Frau war mit der Abfindung nicht zufrieden gewesen und hatte, bevor sie starb, einen Fluch über die Familie ihres Mannes gebracht, in dessen Folge jetzt zwei Frauen der Familie erkrankt waren.[38] Zur Abwendung des Fluchs wurde eine Ziege geopfert. Wäre der Frau durch den obigen Ausgleich ein Unrecht widerfahren, dann hätte der durch das Medium sprechende Lokalgott außer der Ziege auch die Wiedergutmachung des Unrechts verlangt, z.B. die Zahlung von mehr Geld an die Töchter der Frau. Dies war aber nicht der Fall.

Die alte Frau hatte alles bewegliche Eigentum - Schmuck, *bartan*, Geld, Hausrat etc. - mitgenommen, als sie zu ihrer Tochter zog. Es wurde mir gesagt, daß die Agnaten bezogen auf diese Gegenstände keinen Erbrechtsanspruch hätten geltend machen können.

Auch der Tod dieser Frau war von Gerüchten umgeben, ihre Tochter habe sie verhungern lassen, ihr Schwiegersohn habe ihr "etwas zu trinken" gegeben

---

[38]Das Medium (*ḍaṅriyā*) deckte auf, daß die Witwe "in alle Tempel gegangen war und Blumen mitgebracht hatte. Sie sagte, 'was meine *cyal* (Söhne, hier HBS) sind, sie haben mir große Probleme bereitet', und sie hat geweint." Der Fluch wurde nicht verbal, sondern einzig durch die Tat ausgelöst, daß sie <u>nur</u> Blumen in die Tempel brachte und keinen Reis. "Blumen und Reis gehören zusammen und eine Sache alleine zu geben, bringt Unglück", hieß es.

(Umschreibung für Gift), die unbesehen der Wahrheitsfrage aussagen, daß die Handlung der Frau, zu ihrer Tochter zu ziehen, nicht richtig war.

Daß eine Mutter bei der Tochter lebt, kommt sehr selten vor. Dieses Arrangement wird verachtet und als widernatürlich angesehen, wie ich in Berichten über die zwei Fälle im Dorf sehr plastisch erfahren konnte. Aber nicht nur die Veruntreuung agnatischen Eigentums (die Forderung von Geld für Land oder die Mitnahme von beweglichen Gütern) ist m.E. der Grund für diese Ächtung. "'Komm nach Thama, wir geben Dir zu essen, denn du bist unsere Mutter', so sagte mein großer Vater" (obiger Interviewkontext). Eine Frau, die zu ihrer Tochter zieht, verläßt ihren Sohn - auch wenn sie keinen leiblichen hat - und verstößt gegen ihre Rolle als kategorielle Mutter.

Veena Das formuliert dies als

> "Faith in the moral rules of kinship as against the biological facts of kinship." (1976:11)

Bei jungen, kinderlosen Witwen gestaltet sich die Rechtslage anders als oben beschrieben. Meine Freundin Basanti, die zu dieser Gruppe gehört, hatte keinerlei Erbrechtsansprüche. Die Familie des Ehemannes legte ihr nahe, in den Ort der Eltern zurückzukehren. Weder ihren Schmuck noch ihre Kleidung (umfangreich durch Aussteuer) wollte man ihr lassen. Den Schmuck nahm sie sich heimlich, aber er gehört ihr nicht, wie sie sagt. (Der Schmuck kommt traditionell von den Empfängern der Frau und nicht von den Gebern.) Die Familie ihres verstorbenen Mannes wird sich zeitlebens nicht mehr um sie kümmern. Erst am Tage ihres Todes wird sie kommen, um die Leiche und auch den Schmuck abzuholen. Ihr in der Stadt lebender Bruder würde ihr das Haus, in dem sie jetzt wohnt, gerne offiziell überschreiben, aber "Es geht nicht", versicherte sie mir, "das ist nicht unsere Sitte."

Ein Bruder kann seiner Schwester kein feststehendes Eigentum vermachen, aber er muß ihr im Kontrast dazu ständig mobile Güter - Kleidung, Geld, Nahrung, Schutz etc. - zukommen lassen und sie aussteuern.

Bei der Erbmasse ist also eine grundsätzliche Unterscheidung zwischen beweglichen und unbeweglichen Gütern zu treffen. Die Unterscheidung zwischen Ahnenland und erworbenem Land wurde mit Hinweis darauf, daß man das letztere verkaufen könne, zwar verbal gemacht. Ich bin aber nach der Lektüre Joshis, der hervorhebt, daß diese Differenz im Unterschied zum Mitakshara System traditionell nicht besteht, unsicher, ob sie heute gilt, zumal ich eine Erbauseinandersetzung miterlebte, bei der einem Bruder der Anspruch - das vom eigenen Geld und nach Haushaltstrennung erworbene Haus und Grundstück nicht in die kollaterale Erbmasse aufzunehmen - abgesprochen wurde.

Obwohl Häuser in die gleiche Kategorie gehören wie das Land, wurden sie in mehreren Fällen innerhalb des Dorfes an Nicht-Agnaten verkauft. Sie werden zum beweglichen Erbgut, wenn andererseits genügend Mittel vorhanden sind, um neue Häuser bauen zu können.

Eine geringere, aber vergleichbare Flexibilität gilt selbst für Erbland. Leute in Tina (Nachbardorf) verkauften Land an Einwohner von Thama, weil es jenseits der Flußlinie an der Pheripherie von Tina lag. Der Grundsatz, nach dem Land nicht veräußert werden darf, kann nicht immer starr befolgt werden. Befindet sich eine Familie in äußerster Armut, dann ist es gerechtfertigt, einen Teil des Landes zu verkaufen. Die Ausnahmen ändern aber nichts an dem Grundsatz, daß Land nicht veräußert werden darf und also Töchter und Schwestern (außen) nicht erben können.

4.4 ZUM VERHÄLTNIS VON AUTORITÄT UND PARITÄT

Die Erbregeln eliminieren eine personenbezogene Verfügungsgewalt. Ein Bruder ohne Kinder oder Adoptivsohn hat keine progressiven Verpflichtungen und damit keine weitergehenden Rechte. Sein Teil fällt an die nächsten und sukkzessive weiter entfernten Agnaten. Sobald ein Mann aber einen Sohn hat, tritt er nach traditionellem Recht die Verfügungsgewalt ab, die er wiederum nie besaß, weil er sich zur einen Seite gegenüber einem Bruder zu verantworten hat und zur anderen gegenüber dem vorhandenen oder zu erwartenden Sohn.

Kontradiktorisch dazu steht die Autorität der nach Alters- und Generationsrängen vergebenen Rollen.

> "At least on the face of it there seems to be a certain contradiction between the ideal-type Mitakshara system of the texts - which implies a high degree of equality between the shareholders in the joint estate- and the highly asymmetrical and inegalitarian relationship between agnates of successive generation which exists throughout most of patrilineal India, and which demands the absolute subordination of a man to his father. It might be argued that this contradiction is more apparent than real since the inheritance rules are concerned with the level of legally enforceable jural rights, while the ideal of strict subordination of the son to his father relates to the level of moral obligations. But it seems to me that this formulation does not dispose of the problem but merely restates it. The fact remains that there is an uncomfortabe incongruence between their jural equality as co-shareholders, and the inequality that is held to exist between them on another level." (Parry 1979:166)

Vater und älterer Bruder haben identische Rollen bezüglich des Abtretens von Gütern an die nächste Generation bzw. an den jüngeren Bruder. Da die Jüngeren von den Älteren nichts fordern dürfen, sondern nur empfangen können, ist es den Jüngeren aber nicht möglich, ihre starke Rechtslage in eine Machtposition umzuwandeln; siehe den Grundsatz, daß die Brüder das Erbe für die Söhne teilen müssen, Söhne es aber nicht teilen sollen.

Ein Vater wird auch nach der Gütertrennung, solange ein älterer Bruder lebt, keine wichtige Entscheidung ohne diesen treffen, so daß die Autorität in der Regel eine geteilte und relative ist.

Das Agens von Autorität ist die Anerkennung der Rangordnung an sich. Sie dient der Ausschaltung von Willkür, also einer Eigenschaft, die in unserer abendländischen Gesellschaft meistens als Attribut der Autorität auftritt. Die Verweigerung der Anerkennung von Autorität, die bei uns eine notwendige Voraussetzung für gesellschaftliche Veränderung und Progression darstellt, bedeutet hier Verweigerung von Sozialität. Die Ordnung legitimiert sich durch den Satz: Das was einer tut, trifft alle.

Eine wesentliche Voraussetzung für die Ordnung besteht in der Abwesenheit von privatem Eigentum.

> Divan Singh bekam in seinem Teeladen an der Straße eines Tages von einem Schweizer Touristen eine Uhr geschenkt. Der Tourist wunderte sich, daß Divan Singh die Uhr nicht trug. Ich wußte, daß sie noch am selben Tag in eine Kiste verschlossen wurde und daß niemand berechtigt war, sie zu tragen. Sie wird für die nächste Hochzeit der Familie als Geschenk für einen Schwiegersohn aufbewahrt.

Was ist nun mit den Geschenken zur Hochzeit? Mit der Uhr kommen auch Möbel, Kleidung, eventuell ein Radio und andere Wertgegenstände ins Haus, von denen Parry sagt, daß sie das Eigentum des Paares sind und den materiellen Grundstock einer neuen Familie bilden. Das stimmt und stimmt nicht. Es heißt zwar "wir nehmen Gopals Möbel für Munnis Hochzeit", und die Gegenstände streifen ihre Herkunft nicht ab, aber sie wechseln ihre Besitzer. Wenn jedes Paar die inzwischen obligatorisch gewordenen Hochzeitsmöbel behielte, gäbe es bald keinen Platz im Haus mehr. Möbel gehören nicht zur Ausstattung eines Hauses und es steht nur die Stallkammer für ihre Aufnahme zur Verfügung.

So wie das mit der Aussteuer ins Haus kommende Geschirr (*bartan*) zirkuliert (s.Kap.6.5), werden grundsätzlich auch Möbel, Uhren und andere Dinge wieder in Umlauf gebracht. Es hängt von den Umständen ab:

> Wenn eine Familie kurz vor der Teilung steht, werden die Möbel behalten, da jeder potentielle Haushalt eine Ausstattung haben soll. Entsteht aber innerhalb der zu teilenden Masse gleich wieder eine neue Zusammensetzung (zwei verh. Brüder), wäre es überflüssig, zwei Ausstattungen zu halten, wo nur eine erforderlich ist.

Meines Erachtens existiert ein über Aussteuer gestiftetes persönliches Eigentum von einzelnen Familiensegmenten nicht. Es wird darüber nach Bedarf der Familie disponiert.

> "As a result, there is some ambivalence about whether the dowry she brings may be used to subsidize that of her husband`s sister, though in practice this is often discreetly done." (Parry 1979:239)

Die Weitergabe von Hochzeitsgeschenken war weder heimlich noch von übler Nachrede, z.B. die Familie wolle Geld sparen, begleitet. Es gibt aber zwei Ausnahmen: Die Kleidung einer Braut wird in der Regel als ihr persönliches Eigentum behandelt und der von ihrer Seite erhaltene Schmuck ist immer ihr persönliches Eigentum.

In jeder größeren Familie zirkuliert der Schmuck, den eine Frau als scheinbar persönliches Geschenk von der Familie ihres Gatten empfängt. Die Frauen der älteren Brüder treten ihr goldenes Halsband (*galoban*) sehr oft an die Frauen der jüngeren Brüder ab. Sie bekommen vielleicht in einigen Jahren, anläßlich der Hochzeit eines Sohnes oder einer Tochter, einen neuen Schmuck angefertigt, den sie dann später an ihre Tochter geben können. Ich habe ca. 30 Fälle protokolliert, in denen Frauen älterer Brüder ihren Schmuck abgetreten hatten. Für sie ist es möglich, auf Schmuck zu verzichten, während es umgekehrt nicht angeht, daß junge Frauen ohne Schmuck sind.[39]

Die Autorität der Älteren, ob Männer oder Frauen, verschafft diesen keine materiellen Privilegien. Im Gegenteil, ihre Ehrbarkeit beweist sich in Ausstattungen der Jüngeren.

Ich möchte zum Abschluß dieses Kapitels über die Organisation des Agnatenverbands, die durch eine große Fülle von Regeln gekennzeichnet ist, auf einen mir sehr wichtig erscheinenden Aspekt der sozialen Ordnung eingehen: Warum und mit welcher inneren Einstellung werden die Regeln erfüllt, die weder durch ein geschriebenes Gesetz noch durch eine juristische Instanz verwaltet werden? Die Regeln sind habitualisiert, und über den Erwerb des Habitus und dessen Einhaltung wacht die "Öffentlichkeit".

Öffentlichkeit bedeutet aber nicht wie bei uns die Allgegenwart eines allgemeinen "Dritten" (Zeuge), sondern sie wechselt je nach Kontext und Situation: Tabus für Speisen oder Respektregeln finden hinter verschlossenen

---

[39]Eine Frau die als Gast zu einer Hochzeits- oder Geburtsfeier außerhalb des Dorfes eingeladen ist, wird die Schmuckstücke der anderen Frauen des Familienverbandes tragen, wenn sie aktuell keinen eigenen Schmuck hat.

Türen bzw. "innen" oft ihre Aufhebung. Eine Frau, die es draußen nie wagen würde, ein Zigarillo in Gegenwart ihres Mannes zu rauchen, mag es drinnen wohl tun. Tritt jemand in eine nichtöffentliche Situation, gilt das, was er sieht, als ungeschehen.

Für die Mitglieder einer Kaste ist Öffentlichkeit die andere Kaste. Gemäß der Regel: "Das was einer tut, trifft alle", könnte selbst der ärgste Feind ein Mitglied der eigenen Kaste nicht gegenüber einer anderen Kaste öffentlich denunzieren. Frauen erzählten mir, daß U. keine Frau fände, wenn das Dorf insgesamt nicht darüber schweigen würde, daß seine Mutter innerhalb des Ortes eine große Anzahl von Liebhabern hatte. "Es würde allen schaden, so etwas zu verbreiten." Gegenüber dem eigenen Ort (exogame Gruppe) ist der andere Ort bzw. die andere exogame Gruppe (Allianzpartner) Öffentlichkeit.

Für Frauen, die auf dem Felde Zigarillos rauchen, ist Öffentlichkeit generell das Auftauchen eines älteren Mannes, für junge Frauen bereits das Erscheinen einer älteren Frau. Befindet sie sich am Ort der Eltern, wird sie "drinnen" in Gegenwart der Mutter rauchen. Vor der Schwiegermutter wird sie "drinnen" niemals rauchen, weil das Haus des Mannes als solches im Unterschied zum Elternhaus "Öffentlichkeit" darstellt.

Die meisten Frauen bekommen ihre Periode in der Nacht, aber vor 24 Uhr. Das verringert die Zeit der Beschränkungen um einen Tag. Niemand käme auf die Idee, darin einen Verstoß gegen das Reinheitsgebot zu sehen. Meines Erachtens fällt der konkretistische Sachverhalt oder die innere Einstellung zu einer Sache bei der Beurteilung einer Handlung nicht so sehr ins Gewicht.

Es zählt immer die Einhaltung der Formen, die je nach Kontext "innen"-"außen" (öffentlich) variieren, wobei "innen" nicht statische Gruppen von Gleichen bezeichnet.

Innen	Außen (Öffentlichkeit)
Ehepaar	Außenraum
eigene Kaste	andere Kaste
Frauen	Männer
Schwiegertöchter	Schwiegermütter
Elternhaus d. Frau	Haus des Ehemannes
Junge Frauen	Ältere Frauen
Diesseits	Jenseits

Die Verletzung von Regeln ist ein Affront gegen eine andere Gruppe, die ranghöher und durch Berührung - das ist der Vorstoß[40] - in ihrer angestammten Position gefährdet ist. Diese Gruppe verfügt über Sanktionen, die bis zum

---

[40]Meines Erachtens dienen alle Attribute der Respektregeln wie nicht rauchen, keine Widerrede geben, nicht fordern, nicht scherzen etc. einer der Nichtberührbarkeit vergleichbaren Separation.

Mittel des Ausschlusses führen. Eine Frau, die die Regeln der Einordnung nicht befolgt, begeht kein individuell oder persönlich verrechenbares Delikt, für das sie moralisch getadelt wird, sie provoziert ihren "Rausschmiess" aus der Kategorie der Akzeptanz und befleckt damit das Ansehen aller Frauen und ihrer Herkunft. Sie wird nachhause zurückgeschickt und der Ruf ihrer Eltern leidet.

Bei Regelverletzungen unter den gleichgestellten Agnaten ist die "Öffentlichkeit" das "Jenseits". Ich möchte diesen letzten Aspekt an einem unter vielen möglichen Beispielen verdeutlichen:

> Kim Singh, der jüngste von vier Brüdern, heiratete nicht. Er lebte nach der Teilung im Haushalt seines nächstältesten Bruders. Dessen ältester Sohn, Har Singh, nahm das Erbe seines Onkels an sich. Die Cousins (FBS) sagten, "du hast dich unseres Landes bemächtigt". Har Singh sagte, "ich habe meinem Onkel Geld gegeben, deshalb ist das Land mein." Der Streit vollzog sich während meiner Anwesenheit und ich fragte, "was wird passieren, geht man vor Gericht?" Die Antwort lautete, "Das ist nicht nötig. Es wird bald Probleme für Har Singh oder für seine Söhne geben, das ist ganz sicher. Dann gibt es einen *jāgar*[41] und das Land wird gleichgemacht. Das ist immer so, darauf kann man sich verlassen."

Diese Ausführungen, die bereits eine Brücke zu dem nächsten Kapitel, den sozialen Beziehungen am Beispiel des Hauses, darstellen, besagen auf keinen Fall, daß es kein verinnerlichtes moralisches Bewußtsein gibt oder daß es hier nur um situationsgerechtes Verhalten geht. Sie besagen, daß der Einzelne nicht einer globalen Umwelt gegenübersteht, sondern daß Gruppen und Paare Träger eines miteinander geteilten und füreinander gedachten moralischen Bewußtseins sind. Dieses "moralische Bewußtsein" hat weder den Schutz des Individuums noch die Schuld des Individuums zum Inhalt. Es schützt die kulturspezifische Sozialität. Mord ist ein Delikt, aber gemessen an der Veruntreuung von Eigentum bzw. am Verstoß gegen das Gesetz des "Teilens", ist Mord eine mindere Straftat.

Das was angesichts der Unterscheidung in inoffizielle und offizielle (heimliche/öffentliche, interne/externe) Akte als doppelte Moral erscheint und darauf hinweist, daß es für zahlreiche Tabus keine generalisierbare Verinnerlichung gibt, verhindert, daß das System in Regeln erstarrt, und warum soll die Gesellschaft das tadeln bzw. sanktionieren, was sie aufgrund der Sphärentrennung nicht angreift.

---

[41]Die Lokalgötter äußern sich mittels Medien im *jāgar*-Ritual zu Konflikten und bestimmen die Lösungen.

5. SOZIALE BEZIEHUNGEN AM BEISPIEL DES HAUSES
(ALTERS- UND GESCHLECHTSROLLEN)

5.1 ZUORDNUNGEN

Ein einziger Haushalt stellt einen gesellschaftlichen Mikrokosmos dar, in dem die gleichen Gesetze herrschen wie außerhalb des Hauses.

> Eine kategorielle Schwiegermutter (alle Frauen der Männer, die der Schwiegervater Brüder nennt), kann einer jungen Frau mit der gleichen Selbstverständlichkeit Befehle erteilen wie die Schwiegermutter im Hause.

Aus darstellerischen Gründen wurde der Haushalt zunächst als unilaterales/lokales Gebilde beschrieben. In einem Haus aber treffen alle Verwandtschaftsgebilde aufeinander, also auch die bilateralen und die affinalen.

> "In this connexion I may recall that I had tried to show that a household is connected with others in three distinct types of relationship. These are: first, agnatic kinship; second, nonagnatic kinship arising through the intermediacy of incoming wives and out-going female agnates; and third, affinity." (Madan 1975:218)

Für den Mann dominiert die agnatische Beziehung, der alle anderen untergeordnet werden. Für die junge Ehefrau ist die Beziehung zu Eltern und Brüdern von größter Bedeutung, die sie aber, da sie im Hause des Mannes lebt, seinen Prioritäten unterzuordnen hat. Sie lebt die Doppelrolle einer Tochter/Schwester und Ehefrau, die ihr eine potentiell fremde und feindliche Position im Hause einträgt. Als Mutter söhnt sie die Gegensätze aus. Sie führt ihre Kinder den Eltern und Brüdern zu, die sie lieben und beschenken sollen.

Jeder Mann erfährt die Beziehung zu seinen nichtagnatischen Kognaten (Verwandten der Mutter) als eine freundliche, während die Einstellung seines Vaters gegenüber denselben Leuten – seinen affinalen Verwandten – zeitlebens feindlich bleibt. Der Sohn steht seinerseits in einer latent feindlichen Beziehung zu seinen Schwiegereltern und distanziert zu seiner jungen Frau, die noch keine Identität der neuen Zugehörigkeit entwickelt hat. Aber auch das Verhältnis zu seinem Vater und allen älteren Agnaten gilt als distanziert und ambivalent. Vertraulichkeiten zwischen Ehemann und -frau, Vater und Sohn sind in der Öffentlichkeit ausgeschlossen.

Mutter und Sohn haben eine vertraute Beziehung. Das gleiche gilt generell für das Verhältnis von älterer Frau und jüngerem Mann. Die Frau des älteren Bruders und der jüngere Bruder ihres Mannes können miteinander scherzen, sich necken und tauschen unter Umständen gar Liebkosungen aus.

Vater und Tochter oder älteren Mann und jüngere Frau mag eine große Anziehung verbinden, deren Ausdruck aber nicht statthaft ist. Der Vater tritt seine Tochter ab. Älterer Mann und jüngere Frau im Hause müssen sich aus dem Wege gehen. Ein Mann kommuniziert mit seiner *bvāri* (Bezeichnung sowohl für die Frau des jüngeren Bruders als auch für die des Sohnes), wenn überhaupt, nur in knappen Sätzen und auf räumliche Distanz.

Mutter und Tochter, ältere Frau und jüngere Frau, verbindet ein ebenso ambivalentes Verhältnis wie Vater und Sohn, älterer Mann und jüngerer Mann. Sie sind formal distanziert, aber da der/die Ältere an die Jüngeren abzutreten und zu übermitteln hat, handelt es sich um sehr enge Beziehungen, die Vertraulichkeiten nicht ausschliessen können, diese aber nicht zeigen dürfen.

Es heißt zwar, daß jede ältere Frau der jungen eine Mutter sein soll, aber die Beziehungen zu den Frauen, die das Haus des Mannes vertreten, und zu den Frauen im Hause der Eltern sind konträr. Die ersteren, Schwiegermutter (*saśū*) und jüngere Schwester des Mannes (*naṅd*), die ältere Schwester des Mannes hat bereits das Haus verlassen, gelten als feindlich gesinnt, weil sie einen Sohn und einen Bruder gegenüber einer Ehefrau zu verteidigen haben. Gegenüber letzteren, der Mutter und ihren Schwägerinnen (kategorielle Mütter), gilt zwar auch eine gewisse Distanz (Respekt und Scham), aber sie sind die freundlich gesinnten, die ihre Tochter vorbehaltlos in Schutz nehmen.

5.2 DIE VERTEILUNG DES ESSENS ALS MUSTER DER RANGORDNUNG

Ich möchte nach diesem Überblick der Beziehungsdispositionen einige grundlegende Aspekte der Rangordnung nach Geschlecht und Alter am Bild einer Mahlzeit beschreiben, bei der die Ordnung des Hauses tagtäglich symbolisch reproduziert wird.

Männer leben und essen i.d.R. räumlich von den Frauen getrennt. Aufenthaltsraum für die Frauen und Kinder ist die Küche. Die Männer sitzen im vorderen (äußeren) Raum und wenn das Haus aus zwei Parzellen besteht, im Trakt rechts neben der Küche.

In der Küche bestimmt die älteste noch aktive Frau des Hauses. Sie kocht den Reis, und zumindest bei der Morgenmahlzeit empfangen alle Mitglieder des Hauses aus ihrer Hand das Essen.

Bevor nicht dem ältesten Mann des Hauses das erste Essen verabreicht wurde, kann niemand speisen.

> Ich erlebte es des öfteren, daß sich der älteste Mann noch im Dorf aufhielt und die ganze Familie hungrig vor dem fertigen Mahl verharrte.

Die Kinder bilden allerdings eine Ausnahme, sie erhalten das Essen, wenn es fertig ist bzw. wenn sie hungrig sind.

Die Männer bekommen ihr Essen in der Altersrangfolge serviert. Das gleiche gilt auch für die Frauen, die erst mit dem Essen beginnen können, wenn alle Männer gegessen haben. Die jüngste Frau empfängt als vorletzte das Essen, gefolgt von der Frau die kocht.[1]

In unserer Familie aß auch der jüngste Mann (Gopal Singh, 23 Jahre) in der Küche, weil er, obschon verheiratet, noch nicht in den Kreis der Männer aufgenommen war. Er bekam das Essen noch vor den Frauen. Ist eine Schwester bzw. Tochter zu Besuch oder befindet sich eine menstruierende Frau im Hause, dann erhalten diese die Auszeichnung des ersten und besten Essens. Das gleiche gilt auch für Gäste.

In Moli lebte eine 80jährige Großmutter im Haus und sie bekam das Essen vor ihrem Sohn. Ich war darüber etwas verwundert, weil ich daran gewöhnt war daß alle Frauen, mit Ausnahme der o.g., nach den Männern essen. Unser Gastgeber erklärte mir, daß die Mutter und nicht der Sohn dem Vater im Rang folge, der, wenn er noch am Leben gewesen wäre, zuerst gegessen hätte. In Thama wurde dies nicht so gehandhabt: "Frauen essen mit Frauen. Natürlich kann die Mutter vor dem Sohn essen, aber die Ehefrau kann niemals vor dem Mann essen."

Was zeigen die Regeln der Essensvergabe?

1.) Die Altersrangfolge wird durch eine Ausnahme überhöht, den Gast. Er wird noch vor dem ältesten Mann bedient. Verheiratete Töchter und Schwestern haben einen Sonderstatus, sie sind Gäste par excellence. Auf den besonderen Status menstruierender Frauen bzw. von Verunreinigung Betroffener werde ich in Kap. 9 eingehen.

2.) Die Geschlechterhierarchie, die als oberste Regel (raumzeitliche Trennung) bei der Verteilung des Mahles in Erscheinung tritt und

---

[1]Ich erwähnte bereits, daß die Köchin insbesondere am Morgen besonderen Reinheitsvorschriften unterworfen ist, saubere Kleidung etc. Durch die Einnahme von Essen kommt die Hand in Kontakt mit verunreinigenden Substanzen (Speichel), deshalb kann die Köchin, die das Essen verteilt, ihre Mahlzeit erst dann einnehmen, wenn alle gegessen haben. Aus dem gleichen Grunde werden auch keine Mahlzeiten durch das Probieren abgeschmeckt.

dem männlichen Geschlecht den Vorrang einräumt, kann von der Mutter durchbrochen werden, wenn sie die älteste Person im Hause ist. Der Satz "der Sohn spricht, was die Mutter sagt" (Interviewtext in verschiedenen Kontexten) bestätigt, daß die Unterordnung des weiblichen Geschlechts nicht die ältere Generation betrifft.

3.) Kinder bilden eine Ausnahme. Sie sind weder den Regeln der Erwachsenen unterworfen, noch spielen Geschlechts- und Altersunterschiede bis zur Pubertät eine wesentliche Rolle.

4.) Junge Männer haben noch keine eindeutige Zugehörigkeit. Sie bewegen sich im Grenzbereich zwischen Männer- und Frauenwelt.

5.) Während der Mann als Spender der bleibenden Güter auftritt (s. Kap. 4), ist die Frau diejenige, aus deren Hand die Familie die Nahrung empfängt (Feste bilden eine Ausnahme, weil hier immer Männer kochen). Unterstützt durch die Regel, daß aus der Hand einer jüngeren Frau kein Reis angenommen werden kann, verteilt die älteste oder eine ranghohe Frau das Essen. Sie ist als Geberin die letzte in der Reihe der Empfängerinnen, und da sie unmittelbar nachdem die jüngste Frau des Hauses bedient wurde, zu essen beginnt, beenden älteste und jüngste Frau gemeinsam die Mahlzeit. Ähnlich wie bei der in Kap. 4.3 beschriebenen Besitzaufteilung (s. ältester und jüngster Bruder) schließen älteste und jüngste Frau den Kreis bei der Nahrungsverteilung.

Ich möchte nach Darstellung dieses bildlichen Ordnungsschemas Position und Sukzession der verschiedenen, in einem Haus anzutreffenden Rollen und Ränge vorstellen.

5.3 DIE ROLLE DER KINDER IM HAUS

Wie die Essensverteilung gezeigt hat, sind Kinder nicht den Regeln der Erwachsenenwelt unterworfen, und sie sind auch nicht in gleichem Maße wie diese von Verunreinigung gefährdet.[2] Kinder essen aus einem Topf oder vom Teller der Erwachsenen. Auch verzehren sie die unreinen Reste (*jūṭhā*) der Älteren. Sind sie noch klein, schmieren sie mit dem Essen herum und befolgen nicht die Mahnung, nur die rechte Hand zu benutzen oder sich die Hände zu waschen. Niemand erwartet von ihnen das, was später über sie als Gesetz und Ordnung hereinbricht.

Es gibt nur eine minimale Geschlechtertrennung. Jungen und Mädchen essen, schlafen und spielen gemeinsam. Mädchen sind frech, raufen und schlagen sich mit Brüdern und zeigen kaum Angst oder Respekt vor ihnen.

---

[2]Siehe hierzu auch Kap. 9. Menstruierende Frauen können ihre Kinder stillen, ab dem 3. Tag für sie kochen usw. – Kinder können *puris* von verfeindeten Fraktionen annehmen und verzehren, d.h., auch hier sind sie von den Regeln die für Erwachsene gelten, ausgeschlossen.

Kleinkinder sind von der analen Reinlichkeitserziehung verschont. Sie erledigen ihr Geschäft auch auf dem Lehmfußboden in der Küche, ohne daß darauf strafend reagiert wird. Eine Frau steht lächelnd auf, holt Lehmschlacke und Stroh, und der Vorgang wird weggewischt. Etwas größere Kinder setzen sich neben einen Pfad oder neben das Haus, während die Erwachsenen "unsichtbar" (vor Einbruch des Tages) einen vom Wohnbereich entfernten Platz finden müssen.

Die Kinder kennen keinen Schlafenszwang. Zwar werden die Kleinen nach dem Essen hingelegt, aber wenn sie nicht einschlafen können, kommen und gehen sie, wann es ihnen paßt und solange sich Leben in der Küche rührt. Mädchen wie Jungen pendeln frei zwischen Frauen- und Männerbereich hin und her, mit dem einzigen Unterschied, daß sie bei den Männern brav sind, bei den Frauen nicht. Ihr angestammter Platz ist der Frauenbereich. Dort schlafen und essen sie, von dort können sie nicht vertrieben werden.

Trotz geringer Disziplinierung beginnen die Kinder schon sehr früh und spielerisch, Aufgaben zu übernehmen. Sie hüten und verhätscheln die kleineren Kinder[3] und beginnen allmählich, die geschlechtsspezifischen Rollen der Erwachsenen zu kopieren und anzunehmen. Mädchen folgen den Frauen bei der Arbeit, Jungs den Männern, ohne dazu ausdrücklich gezwungen zu werden. Es gibt Familien, in denen insbesondere Mädchen vor ihrer Verheiratung mit 15 bis 16 Jahren, meistens aus Personalmangel, schon regelmäßig arbeiten. Das entspricht aber nicht der Norm und oft tun sie es freiwillig, um der Schule zu entgehen, die für die meisten Kinder kein Vergnügen ist.

Es ist die Aufgabe des Hauses des zukünftigen Mannes, dem Mädchen das Arbeiten und ihre Erwachsenenrolle beizubringen. Bis dahin soll es prinzipiell seine Freiheit genießen können.

Verbal erfolgt die Vorbereitung auf die Zukunft des Mädchens schon sehr früh. In der den Kumaonis eigenen Art der harten und verletzenden Scherze gegenüber jüngeren (Mädchen wie Jungen) bekommen ungezogene kleine Mädchen oft zu hören, daß es bald soweit ist, daß sie einen Mann bekommen, der sie prügelt, oder eine böse Schwiegermutter. Gerne droht man ihnen auch

---

[3]Kinder leisten einen wesentlichen Beitrag zur Erziehungsarbeit. Sie füttern die kleineren, lehren ihnen Lieder, erzählen ihnen Geschichten. Mädchen die selbst erst vier oder fünf Jahre alt sind tragen die Kleinsten der Familie mitunter den ganzen Tag mit sich herum. Die Symbiose in der diese Kinder leben ging in unserer Familie einmal so weit, daß nachdem den ganzen Vormittag verzweifelt nach einem Säugling gesucht wurde, sich herausstellte, daß die fünfjährige Puspa - so an dieses Bündel gewöhnt - ihn mit in die Schule genommen hatte.

damit, daß sie z.B. an einen Greis oder an einen schwarzen *hanki*[4] verheiratet werden. Oder es heißt gegenüber den kleinen Schwestern: "Wartet nur, ihr werdet zusammen an einen Mann verheiratet.!" Scherze dieser Art oder das Hervorstreichen der schlechten Eigenschaften der eigenen Kinder sind von allseitig herzhaftem Gelächter begleitet. Erwachsene lieben es, in Gegenwart ihrer Kinder zu beschreiben, wie dumm und ungeschickt sie sind und daß nichts aus ihnen wird. Man löst Unsicherheit und Betroffenheit bei den Eltern aus, wenn man die Kinder öffentlich lobt oder Komplimente vergibt. William Crooke hat dieses Phänomen in seiner Arbeit "The Popular Religion and Folklore of Northern India" (1896) ausführlich beschrieben und begründet.[5]

Kinder werden trotz dieser verbalen Provokationen mit viel Zärtlichkeit und Aufmerksamkeit bedacht. Sie sind Mittelpunkt eines jeden Haushalts. Es mag vorkommen, daß Kinder geschlagen werden, aber ich habe es nur einmal erlebt. Sofort griff eine andere Frau ein und entriß der aufgebrachten Mutter das Kind.

Die Bindung der Kinder an die Großeltern ist oft stärker als an die Eltern. Die Großeltern haben das erste Anrecht auf die Kinder. Die untergeordnete Stellung einer Schwiegertochter gegenüber einer Schwiegermutter, eines Sohnes gegenüber dem Vater, überträgt sich auf das Erziehungsrecht.

Ihre Väter erleben die Kinder oft gar nur als Besucher, als "Fremde", wenn diese auswärts beschäftigt sind. Für sie ist der Bruder des Vaters im Hause Vater, und sie rufen ihn auch so. Erst später differenzieren sie zwischen älterem Bruder des Vaters, den sie weiterhin *baujyu* (Vater) nennen und jüngerem Bruder, der *kaka* gerufen wird.

Die Mutter hält sich in emotionalen Äußerungen gegenüber ihrem Kind zurück, sobald es das Säuglingsalter verlassen hat. Sie könnte in den Verruf kommen, ihr Kind gegen die Schwiegereltern auszuspielen oder es gegenüber den Kindern der Schwägerinnen zu bevorzugen.

---

[4]Töpfer aus der Śilpkār-Kaste, der wahrscheinlich deshalb als schwarz bezeichnet wird, weil er Wasserbehälter aus schwarzem Ton herstellt.

[5]Kinder sind schutzlos und eine Person, die zu starkes Interesse an einem Kind zeigt, macht sich verdächtig, es mit dem "bösen Blick" zu verzaubern. Das Herausstreichen guter Eigenschaften provoziert das Erscheinen von schlechten oder: der beste Schutz gegen das Übel ist seine verbale Provokation. Ich habe dem hinzuzufügen, daß von Kindern erwartet wird, daß sie sich durchsetzen. Wenn sie z.B. ständig kränklich sind, werden sie nur ungern dem Arzt überantwortet und es heißt, die Natur muß sich durchsetzen, ein schwacher Mensch hilft niemandem.

Ein geläufiger Vorwurf unter den Frauen von Brüdern lautet: "Sie bevorzugt ihre Kinder, gibt ihnen mehr Essen, mehr Milch, wenn es niemand sieht" oder "Sie liebt ihre Kinder mehr als die anderen." Jede Frau streicht für sich als Qualität heraus, daß sie dies nicht tut, daß sie die Mutter aller ist, was prinzipiell stimmt. So wie der ältere Bruder des Vaters *baujyu* (Vater) gerufen wird, ist seine Frau die *ijā* (Mutter). Ist sie die Frau des jüngeren Bruders, heißt sie *kāki*, aber das macht keinen Unterschied, die Kinder wenden sich an alle Frauen des Haushalts als Mütter.

Lediglich durch die Mitnahme zum Elternhaus der Mutter (*makoṭ*) lernt das Kind differenzieren, daß es eine andere Verwandtschaft hat als die Brüder (Cousins) und Schwestern (Cousinen). Gowind weinte bitterlich, als Chandan mit seiner Mutter zum *makoṭ* ging, und es hieß, daß er nicht mitgehen könne, weil es nicht sein *makoṭ* sei. So ist die Frau diejenige, die durch ihre Herkunft die agnatische Verschmelzung im Bewußtsein der Kinder auflöst, Neuanfänge schafft und in diesem Sinne die Familie teilt.

5.3 DIE INTEGRATION IN DIE ERWACHSENENWELT

"Gopal Singh ißt mit den Frauen."

Die Aufnahme des Jünglings in den Kreis der Männer des Hauses gestaltet sich weniger eindeutig als die Aufnahme der jungen Frau in den Kreis der Frauen. Der junge Mann pendelt zwischen Frauen- und Männerbereich. Bei den Frauen versucht er sich als Befehlshaber, wird aber von den älteren Frauen geneckt, und lediglich seine eigene Frau hat ihm mit Respekt und Distanz zu begegnen. Bei den Männern kann er nicht mitreden, empfängt nur Befehle und ist Laufbursche. Die Kluft zur Männergesellschaft und die Scheu eines jungen Mannes sind besonders groß, wenn es sich bei den ältern Männern um den Vater oder Vaters Brüder, also um die nächste Generation handelt. Aber selbst der 33jährige Mohan Singh, der jüngste der sechs Brüder in unserer Familie, kommt in die Küche zu den Frauen, wenn er rauchen oder scherzen will, was in Anwesenheit seines ältesten Bruders nicht angebracht ist. Auswärtsbeschäftigung, die Geburt eines Sohnes oder das Nachrücken weiterer jüngerer Brüder heben den Status und fördern die Integration in Gestalt von Mitsprache und Aufenthalt im Kreis der Männer sowie allgemeine Lockerung der Regeln.

Der junge Mann im Haus hat eine ganz wesentliche Vermittlerfunktion zwischen Männer- und Frauenbereich. Er kundschaftet aus, wer bei den Männern sitzt, ob sie bereit sind zu essen, usw. Häufig serviert er den Männern das

Essen und schildert den Frauen Gesprächsverlauf und Stimmungen bei den Männern kompetenter als dies die Kinder tun können. Umgekehrt tut er das übrigens nicht oder nur oberflächlich. Loyalitätsmäßig ist er den Frauen verpflichtet.

Will eine Frau den älteren Bruder des Hauses z.B. fragen, ob sie am kommenden Fest ihre Eltern besuchen darf – nicht ihr Ehemann, sondern der ältere Bruder ist der Adressat für diese Frage –, sagt sie es dem jüngsten Bruder des Ehemannes. Er kann die Fragen der Frauen vortragen und Antworten entgegennehmen.

Für die junge Frau gilt die gleiche langsame Progression bezüglich Aufnahme und Anerkennung. Andererseits hat sie jedoch einen festen Platz im Frauenbereich, den sie nur zu Elternbesuchen verlassen kann.

In den ersten Tagen und Wochen – früher soll es Monate und Jahre gedauert haben – wird sie kaum reden, ihren Blick gesenkt halten und ihr Gesicht bei der Begegnung mit Männern verhüllen. Sie wird kommentarlos alles tun, was man ihr aufträgt und jeden Kontakt mit dem Männerbereich meiden.

Die älteren Frauen beobachten Verhalten und Mimik der jungen Frau genau. Bewegt sie sich ungezwungen und läßt ihren Blick offen umherschweifen, verheißt das nichts Gutes. Es wird viel gemunkelt, und ihre mangelnde Scham wird als unanständig beklagt.

Die Integration der Frau im Hause des Mannes vollzieht sich, anders als beim Mann, über rituell angedeuteten Rollenwechsel, der in festgelegten Etappen erfolgt.[6]

Der größte Einschnitt, nach Heirat und Ortswechsel, besteht für die Frau im Eintreten ihrer ersten Menstruation. Sie darf ihre erste Periode nicht im Haus ihrer Eltern bekommen, d.h. sie muß bereits vor Beginn ihrer Geschlechtsreife verheiratet sein. Mit Beginn der Menstruation erfolgt ihre Initiation in die Unreinheit. Elf Tage lang sitzt die junge Frau in einem mit Kreide gezo-

---

[6] Zwar gibt es für den Mann als Symbol der Erlangung seiner Reife das hinduistische Ritual der Verleihung des "Heiligen Fadens" (*barpan*), aber dieses Ritual hat bei den Ṭhākurs im Kumaon keine lange Tradition und wird nicht mit einem eigenen Fest bedacht, so daß ich darauf nicht näher eingehen werde. Die Verleihung geschieht im Rahmen einer Hochzeit oder unmerklich an einem hohen Festtag (Uttarayni/Wintersonnenwende) im Pilgerort Bageshwar.

genen Kreis, den sie nur zum Arbeiten auf den Feldern verlassen kann. Niemand darf sie berühren.[7]

Die Zeitspanne von 11 Tagen entspricht der Dauer der Unreinheit einer Frau, die entbunden hat. Die Zeremonie am 11. Tag, an dem sie das reinigende Bad nimmt, wird wie die Zeremonie nach der Geburt eines Kindes *nāmkaraṇ* genannt.[8] Der Brahmane kommt, und wenn das Dorf nicht in Fraktionen gespalten ist, werden an diesem Tage an alle Haushalte *puris* verteilt. Das Ereignis hat öffentlichen Charakter und darf nur im Hause des Mannes, im *saurās*, stattfinden.

Bekommt eine Frau bereits kurz nach der Hochzeit ihre erste Periode, kann sich die Familie der Frau übler Nachrede gewiß sein, aber einen Beweis für den "Betrug" zu erbringen, ist unmöglich.

> Meine Nachbarin gehörte zu meinen besten und aufgeklärtesten Informantinnen. Aber in Punkto ihrer Tochter, die erst mit 19 Jahren geheiratet und ihre Periode noch nicht bekommen hatte, blieb sie hartnäckig. Das war ein nicht bezweifelbares Faktum, für sie wie für die Außenwelt. Natürlich gibt es hinter der vorgehaltenen Hand auch Berichte von Frauen über die Panik, die ausbricht, wenn ein Mädchen menstruiert, bevor es verheiratet ist.

Alle Frauen versicherten mir, daß die erste Periode frühesten mit 15, in der Regel aber erst mit 16 oder 17 eintrete, und daß es an der Ernährung liegen müsse, wenn die Frauen bei uns früher menstruierten.[9]

Die erste Menstruation ist ein einschneidendes Ereignis. Ihr Eintreten verändert u.a. das Verhältnis zu Vater und Brüdern.

> Es geschah im Dorf, daß ein verheiratetes Mädchen auf Urlaub im Elternhaus ihre erste Periode bekam. Sie wurde sofort in den Stall gesperrt und nach Einbruch der Dunkelheit von einer Frau in den Ort ihres Mannes geführt.

---

[7]Detaillierte Tabus und Regeln für die Menstruation generell s. Kap. 9.2. Bei der ersten Periode hält die Unreinheit im ersten Monat 11 Tage an, im zweiten 9 Tage, im dritten 7 Tage und im vierten Monat 5 Tage. Fünf Tage sind die normale Dauer der Unreinheit für alle menstruierenden Frauen. Die Unreinheit der Erstmenstruierenden baut sich erst allmählich ab. Sie soll ihre Familie bis zum vierten Monat danach nicht sehen. Sie darf keinen Reis essen und erhält 11 Tage lang Gemüse und *puris*, die sonst nur zu Festen zubereitet werden.

[8]Ich beobachtete, daß diese Zeremonie im Distrikt Pithoragarh *namān* genannt wird, was lt. KH-SK "glücklicher Zustand" bedeutet.

[9]Zu abweichende Vorstellungen über physiologische Zusammenhänge bzw. deren Einbindung in gesellschaftliche Zwecke s.a. Kap. 9.3 und 10.2.

Der Vater und insbesondere die Brüder, dürfen das Mädchen in diesem Zustand nicht einmal zu Gesicht bekommen. Fortan werden weder Vater noch Brüder mit dem Mädchen scherzen oder körperlichen Kontakt haben.[10]

> "Wir gehen, wenn wir uns in einer Tür begegnen, nicht aneinander vorbei, weil wir uns berühren könnten."

Eine kleine Szene soll den Konflikt des Rollenwechsels, den beide Seiten zu vollziehen haben, verdeutlichen: Dungar Singh war eines Tages sehr verzweifelt, weil seine Tochter ihm auf dem Felde weinend ihr Leid im Haus des Mannes geklagt hatte. Seine Tochter hatte ihn in eine höchst peinliche Situation gebracht. Als Vater ist er sehr betroffen, kann aber auf solche Äußerungen in keiner Weise emotional reagieren. Der normale Weg wäre gewesen, daß seine Frau ihm die Probleme der Tochter bei Gelegenheit zuträgt.

Bei der ersten Periode heißt es: "Sie ist ein Baum der blüht, nun wird er bald Früchte tragen". Mann und Frau sollen ab diesem Zeitpunkt ihr Nachtlager teilen, bis ihr erstes Kind geboren ist, dann trennen sich die Lager wieder in Männer- und Frauen-/Kinderschlafbereich.

Wie die Annäherung zwischen Mann und Frau heute stattfindet, weiß ich nicht genau, weil die jungen Frauen aus Scham nicht darüber sprechen und weil ihre Männer oft direkt nach der Heirat an ihren Arbeitsplatz in der Stadt zurückkehren. Den älteren Frauen dagegen macht es nichts aus, über diese Vorgänge zu reden.

Die junge Frau wird beim Grasschneiden von den älteren in das eingeweiht, was sie erwartet. Die älteste Frau des Hauses bestimmt Zeitpunkt und Arrangement. In einigen Fällen wurde das Paar einfach Nacht für Nacht gemeinsam in einen Raum eingesperrt. Andere berichteten von Zusammenführungen im freien Felde, wo der noch zwischen den Bereichen pendelnde junge Mann gemeinsam mit den Frauen Gras schneiden geht. Ob und wann die jungen Leute aneinander Gefallen gefunden haben, läßt sich oft nur sehr schwer erschließen. Sie werden sich weiterhin in der Öffentlichkeit und vor Älteren aus dem Wege gehen, nicht miteinander reden und nicht nebeneinander sitzen. Die älteren Frauen provozieren die ganz jungen häufig, aber ich habe nie erlebt, daß eine junge Frau im Hause ihres Mannes mit den anderen Frauen über ihre Gefühle spricht. Sie vertraut sich ihren Jugendfreundinnen an, von denen einige auch

[10]Die Trennung der Schlaflager zwischen Bruder und Schwester erfolgt nach meiner Beobachtung nach der o.g. Zeremonie und nicht nach der Hochzeit. (Junge Männer schlafen auch über die Pubertät hinaus im Frauenbereich, verlassen aber das Lager, sobald eine Schwester zu Besuch kommt, die bereits offiziell menstruiert hat.)

im Dorf verheiratet sind bzw. die sie an Festtagen trifft, wenn sie nach Hause kommt, oder den ihr im Alter nahestehenden Frauen ihrer Brüder. Diese werden wiederum von ihrer Schwiegermutter, der Mutter des Mädchens, zur Berichterstattung aufgefordert, denn auch mit der Mutter kann sie über intime Dinge nicht direkt kommunizieren.

Die Frauen erklärten mir, daß ein Paar, das sich besuchsweise im Elternhaus der Frau aufhält, dort niemals miteinander schlafen darf. Hier ist also verboten, was im Hause des Mannes gefordert wird, auch wenn es dort diskret zu geschehen hat. Aufgrund der ausgeprägten Bruder-Schwester-Inzestangst hat eine Frau in allen mit Sexualität assoziierbaren Stadien das Haus des Bruders zu meiden: keine Besuche, wenn sie ihre Monatsregel erwartet, keine Begegnungen während einer Schwangerschaft, und selbst zum Fest der Geburt eines Kindes (*nāmkaraṇ*) dürfen Bruder oder Vater der Frau nicht erscheinen.

Mit der Geburt von Kindern, speziell nach der des ersten Sohnes, wird das Haus des Mannes für die Frau zu einem Zuhause und zur Lebensperspektive. Die Aufenthalte in ihrem *mait* (Elternhaus) werden kürzer und seltener. Der soziale Abstand zwischen älterer und jüngerer Frau verringert sich und kehrt sich nun oft von der anfänglichen Unterordnung zu einem Machtkampf um.

Ein viertes Stadium, nach Heirat, Fruchtbarkeit und Geburt, wird wiederum durch einen Brahmanen eingeleitet und zeigt an, daß die Frau von jetzt ab berechtigt ist, Reis zu kochen und an die ganze Familie zu verteilen.

Der fünfte offiziöse Akt besteht darin, daß die Frau im Tempel ihrer Väter ein Ziegenopfer darbringt, wenn die Reihe ihrer Kinder geschlossen ist. Sie hat das Opfer an zwei Orten zu bringen, dem ihrer Eltern und dem ihrer Großeltern mütterlicherseits, in ihrem *makoṭ*. Ich werde dieses Opfer in einem anderen Zusammenhang (Kap. 10) noch ausführlicher beschreiben.

Die Phasen der Integration einer Frau sind auf dem Hintergrund der Ablösung von ihrer Herkunftsfamilie zu sehen, die für die Familie des Mannes das Fremde, evtl. auch das Bedrohliche und Unreine verkörpert. Der *mait-bhūt*, ein böser Geist, der aus dem Ort der Frau kommt und den ich in der obigen Darstellung weggelassen habe, weil er nicht jede Frau trifft, ist das beste Beispiel hierfür. Circa 80% der jungen Frauen werden von diesem Geist heimgesucht, und mit seiner Austreibung wird verhindert, daß ein möglicherweise schlechtes Erbe (Vergehen der Vorväter der Frau) auf ihre Kinder übergeht. Daß sie für die Familie ihres Mannes keinen Reis kochen darf, bis ihre Initiation in die Küche erfolgt ist, kann ebenso als Vorsichtsmaßnahme gedeutet werden, Verunreinigungen in Folge der Herkunft der Frau auszuschließen. Auch mit dem Ziegenopfer wird eine Gefahr abgewandt. Die Frau entzieht sich dadurch dem Zugriff ihrer Ahnen. Versäumt sie, das Opfer zu bringen, droht ihr bzw. ihren Kindern Unheil von Seiten der maternalen Ahnen. Ich sehe in diesem Opfer einen Akt der rituellen Abnabelung von der Herkunftsfamilie.

Madan vertritt den Standpunkt, daß eine Frau ihren Status als "Fremde" niemals völlig abstreift.

> "Despite the several new roles as mother, mother-in-law, grandmother and mistress of the house that she plays in her later adult life, a woman's initial status as an incoming wife, however, never disappears: it is only overlain by other statuses." (Madan 1975:221)

Ein weiterer zentraler Punkt, der dem Identitätswechsel und Integrationsprozess der Frau zugrundeliegt, ist das bereits erwähnte starke Inzesttabu zwischen Bruder und Schwester.

Aufgrund der wenig ausgeprägten vorpubertären Geschlechterdifferenzierung ist anzunehmen, daß Bruder und Schwester gleichermaßen geschlechtsrolleninkompetent sind. Das würde bedeuten, daß Ehemann und Bruder affektgleiche Beziehungsformen darstellen und daß nur mit Hilfe der Inzestregeln die Geschwisterbeziehung in das strukturelle Gegenteil von einer Gattenbeziehung verkehrt werden kann.

5.5 DIE STELLUNG DER FRAUEN IM HAUSE; RANGORDNUNG UND KONFLIKTE INNERHALB DES FRAUENBEREICHS

In fast jeder Monographie über die indische Familie werden die Animositäten zwischen Schwägerinnen, Schwiegermüttern und -töchtern erwähnt. Ich möchte den meist nicht näher ausgeleuchteten Bereich ihrer Ursachen und Wirkungen sowie die Art, wie Frauen streiten und zusammenhalten, aus meiner Sicht und Beobachtung heraus betrachten.

Wenn ein Mann allgemein von einer Frau, *saiṇi*, spricht, dann bezieht er sich auf die Frau als Ehefrau und schließt in seinen Kommentaren die Mutter, die Schwester oder Tochter aus. Sie sind Frauen in der Perspektive eines anderen Mannes bzw. einer anderen Generation. Als solche sind sie für ihn "heilig" und er hat keine Macht über sie.

Die Ehefrau, die ich künftig nur "Frau" nennen werde, weil jede Frau auch eine Ehefrau ist, stellt ebenso wie die Kinder kein eigenständiges gesellschaftliches Wesen dar. "Frauen können keine Fehler machen", lautete der euphorische Satz eines Mannes, "wenn sie schlecht sind, ist immer der Mann daran schuld." Die Frau spricht vom Mann als *mālik* (Besitzer, Herr) und als ihr *bhagvān* (Gott). Er ist der ihr nächste Gott, unter vielen anderen, und in diesem absoluten Sinne kann der Mann über seine Frau verfügen und sonst geltende Regeln außer Kraft setzen.

Wenn er seiner Frau ein Glas Rum reicht - ich habe das einmal so erlebt- dann trinkt sie es und handelt damit gegen alle guten Sitten (unter Frauen) und gegen ihre eigene Gewohnheit, niemals zu trinken. Sie tut trotzdem nichts Schlechtes - auch nicht in den Augen der anderen Frauen. Dadurch, daß der Mann es ihr befiehlt, kann es nicht falsch sein, und alles was aus seiner Hand kommt, hat als gut zu gelten.

Mit der gleichen Stringenz befehlen die Brüder den Frauen des Hauses, in Harmonie zu leben:

> "Wenn sich die Brüder nicht streiten, ist es unmöglich, daß sich die Frauen streiten, denn dann haben die Brüder die Kontrolle über die Frauen." "Wenn sich Brüder streiten, streiten die Frauen doppelt."

Der Druck zur Harmonie führt dazu, daß die Frauen sich laut anschreien mögen und dennoch, wenn man sie fragt: "Streitet ihr Euch? antworten: "Nein, wir streiten uns nicht." Einträchtig gehen sie aufs Feld, und sobald ein älterer Mann die Küche betritt, verstummt sowieso jeder, nicht nur der laute Wortwechsel.

Die "geeinten" Männer können niemals für eine bestimmte Frau öffentlich Partei ergreifen und schon gar nicht für die eigene. Sie sagen, "wenn eine Frau schlecht ist, dann sind alle daran schuld, und das Ansehen aller Frauen leidet darunter."

Auch Ehepaare dürfen nicht streiten. Wenn ein Mann seine Frau schlägt, was angeblich nicht selten vorkommt, darf es niemand sehen und hören.[11] Erst wenn das Paar alt ist, streiten sie auch hörbar, und wenn die Brüder getrennt sind und zu verschiedenen Fraktionen gehören, werden die Frauen des ehemals gemeinsamen Haushalts oft zu den erbittertsten Gegnerinnen, die sich stundenlang öffentlich beschimpfen und bedrohen.

Harmoniegebot und kollektive Schuldzuschreibung führen dazu, daß sich die Frauen untereinander oft sehr subtiler Provokationen bedienen: Stumme Befehlsverweigerung gegenüber der Älteren, sich auf Fragen hin nicht mitteilen

---

[11]Viele Frauen behaupten im Scherzkontext, daß der Mann sie schlägt oder daß diese und jene Frau von ihrem Mann geschlagen wird. Auch habe ich es erlebt, daß sich Frauen damit brüsteten, von ihrem Mann geschlagen worden zu sein, was in meinen Augen u.a. eine Umschreibung dafür ist, daß sie sich als "aufmüpfig", dem Mann Grund zum Zorn bietend, herausstellen wollen.

oder auch die wenigen Dinge, die eine Frau besitzt, demonstrativ nicht mit einer anderen zu teilen.[12]

Die Rangordnung der Frauen im Hause ist wie bei den Männern durch Alter und Generation bestimmt. Eine *jiṭhāṇi* (HeBW) wird *didi* (ältere Schwester) gerufen und setzt sich damit von der *saśū* (Schwiegermutter) ab, die mit *o jyū* angerufen wird. Das Autoritätsgefälle zwischen der Frau eines älteren und jüngeren Bruders ist nur gering, wohingegen der ältere Bruder des Ehemannes als eindeutiger Stellvertreter eines Schwiegervaters angesehen wird.[13]

Während die Rangfolge unter Männern durch die Geburtsstunde festgelegt ist, richtet sie sich bei den Frauen nicht nach ihrem individuellen Alter, sondern nach dem Alter der Ehemänner. So kann es vorkommen, daß eine jüngere Frau den Status der Älteren innehat.

Auch ist es möglich, daß der Status der Frau des ältesten Bruders ,die, wenn keine Schwiegermutter vorhanden ist, die Frauenseite parallel zur Männerseite dirigiert und überwacht, durch ihren Ehemann bis zum Grad der Erniedrigung beeinträchtigt wird.

---

[12]Geld das Frauen von ihren Brüdern bekommen, dürfen sie behalten. Es handelt sich um minimale Summen, die i.d.R. für Bidis oder teuere Seife ausgegeben werden. (Die Frauen waschen ihre eigenen Kleider und Seife gehört nicht zu den Artikeln, die für den gesamten Haushalt gekauft werden bzw. bringt der Mann vom Basar nur die billigste Seife, die nicht wäscht.) Teilt man diese Artikel nicht mit den anderen Frauen, signalisiert das Feindschaft bzw. akuten Streit zwischen zwei Frauen.

[13]Die Bezeichnung für HeB ist *jiṭhāṇa*. Frauen können den älteren Bruder eines Ehemannes ebensowenig wie den Schwiegervater (*caur*) mit einem Titel anrufen. Er wiederum darf ihren Namen nicht aussprechen und wird immer *bvāri* (Schwiegertochter) rufen. Streng genommen können die jüngeren Frauen nur mit dem älteren Mann reden, wenn er sie anspricht. Die Ehefrau gar, kann ihren Mann nicht mal als solchen bezeichnen. Wenn sie von *u* (er) spricht, dann ist ihr Gatte gemeint.
Eine Ausweichformel, die unter allen Migliedern des Hauses üblich ist, besteht darin, daß sie sagen: Vater/Mutter von ... (Name des ältesten Kindes, egal, ob Tochter oder Sohn). "*Radhika kī ijā*" ist die Mutter von Radhika, die die eigene Frau sein mag, oder die eines Bruders. Sehr häufig wird diese Identifikation durch die folgende Form alterniert: "Bethūliwālī" ist die Frau, die aus dem Ort Bethūli kommt. Ich habe Briefe von auswärts beschäftigten Männern gelesen, in denen jeweils diese Bezugsform für die Ehefrau benutzt wurde. Übrigens erwähnt man die Ehefrau nur, wenn es einen besondern Anlaß gibt, sich nach ihr zu erkundigen (Krankheit, Schwangerschaft). Innerhalb der eigenen Geschlechtsgruppe sind die Formen einfacher: Alle Jüngeren können mit Namen angesprochen werden, die Älteren mit ihrem Verwandtschaftstitel.

"Wenn der Mann einer Frau keinen Respekt zeigt, dann tun dies auch die anderen Frauen nicht, und sie nutzen es für ihre eigenen Zwecke aus", kommentierte Basanti Devī den Umstand in einem Haushalt, in dem die Frau des ältesten Bruders die niedrigste Arbeit (Kühe hüten) verrichtete und wenig Autorität gegenüber den anderen besaß. Der Mann, der seine Frau ablehnte und daraus keinen Hehl machte, ermöglichte es den Frauen der jüngeren Brüder, um die zentrale Machtposition innerhalb des Bereichs der Frauen zu kämpfen. Die Frau eines jüngeren Bruders setzte sich durch. Sie nahm es sich heraus, die anderen zu kommandieren und die älteste von der Feuerstelle zu vertreiben. Natürlich hatte sie alle Initiationen (s.o.) bereits durchlaufen, was Voraussetzung für das Buhlen um häusliche Macht ist.

Manifeste Konflikte in einer Gattenbeziehung, die natürlich nur auf Umwegen an die Öffentlichkeit geraten, werden der Frau zur Last gelegt und bedrohen ihren Status innerhalb der Frauen des Hauses. Von einer Frau wird erwartet, daß sie den Einfluß auf den Mann, der ihren Status sichert, nicht verspielt. Die Möglichkeit der Entmachtung ranghöherer Frauen führt zu einem potentiellen Mißtrauen unter den Frauen. Voraussetzung ist die Spaltung der Eheleute, denn solange die Frau des ältesten Bruders eine intakte Beziehung mit ihrem Mann hat, muß befürchtet werden, daß sie sich das Gehör des Mannes verschafft und Machenschaften jüngerer Frauen denunziert.

Der Zusammenhang von Gattenbeziehung und Status der Frau ist nur ein Beispiel von mehreren möglichen Faktoren, die die Stellung der Frau im Hause beeinflussen können: Ein großzügiger und aufmerksamer Bruder bestärkt die Position einer Frau, weil sie bei Konflikten mit seinem Schutz rechnen kann, was wiederum Druck auf den Mann ausübt, die Frau gut zu behandeln. Eine verwitwete Schwiegermutter hat weniger Macht als eine verheiratete, und einer Schwiegermutter, die wenig Einfluß auf den Sohn hat, kann es gar passieren, daß sie innerhalb der vier Wände von einer jungen Frau herumkommandiert wird. Die Stellung einer Frau ist also

a) nicht statisch durch ihr Alter bestimmt,
b) von der Stellung und dem Verhalten ihres Mannes bzw. Sohnes

abhängig.

Dennoch ist der Frauenbereich als solcher autonom, und es gibt immer eine Frau, in der Regel die älteste, die bestimmt. Sie teilt die Arbeit ein und sie hat insbesondere die Kontrolle über die Nahrung.

Eine Schwiegermutter (*saśū*) gilt dann als gut, wenn sie den jüngeren Frauen reichlich zu essen gibt. Eine *bvāri* kann sich in der Küche niemals selbst bedienen und kann, wenn sie nur kleine Portionen erhält, darüberhinaus nicht mehr fordern.

Da der Kampf um Nahrung und die Abhängigkeit der Lebensqualität von Nahrung für unsere Konsumgesellschaft nur schwer vorstellbar ist, möchte ich an ein paar Beispielen zeigen, wie sich Nahrungskontrolle und der Kampf um Nahrung abspielen kann.

> Die ranghöchste Frau hat einen Schlüssel, den sie immer bei sich trägt. Alle rationierten Nahrungsmittel wie Joghurt, Zucker, Butter, Milch und Tee sind in einem Wandschrank verschlossen. Bei Besuchen mit Frauen in andere Dörfer erging es uns mehrmals so, daß sich die allein im Hause anwesende jüngere Frau entschuldigte, uns keinen Tee kochen zu können, bevor nicht die Schwiegermutter mit dem Schlüssel von den Feldern nach Hause käme.
> Jede Frau hat eine eigene kleine Blechkiste, in der sie ihre Kleider aufbewahrt und die sie verschließen kann. Bezichtigungen unter Frauen beinhalten häufig, daß die eine bei der anderen Süßigkeiten oder Nahrungsmittel in der Kiste vermutet. Entweder habe sie diese heimlich vom Haushalt gestohlen oder sie habe Erhaltenes, vielleicht eine Schachtel Süßigkeiten von den Brüdern, nicht an alle verteilt. Etwas Eßbares kann im Unterschied zu den o.g. Artikeln (Bidis, Seife) nicht als Eigentum des Empfängers betrachtet werden. Es unterliegt dem Ritual der Verteilung.

Nicht nur vom Familienbudget, sondern von der ältesten Frau hängt es ab, ob die jüngeren gesüßten oder ungesüßten Tee trinken, Milch in ihren Tee bekommen, was mit den Süßigkeiten geschieht, die das Haus bei Besuchen und Festen erhält. Es ist ihr gutes Recht zu sagen, diese sind für die Schwestern unserer Männer oder die verheirateten Töchter bestimmt, für die oft ein Teil der eingehenden Geschenke zurückgelegt wird. Wenn sie die jüngeren Frauen auch sonst schikaniert, heißt es dann, "sie ißt die Süßigkeiten selber".

Kampf und Heimlichkeiten um die Nahrung sind ein breites Konfliktfeld, von dem die Männer nur wenig mitbekommen. Sie erhalten nicht nur das erste, sondern auch das beste Essen und kümmern sich nicht darum, wie die Nahrung verteilt wird.

Die Frau des ältesten Bruders in unserer Familie nahm ihre Pflicht gegenüber der Gemeinschaft sehr genau und verteilte auch Dinge, die sie hätte aufheben oder heimlich essen können. Selbst dann, wenn ich ihr nur einen Apfel schenkte, teilte sie ihn, wenn nötig, in fünfzehn kleine Stücke und nahm sich selbst immer das letzte Stück. Bei haltbareren Dingen wie Süßigkeiten legte sie für jede nicht im Haus anwesende Person ein Stück zurück. Die Reihenfolge bei diesen Dingen ging nicht von oben nach unten, sondern nach den Kindern bekam die jüngste Frau des Hauses zuerst ihren Teil. Einmal gab ich der ältesten Frau eine Mango, die wegen ihres überreifen Zustandes nicht geteilt werden konnte und sie gab sie, obwohl die anderen Frauen anwesend waren, ihrer *bvāri*, der jüngsten Frau. Ich fragte sie nach dem Grund. Sie konnte ihn nicht erläutern. "Es ist so, weil sie die *bvāri* ist." Als ich den Frauen zum Abschied Blusenstoffe schenkte und der ältesten die Verteilung überließ, hatte die *bvāri* die erste Wahl und sie nahm den letzten. Dieses Verhalten ist kein Zufall und könnte durch weitere Beispiele ergänzt werden.

Der so hervorgehobenen Beziehung zwischen ältester und jüngster Frau des Hauses können zwei Lesarten unterlegt werden: eine symbolische und eine pragmatische. Sie haben, wie der älteste und der jüngste Bruder, polare Positionen, zwischen denen sich die anderen bewegen. Regeln, die prinzipiell auch die relativ Älteren/Jüngeren betreffen, werden in den extremen Positionen am klarsten demonstriert.

Die pragmatische Bedeutung liegt darin begründet, daß die Schwiegermutter gegenüber den Frauengebern am meisten verantwortlich ist für die Reputation des Hauses und sie drückt sich in dem Satz aus: "Einer *bvāri* soll man viermal am Tag Essen geben."

Eine Schwiegertochter wird nicht zu ihrem *mait* gelassen, wenn sie krank ist. Sie soll das andere Haus in gutem und gesunden Zustand betreten. Krankheiten, die nicht auf mangelnde Sorgfalt des *saurās* (Haus des Mannes) zurückgeführt werden können, kuriert sie als junge Frau allerdings manchmal bei ihren Eltern aus.

Eine weitere Regel lautet, daß eine *bvāri* das Haus nicht im Streit verlassen darf.

Ich mußte einer Szene zusehen, bei der vier bis fünf Frauen einer jungen Frau den Weg versperrten, die ohne Erlaubnis und nach einem Streit mit der Schwiegermutter mit ihrer kleinen Tochter zu ihren Eltern gehen wollte. Zunächst wurde ihr die Tochter entrissen, dann zerrte man die sich wehrende Frau selber ins Haus zurück und verschloß die Tür. Nach dieser Aktion saß ich bei der Schwiegermutter, deren Ehemann sich übrigens abgewandt hatte und so tat, als ob ihn die Angelegenheit nichts angehe. Ich fragte die alte Frau:

> "Warum läßt du sie nicht gehen?" Sie weinte und sagte, "Weil wir uns gestritten haben, kann ich sie nicht gehen lassen. Sie soll ja wegen mir gehen, aber sie darf das Haus nicht im Zorn verlassen."

Wenn sie im Zorn und ohne Erlaubnis geht, muß sie heimlich gehen, dann ist die Schwiegermutter entlastet, die ansonsten ihr Gesicht verloren hätte. Obgleich ich die Partei der jungen Frau vertrat und versucht war, in diese Aktion einzugreifen, mußte ich einsehen, daß diese einen Formfehler begangen hatte bzw. eine bewußte Provokation, die die Schwiegermutter in große Schwierigkeiten brachte.

5.6 SCHLUSSBEMERKUNGEN

Die Regeln im Kompetenzbereich der Frauen sind Variationen der schon im vorangegangenen Kapitel behandelten Themen: Der Geberin kann nicht gleichzeitig Nehmerin sein. Für das Abgeben und Verteilen verlangt die ältere Frau das Privileg der Kontrolle. Dieses soll nicht zum persönlichen Vorteil ausgenutzt werden, sondern rein aus der Kontrolle über die "gute Form" bestehen.

Ebenso wie von Kindern noch nicht erwartet wird, daß sie die Regeln beherrschen, werden diese zwar an jüngere Menschen herangetragen, aber strikte Regeleinhaltung wird bei ihnen noch nicht vorausgesetzt. Eine kleine Szene wird dies verdeutlichen.

> Die älteste Frau und ihre zwei jüngsten Schwägerinnen saßen bei mir im Haus. Ich hatte gerade Tee gekocht, und da ich mich im letzten Tag der Unreinheit befand, bot ich ihnen nichts an. Die jüngeren Frauen wurden unruhig, sie hatten Durst, und ich schaute die älteste an, die sagte, "gib ihnen ein Glas, es sieht niemand und es wird ihnen nicht schaden, denn du siehst doch, daß sie noch unreif und gierig wie die Kinder sind." Sie selbst hätte niemals ein Glas genommen.

Die gleichen Rechte der Regelauslegung, die der Ehemann gegenüber seiner Frau hat, womit er nicht nur Autorität, sondern auch Verantwortung und Kompetenz signalisiert, hat auch die ältere Frau gegenüber der jüngeren und hat generell das männliche Geschlecht gegenüber dem weiblichen, Kinder inbegriffen.

Die Bereiche selbst konkurrieren nicht miteinander, aber der Mann kann durch sein Handeln die Kompetenzverteilung innerhalb des Frauenbereichs beieinflussen, was umgekehrt nur schwer denkbar ist. Die Altersrangfolge im Frauenbereich ist zumindest innerhalb der gleichen Generation instabiler als die im Männerbereich, wo der älteste Bruder eine nur schwer angreifbare Autorität besitzt.

Veena Das unterscheidet in ihrem Essay (Masks and Faces, 1976) zwischen Masken und Gesichtern bzw. zwischen "backstage" und "frontstage". Das Leben der Frauen spielt sich hinter der Bühne ab. Sie sind ein nicht sichtbares Publikum, das dennoch alles hört und den Text, den die Männer sprechen, kennt, während die Männer umgekehrt meistens nicht wissen, was die Frauen tun. Die Männer erhalten als Söhne ihr Wissen über die Frauen und eine tiefe Bindung an den weiblichen Bereich, die sich im lebenslangen Einfluß der Mutter auf die Söhne auswirkt. Den Frauen selber gibt ihre Bühne Sicherheit und Freiheit. Dadurch, daß diese Welt eine "heimliche" ist, ist sie trotz aller möglichen Spannungen und Kämpfe in einer Weise geeint, die es den Frauen erlaubt, sich untereinander mehr auszutauschen - zu reden, zu singen, zu tanzen und zu streiten - als dies den stärker an Rangordnung und Öffentlichkeit gebundenen Männern erlaubt ist.

Mancher Mann wirkt gar durch die Auswärtsbeschäftigung der Männer des Hauses in seinem Männerbereich vereinsamt, während sich für die Frauen wenig an ihrer Umgebung geändert hat. Die Schwiegermutter sieht ihren eigenen Lebensweg in der Schwiegertochter reflektiert, und als Gegengewicht zu den dargestellten Autoritäts- und Machtverhältnissen ist zu betonen, daß junge Frauen oft sehr behutsam behandelt werden. Die älteren haben ein feines Gespür für die Stimmungen und Probleme ihrer Nachfolgerinnen. Ich habe es mehrmals erlebt, daß junge Frauen plötzlich weinten oder das Essen verweigerten. Im Unterschied zu strategischen Provokationen wurden junge Frauen niemals für solche Reaktionen getadelt, die einer verzweifelten oder angespannten Stimmung entsprangen. Eine ältere Frau mag hergehen und die jüngere behutsam in den Arm nehmen. Letztlich ist es dieser nicht abbrechende Kreislauf von spezifischen Erfahrungen und Vermittlungen der trotz aller Unterschiede keine dichotomen Strukturen innerhalb des Frauenbereichs aufkommen läßt.

Männer wie Frauen teilen die Angst vor Geistern. Auch ein Mann bewegt sich nach Einbruch der Dunkelheit nur mit Unbehagen alleine außerhalb des Hauses; ihm kommt gegenüber den Frauen nicht die Rolle des Helden zu. Ebenso fürchten sich Männer und Frauen gleichermaßen vor dem Alleinsein. Die meisten Leute artikulierten, daß sie ein spannungsreiches Verhältnis im Frauen- wie im Männerbereich gegenüber dem Alleinsein bevorzugen. Alleinstehende Personen schließen sich anderen Haushalten an.

> So war eine Nachbarin, deren Ehemann und Schwager in der Stadt arbeiteten, voll in den Haushalt unseres Hausherrn integriert. Sie aß und arbeitete gemeinsam mit den Frauen unseres Hauses. In der Nacht wurde ihr jeweils ein Kind mitgegeben, das ihr Schlaflager teilte, denn Häuser kann man wegen der in ihnen enthaltenen "Schatzkammer" (s. *bartan*) nachts nicht alleine lassen.

Annahmen, daß Frauen eine durch die Auswärtsbeschäftigung der Männer ermöglichte größere Unabhängigkeit und Freiheit begrüßen oder genießen, sind auf diesem Hintergrund mit Vorsicht zu betrachten.

6. DIE AUSSERLOKALE VERWANDTSCHAFT

(KOMMUNIKATION UND GABENTAUSCH ZWISCHEN FRAUENGEBERN UND FRAUENNEHMERN)

6.1 GÖTTLICHKEITSASPEKTE VON FRAUEN UND GABEN

Ehefrauen kommen in das Haus und werden zu Müttern. Als genomme Frauen bilden sie eine Kategorie gegenüber den gegebenen Frauen, den Töchtern und Schwestern. Mütter sind aber im Unterschied zu Ehefrauen hoch verehrt und werden wie die Töchter und Schwestern mit Göttlichkeit assoziiert. "Zuerst kommt die Mutter und dann kommt Gott, *bhagvān*, erklärte mir ein männlicher Informant. Ich fragte ihn, warum das so sei, daß die Mutter noch vor Gott komme, und er antwortete:

> "Die Erdgottheit Bhumiyā[1] gibt *roṭis* (Fladenbrote), wenn die Mutter aufhört, Milch zu geben. Die Mutter ist das Höchste."

Die gleiche Metapher wurde in einer anderen Situation bezogen auf die Kühe und das Haus wiederholt: Die Kühe seien heilig, weil sie die Mutter als Milch(Lebens)-Spenderin ablösen, und das Haus werde verehrt, weil es an die Stelle des Mutterschoßes trete. Die Göttlichkeit der Mutter wird also dadurch begründet, daß der Mensch von ihr elementare Dinge, Nahrung und Schutz empfängt.

Von einer Schwester wird nicht gesagt, daß sie vor *bhagvān* komme, sondern daß sie wie ein Gott sei. Sie wird auch mit einem Brahmanen verglichen, und man muß ihr in der gleichen bedingungslosen Weise geben und sie ehren wie es einem Brahmanen gegenüber gebührt. Bezeichnend für die Verbindung von Schwester und Brahmane ist ein im Monat Phāgun (Febr./März) durchgeführtes Ritual.

---

[1]Bhumiyā schützt vor Mißernten und sichert die Fruchtbarkeit der Felder. Der Bhumiyā-Tempel besteht oft nur aus einem runden Stein am Feldrand. Zu jedem Festtag werden hier, ebenso wie in den befestigten Tempeln, *puris* und andere Speisen dargebracht. Nach der Ernte kocht der Brahmane bei diesem Tempel ein Essen, das nur von den Kindern gegessen wird.

> Der Brahmane kommt in diesem Monat in jedes Haus und kocht *kicṛi*, eine Mischung aus Linsen und Reis. An diesem Tag kommen die Töchter und Schwestern zu Besuch. Der Brahmane kocht allein für sie. Sie bilden eine Eßgemeinschaft, aus der alle anderen Mitglieder der Familie ausgeschlossen sind. Der Brahmane, Koch und Verteiler, verhält sich wie die Frau im Alltag zum Mann. Er bedient die verheirateten Schwestern und Töchter des Hauses. Der Brahmane kocht auch dann, wenn die Schwestern oder Töchter an diesem Tag nicht erscheinen, weil sie verhindert sind. Er verspeist die Mahlzeit dann alleine.

Väter oder Brüder werden nicht mit Göttern assoziiert, sondern sie werden als Ahnen verehrt. Göttlich ist das Gegengeschlechtliche, das gleichzeitig gegenhäuslich ist. Nicht die Schwester, die aus dem gleichen Hause kommt, nennt den Bruder Gott, sondern die Ehefrau, die aus einem anderen Haus, ist die einzige, die einen Mann Gott nennt und die eine Frau, nämlich die Schwester des Mannes, mit Göttlichkeit zu assoziieren hat.[2]

Das Gegebene (die Schwester) steht höher als das Genommene (die Ehefrau) und nicht das Nehmen, sondern das Geben ist ein Privileg. Der Akt des Gebens selbst stellt eine Totalität dar. Wer gibt, fordert nicht, heißt es, sonst wäre es ein Handel. Darin, daß eine Gabe angenommen wurde, besteht die Versicherung, daß etwas zurückfließt.

Die jungfräuliche Tochter (*kanyā*) ist Inbegriff der Göttlichkeit und stellt die höchste Form der Gabe dar (*kanyā dān* = die Tochter schenken). Die Größe des Geschenks überträgt sich auf den Empfänger. Der Brautvater wäscht dem Schwiegersohn bei der Hochzeit die Füße und drückt dadurch seine Ergebenheit und Unterordnung gegenüber dem Empfänger aus.

Die Gabe der Tochter ist ein einmaliger Akt, nach dessen Vollzug sich der Vater zurücklehnen kann. Fortan sind seine Söhne die primären Adressaten für die lebenslange Gabenpflicht an die Schwester und ihre Kinder. Diese Unterscheidung tritt ein, obwohl ein Haushalt generell einen Topf teilt.

> Basanti Devī, meine verwitwete Freundin, die in den Ort der Eltern zurückgekehrt war, reagierte ganz erstaunt, als ich sie fragte, ob der Vater, der eine gute Pension bezog, sie nicht kleide und unterstütze: "Das ist nicht seine Pflicht, das ist die Aufgabe meiner Brüder."

Die Kategorie der Tochter ist also nach der Heirat gewissermaßen in der Kategorie der Schwester aufgehoben. In dieser Bruder-Schwester-Beziehung kulminieren alle Verbindungen mit der außerlokalen Verwandtschaft, die ich in diesem Kapitel beschreiben werde. Es ist dabei festzuhalten, daß das Dreieck

---

[2]vgl. Parry (1978:301) "When a bride returns to her father's home for the first time after marriage she is worshipped as a deity by her brother's wives.."

von Mutter (gebende Göttin im Gleichnis der Natur), Schwester (Gabe und nehmende Göttin) und Ehefrau als nichtgöttliche Opposition zu beiden in jeder weiblichen Person vereint ist.

6.2 ZUORDNUNG UND LOKALISIERUNG DER VERWANDTSCHAFT

Das Zuhause, der Ort der Eltern und Brüder, wird für die Frau mit der Heirat zum *mait*, eine Bezeichnung, die nur von Seiten der Frau als Sprecherin benutzt werden kann. Der Geburtsplatz des Mannes dagegen bleibt *ghar* (Haus) für ihn. Der Gegenbegriff von *mait* und *ghar* ist *saurās*. Die Frau bezeichnet die Familie und den Ort ihres Mannes als ihr *saurās*. Der Mann bezeichnet seinerseits Herkunftsort und Familie der Ehefrau als sein *saurās*. Für die Kinder wird dieser Ort - *mait* der Mutter, *saurās* des Vaters - zum *makoṭ*.

Eigene Bezeichnungen für die Orte in die die Schwestern ziehen oder aus denen die Ehefrauen der Brüder kommen, gibt es nicht. Der Sprecher übernimmt die Perspektive seiner Geschwister und sagt, ich gehe zum *saurās* meiner Schwester, meines Bruders etc.

Die affinale Verwandtschaft wird im Kumaon als *paũṛ* bezeichnet.[3] Der Gegenbegriff zu *paũṛ* ist *brādar*, die exogame, patrilineare Deszendenzgruppe. Die *paũṛ* eines Mannes sind Frauennehmer und Frauengeber und alle, die in verwandtschaftlichen Beziehungen zu diesen stehen. Einen eigenen Terminus, der Frauennehmer von Frauengebern unterscheidet, gibt es nicht. Sie werden als *cyal kī or* und *celi kī or* (Seite des Jungen bzw. des Mädchens) bezeichnet.

Ich fragte die Frauen, welches ihre *paũṛ* seien, und sie sagten: "*Paũṛ*, das sind die Leute vom *mait*." Das heißt, sie bezeichnen ihre biologische Verwandtschaft nach der Heirat als *paũṛ*.

Mait hat als Äquivalent zum Geburtsort des Mannes *ghar* (Haus) den Bedeutungsgehalt von Heimat, *paũṛ* den von Fremde und Gast. Diese in der Kategorie *mait* enthaltene Ambiguität wurde für mich insbesondere bei Hochzeiten anschaulich. Eine Frau kann in ihrem Elterndorf nicht zu einer Hochzeit gehen, obwohl das gesamte Dorf als *brādar* eingeladen sein mag, wenn sie nicht eine ausdrückliche Einladung als *paũṛ* erhalten hat. Diese normative Umkehrung einer sozial nahen in eine distanzierte Beziehung war bereits im letzten Kapitel (Inzestangst Bruder/Schwester) thematisch. Atkinson schreibt hierzu bezogen auf die Schwester:

---

[3] *Paũṛ* wurde mir mit den Hindiworten *mehamān* (Gast) und *ristedār* (Verwandtschaft) übersetzt.

"Her own brother never can take part in any ceremony connected with a sister who married." (1884/1981:854)

Ihre Klassifizierung als *paũṛ* (oder Fremde) drückt sich insbesondere im Trauerritual aus. Im Unterschied zu anderen Regionen schert sich im Kumaon ein Bruder nicht die Haare, wenn die Schwester stirbt (s.Kap.4.1). Es führt zu großen Schwierigkeiten, wenn eine Schwester im *mait* lebt, dort stirbt und das *saurās* sich weigert, ihren Leichnam abzuholen und das Trauerritual für sie zu vollziehen.

Eine Schwester des Großvaters von Dungar Singh lebte nur ein paar Monate im Hause ihres Mannes, der geistesgestört war. Sie wurde in ihrem *mait* 90 Jahre alt und als sie starb, weigerte sich das *saurās*, sie zu holen. Dungar Singh erzählte mir, daß die *bubu* (FFZ) nicht zum lokalen Bestattungsgrund gebracht werden konnte, sondern das die Männer sie in der Nacht zu dem ca. 40 Kilometer entfernten Pilgerort Bageshwar trugen. "Hier hätte niemand Holz gebracht, denn die Leute vom *mait* können zur Bestattung der Schwester kein Holz bringen." (In Bageshwar kann man das Holz kaufen.)

Die Frauengeber sind nicht mal in der Lage, an dem großen Essen teilzunehmen, daß die Phase der Unreinheit am 12. Tag nach der Bestattung abschließt.

Im Kontrast zu dem Ausschluß der Schwester aus der eigenen Gruppe steht, daß ein Mann zwar seine Ehefrau verstoßen kann (z.B., wenn sie keine Kinder bekommt), aber seine Schwester aufnehmen muß, wenn ihre Ehe scheitert. Dieses Problem wurde im Kumaon von alters her durch die Wiederverheiratung von Frauen gelöst. Ohne die Sekundärehe ist es gar nicht denkbar, beide Normen, den Ausschluß und den Einschluß der Schwester, aufrecht zu erhalten.

Im täglichen Leben wird die im Bruder-Schwester-Verhältnis angelegte Gleichzeitigkeit von normativer Distanz und Nähe durch eine ritualisierte Kommunikation gesteuert.

6.3 BEWEGUNGEN DER FRAUEN ZWISCHEN *MAIT* UND *SAURĀS*

Während für die Frau das *saurās*, das Haus ihres Mannes, die Totalität ihrer Welt darstellt, ist für den Mann die Kategorie *saurās* eine pheriphere Angelegenheit. Jeder Mann meidet den Kontakt sowohl mit den Frauennehmern, denen gegenüber er sich zu erniedrigen hat, wie auch mit den Frauengebern, die er als niedrig erachtet. Er wird nur zum *saurās* gehen, wenn er gehen muß (Einladung - Hochzeit, Hauseinweihung, Todesfall) und um die jüngsten Frauen des Hauses, die ein Dorf bis zur Geburt des ersten Kindes nicht ohne männlichen Schutz verlassen sollen, zu begleiten. Fällt diese Rolle auf den Ehemann, wird er die Frau oft nur bis zur Ortsnähe bringen und dann wieder umkehren.

Die Hauptverbindung mit der außerlokalen Verwandtschaft besteht in dem Pendeln der Frau zwischen *mait* und *saurās* bzw. zwischen dem Haus des Bruders und dem des Ehemannes.

Diese Bewegungen stehen ganz im Zeichen der Bruder-Schwester-Verbindung und sind mit Gaben verbunden. Mindestens ein- bis zweimal im Jahr muß der Bruder der Schwester eine Kleidungsausstattung, Bluse, *peṭikoṭ*, *dhoti*, schenken. In den ersten Jahren kommt fast die gesamte Kleidung der Frau aus dem *mait*. Ob Kleidung, Geld, Feldfrüchte, Nahrung, eine Frau wird das Haus des Bruders immer mit einem vollen Korb verlassen.

Die Besuche sind an Festtage gebunden, die sich über das ganze Jahr verteilen.[4] So fällt fast auf jeden ersten Tag eines Monats (Saṅkrānti) ein Fest und zumindest die jungen Frauen sind berechtigt, zu jedem Saṅkrānti oder anderen Fest zu fragen, ob sie nicht ihr *mait* besuchen dürfen. Ich habe die Feste, über die an dieser Stelle ein Exkurs erfolgen könnte, im Appendix aufgezeichnet und mit einer Einschätzung deren Besuchsfrequenz versehen.

Die Männer sagen scherzhaft, daß alle Kumaonifeste nur für die Frauen gemacht worden seien, damit sie in ihr *mait* gehen können. Die einzigen Männerfeste seien Holi (Frühling) und Divālī (Oktober). Innerhalb des mehrtägigen Divālī gibt es einen "Frauentag" (Besuch des *mait*), aber an Holi soll keine Frau ihr *saurās* verlassen.

Höhepunkte der "Frauenfeste" sind Ghugutī (Wintersonnenwende, Mitte Januar) und Haryāla (Sommersonnenwende, Mitte Juli). Jede Frau, auch die ältere, wird zu diesen Festen in ihr *mait* gehen und Geschenke (Kleidung, Geld) erhalten.

Wesentlich ist, daß die Frauen eine Art Gewohnheitsrecht haben, zu bestimmten Festen, insbesondere den größeren, ihr *mait* zu besuchen und daß sich fast alle Bewegungen, auch wenn sie aus Personalmangel nicht am Festtag stattfinden, auf ein Fest beziehen und somit einen außeralltäglichen wie regulären Ausgangspunkt haben.

Ich möchte im folgenden einen Einblick in die Besuchsfrequenzen geben, die je nach Heiratsdatum und häuslicher Situation unterschiedlich ausfallen.

---

[4]Rakṣābandhan, das hinduistische Fest, das die Bruder-Schwester-Beziehung betont und Geschenke an die Schwester vorsieht, wurde wohl bei den Brahmanen in Moli, nicht aber bei den Ṭhākurs in Thama als solches zelebriert; Geburtstage, die Madan (1975:237) als Anlaß beschreibt, der Schwester und ihrem Ehemann Geschenke zu machen, wurden in Thama und Umgebung gar nicht beachtet.

Radhika, die Tochter unseres Hauses, die seit vier Jahren verheiratet ist und noch keine Kinder hat, war im Untersuchungsjahr ca. 10 mal in ihrem *mait* und blieb jeweils bis zu einer Woche. Kimuli, die im dritten Jahr verheiratete Schwiegertochter des Hauses, ging mindestens 12 mal in ihr *mait* und blieb anläßlich großer Feste bis zu zwei, drei Wochen, weil ihr *saurās* über mehr Personal verfügt, als das von Radhika. Im ersten Jahr verheiratete Frauen verbringen ca. 1/3 des Jahres in ihrem *mait*. Sie gehen zu jedem Fest und kommen mitunter nur für ein, zwei Wochen zwischen den Festen ins *saurās* zurück.

Eine ältere Frau, die bereits erwachsene Kinder hat, wie z.B. Radhikas Mutter, geht vier bis fünfmal im Jahr und bleibt in der Regel nur für einen Tag. Selbst ganz alte Frauen besuchen ihr *mait* mitunter noch ein bis zweimal im Jahr. Die Töchter, für die das *mait* der Mutter zum *makoṭ* wird, setzen diese Tradition in vielen Fällen fort. Circa einmal im Jahr besuchen sie ihr *makoṭ*. Sie erhalten *puris*, etwas Geld und in der Regel ein Kleidungsstück. Auch wenn die Frau, durch die die Verbindung der Häuser zustandegekommen ist, stirbt, ohne Kinder zu hinterlassen, bleiben Besuchsbewegungen erhalten.

> Eine junge Frau forderte mich eines Tages auf, sie und ihre Kinder zum *mait* der ersten Ehefrau ihres Mannes zu begleiten, die mit ihrem Kind im Wochenbett gestorben war. Sie nahm *puris* mit und brachte *puris* zurück. Die Kinder sagten, "wir gehen in unser *makoṭ*. Ebenso stattete Basanti Devī dem Haus der kinderlos verstorbenen ersten Frau ihres Vaters einen Besuch ab und kehrte mit einem *dhoti* und *puris* zurück.

Solche Verbindungen mögen nicht in allen Fällen aufrechterhalten werden, aber sie bestehen, und beide Frauen erklärten mir, daß es notwendig sei, diese Besuche zu machen.

All diese Verbindungen werden von Frauen gepflegt. Daß Männer ihr *makoṭ* (Mutters *mait*) besuchen, wenn sie erwachsen sind, habe ich nicht erlebt. Sie gehen nur, wenn sie eingeladen sind, bei Hochzeit, Sterbefall und Hauseinweihung.

An den größeren Festtagen tauscht sich das weibliche Personal eines Hauses regelrecht aus. Die Schwestern und Töchter kommen in das Haus, Ehefrauen und Mütter gehen aus dem Haus. Mindestens eine ältere Frau wird allerdings im Hause bleiben müssen, um die Arbeit zu tun.

Die Frauen verlassen ihr *saurās* in Gruppen, um in ihr jeweiliges *mait* zu gehen und bedürfen in diesem Fall nicht der männlichen Begleitung. Unterwegs kreuzen sich die Gruppen oft. Die Frauen von Channi sind nach Thama unterwegs, die Frauen von Thama nach Channi. Die jüngeren berühren den älteren flüchtig die Füße,

"*O kai*! (FyBW) ist meine Schwester schon zuhause eingetroffen, als Du losgingst?"; "O Sabul! (Name, jünger), wo ist Radhika (Schwägerin von Sabul und *nańd* - HyZ der Sprecherin), warum hält die Schwiegermutter sie fest?" Dergestalt sind die Gespräche. Wer geht und wer geht aus welchen Gründen nicht? (Periode, Schwangerschaft, Streit).

Jede Frau muß, bevor sie ihr *saurās* verläßt, ein Bad nehmen und frische Kleidung anlegen. Geht eine Frau nur für einen Tag, ist der Aufwand enorm. Es müssen zuerst *puris* gebacken werden, die im *mait* an Verwandte und Nachbarn verteilt werden. Kurz nach ihrer Ankunft beginnen die Frauen im *mait* (Schwägerin, Mutter) ihrerseits puris zu backen, denn die Schwester kann nicht in ihr *saurās* zurückkehren, ohne mindestens 100 bis 150 *puris* mitzunehmen.

Der Aufbruch vom *mait* ist für jede Frau schwer. Sie bewegt sich in Haus und Küche freier als in ihrem *saurās* und bekommt von allen Zuwendung. Den Schwägerinnen kann sie Anweisungen geben und sich von ihnen bedienen lassen, und manche Schwägerin atmet heimlich auf, wenn die Schwester des Mannes das Haus wieder verläßt. Alles in allem aber überwiegen auch bei ihr Freude und Neugierde. Besuchen und besucht werden durchbricht den Alltag und ist eine Ereignis. Oft leben Schwestern oder andere Verwandte der *boji* (eBW) bzw. *bvāri* (yBW) im Dorf dieser Schwester des Ehemannes, und die Frau steht wie auf einer Bühne; sie hat pausenlos zu berichten und erfährt selber Neuigkeiten, die sie in ihr *saurās* mit zurückbringen wird. Nicht nur der Haushalt sondern auch die weibliche Nachbarschaft versammelt sich um sie und wird mit ihr von den heißen *puris* essen, die für das *saurās* bestimmt sind.

Wenn die Frau ins *saurās* zurückkommt, werden zuerst die Naturalien an die Familie verteilt. Dann geht sie in die Nachbarschaft und in das Dorf, um die *puris* zu verteilen. Die Frauen fragen sie sofort: "Was hast Du bekommen, Geld, Kleidung?" Sie wird eher übertreiben als untertreiben, denn wie bereits erwähnt, stärken aufmerksame und großzügige Brüder ihre Position im *saurās*.

6.4 MERKMALE DER UNGLEICHEN BEZIEHUNG ZWISCHEN FRAUENNEHMERN UND FRAUENGEBERN

Die obige Darstellung der regelmäßigsten Verbindung zwischen außerlokalen Verwandten gibt wenig Aufschluß über Statusunterschiede von Frauengebern/ Frauennehmern und die unterstellte Einseitigkeit des Gabenflusses.

"...wife-takers are entitled to receiving deference from their wife-givers: the relationship is asymmetrical. Apart from numerous behavioural expressions of this inequality, the unidirectional flow of gifts from wife-givers to wife-takers is a very visible material expression of their relationship." (Madan 1975:231)

Ich möchte im folgenden Abschnitt beschreiben, wie sich die Asymmetrie dieser Beziehung im Kumaon bemerkbar macht und gleich darauf hinweisen, daß sie mitunter nur in Nuancen ausgedrückt ist.

Puris gehen hin und her, und Männer beider Seiten begleiten die Frauen. Die Unterscheidung besteht in einer Kann-Regel für die Frauennehmer-Seite und einer Muß-Regel für die Frauengeber-Seite.

Puris in das *mait* mitzunehmen, macht zwar einen guten Eindruck, aber es nicht zwingend notwendig. Wenn z.B. eine junge Frau erst in letzter Minute die Genehmigung von ihrer Schwiegermutter erhält, an einem Festtag zu gehen, überbringt sie keine *puris*. Mit leeren Händen kann sie nicht kommen. Sie leiht sich ein paar Groschen von ihren Begleiterinnen und kauft auf dem Wege billige Süßigkeiten. Sie ist sehr beschämt, entschuldigt im Haus und bei den Nachbarn, obgleich niemand daran Anstoß nimmt.

Den Rückweg zu den Frauennehmern, zu ihrem *saurās*, aber kann eine Frau nicht ohne *puris* antreten.

> Ich erinnere mich an die verräucherten Küchen und das *Puri*zählen, während der Stand der Sonne bereits zum Aufbruch mahnt. Bei der hundertsten *puri* rafften wir manchmal eilig unsere Sachen zusammen, nahmen das *ṭika* nebst Geldnoten entgegen[5] und legten den weiten und felsigen Weg im Laufschritt zurück, denn eine Frau wagt es nicht, den Anordnungen des *saurās* zuwiderzuhandeln und ihren Aufenthalt eigenwillig zu verlängern.

Nur ein einziges Mal erlebte ich, daß eine Frau ohne *puris* in ihr *saurās* zurück kam, und es machte sofort die Runde, daß eine Kuh in ihrem *mait* erkrankt sei, dann dürfe man keine *puris* bringen, weil sich die Krankheit sonst auch auf die Tiere im Dorf übertrage. Also auch hier gibt es eine Ausnahme von der Regel, die eventuell auch als Ausrede benutzt werden kann.

Ich erwähnte bereits, daß sich die Frauengeber/Frauennehmer aus dem Wege gehen, so daß die Pflicht der Begleitung der jungen Frauen für die meisten Männer eine sehr unangenehme Aufgabe ist.

---

[5]Das *ṭika* ist ein roter Punkt auf der Stirn und stellt in diesem Falle eine Art Haussegen dar. Die geweihten Essentialien bestehen aus Reiskörnern, roter Paste, mitunter Süßigkeiten und Blüten, die alle auf einem Messingteller angerichtet sind. Ein Vertreter des Hauses verleiht das *ṭika* indem er uns Paste und Reiskörner auf die Stirn drückt und eine Geldgabe hinzufügt. Ich bekam in allen Frauengeberhäusern ein 5- bis max. 10-Rupien-*ṭika* (eine beträchtliche Summe). Die Schwester bekam etwas weniger, aber sie hatte mitunter schon vorher Geld bekommen, bzw. andere männliche Verwandte, Onkels, Cousins hatten ihr bei der Begegnung kleine Summen zugesteckt.

> In unserer Familie übernahm Dungar Singh diese Gänge für alle Brüder und *bhaicyal*. Seine Schwester brauchte er nicht mehr begleiten, da sie bereits Kinder hatte, aber er mußte seine Tochter begleiten und jeder Gang kostete ihn die allergrößte Überwindung.

Wenn *saurās* und *mait* nur zwei, drei Kilometer entfernt liegen, verlassen junge Frauen ein bis zwei Jahre nach der Heirat ihr *saurās* auch mitunter alleine. Das *mait* aber darf die junge Frau bis zur Geburt des ersten Kindes nicht alleine verlassen. Es muß sich ein Mann, ein Frauengeber bereitfinden, der sie begleitet, als Gast bei den Frauennehmern einkehrt und in der Regel dort auch übernachtet. Es kommt vor, daß der Bruder bzw. ein Vertreter die Schwester vom *saurās* abholt und sie auch wieder zurückbringt.

Der Bruder ist ausdrücklicher Adressat für die Begleitpflicht, und den Eltern ist der Zutritt zum *saurās* ihrer Tochter gar für eine gewisse Zeit verwährt. Die Spanne für den Vater beträgt ein Jahr nach der Hochzeit.[6] Für die Mutter beträgt die Wartezeit oft viele Jahre. Bevor ihre Tochter nicht das erste Kind geboren hat bzw. bis sie anläßlich eines größeren Festes eingeladen wird, soll sie das *saurās* der Tochter nicht betreten. Der erste Besuch einer Mutter im Haus der Frauennehmer ist ein besonderes Ereignis. Sie erhält eine komplette Kleidungsausstattung[7] geschenkt und kann die Tochter von nun an besuchen und begleiten.

Die Pflicht der Begleitung junger Frauen hat den Effekt, daß die Frauengeber eine stumme Kontrolle über die häuslichen Verhältnisse und über die Behandlung der Töchter und Schwestern im *saurās* ausüben können.

Ich möchte auch hier ein Beispiel der Häufigkeit der Besuchsbewegungen anführen sowie auf den sozialen Hintergrund der Begegnung hinweisen.

> Der Vater der jüngsten, drei Jahre verheirateten Frau unseres Hauses (ihr Bruder war erst 10 Jahre alt), war achtmal während eines Jahres zu Gast. Die Mutter ist bisher noch nicht im *saurās* ihrer Tochter gewesen. Dungar Singh als Frauennehmer (eBSW) war dreimal im Haus dieses Frauengebers. Frauennehmer der Tochter von Dungar Singh oder Schwester des Hauses waren im Verlauf des Jahres nicht einmal zu Gast. Ich habe auch bei anderen Familien nur wenige häusliche Situationen erleben können, in denen Frauennehmer Gast waren. Es handelte sich entweder um rituelle Anlässe (Heiratsvereinbarungen) oder um kurze Besuche ohne Übernachtung.

---

[6]In Ausnahmefällen (Personalmangel) wird diese Regel aufgehoben; wenn der Vater an *durgūṇ* (s. Pkt. 6.5, Hin- und Hergehen der Brautleute nach der Hochzeit) erscheint, trifft ihn der Bann, das *saurās* der Tochter ein Jahr lang nicht betreten zu können, nicht.

[7]Die Gabe von mindestens einem Kleidungsstück ist allerdings bei jedem Erstbesuch von Frauen erforderlich.

Wenn der oben erwähnte *samdi* (SWF) seine Tochter zurückbrachte oder abholte, wurde meistens ein Huhn geschlachtet, und er brachte eine Flasche Alkohol mit, was die Begegnung erleichtert. Der *samdi* wurde als Gast (*paūṛ*) gefeiert und gewürdigt.

Zu Spannungen kam es trotz des relativ guten Verhältnisses. Schlechtes Betragen von seiner Tochter wurde ihm vorgeworfen. Einmal war sie ohne Erlaubnis in ihr *mait* gegangen, ein anderesmal war sie zu spät zurückgebracht worden etc. Dergestalt waren auch Angriffe auf Frauengeber in anderen Häusern. Der *samdi* hätte seinerseits genügend Gründe gehabt, die Frauennehmer zu kritisieren, aber er begnügte sich damit, zu beteuern, wieviele Dinge sein Haus zur Hochzeit und über das letzte Jahr verteilt der Tochter gegeben habe.

Ein Sohn soll vom Vater nichts fordern und darf ihn nicht kritisieren. Genauso verhält sich der Frauengeber zum Frauennehmer. Umgekehrt ist es selbstverständlich, Erwartungen und Forderungen zu artikulieren.

> Dungar Singhs Schwester kam eines Tages mit der Nachricht, daß ihr Mann 1.000 Rupien für die Hochzeit des jüngeren Bruders benötige. "Das können wir ihm nicht abschlagen", erklärte Dungar Singh, "wenn der Bruder meiner Frau mich fragen würde, dann könnte ich es mir überlegen."

Der gleiche Modus der Geldleihgabe, der in Kapitel 3 unter partikulare Beziehung innerhalb des Dorfes beschrieben wurde, verläuft zwischen Frauengebern und Frauennehmern. Der Unterschied ist der, daß hier ein Frauennehmer darüber befindet, ob er die Beziehung eingeht, während ein Frauengeber normativ keine Wahl hat; er muß geben, wenn er gefragt wird. Nachdem der Frauennehmer den Frauengeber einmal um Geld für die Finananzierung einer Hochzeit oder eines Hausbaus gebeten hat, tritt ein reziprokes Verhältnis ein (s. Kap. 3.2).

Ein Frauennehmer wird den Frauengeber in der Regel nie persönlich um Geld oder Hilfe bitten. Alle derartigen Nachrichten werden stattdessen von Frauen überbracht. Sie überbringen Ankündigungen und Einladungen für Hochzeiten oder Aufforderungen an die Frauengeber, Arbeitspersonal für den Hausbau oder für größere Ernteeinsätze zu schicken. Bei Hausbauten habe ich ausschließlich Frauengeber im Einsatz gesehen. Bei Ernteeinsätzen (z.B. während der Grasschneidesaison) schickten auch die Frauennehmer Arbeitstrupps zu den Frauengebern.

Dieser Kommunikationsfluß zwischen Nehmer- und Geberhaus wird nicht beeinträchtigt, wenn die Frau, die das Bindeglied zwischen beiden Häusern ist, z.B. mit dem Mann in der Stadt lebt oder aus Gründen der Schwangerschaft verhindert ist, ihr *mait* zu besuchen. In solchen Fällen wird eine Schwägerin der Frau (HBW) in das Haus der Frauengeber geschickt. Sie geht in das *mait* der Schwägerin, als wenn es ihr eigenes wäre.

Wie im Kapitel über die Verwandtschaftsterminologie gezeigt werden wird, gehört sie in die Kategorie der "Quasi-Konsanguinen". Die Eltern der Schwägerin rufen sie *celi* (Tochter) und der Bruder der Schwägerin sagt Schwester (*didi* oder *bhulī*) zu ihr; sie steht im Hause der Frauennehmer in der gleichen Position wie die eigene Schwester.

Nun wäre es umgekehrt denkbar, daß auch die Frauengeber Ehefrauen in das Haus der Nehmer schickten, um z.B. einer am Festtag verhinderten Schwester Gaben oder Nachrichten zu bringen, aber genau das geht nicht bzw. wird strengstens gemieden. Auch die Ehefrauen von Frauengebern (WBW) werden Schwestern genannt, und m. E. besteht der Grund für die obige Meidungsregel darin, daß die Frau eines Gebers im Nehmerhaus automatisch als Empfängerin auftreten würde, was sich nicht damit verträgt, daß sie eine Abgesandte des Geberhauses ist. Diese Meidungsregel wurde von niemanden expliziert. Ich habe sie als Beteiligte erfahren und möchte diese Erfahrung kurz schildern:

> Ich wurde häufig aufgefordert, Frauen in ihr *mait* oder in das einer Schwägerin, einen Frauengeberhaushalt, zu begleiten. Es gibt ebensoviele Frauen, die zurück in ihr *saurās* gebracht oder besucht werden müssen, wenn sie nicht zu Festen erscheinen. Oft wurde ich rhetorisch aufgefordert, in das *saurās* einer Tochter oder Schwester mitzugehen, aber es wurden Ausreden gefunden, wenn ich dazu bereit war. Daß ich in vielen Fällen das *saurās* von Töchtern des Dorfes dennoch kennenlernte, lag nur daran, daß es gleichzeitig das *mait* einer Frau aus dem Dorf war. Gegen Ende der Untersuchung ereignete sich der seltene Fall, daß eine Frau in das *saurās* der Schwester ihres Mannes ging und mir anbot, sie zu begleiten. Wir wurden dort wie in einem *mait*, einem Frauengeberhaus, behandelt. Es wurden *puris* für uns gebacken, und wir bekamen Geld. Wenn die Mutter die Tochter oder eine Schwester ihre jüngere Schwester besucht, bekommt sie niemals *puris* und sie kann auch kein Geld annehmen.[8]

So gehen die jahreszyklischen Bewegungen immer in eine Richtung:

<u>Frauen</u> bewegen sich nur von einem Nehmerhaus in ein Geberhaus (kategorielles *mait* bzw. *makoṭ*). Mit Ausnahme der Mutter und der Schwester der Ehefrau, die m.E. in die gleiche Kategorie gehört wie die Ehefrau, sind sie stets in der offiziellen Position der Empfangenden.

---

[8]Der jüngeren Schwester einer Ehefrau kann man Geld geben, auch wenn dies im Unterschied zur Schwester keine Mußregel darstellt.

Männer bewegen sich in die umgekehrte Richtung, vom Geber- zum Nehmerhaus, wo ihre Position eine Gebende ist, während die andere Richtung gemieden wird.[9]

Der Besuch des Mannes im *saurās* seiner Schwester wird nicht eingestellt, wenn die Begleitpflicht erlischt. Nun hat sie Kinder, und wenn die Schwester an hohen Festtagen verhindert ist zu kommen, muß ein Bruder oder dessen Vertreter in das Nehmerhaus gehen, um der Schwester und ihren Kindern Gaben zu bringen. Es vollzieht sich allerdings ein semantischer Wechsel. Die Kinder rufen, "Der *mam* kommt!" (Mutterbruder/H *māmā*). Er wird bei der Ankunft an alle Kinder etwas Geld verteilen und eine Schachtel Süßigkeiten und Früchte bringen. Hat er in diesem Jahr noch keine Kleidungsausstattung gegeben, wird er sie mitbringen, nicht nur für die Schwester, sondern auch für deren Kinder. Die Frauen sprechen weiterhin von ihrem Bruder, während die Männer jetzt oft aus der Perspektive ihrer Kinder sprechen, vom *mam* dieser (meiner) oder jener Kinder (der der Brüder). Die Kinder werden im lebenszyklischen Verlauf zu den Empfängeradressaten. Deshalb werden die Gänge fortgesetzt, wenn die Schwester gestorben ist und sie Kinder hinterlassen hat.

> Shanti Devī, eine Tochter unseres Hauses, war während der Schwangerschaft gestorben und hatte zwei Töchter hinterlassen. Einseitige Geschenke und Besuche liefen weiter. Im Untersuchungsjahr wurde an drei Festtagen (Haryāla/Juli, Basant Pañchimi/Januar, Ghī-Saṅkrānti/-August) jeweils ein Mann in das *saurās* der wegen Kleinkinder verhinderten Schwester geschickt, aber auch in das *saurās* der verstorbenen Shanti Devī, um die Pflicht als *mam* zu erfüllen, die sich in diesem Kontext nicht von der des Bruders unterscheidet. Andere Brüder und Mutterbrüder kamen an diesen Tagen in das Dorf, um den ihrerseits verhinderten Schwestern Gaben zu bringen.

Dies sind die gewöhnlichen Pflichten der Frauengeber. Außergewöhnliche Leistungen werden dann erwartet, wenn die Kinder der Schwester heiraten.

Heiratet seine *bhānji* (ZD) gibt der *mam* Geschenke von der gleichen Art wie dies die engsten Agnaten tun, er steuert sie aus und steht in einer ähnlichen Relation zu den neuen Frauennehmern wie der Vater der Braut. Der *mamiya-caur* (*caur* = Schwiegervater), wie ihn der Bräutigam nennt, wird wie der *caur* (WF) bei Festen im Hause der neuen Frauennehmer als Frauengeber eingeladen. Daß der *mam* eine wesentliche Rolle beim Hochzeitsritual einnimmt

---

[9]Ich hatte in diesem Kontext ein Gespräch mit einer Frau, die ihren Bruder an einem großen Festtag erwartete, weil sie selber verhindert war zu gehen. Sie sagte: "Er ist nicht gekommen, weil er in die andere Richtung gegangen ist." Er hatte seine Frau in ihr *mait* begleitet und es folgten Ausführungen darüber, wie schlecht das sei, und daß er die Gaben zum falschen Ort bringe.

und die Braut zum Beispiel an den Bräutigam übergibt (vgl. Parry 1978:306), habe ich allerdings nicht beobachten können.

> "Der *mam* gab 500 Rupien, eine Kleidungsausstattung, goldene Ohrringe und eine Kuh, was bekommt er zurück? - eine Kokosnuß!",

kommentierte eine Frau die Rolle des *mams* anläßlich einer Hochzeit.

Der *mam* muß mindestens soviel geben wie sein *bhin* (ZH) zu einer Hochzeit in seinem Hause gegeben hat. Die von mir registrierten Gaben schwanktenvon einem Minimum (ein großes Stück *bartan*, ein *sāṛi* oder *dhoti*, 50 Rupien) bis zu der oben aufgeführten Größenordnung. Dem Bräutigam muß er ein 50-Rupien -*ṭika* geben, bevor der *barāt* den Ort mit der Braut verläßt. Das ist eine sehr hohe Summe für ein *ṭika*. Auch habe ich erlebt, daß der *mam* anstelle des Brautvaters *ṭika* und Geld an alle Männer verteilt, die mit dem *barāt* gekommen sind.

Die Frage, ob der *mam* bei der Hochzeit seines Neffen auch als Frauennehmer agiert, sich z.B. an den Ausgaben für den von den Frauennehmern gestellten Schmuck beteiligt, wurde allgemein verneint.

> "Er gibt dem *bhānja* (ZS) ein 10-Rupien-*ṭika* wie jeder andere *paũṛ*, das ist alles."

Der folgende Hergang könnte als Hinweis darauf betrachtet werden, daß der *mam* gegenüber den Frauengebern rituell nicht als Frauennehmer auftreten kann:

> Die Frauennehmer schicken, bevor sie zum Dorf der Braut aufbrechen, einen Tag oder einige Stunden vorher zwei Männer voraus, die *masahlau*, die den *barāt* ankündigen (s.Kap.8). *Masahlau* müssen *brādar* sein und können wie beim Totenritual nicht durch anderes Personal (*pālṭi*) ersetzt werden. Ein *ghar-javaĩ* hat keine *brādar*, und bei einer solchen Hochzeit müssen die *masahlau* aus der Kategorie des *bhin* (ZH, FZH/ Frauennehmer) genommen werden. Nur sie können die Frauennehmer vertreten, der *mam* kann es nicht.

Die Ausführungen zeigen, wie schwer es fällt, den *mam* eindeutig einer affinalen oder konsanguinen Kategorie zuzuordnen. Auch wenn er ein vertrautes Verhältnis zu seinem Neffen hat - er ist der Verwandte, den man im Unterschied zum Vater jederzeit um etwas bitten kann -, bleibt er der Frauengeber des Hauses, der gibt, ohne Gleiches zurückfordern zu können.

> "It follows that it is misleading to focus exclusively on a man's identity as mother's brother: his basic or encompassing identity vis-a-vis his sister's conjugal family is of an affine. The distinction between wife-givers and wife-takers is thus maintained without denying the personal relationship between mother's brother and sister's son." (Madan 1975:228)

Alle bisherigen Ausführungen betonten die Asymmetrie des Verhältnisses von Frauennehmern und Frauengebern, die sich vielfach in der Unterscheidung von Kann- und Mußregeln bemerkbar macht. Auf die Inferiorität der Frauengeber konnte aber lediglich im Kontext der Kommunikation hingewiesen werden: Man kritisiert die Frauennehmer nicht und fordert nichts von ihnen. In der Tat erscheint die ritualisierte Unterordnung der Frauengeber im Kumaon schwächer ausgeprägt zu sein als anderenorts.

> "When two affines of the same generation meet, the man of the wife-giving group touches the feet of the man of the wife-receiving group." ... "Wife-takers of the same generation are addressed by a kinship term, but wife-givers by their personal name." (Parry 1979:300)

Im Kumaon hingegen berührt der Frauennehmer dem Frauengeber die Füße, wenn es sich um den älteren Bruder der Ehefrau handelt, den er als *jeṭhu* zu adressieren hat und niemals mit Namen ansprechen wird. Nur mit dem jüngeren Bruder der Frau, dem *sāu* (H *sālā*) kann der Frauennehmer scherzen und er ruft ihn beim Namen.

Auch macht es einen Unterschied, welcher Generation der Frauengeber angehört. Überraschung löste bei mir die Beobachtung aus, daß die Frauennehmer den Frauengebern unabhängig vom Alter sowie vom Ort und Anlaß der Begegnung die Füße berühren, wenn es sich um die Eltern des Paares handelt.[10] Hier findet also eine Umkehrung statt. Mit der gleichen Überzeugung mit der Informanten behaupten, daß Frauennehmer generell höher stehen als Frauengeber, antworteten sie auf meine Beobachtung: "Kinder werden von Frauen geboren, deshalb stehen die Frauengeber höher."

Werden hier mit anderen Worten Frauengeber als weiblich und Frauennehmer als männlich klassifiziert? Ebensowenig wie bei der Geschlechterbeziehung läßt sich bezogen auf die Frauennehmer und Frauengeber eine konsistente bzw. dichotome Zuordnung von Rang vertreten.

Nichtsdestotrotz der gerichteten Ehrbezeugung, die sich im *pailāg* ausdrückt, haben die vier Elternteile eines Paares in allen Zusammensetzungen eine ausgesprochene Scherzbeziehung[11], die der unterschwelligen Bissigkeit nicht entbehrt.

Leider gibt es für die Begegnungen zwischen die Frauennehmer und die Frauengeber repräsentierende Parteien nur sporadische Interaktionsprotokolle. So zeigte eine Frau wenig Hemmungen, als wir ihren Schwiegersohn in seinem Laden im Basar besuchten. Sie richtete gar Befehle an ihn. Männer aber sah ich in derselben Beziehung in höchster Weise gehemmt. Sie sind es gewohnt, jüngere Männer herumzukommandieren, befinden sich hier jedoch in einer zwie-

---

[10]Derjenige, der dem anderen die Füße berührt (*pailāg*), drückt dadurch Unterordnung und Ehrfurcht aus.

[11]Diese Beobachtung steht im Gegensatz zu der von Vatuk 1975:183.

spältigen Position: Auch einen jungen Mann wird ein Frauengeber um nichts bitten. Dieser wird einen älteren Frauengeber seinerseits nicht kritisieren, wie es der gleichaltrige oder ältere Frauennehmer tut.

Das Gebot des einseitigen Gebens betrifft die Frauengebergruppe allerdings als ganze. Die von Parry (1979) vorgetragene Regel, daß die Frauengeber im Hause der Frauennehmer generell kein Essen annehmen können[12] ist im Kumaon von einem Verbot in eine Bezahlung umgewandelt. Dungar Singh verglich das Haus der Schwester mit einem Hotel.

> "Wenn ich bei ihnen ankomme und gegessen habe, lege ich zwei Rupien neben den Teller bevor ich aufstehe. Dasselbe am nächsten Morgen. Nicht eine Mahlzeit kann ich dort einnehmen, ohne dafür zu bezahlen."

Angeblich bezahlen auch kollaterale Verwandte sowie Mütter bzw. Schwestern der Frau. Bei den letzteren habe ich aber beobachtet, daß sie dies nicht tun.

6.5 DER AFFINALE GABENTAUSCH

Eine Darstellung der Gaben wird wesentliche Teile des Heirat-Kapitels vorwegnehmen. Heirat initialisiert im Grunde genommen nur, was sich ein Leben lang fortsetzt. Sie ist die Eröffnung eines Zyklus von Verbindungen und Verpflichtungen und das Ereignis bildet in diesem Sinne eine ebenso wichtige wie untergeordnete Rolle. Die von der Familie der Braut gegebenen Aussteuerartikel sowie die Schmuckausstattung durch die Frauennehmer können von Fall zu Fall variieren und werden im Kapitel Heirat beschrieben, während ich hier Gaben vorstelle, bei denen Art, Anlaß und Richtung festgelegt sind.

Kokosnüsse gehen immer in eine Richtung, vom Frauennehmer zum Frauengeber. Bevor ein Frauengeber das Haus eines Frauennehmers verläßt, muß er mit dem *ṭika* eine Kokosnuß erhalten. Er selber gibt bei einem Besuch nichts an den Schwager, den Schwiegersohn oder dessen Eltern, sondern nur an die Schwester und ihre Kinder (s.o.).

Bei der Hochzeit schickt der Frauennehmer, der Vater des Bräutigams, bis zu 200 Kokosnüsse mit dem *barāt* der die Braut abholt. Jeder *paûṛ* der Frauen-

---

[12]"I noted earlier that the ideology of *kanya dan* requires that those who give a girl should not accept any form of return for their gift. The logic of this is held to require that a man should not eat in the house of his married daughter or younger sister, and ideally the prohibition should be extended to include the households of married daughters and sisters of collateral lineage kin." (ibid., S. 304)

geber hat ein Geschenk gegeben hat und erhält dafür vom Frauennehmer eine Kokosnuß zurück.

Kommt ein Frauennehmer in das Haus eines Frauengebers, kann er nicht ohne ein Geld-*ṭika* von mindestens 10 bis 15 Rupien entlassen werden. Er selber gibt bei dieser Gelegenheit nichts.

Jeder der bis zu 150 Frauennehmer, die die Braut bei der Hochzeit aus ihrem Ort abholen, bekommt mit dem *ṭika* vom Brautvater oder dem *mam* der Braut eine 2-Rupien-Note überreicht. Geld geht in die umgekehrte Richtung wie Kokosnüsse und dasselbe gilt für *bartan* (Metallgeschirr).[13] *Bartan* ist eine Gabe, die zu Hochzeiten als *daij* auch an Frauengeber geht, die aber immer für Frauennehmer bestimmt ist.

> *Bartan* wird sowohl im Haushalt benutzt als auch gelagert. Die kleinste Ausführung, die als Gabe in Betracht kommt, ist die *thāli* (eine Eßplatte aus Messing). Das größte Stück besteht in einem Gefäß, das für das Kochen von *dāl* (Hülsenfrüchten) benutzt wird (*kasera*). Einige der von mir besichtigten *kaseras* hatten bis zu einem Meter Durchmesser, sie werden nur zu großen Festen benutzt. *Phuvav* bezeichnet einen schweren Messingbehälter, in dem Wasser geholt wird. Das bedeutendste Tauschobjekt aber ist die *parāt* (eine große Messingschale), deren kleinste Ausführung dazu dient, im Haushalt Teig für Fladenbrote zu kneten. Wenn *parāts* aber als Gabe in bestimmten Beziehungen (s.u.) verwendet werden, dann handelt es sich um selten benutzte große, schwere Metallschalen, die über einen Meter Durchmesser aufweisen können. In der großen Sammlung von *bartan*, über die jedes Haus wie über eine Art Schatzkammer verfügt, haben die meisten Stücke ihre eigene Geschichte, über die der Besitzer etwas zu erzählen weiß, denn *bartan*, insbesondere die großen *parāts*, zirkuliert. Dungar Singh, der mir einige seiner besten *parāts* vorstellte, beschrieb dabei einen großen Kreis und sagte sinngemäß: "Nach vielen vielen Jahren kann es sein, daß die *parāts* die wir weggeben, ins Haus zurückkommen; ich würde sie sofort erkennen."

Wie bei dem von Malinowski (1979) beschriebenen Kulatausch haben solche *bartan*-Stücke einen Wert, der weder durch ihren praktischen Nutzen, noch durch marktwirtschaftliche Kriterien bestimmt ist; sie stellen eine eigene Währung dar. Erst gegen Ende der Untersuchung wurde ich auf diese Bedeutung von *bartan* aufmerksam: Von den alten *parāts*, die man aussuchte, um sie weiterzugeben, wurde in liebebvoller Weise gesprochen, so als seien sie belebt.

---

[13]Kokosnüsse werden hier also in einen Gegegensatz zu Geld bzw. Metall gebracht. Sie werden auch in anderen Kontexten eingesetzt, z.B. als "Bezahlung" des Mediums bei einem *jāgar*, und belohnen Leistungen, für die prinzipiell kein Geld angenommen werden kann. Frucht (Natur) und Metall (Zivilisation) spiegeln den vielbesprochenen Gegensatz von Natur und Kultur bzw. in einem übertragenen Sinne von weiblich und männlich. Wenn man die oben vorgeschlagene Lesart aufnimmt, daß Frauengeber als "weiblich" klassifiziert werden, dann erscheint es folgerichtig, daß sie die Kokosnüsse empfangen.

Alter, Herkunft, Gewicht, Größe und Verarbeitung, all das macht den ästhetischen Wert des Stückes aus. Eine gute *parāt* zu erhalten, ehrt den Empfänger (Frauennehmer).

Kleidung stellt sowohl eine Gegengabe als auch eine Ergänzung zu *bartan* bzw. Geld dar. Die komplette Kleidungsausstattung, die aus fünf Teilen besteht - *dhoti*, *peṭikoṭ* (Rock), *blauj* (Bluse), Hemd und Taschentuch - ging jeweils von einem Frauennehmer- an ein Frauengeberhaus, und zwar zu den folgenden Gelegenheiten:

a) zur Verlobung an die Braut. Die Frauennehmer erhalten mindestens eine *parāt* und eine *thāli* zurück;

b) zur Hochzeit an die Braut;

c) an *durgūṇ*. Die Brautleute gehen in das *mait* der Frau zurück (Beschreibung s.u.). Die Frauennehmer schicken soviele Kleidungsausstattungen, wie sie von den Frauengebern *parāts* erhalten;

d) wenn die Mutter der Ehefrau das erste Mal zu Gast ist.

Ich habe die komplette Kleidungsausstattung hervorgehoben, weil sie offensichtlich nur in eine Richtung geht und auch von den Leuten selbst als die Gabe, die aus fünf Teilen bestehen soll[14], von den gewöhnlichen Kleidergaben, wie sie z.B. der Bruder der Schwester und ihren Kindern schickt, unterschieden wird. Letztere gehen in dieselbe Richtung wie *bartan*, vom Geber zum Nehmer.

Ich fasse zusammen: Kokosnüsse empfangen Frauengeber, Geld und *bartan* gehen an Frauennehmer; Kleidung und andere Naturalien als Kokosnüsse gehen in beide Richtungen und sind primär an Frauen adressiert.

Mit diesen fünf Arten von Gaben wird der Kreislauf eines vorgeschriebenen Tausches bestritten, und ich möchte dessen Modalitäten jetzt für die folgenden Anlässe beschreiben:

(1) erster Abschnitt Hochzeit (*barāt*)

(2) zweiter Abschnitt Hochzeit (*durgūṇ*=doppelt)

(3) sich jährlich wiederholende Gaben (*og* und *bheṭaṇ*)

(1) Gäste, die anläßlich der Hochzeit eines Mädchens und folglich vom Frauengeberhaus eingeladen sind, müssen ein Geschenk geben (*daij*), das in die Aussteuer eingeht. Die Gabe von *bartan* und Geld ist für den Bräutigam bestimmt, die Kleidergabe (*dhoti*, Bluse etc.) für die Braut. Natürlich fließt alles in den gleichen Haushalt, aber gleichwohl wird diese Unterscheidung gemacht.

---

[14]Bei dem Erstbesuch einer Mutter habe ich es auch erlebt, daß nur zwei Teile gegeben wurden. Es heißt, daß dies die gleiche Norm erfüllt (doppelte bzw. mehrfache Kleidung).

Thāli/dhoti (oder Bluse) ist die Standardgabe jedes entfernten *paūṛ*, Frauengebers wie -nehmers.[15] Die an den Bräutigam adressierte Gabe, die *thāli*, hat den Vorrang. Es kommt vor, daß nur eine *thāli*, ergänzt durch etwas Geld (doppelt), gegeben wird. Nur einen *dhoti* zu geben, ist dagegen nicht möglich. Wer einen *dhoti* gibt, der muß auch eine *thāli* geben. Die Gabe von mehr als zwei, drei Teilen und eines größeren Stückes *bartan* gilt nur unter engeren paūṛ, die in direkter Frauengeber/-nehmerrelation zum Haus stehen, sowie für die *bhaicyal*, den engeren Agnatenkreis.

Parry (1979) schreibt, daß diejenigen, die in Frauengeberrelation zum Haushalt stehen, bei der Hochzeit eines Mädchens mehr geben als die Frauennehmer:

> "All these wife-giving households make a substantial bartan prestation of cloth and money when they attend a marriage in the wife-taking household, but will accept only a token prestation of cloth when the latter come to a marriage in their house." (ibid. S. 304)

Diese Unterscheidung wird im Kumaon nicht gemacht. Mehr als alle anderen gibt nur der direkte *mam*, und er kann bei der Hochzeit seiner Tochter nicht das gleiche zurückerwarten, was er zur Hochzeit seiner *bhānji* (ZD) gegeben hat. Alle anderen *paūṛ* schenken so, daß die erhaltene Gabe die zu erwartende bestimmt. Der Grundsatz lautet, daß es nicht weniger sein darf, aber mehr sein kann.

> Als die Tochter des *sāu* (WyB) im Untersuchungsjahr heiratete, gab Dungar Singh einen *dhoti*, einen Pappkoffer, eine alte *parāt* und 10 Rupien. Sein *sāu* hatte bei der Hochzeit von Dungar Singhs Tochter als *mam* eine *parāt*, einen *phuvav* (s.o.), einen *sāṛi* und 150 Rupien gegeben. Dungar Singh betonte hier die Reziprozität in der Stückzahl: "Er gab vier Teile, also gebe auch ich vier Teile."

Bevor sich die Hochzeitsgesellschaft auflöst, erhält jeder Gast der mindestens eine *thāli* gegeben hat, vom Brauthaus mit dem *ṭika* einen *dhoti*[16] und eine Kokosnuß, die aus dem Haus des Bräutigams kommt. Handelt es sich bei den Gästen um Frauengeber der Familie wird die obige Gabe durch eine zweite

---

[15]In Kap. 6.6 werde ich versuchen, zu rekonstruieren, wer zu dieser Gruppe gehört.

[16]Die Kleidung, die bei Hochzeiten an die Gäste verschenkt wird, wurde in allen von mir beobachteten Fällen neu gekauft. Für eine Hochzeit sind 80 bis 150 *dhotis* von gleicher Qualität erforderlich. Manche Familien verteilten *dhotis* für 20 Rupien, andere gaben 30 Rupien und mehr aus. Bei einer Hochzeit erlebte ich, daß Blusenstoffe verteilt wurden und es hieß, daß die Familie arm sei. Wichtig ist, das alle Teile gleich sind. Ein *paūṛ* der ein großes Stück *bartan* gegeben hat, bekommt das gleiche wie derjenige, der eine *thāli* gab.

Kokosnuß, die von Seiten der Gastgeber (Frauennehmer) kommt, ergänzt. Für Gäste, die in Frauennehmerrelation zum Hochzeitshaus stehen, besteht die Ergänzung in einem Geldbetrag (2 bis 5 Rupien für entferntere Verwandte, 15–20 Rupien für Schwestern, Töchter und deren Ehemänner). Schwestern und Töchter bekommen außerdem anläßlich jeder Hochzeit für sich, ihre Kinder und Ehemänner Kleidung angefertigt.[17]

Gäste, die zur Hochzeit eines Jünglings eingeladen sind, also auf der Frauennehmerseite, geben keine Geschenke, aber auch sie werden beschenkt. Jeder Gast erhält einen *dhoti*. Zum Abschied knien sich Gast und Bräutigam einander gegenüber. Der Gast drückt dem Bräutigam ein *ṭika* auf die Stirn und überreicht ihm eine 2 oder 5 Rupien. Anschließend gibt der Bräutigam dem Gast ein *ṭika*. Handelt es sich um Frauengeber der Familie übergibt er mit dem *ṭika* eine Kokosnuß, während er den Frauennehmern die doppelte Summe des erhaltenen Geldes zurück gibt. Außerdem überreicht der Vater des Bräutigams den Frauennehmern des Hauses ein wertvolles Geschenk: Die Ehemänner aller Schwestern und Töchter erhalten gute alte *parāts* und die Ehemännern von Vaters Schwestern *thālis*.

Ich fragte, ob es eine Gegengabe für diese *parāts* gäbe, die die Frauennehmer dann erhalten, wenn sich ihre Frauengeber selbst in einer Frauennehmerposition befinden, bei der Hochzeit eines Sohnes. Es wurde mir gesagt, daß die Ehemänner der Schwestern und Töchter ebenso alte und wertvolle *parāts* geben, wenn eine Tochter heiratet. Zyklusintern werden die *parāts* also an die Frauengeber zurückgegeben, zyklusextern aber wandern sie von einem Frauennehmer zum anderen. Der Gang einer *parāt* wurde mir ganz konkretistisch beschrieben:

> "Als Mohan Singh heiratete, gaben wir eine schöne *parāt* an den Ehemann unserer Schwester Devki Devī. Als Shanti Devī (Mohan Singhs eBD) heiratete, kam dieselbe *parāt* als Gabe ins Haus zurück. Sie kam von Shanti Devīs Ehemann in das Haus zurück als Radhika heiratete und befindet sich jetzt in ihrem *saurās*."

Die *parāts* kehren wie ein Bumerang ins Haus zurück und wandern in einer Richtung vom Haus weg, von Frauennehmer zu Frauennehmer oder von Bruder zu Bruder, denn der Ehemann der Schwester der Frau wird Bruder genannt.

---

[17]Ein Informant wies mich auf die Paradoxie dieses Gabentausches hin: "Wir geben bei einer Hochzeit das gleiche oder mehr für unsere Gäste aus, wie wir von ihnen bekommen." In Orten wo auch die brādar bzw. das Dorf *daij* geben, soll es so sein, daß jede Familie eine *thāli* gibt und daß sie nur eine Kokosnuß, und zwar aus dem Haus des Frauennehmers, zurückerhält. Ein *sāṛhū-bhāī* (WZH), der in die gleiche Kategorie gehört wie die Agnaten, erhält auch nur eine Kokosnus, kein Geld, aber einen *dhoti*.

Den Frauennehmern scheint es nicht gleichgültig zu sein, wohin ihre *parāt* geht. So erlebte ich, daß meine Nachbarin sich darüber aufregte, daß ihre *parāt* an die Kārkīs im Dorf weiterging. Die Schwester ihrer Schwiegertochter hatte einen Kārkī geheiratet.

Alte und wandernde *parāts* sind auch bei der Gabe anläßlich des *durgūṇ* erforderlich. Im Unterschied zu den oben beschriebenen *parāts* wandern die an *durgūṇ* gegebenen jeweils von einem Frauengeberhaus in ein Frauennehmerhaus, und sie können in das eigene Haus zurückkehren, wenn die Frauennehmer zu Frauengebern werden.

> Rām Singhs Frau rief mich in ihr Haus, um mir eine besonders schöne *parāt* zu zeigen. Die Enkelin des älteren Bruders ihres Mannes hatte geheiratet und die *parāt* sollte als Gabe anläßlich des *durgūṇ* an die Frauennehmer gehen. Sie wies auf alle Vorzüge der *parāt*, auf Verarbeitung, Alter und Größe hin, und als ich sie fragte, warum sie diese *parāt* ausgewählt habe, sagte sie: "Wir nehmen eine *parāt*, die wir selbst an *durgūṇ* erhalten haben. Diese ist aus Bara, wo unsere Schwiegertochter herkommt." Möglicherweise kam diese *parāt* aus Thama, denn die *kāki* (FyBW) der Schwiegertochter war eine Mehra.

Ob an *durgūṇ* tatsächlich immer eine *durgūṇ-parāt* genommen wird oder ob, wie oben beschrieben, die gleiche *parāt* eine unendliche Reise von Schwester zu Schwester bzw. von Frauennehmer zu Frauennehmer antritt, vermag ich nicht zu beurteilen. Eine solch strikte Handhabung stünde im Gegensatz dazu, daß man mit einer besonders schönen *parāt* den Empfänger ehrt.

> "Mein Schwiegervater (WF) sagte: '*Javaī*, Du sollst die schönste *parāt* bekommen, die ich im Hause habe, such Dir eine aus'." (Rede eines Mannes, der anläßlich der Hochzeit eines *sāu* (WB) eine *parāt* erhalten hatte, auf die er besonders stolz war.)

Ich möchte im folgenden den Kontext beschreiben, in den auch die *durgūṇ-parāts* gehören, den Gabentausch anläßlich des zweiten Abschnitts der Heirat.

(2) Als *durgūṇ*, was "doppelt" bedeutet, wird der Teil des Heiratsablaufs bezeichnet, der dem Vollzug der Hochzeitszeremonie am Ort der Braut und der Rückkehr des *barāt* in den Ort des Mannes folgt. Den *barāt* selber können außer einem kleinen Bruder der Braut keine Frauengeber begleiten. Im Abstand von einigen Stunden aber machen sich die Brüder der Braut auf den Weg. Sie bringen *durgūṇ kā bheṭaṇ*, eine Gabe, die je nach Größe des Ortes aus 500 bis 1000 *puris* und aus Kleidung für die Schwester besteht. Das Eintreffen der Brüder wird gefeiert wie die Ankunft eines zweiten Brautzuges. Zwei Männer eilen ihnen entgegen und nehmen ihnen die schweren Lasten ab, *pūjā*-Glocken ertönen, wenn sie durch die Tür treten, an deren Pfosten sich ein kleines Mädchen und ein Junge des Frauennehmerhauses zur Begrüßung aufge-

stellt haben. Mit dem *barāt* gingen alle Geschenke für die Braut und ihren Ehemann, die Aussteuer. An diesem Abend aber, wird jeder Haushalt soviele *puris* erhalten, wie er Ehefrauen hat (ausgenommen sind die Schwestern oder Töchter, die auch im Hause leben mögen). Eine weitere *puri* wird für das "Haus" hinzugefügt.

Am nächsten Morgen beginnt der eigentliche Teil von *durgūṇ*. Er besteht in der Rückkehr der Braut in den Ort ihrer Eltern. Sie wird von ihren Brüdern, dem Bräutigam und einigen männlichen Verwandten desselben begleitet. Dieser Zug bringt nun umgekehrt *puris*, allerdings eine kleinere Menge, sowie Süßigkeiten, Früchte und komplette Kleidungsausstattungen für die Ehefrauen der Frauengeber. Die Frauengeber haben vorher eine Nachricht geschickt, welcher Art die Kleidung sein soll, ob traditionell, aus einem 10-12 Mtr. weiten Rock (*ghāgar)* bestehend oder ob modern, aus einem zwei Mtr. weiten Rock, *peṭikoṭ*. Auch die genaue Anzahl der erforderlichen Kleidungssets wurde den Frauennehmern mitgeteilt. Die Frauengeber sagen, wieviele *durgūn-parāts* sie für die andere Seite haben. Für jede *parāt*, den die Familie des Bräutigams an *durgūṇ* erhält, schickt sie eine Kleidungsausstattung zurück. *Parāts* an *durgūṇ* geben nur die *bhaicyal*, die maximal bis über vier Generationen miteinander verwandten Agnaten (s.Kap.4.1).

Beispiel der Abwicklung: Wenn das Haus, das eine *parāt* schickt, drei Frauen hat, dann kann nicht nur eine Frau Kleidung erhalten. In einem solchen Fall erhält eine Frau (die älteste) eine fünfteilige Ausstattung, während die anderen zwei Kleidungsstücke bekommen. Das direkte Geberhaus aber muß für jede Ehefrau eine vollständige Ausstattung erhalten.

Die *Durgūṇ*-Delegation der Frauennehmer bleibt ein bis zwei Tage. Sie geht dann mit den *parāts*, eventuell einer Kuh, die auch häufig an *durgūn* gegeben wird und mit der Portion an *puris* zurück (ca. 150), die die junge Frau auch künftig mitnehmen wird, wenn sie ihr *mait* wieder verläßt. Die Brüder der Braut gehen auch diesmal mit und tragen die *puris*.[18] Es dauert maximal eine Woche und die Braut wird wieder in ihr *mait* zurückgebracht. Sie wird jetzt nicht mehr vom Ehemann begleitet, sondern vom Bruder des Ehemannes. Das Pendeln setzt sich in den oben beschriebenen Intervallen, d.h. zu allen Festtagen, fort.

Über den Sinn von *durgūṇ* - "doppelt", lassen sich viele Vermutungen anstellen. Ein Informant sagte, es beziehe sich auf "doppelte Kleidung". Es kann sich aber auch auf das Hin- und Hergehen ("zweiter Brautzug") beziehen.

---

[18]Diesen Gang kann auch der Vater der Braut begleiten. Tut er das nicht - was die Regel ist - kann er das Haus der Tochter ein Jahr lang nicht besuchen (s.o).

Einen *barāt*, begleitet von Schmuck, Aussteuer und Geschenken aller Verwandten, gibt es nur einmal im Leben der Frau. Braut und Bräutigam stehen als Empfänger im Mittelpunkt. Die an *durgūṇ* vollzogenen Gänge, die Gegenseitigkeit ausdrücken (möglicherweise ein weiterer Grund für "doppelt") wiederholen sich jedes Jahr in der Institutionen von *og* und *bheṭaṇ*.

(3) Die Gabe von *og* findet zu Beginn der Regenzeit im Monat Srāvan, der auch Ogia genannt wird, statt. Sie geht von den Frauennehmern an die Frauengeber. *Og* ist im ersten Jahr nach der Hochzeit besonders umfangreich, wiederholt sich aber jedes Jahr in kleinerem Stil.

Bei einem von mir miterlebten *og* brachte eine Delegation von drei Frauennehmern folgende Gaben zu den Frauengebern:

> 2 Kg hochwertiger Süßigkeiten[19], 14 Kg Früchte, 1 Kg *ghī*, 6 Kg Joghurt, 25 kg verschiedener Gemüse und ca. 80 *puris*. Ich stand dabei, als die Körbe beladen wurden und man gab mir diese Quantitäten an.

Zurück brachten die Frauennehmer *bartan*, 6 bis 7 *thālis*, und Geld. Jeder Mann hatte ein 10 Rupien-*ṭika* erhalten. Diese Aufzeichnung fand zu Anfang der Untersuchung statt. Ich war davon beeindruckt, daß hier entgegen der *kanyā-dān*-Ideologie der Gabenfluß in die andere Richtung zu gehen schien, und fragte die Männer, ob die Frauengeber ihrerseits auch so etwas wie *og* bringen würden. Sie antworteten mir, das ich darauf noch fast ein Dreivierteljahr warten müsse, dann komme *bheṭaṇ*. "Sie bringen 1000 *puris*", schilderte ein Mann den Vorgang mit großer Emphase und ein anderer sagte wörtlich: "Die Frauen hier sind wie ihre *brādar*."

Die an *durgūṇ* initiierte *bheṭaṇ*-Gabe findet im Monat Cait (März/April), unmittelbar nach Abschluß des Frühlingsfests Holi, statt. Alle Frauen, die im letzten Jahr geheiratet haben, erhalten ihr *bheṭaṇ* einen Monat früher. *Bheṭaṇ* dauert einen ganzen Monat. Entweder holen es die Frauen selber ab oder die Mütter bringen es. Sie sagen aber: "Der Bruder hat mir *bheṭaṇ* geschickt". (Daß die Männer große Mengen von *puris* befördern, gilt nur bei der Hochzeit.) Circa 80 % der Frauen in meinem Umkreis bekamen *bheṭaṇ*, das neben *puris* auch etwas Geld und Kleidung für die Schwester enthält. Hat ein Mann sechs Schwestern, wie es in der Nachbarschaft der Fall war, richtet er die Gabe von Jahr zu Jahr abwechselnd an nur eine der Schwestern, da er sie nicht alle gleichzeitig bedienen kann. Derselbe Mann hatte zwei im eigenen Haushalt

---

[19]Es handelt sich um in Almora und anderen Marktflecken aus *ghī* hergestellte Süßigkeiten.

lebende Halbbrüder. Die hatten nur eine Schwester und waren nur für diese zuständig. Sie bekam jedes Jahr *bheṭaṇ*.

Die *bheṭaṇ*-Gabe ist von höchster Bedeutung für die Frau. Für Frauen, die kein *bheṭaṇ* erhalten, obwohl sie Brüder haben, ist ein Band durchgeschnitten. Ich erlebte Fälle, in denen selbst alte Frauen (60-70 Jahre) von ihrem Bruder noch regelmäßig *bheṭaṇ* geschickt bekamen, obwohl die Gabe von *bheṭaṇ* meistens eingestellt wird, wenn die dritte Generation heranwächst.

Abschließende Betrachtungen zum Gabentausch:

> "To probe a little further, it would be instructive to ask three more questions. First, are there occasions when either only the daughter or only her conjugual household are sent gifts by her parents? I have not been able to find any evidence whatsoever that the daughter alone is ever sent a gift." (Madan 1975:239)

Ich habe zu Beginn dieses Kapitels betont, daß wenn der Frauengeber in ein Frauennehmerhaus geht, er nur an die Schwester und ihre Kinder gerichtete Geschenke bringen muß, also kein Geld an seinen *bhin* (ZH) gibt. Dem *bhin* muß Geld gegeben werden, wenn er in das Haus eines Frauengebers kommt.

(a) Der allgemeinste Grundsatz aller Bewegungen lautet also, daß der Gast, der *paũṛ* (der andere im Unterschied zur eigenen Gruppe) unabhängig von seinem Status zum Empfang einer Gabe berechtigt ist.

(b) Gaben haben kombinierte Empfängeradressaten. Es ist ebenso richtig, wenn der Bruder sagt: "Ich habe meiner Schwester einen *dhoti* geschenkt", wie wenn er sagt: "Sie haben von uns Kleidung empfangen". Seine Gabe entlastet nicht nur das Haushaltsbudget, sondern die Schwester und ihr Gattenhaus bilden eine Einheit. Dennoch ist die Gabe, die an die Schwester gerichtet ist, von den Gaben unterschieden, die ein Schwager empfängt (s. *bartan* ist an Männer adressiert).

Die Mehrdimensionalität einer Gabe wird am Beispiel des *bheṭaṇ* besonders deutlich: Erstens empfängt die Schwester vom Bruder, ihr persönlicher Nutzen ist ein ideeller, Anerkennung, Ehre (Einheit Bruder-Schwester-Beziehung). Zweitens hat der Haushalt empfangen, der seinerseits jetzt die *puris* verteilt und dadurch Anerkennung erhält bzw. lokale Beziehungen bestätigt (Einheit Dorf bzw. Abstammungsgruppe). Drittens symbolisiert *bheṭaṇ*, daß all diejenigen, die als Schwestern abgetreten wurden, die Ehefrauen der Frauennehmer, eine Einheit bilden. Sie sind die eigentlichen Empfänger, die Nutznießer. So kann *bheṭaṇ* als eine Gabe betrachtet werden, die an alle kategoriellen Schwestern gerichtet ist. Diese befinden sich in jedem Ort, in den die Familie X eine

Tochter gegeben hat. Spiegelbildlich haben dieselben Orte Töchter in das Dorf der Familie X gegeben, so daß der Gabentausch in seiner umfassendsten Dimension einen großen Kreis beschreibt, in dem exogame Gruppen in ständiger Beziehung miteinander stehen. An *bheṭaṇ* findet ein Austausch aller mit allen statt. In einen einzigen Haushalt gelangen im Laufe des Monats *puris* aus vielleicht 30, 40 Ortschaften und mit ihnen potentiell Nachrichten. Das Nahrungmittel selbst ist eine Botschaft. Umgekehrt erreichen die *puris* aus einem Ort den gesamten Radius, in dem affinale Beziehungen bestehen.

(c) An Männer adressierte Gaben signalisieren den Rang. Kein Mann kann gleichzeitig eine Kokosnuß (Gabe an Geber) und Geld (Gabe an Nehmer) aus einer Hand empfangen. Die Gegenstände gehen jeweils in eine Richtung und symbolisieren eine Opposition. Kleidung, die an Frauen adressierte Gabe, geht in beide Richtungen (s. Kleidungsausstattungen, die die Frauennehmer an die Geber schicken). Frauen, denen gegenüber eine Gabenpflicht besteht, sind einschließlich der eigenen Schwester Ehefrauen von affinalen Verwandten. Es gibt keine Regel, die eine Kleider oder *puri*-Gabe an die Schwester der Ehefrau, die wie die Ehefrau in Opposition zur Schwester steht, vorsieht, so daß der Schluß naheliegt, daß für Gaben an Frauen die Gabe an die Schwester Pate steht.

(d) Gabentausch ist Zuteilung von und Teilhabe an Prestige. Eine Familie, die zur Hochzeit nur Blusenstoffe verteilt, läßt dem Gast nicht die ihm gebührende Ehre zukommen und hat ihrerseits mit Prestigeverlust zu rechnen. Ein Frauengeber muß dem *bhin* (ZH) mindestens 10 bis 20 Rupien (Tagesverdienst) geben, wenn dieser in sein Haus kommt, anderenfalls würde er sein Gesicht verlieren. Das Gebot zu geben und die Nichtsubstituierbarkeit der geforderten Gaben setzt ökonomisch ausgewogene Verhältnisse innerhalb des Tauschkreises voraus bzw. fordert Agnaten heraus, wirtschaftlich schwache Mitglieder zu unterstützen, wenn die Gruppe nicht als ganze Ansehen und damit Heiratschancen einbüßen will.

Die Bruder-Schwester-Beziehung ist letztendlich der Schlüssel für den Gabentausch. Durch diese Verbindung entsteht eine matrilineare Komponente in einer stark patrilinear geprägten Gesellschaft. Spuren der Aussage Malinowskis über die Rolle des Bruders in der matrilinearen Gesellschaft der Trobiander treffen auch auf den Kumaon zu.

> "Für seine Schwester oder Schwestern muß er arbeiten, sobald sie erwachsen sind und geheiratet haben. Indes besteht zwischen ihnen dennoch ein sehr strenges Tabu, das schon sehr früh im Leben wirksam wird." (1979:101)

Zumindest ist es angebracht, von einer geteilten Verantwortung des Ehemannes und des Bruders für die Frau bzw. die Reproduktion zu sprechen.

6.6 EINLADUNGEN - WER GEHÖRT ZUM KREIS DER PAŨṚ?

Wer eingeladen wird, gibt bzw. empfängt etwas. Durch Einladungen ist der Kreis markiert, zu dem Gabenbeziehungen oder mit anderen Worten "notwendige Beziehungen" bestehen. Wie die nächsten Kapitel zeigen werden, ist es von höchstem Interesse, wer zu diesem Kreis gehört, denn es kann davon ausgegangen werden, daß affinale Gaben die Reichweite verbotener Heiratsbeziehungen kennzeichnen. Des weiteren können anhand der Gaben- und Einladungspflicht Gruppen differenziert werden, die im terminologischen Schema als nicht differenziert erscheinen, so z.B. die große Gruppe der kollateralen Verwandten, die als Brüder und Schwestern bezeichnet werden.

Ich habe einige Mühe darauf verwandt, die Gäste auf Festen zu identifizieren. Das Ergebnis der Recherchen bleibt dennoch ein Stückwerk. Zunächst gibt es einen Unterschied, wer eingeladen werden muß und wer eingeladen werden kann.[20] Es gibt persönliche und gruppale *pa˜uṛ*. Die, die eingeladen werden müssen, erscheinen nicht zwangsläufig. Sie fehlen oder delegieren, aber sie schicken und erhalten Geschenke.

Ich habe mir von drei Haushaltsvorständen *paũṛ*-Listen vortragen lassen. Die größte von ihnen umfaßte ca. 130 Haushalte, von denen sich ca. 20 im eigenen Dorf befanden. Bei den letzteren handelte sich mehrheitlich um Frauengeber der eigenen Frauengeber.

> Auf den Unterschied, ob jemand als *paũṛ* oder als *brādar* eingeladen ist, machte ich bereits in dem Kapitel 3 aufmerksam: Brüder können ausgeladen werden, *paũṛ* müssen selbst dann noch eingeladen werden, wenn die Haushalte verfeindet sind. Ob sie persönlich erscheinen, spielt keine Rolle. Sie müssen in dem oben beschriebenen Modus bei einer Hochzeit geben und empfangen.[21] Da in den Orten südlich und östlich von Thama auch *brādar* Geschenke zur Hochzeit eines Mädchens geben, habe ich wiederholt nachgefragt, warum die *brādar* in Thama bzw. westlich und nördlich davon nichts geben. Die Antwort lautete: "Die *brādar* haben uns bei der Hochzeit nichts gegeben und auch nichts von uns empfangen,

---

[20]Es wird zwischen *prem-nyū̃t* (Einladung aus Sympathie oder Freundschaft) und *paũṛ-nyū̃t* unterschieden.

[21]Es war für mich beeindruckend, als ich bei der letzten Hochzeit in Thama Kinder beobachtete, die sich mit den *paũṛ*-Gaben um das feindliche Hochzeitshaus herumdrückten, bis sie schließlich entdeckt und hereingerufen wurden. Sie verschwanden sofort wieder, nachdem die Geschenke in das Gabenbuch eingetragen worden waren.

also geben wir nur, wenn wir *paũṛ* sind." Ich möchte diesen Unterschied hier nicht weiter verfolgen. Die in Thama und übrigens auch von mir im Distrikt Pithoragarh beobachtete Praxis könnte so gedeutet werden, daß die Gabe der Frau und die dadurch eingeleitete affinale Beziehung die Basis des Gabentausches darstellt.

Wer zu *paũṛ* wird und wer nicht möchte ich zunächst an einem Beispiel aus dem Kontext "lokale *paũṛ*" erläutern:

> Gusai Singh Mehra hat eine Tochter nach Chani gegeben. Der ältere Bruder des Ehemanns dieser Tochter hat seine Tochter an Ganga Singh Mehra, einen *brādar* von Gusai Singh gegeben. Gusai Singh wird als Frauengeber der Frauengeber zum *paũṛ* von Ganga Singhs Familie. Bei einer Hochzeit in Ganga Singhs Haus werden Gusai Singh und die Haushalte seiner vier Brüder, also die *bhaicyal* im engeren Sinne, eingeladen. Das ergibt fünf *paũṛ*, die alle Gaben geben und empfangen. Für Gusai Singh ist Ganga Singh ein Frauennehmer der Frauennehmer. Findet eine Hochzeit in Gusai Singhs Haus oder dem seiner Brüder statt, dann werden nicht etwa ebenso Ganga Singh und seine Brüder eingeladen, sondern lediglich die Ehefrau von Ganga Singh.[22]

Meine Fallsammlung zeigt, daß selbst Frauengeber der Frauengeber der Frauengeber noch zu lokalen wie gruppalen *paũṛ* werden. Umgekehrt laden sie wiederum nur die Frau ein, die das Bindeglied darstellt (hier: ZDHZ).

Familien, die Frauen von der gleichen Frauengebergruppe genommen haben, werden nicht zu gruppalen *paũṛ*. Es ist immer angebracht, eine direkte Schwester der Ehefrau einzuladen, aber keineswegs werden die Familien der Brüder ihres Mannes eingeladen. Das gleiche gilt für Mutters Schwestern. Nach einem lokalen Begriff für diese Differenz suchend, sagte man mir, daß sie keine *pakkā* (richtigen) *paũṛ* seien. Sie gehören potentiell zur eigenen Gruppe. Schwestern von Ehefrauen des Haushalts werden nach Belieben (*premnyũt*) eingeladen bzw. mit der Begründung vergessen: "Sie sind in ein anderes Haus gegangen." Direkte Mutterschwestern werden immer eingeladen, aber im Unterschied zum Mutterbruder geben sie die Gabe eines entfernten *paũṛ* (*thāli, dhoti*).

Alle Mutterbrüder der Ehefrauen (Frauengeber der Frauengeber) müssen eingeladen werden. Umgekehrt wird wieder nur eine Person eingeladen, die *bhānji*, und nicht ihr Ehemann und dessen Brüder (Frauennehmer der Frauennehmer). Die Mutterbrüder der Frauennehmer sind nicht eingeladen, und die Schwestern

---

[22]Sind Familienvertreter von jedem Haushalt eines Verwandtschaftsverbandes (*bhaicyal*) eingeladen, spreche ich von "gruppale" *paũṛ*. Ist dagegen nur ein einzelner Haushalt eingeladen und i.d.R. durch die Person repräsentiert, durch die die Verwandtschaftsverbindung zustande gekommen ist, spreche ich von "persönliche" *paũṛ*.

der Frauennehmer bzw. ihre Männer (Frauennehmer der Frauennehmer) erschienen ebenso auf keiner Einladungsliste.

Es wurde mir gesagt, daß sich die Einladungen gegenüber den Frauennehmern auf einen kleineren Kreis beziehen als gegenüber den Frauengebern. Ein Mann demonstrierte dies so, daß alle Brüder seiner Frau bis zum *buṛbubu*, verwandt über den gemeinsamen Urgroßvater, eingeladen werden. Die Brüder seines *bhin* (ZH) seien dagegen nur bis zum gemeinsamen Großvater (*bhaicyal* im engeren Sinne) eingeladen.

Während die männlichen (aber nicht die weiblichen) Nachkommen von Vaters Mutters Brüdern und Vaters Vaters Schwestern (Sprecher Haushaltsvorstand) aufgeführt waren, waren die Nachkommen von Vaters Vaters Bruders Schwestern zum Teil[23] und die von Mutters Mutters Brüdern auf jeden Fall vergessen.

Die Differenzierung von *paũṛ* erscheint mir von höchstem Interesse. Sie bedarf allerdings weiterer empirischer und analytischer Vertiefung. Ich werde auf einige Aspekte der dargestellten Unterscheidungen in den nächsten Kapiteln zurückkommen.

---

[23]Gaben und Einladungspflicht wird dann aufrecht erhalten, wenn FFBZ keinen leiblichen Bruder hatte.

7. DIE NOMENKLATUR DER VERWANDTSCHAFT

7.1 BENENNUNGEN UND HALTUNGEN

Ein Teil dessen, was dieser Titel beinhaltet, ist bereits in den vorangegangenen Kapiteln angesprochen und deskriptiv entfaltet worden. Gaben, Einladungen, Rituale benennen kategorielle Zuordnungen der Verwandtschaft. Die Verwandtschaftsterminologie bedarf jedoch einer eigenständigen Betrachtung. Sie ist ein abstraktes System von Benennungen, die den sozialen Kosmos ordnen, ohne Auskunft darüber geben zu können, wie sich diese zur Praxis verhalten.

> "The categories of the terminology compose a definite formal order, but they do not entail any specific kind of social order." (Needham 1966-67:142)[1]
> "Actually a kinship terminology has not as its function to register groups; it is on the contrary the basic fact of its nature, that it universally ignores them." (Dumont 1961:92)

Verwandtschaftsterminologie ist in diesem Sinne eine Art "soziale Grammatik", von der angenommen wird, daß sie in hohem Grade resistent ist gegenüber einer sich wandelnden Praxis.

Ebenso ist es aber möglich, daß sich die Terminologie unter dem Einfluß einer Herrschaftssprache verändert, während in der Praxis ursprüngliche Klassifikationsweisen, ausgedrückt in Attitüden, Gaben, Ritualen, beibehalten und nicht von dieser Terminologie reflektiert werden. Dies ist nach Ansicht Dumonts der Fall in Nordindien.

> "..the Indo-Aryan scheme, with its complication and the uneasy manipulations to which it is submitted, looks a very approximate language into which the actual attitudes and actions of kinship are more or less indirectly and unelegantly expressed..." (Dumont 1966:103)

> "Die terminologischen Kategorien der sanskritischen Sprachen Nordindiens haben bei Analytikern (Dumont 1966, 1975) einige Ratlosigkeit ausgelöst.

---

[1] Frühere Ethnologen, wie etwa Radcliffe-Brown, gingen davon aus, daß die Sprache in direkter Übersetzung ein System von Beziehungen reflektiert. Lévi-Strauss plädierte für eine analystische Trennung der Ebenen von Benennungen und Haltungen, ohne die funktionalen Beziehungen der Ordnungen zueinander zu ignorieren. "Die Differenzierung ist vielmehr ein Mittel, die Homologien zwischen beiden Ebenen herauszustellen." (Oppitz 1975:109)

> Sie entsprechen weder dem aus dem Süden bekannten "klassifikatorischen" Muster, noch dem der europäischen Sprachen mit der bekannten Überbetonung der eigenen Aszendenten und Deszendenten bzw. der Vernachlässigung der Seitenlinien. So kann auch nicht von "deskriptiven" System die Rede sein." (Pfeffer 1985:176)[2]

Die südindischen Terminologien sind durch klare Oppositionen von konsanguinen und affinalen Verwandten gekennzeichnet.

> "...Ego's `cross cousins` are essentially Ego's affines, just as the `mother's brother` proved to be essentially the father's affine. This means that the alliance which we considered horizontally in one generation acquires a new, a vertical dimension, and runs through generations. It is this alliance as an enduring institution that is embedded in the terminology, that provides it with its fundamental and characteristic opposition." (Dumont 1953:38)

Während in Südindien Kreuzcousinenheirat und Schwesterntausch dominieren, was die in Nordindien übliche Trennung in auf Dauer gestellte Frauennehmer- und Frauengeberlinien überflüssig macht, ist diese Praxis im Norden verboten. Die Regeln untersagen hier Heiraten mit den vier durch die Großeltern erfahrenen Lineages einzugehen (s.Kap.8.1). Außerdem sollen die eigenen Frauengeber nicht zu Frauennehmern gemacht werden. Dumont, der über Nordindien sagt: "..in this system affinity is in various ways and successive steps encompassed within consanguinity" (1975:214) wird bei seinem Versuch, Strukturhomologien zwischen beiden Systemen nachzuweisen, u.a. von Trautmann (1981) kritisiert.

> "Dumont has reviewed Morgan's thesis of Indo-Aryan and Dravidian convergence in our own day, but on a different basis. Failing to show a fundamental similarity between their terminologies, he finds a common ground in customary practices concerning marriage prestations: the North Indian system, he says, "is in all appearance a compromise between a `Dravidian' practice and an Indo-Aryan verbal heritage,"... The results on this study, as may be imagined from what we have seen of the two terminologies on the preceding pages, were very poor in evidence of the hypothesized convergence. To the contrary, on Dumont's own admission the Hindi terminology shows no trace of the cross/parallel distinction characteristic of Tamil, much less of the rule of cross cousin marriage it presumes." (ibid., S. 104/105)

Wie ich im folgenden zeigen werde, weicht die Kumaoniterminologie in wesentlichen Punkten von der u.a. von Vatuk (1969) und Parry (1979) dargestellten Nordindien-Nomenklatur ab, und die Daten bestärken Dumonts Hypothese. Im

---

[2]Als "deskriptive Systeme" gelten solche, die eine Beziehung unter Rekurs auf die tatsächliche Genealogie benennen, während bei "klassifikatorischen Systemen" verschiedenste genealogische Grade oder Gruppen in einer Klasse zusammenfaßt sein können (die Unterscheidung stammt von Morgan).

Kumaon mag wiederum zutreffen, daß die Terminologie, wenn sie sich in Randzonen dem Zugriff der Herrschaftssprache zu widersetzen vermag, langlebige und originale Strukturen dokumentieren kann.[3]

7.2 DARSTELLUNG DER KUMAONI-TERMINOLOGIE[4]

a) Lineale und nichtlineale Zuordnungen

> "There are thus three major classes of persons and groups: wife-givers, lineal relatives and wife-takers." (Needham 1974:57)

Vaters Schwester und die Schwester Egos stellen als gegebene Frauen eine Figur dar. Ihr Gegenüber sind Mutters Bruder und der Bruder der Ehefrau, diejenigen, die eine Frau gegeben haben. Alle vier gehören in die äußere Sektion der Verwandtschaft. Aufgrund von Dorf- und Lineageexogamie werden sie sich nicht am gleichen Ort bzw. in der gleichen Gruppe wie Ego befinden. Vaters Bruder ist faktisch und Mutters Schwester ist potentiell Mitglied der eigenen Gruppe, denn so wie die Mutter heiratet, kann auch deren Schwester heiraten.

In der Fachsprache werden die Kinder von gleichgeschlechtlichen Geschwistern (Vaters Bruder, Mutters Schwester) als Parallel- und die der gegengeschlechtlichen Geschwister (Vaters Schwester, Mutters Bruder) als Kreuzcousins bezeichnet.

Kreuzcousinenheirat kann so verstanden werden, daß die Parallelverwandten, die Kinder von FB u. MZ, in den "konsanguinen" (verbotenen) und die Kreuzverwandten, die Kinder von FZ u. MB, in den "affinalen" (vorgeschriebenen oder erlaubten) Sektor für eheliche Verbindungen gehören.

> "I have shown that "parallel" and "cross" are in actual fact in South India consanguineous and affinal relatives, and we have seen in the preceding section that the opposition is meaningful in ceremonial occasions in North India as well." (Dumont 1966:98)

Im Kumaon ist diese Opposition zwischen einer äußeren und inneren Sektion der Geschwister der Eltern nicht nur durch Haltungen erkennbar. Terminolo-

---

[3]Es sei darauf verwiesen, daß sowohl Majumdar (1962) als auch Allen (1975) Terminologien aus indischen Himalayatälern darstellen, die ebenso signifikante Abweichungen von der Nordindiennomenklatur aufweisen.

[4]Eine Liste der Termini befindet sich am Ende dieses Kapitels. Es ist nur bedingt gerechtfertigt, von <u>einer</u> Terminologie zu sprechen, denn <u>punktuelle</u> Abweichungen finden sich bei Brahmanen und im Osten des Kumaon. Eine besondere Schwierigkeit bei der Erhebung bestand darin, daß die Kumaoniterminologie Stück für Stück von der Verdeckung durch Hinditermini und -Kategorien freigelegt werden mußte.

gisch sind Vaters Brüder mit Vater und Mutters Schwestern mit Mutter klassifiziert. Sie werden somit wie lineale Verwandte behandelt.[5]

ṭhulbaujyu	FeB, MeZH (großer Vater)	)	lineal
k̇aka oder		)	(konsanguin)
kā̃śabaujyu	FyB, MyZH (kleiner Vater)	)	(parallel)
ṭhulijā	FeBW, MeZ (große Mutter)	)	
k̇āki	FyBW, *kaĭj* MyZ	)	
bhin	FZH (eZH)	)	nicht lineal
mam	MB	)	(affinal)
māmi	MBW	)	(kreuz)
didi	FZ (eZ)	)	

In der Hindi-Nomenklatur sind alle vier Geschwisterkategorien des Elternpaars mit verschiedenen Termini versehen: MZ und MZH *mausī/mausā*, FZ und FZH *buā/phūphā*, FB und FBW *cācā/cācī* (e) *tāū/tāī* (y), MB und MBW *māmā/māmī.*

Die im Kumaon vorgefundene Klassifikationweise findet sich auch bei dem von Trautmann (1981) dargestellten Südindienbeispiel, und auch hier wird zwischen großen und kleinen Väter differenziert.[6] Es könnte eingewandt werden, daß sich durch die Präfixbildung bzw. das Wort *kaka* die gleichgeschlechtlichen Geschwister der Eltern sehr wohl von den Eltern absetzen. Ich erwähnte bereits in Kap. 5, daß Kinder die Präfixe mitunter gar nicht benutzen. Daß es sich um eine semantische Einheit handelt, wird dadurch deutlich, daß der reziproke Terminus von Vater-Brüdern und deren Ehefrauen sowie Mutter-Schwestern und deren Ehemännern jeweils *cyal/celi* (Sohn/Tochter) ist. D.h., Parallelcousins werden mit den eigenen Kindern klassifiziert. Schauen wir uns die reziproken Termini für die "affinale" bzw. außerhäusliche Sektion der Generation ± 1 (Eltern/Kinder) an:

---

[5]Zur Unterscheidung "lineal"/"non-lineal", s. auch Needham (1974): "The consequence of this principle is to assort jural statuses into descent lines, such that, e.g., F=FB, FBS=MZS, S=BS, as contrasted respectively with F ≠ MB, FBS ≠ MBS, S ≠ ZS. ... Non-lineal terminologies have no such positive feature, but are characterized by the lack of this principle of distinction." (ibid., S. 55f.)

[6]".. the father and his brothers, the mother and her sisters..are treated as one another's spouses (MZ = FBW; FB = MZH)." (ibid., S. 37) Trautmann thematisiert die Tatsache, daß nur die Parallelverwandten in der Elterngeneration (in Hindi nur FB) in älter und jünger differenziert werden. "If, as I shall argue, cross kin are affines of a kind, with whom one is in a social relation of reciprocity, the distributional evidence of the e/y distinction suggests that among parallel kin, with whom one's relation is otherwise one of mere identity, the e/y distinction intrudes to give relief to an otherwise flat landscape, and to organize it internally on a basis of hierarchy." (ibid., S. 47)

1) *bhin* (FZH) *didi* (FZ)

---

sāu (WBS) *sāi* (WBD) *bhadyā* (BS) *bhadye* (BD)[7]

2) *mam* (MB) *māmi* (MBW)

---

bhānja (ZS/HZS) *bhānji* (ZD/HZD)

Die hier aufgezeigte Konstellation unterscheidet sich in einem wesentlichen Punkt von der von Vatuk (1969) und Parry (1979) dargestellten Hinditerminologie. In dieser werden die Kinder von Geschwistern nach Patri- und Matriseiten klassifiziert:

FB, FBW, FZ, FZH benutzen als reziproke Termini bhatījā/bhatījī (BS/BD)
MB, MBW, MZ, MZH benutzen *bhānja/bhānji* (ZS/ZD)

Besonderer Aufmerksamkeit bedarf die Tatsache, daß im Kumaon Vaters Schwester und die eigene Schwester eine Kategorie (*didi*) bilden und daß dies eine Kettenwirkung zeitigt:

- Es werden hierdurch Generationen in zwei Richtungen assimiliert (Identität von Schwester und Vaterschwester sowie von Bruder der Ehefrau und dessen Söhnen).
- Mann und Frau verhalten sich als Sprecher nicht mehr identisch (s.1).
- Die Kinder des Frauengebers (*sāu/sāi*) werden nicht wie im Hindi "konsanguin vereinnahmt" (*bhatījā* = Bruders Sohn sowie *sālās* Sohn).
- Als konsanguin sind dagegen aber die Kinder der *sālī/sāi*, der Schwester der Frau klassifiziert, die *cyal/celi* (Sohn/Tochter) genannt werden (in den o.g. Hindi-Terminologie werden sie *bhānja* und *bhānji* – Schwesters Kinder-genannt).

Diese in der Kumaoni-Terminologie vollzogene Umkehrung weist auf die von vielen Autoren verkannte, aber von einigen hervorgehobene Logik hin, daß die Schwester der Ehefrau als potentielle Ehefrau der Brüder "konsanguin" klassifiziert wird; eine "Konsanguinität", die natürlich die affinale Beziehung voraussetzt.[8] Als Folge der Konfiguration: FZ=Z wird die Trennung von Schwe-

---

[7]Wörtlich übersetzt bedeuten die Termini, die, wie hier angezeigt, nur von weiblichen Sprechern benutzt werden können, Sohn bzw. Tochter des Bruders. In der Umgangssprache sagt die Frau aber ebenso *bhulā/bhulī* (yB, yZ) wenn sie von den Kindern des Bruders spricht.

[8]Dumont (1975:214) spricht im diesem Zusammenhang vom "doppelten Standard" der Frauen; Pfeffer 1985:181: "Dabei soll auf eine wichtige Einsicht der Chicago-Schule um Marriott und Inden verwiesen werden: Durch Heirat werden Frauen zu Konsanguinen ihrer Gatten."

stern und Ehefrauen bzw. von Frauennehmer- und Frauengeberopposition lineal perpetuiert. Der Mann tritt nicht nur in das Haus seiner Schwester als Empfänger von Kokosnüssen und Geber von Geld, sondern auch in das seiner Vater-Schwester. Ihr Ehemann ruft ihn *sāu*, und Terminologie und Haltung stimmen hier überein.

Des öfteren konnte ich beobachten, daß anläßlich des Besuchs einer Vater-Schwester 17-18jährige Neffen von ihrem geringfügigen, selbstverdienten Taschengeld ein Geld-*ṭika* für diese abzweigten.

Die Sonderrolle von Vaters Schwester und ihrem Ehemann (*bhin*) im Kreis der Vergleichspaare (MZ/MZH, MB/MBW, FB/FBW), die als Paare jeweils eine terminologische Einheit darstellen, zeigt sich auch in der Referenz der Angeheiraten gegenüber diesen. Hier wird im Unterschied zur Hinditerminologie nicht zwischen lateralen und kollateralen Verwandten des Ehemannes bzw. der Ehefrau differenziert.

	Parry	Vatuk	Kumaon
WF/HF	*sohra*	*sasur*	*caur*
WM/HM	*sas*	*sās*	*sāśu*
BWF/ZHF	-	*māvsā*	*caur*
BWM/ZHM	-	*māvsī*	*sāśu*
HFyB/WFyB	*patrora*	*pitasarā*	*nan caur*
HFyBW/WFeBW	*patres*	*pītas*	*nan sāśu*
HFeB/WFeB	*tatora*	*tāyasurā*	*ṭhul caur*
HFeBW/WFeBW	*tatres*	*tāyas*	*ṭhul sāśu*
HMB/WMB	*marula*	*maulasarā*	*mamiya caur*
HMBW/WMBW	*malehs*	*maulas*	*mamiya sāśu*
HFZH/WFZH	*busohra*	*phūphasarā*	*dad* (eB)
HFZ/WFZ	*bues*	*phūphas*	*paũṇī* (HeZ)/*jeṭhau* (WeZ)
HMZH/WMZH	*masohra*	*mausararā*	*caur*
HMZ/WMZ	*masehs*	*mausas*	*sāśu*

Sie alle sind *caur* und *sāśu* (Schwiegervater und Schwiegermutter), lediglich die Vater-Schwestern der Ehepartner bilden eine Ausnahme:

HFZ: *paũṇī* HFZH: *dad* (eB)
WFZ: *jeṭhau* WFZH: *dad* (eB)

Diese Konstellation führt zu einer Inkonsistenz: Nach dem obigen Schema müßte WFZS Sohn (*cyal*) genannt werden; gleichzeitig ist er aber der kategorielle Bruder der Ehefrau und wird deshalb *sālā* bzw. in Kumaoni *sāu* genannt.[9]

---

[9]Auf diese Kontradiktion macht auch Parry (1979:211) aufmerksam: "By one principle the WFZS is a 'brother'of the bride and therefore a sala of the groom; yet by another way of reckoning he is a conceptual equal who, given the pattern of repeated intermarriage, may in fact be a real or classificatory FBS. This ambivalence was clearly reflected by my informants'ambivalence about the pattern of deference appropriate between such individuals."

Auf die gleiche Inkonsistenz treffen wir bei HFZS. Als kategorieller Bruder des Mannes wird er zum *jiṭhāṇā* (e) bzw. *dyor* (y), obgleich der Sohn einer *paũṇī* (HeZS) *bhānja* genannt wird. Hier ist also die Systematik, daß ein Terminus immer den gleichen reziprіken Gegenpart hat, gestört.

Ich möchte jetzt die die "Eltern-Kinder-Generation" einschließende "Großeltern-Enkel-Generation" (G±2) betrachten. Hier wiederholt sich das bereits dargestellte Muster der Abweichung: Aszendenten und Deszendenten sind nicht wie in der Hinditerminologie nach Patri- und Matri-Seiten differenziert, sondern werden symmetrisch klassifiziert.[10] FF wird wie MF *bubu* genannt, FM wie MM *āmā*. Steigerungen werden durch die Vorsilbe *buṛ-* und *pāṛ-bubu* (FFF, FFFF) ausgedrückt. Die reziproken Termini sind *nāti* (SS, DS) und *nātiṇi* (SD, DD).[11] Die Ehepartner in der Enkelgeneration bleiben *javaĩ* und *bvāri* (wie G±1) und die Großeltern der Ehepartner sind umgekehrt *caur* und *sāśu*, lediglich durch das Präfix *buṛ* (alt) ergänzt.[12]

Die Termini für die Großeltern sind wieder mit einer Ausnahme auf alle kollateralen Verwandten dieser Generation ausgeweitet: Die Schwestern eines *bubu* werden nicht zur *āmā*, die die Sukzession von Ehefrau und Mutter darstellt, sondern sie heißen *bubu*, wie der Großvater selbst.[13] *Bubu* weiblich und männlich werden durch den Zusatz *nan* und *ṭhul* - kleiner Großvater/großer Großvater-unterschieden.

---

[10]"Eine offen das ganze Schema vertikal durchlaufende Opposition ist die zwischen den durch männliche bzw. weibliche Mittler gefundenen Verwandten in den Generationen von Enkeln und Großeltern. Nach Dumont (1975) sind diese Konstruktionen der Rahmen der nordindischen Nomenklatur." (Pfeffer 1985:176) Symmetrische Klassifikation in der Generation±2 ist ein von Trautmann hervorgehobenes Merkmal dravidischer Nomenklaturen und wird von Dumont folgendermaßen erklärt: "In the grandfather's generation, cross-cousin marriage (or an equivalent) leads one to suppose an affinal link between Ego's two grandfathers, and this is the very reason why they cannot be distinguished, and why there is normally only one term for both of them, for both are kin in one way, and affines in another..." (Dumont 153:38)

[11]vgl. Vatuk: *potā* (SS), *potī* (SD), *dhevtā* (DS), *dhevtī* (DD); *bābā* (FF), *dādī* (FM), *nānā* (MF), *nānī* (MM)

[12]vgl. Vatuk HFM, WFM *dādas*, HMM, WMM *nānas*; Eltern der Schwiegereltern sind hier nicht mehr mit einem affinalen Terminus belegt.

[13]vgl. die Hindinomenklatur, die keinen Unterschied zwischen FFZ und FFW (*dādī*) macht.

Ich habe Schwierigkeiten, die hier vollzogene Assimilation zweier Geschlechter zu verorten. Offensichtlich steht die Sonderstellung von FFZ in Zusammenhang mit der von FZ (s.o.), die bei den Brahmanen ebenso wie FFZ *bubu* genannt wird. Als oppositionaler Terminus zu *āmā* hat *bubu* weiblich eine affinale Konnotation. Als "kleiner Großvater" aber erscheint sie wie eine außerhäusliche agnatische Dependance. Klärung könnte der Terminus für ihren Ehemann bringen. Er wird als Ergebnis von Mehrheitsverhältnissen und Konsenzbildung *bubu* genannt, etliche Informanten aber gaben den Terminus *bhin* (eZH, FZH) an. Sollte er so pheripher sein, daß man es nicht genau weiß, oder ist er beides, denn *bhin* bezeichnet den Frauennehmer schlechthin. Eine beifällige Bemerkung, die vielleicht bedeutsam ist, die ich hier aber nicht überinterpretieren möchte, lautete, daß man in den Haushalt einer *bubu* im Unterschied zu dem einer *didi* keine Frau geben kann. Aufgrund der Heiratsregeln (Kap. 8) ist dies plausibel: Leibliche Kinder von Z, FZ, FFZ können nicht geheiratet werden und im Haushalt von FFZ wird sich schwerlich noch kollateraltes Personal (Nachkommen von FFZHB) für eine Heirat finden lassen.

Die Kompliziertheit nordindischer Terminologien kulminiert in der Ego-Generation, wo sich in der Intergenerationenreferenz angelegte Konturen auflösen. Alle vier Arten von Cousins (MZ/D,S, FB/D,S, FZ/D,S, MB/D,S) bezeichnen sich gegenseitig als Brüder und Schwestern und werden dementsprechend für die nachfolgende Generation zu Mutter- bzw. Vater-Brüdern und -Schwestern (s. Abb.). Das gilt auch für die Kumaoni-Terminologie, obgleich die obigen Ausführungen gezeigt haben, daß hier latente Alternationen bestehen. Der Systematik folgend, daß Z und FZ mit dem gleichen Terminus belegt sind, müßte FZS vom männlichen Sprecher anstatt "Bruder" *bhānja* (ZS) und MBS *mam* genannt werden (Vaters *sāu* ist ein *mam*).

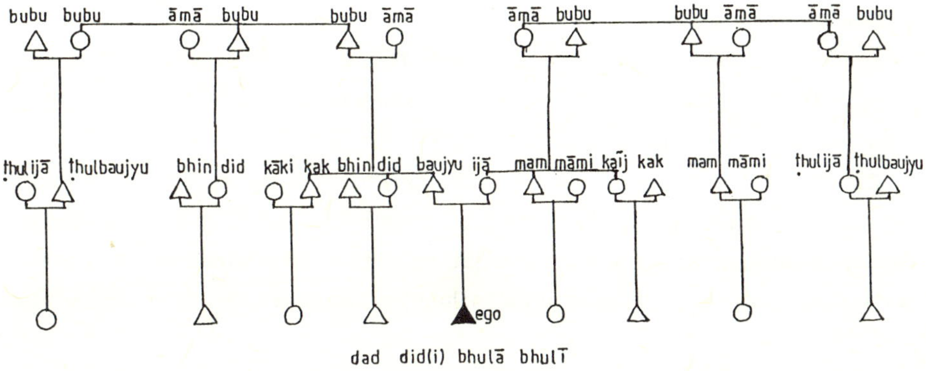

Als bedeutsame Differenz zur Hinditerminologie ist die konsequente Trennung der Geschwister in älter und jünger hervorzuheben. *Didi* bzw. *did* und *dad* (ältere Schwester und älterer Bruder) werden niemals mit *bhulī* und *bhulā* (jüngere Schwester und jüngerer Bruder) verwechselt, oder um es mit Trautmanns Worten über Südindien auszudrücken: "There is no class of "brothers, etc. of equivalent age" proper to the set of kinship terms.." (1981:44) Das Hindiwort *bhāī*, Kumaoni *bhaiyā (Bruder)*, hat wie das Wort *bahen* (Schwester) eine liebevolle Konnotation. Es wird nur in unspezifischen Beziehungen oder gegenüber jüngeren Geschwistern gebraucht.

Dennoch bleibt der kollektivierende Gebrauch der Kategorien Bruder/Schwester bestehen, der für Dumont ein zentrales Problem darstellt.

> "The question concerns first of all the categories of uncles and aunts. To what extent are they limited to the proper siblings of the parents (and their spouses), as is the case in a common type of marriage rule? To what extent, on the contrary, are they wider, in accordance with the configurational definition of "brother"? As a first instance let us suppose that my mother has a mother's sister's son. He is to her, in accordance with the scheme, a *bhāī* (as all the male children of her immediate uncles and aunts). ... Now the question is: being a *bhāī* of my mother, is he or is he not, a mother's brother, *māmā* to me? The answer is, that he may be so, or not." (Dumont 1966:101)

Hier kategorisiert der Gabentausch. Er ist gemäß dem terminologischen Schema ein *māmā*, aber ein vergessener, denn er wird nicht eingeladen. Zu allen Verwandten, die durch Schwestern in der maternalen Linie vermittelt sind, besteht, angefangen mit Mutters Schwester, keine Gabentauschbeziehung.

Ego wird auf Festen mit einer großen Anzahl von *māmās* konfrontiert, aber sie stehen alle in einer Frauengeberrelation zum Haus. Ich habe es nicht erlebt, daß Töchter des Mutter Bruders (Schwestern) und ihre Nachkommen eingeladen werden. Das heißt, sie sind im Unterschied zu ihren Brüdern keine *paũṛ*. Diese Schwestern können jeden Bruder im Dorf heiraten, sofern er von einer anderen Mutter stammt als Ego. Obgleich sie ebenso wie die Töchter von Vaters Brüdern Schwestern genannt werden, sind sie gegenüber diesen sozial peripher. Die Bewegung geht stets in eine Richtung. Alle Aufmerksamkeit gilt den paternalen Schwestern und deren Nachkommen, die drei Generationen lang nicht in den Ort zurückheiraten können.

Ein weiterer Umstand, den die Terminologie nicht aufzeigt, ist die Tatsache, daß das Wort *māmā*, in Kumaoni *mam*, im Unterschied zu *bhin* im klassifikatorischen Sinne gebraucht wird. FBWB ist mein *mam*, aber nicht nur die nahen, sondern auch die entfernteren agnatischen Verwandten rufen Egos *mam* ebenso *mam.*[14] Ich habe mir sagen lassen, daß wenn Egos Bruder (nicht leiblich) eine Heirat mit einer Tochter des *mams* eingeht, er seinen Schwiegervater *caur* nennt, aber daß er die kategoriellen Brüder seines Schwiegervaters weiterhin *mam* nennt. Die Referenz, daß der *mam* meines Bruders auch mein *mam* ist, lebt und artikuliert sich im Alltag. Im Unterschied dazu konnte ich nicht beobachten, daß der *bhin* Egos und seiner leiblichen Brüder vom erweiterten Agnatenkreis auch als *bhin* bezeichnet und angesprochen wird bzw. umgekehrt, daß Ego die kategoriellen Brüder des *bhin* als *bhin* bezeichnet.[15]

b) Die "Quasi-Konsanguinen"

Als die "Quasi-Konsanguinen" bezeichnen Parry (1979) und Vatuk (1969) diejenigen, die als Ehepartner von affinalen Verwandten in Egos Generation verschwistert werden. Es liegt hier keine biologische Verwandtschaft zugrunde, und m.E. handelt es sich um eine klassifikatorische Konzeption im Morgen'schen Sinne. Insbesondere Sylvia Vatuk (1969) hat auf die Bedeutung dieser Klassifikation aufmerksam gemacht und sie mit der Dumont'schen Argumentation über die Kategorien "Bruder"/"Schwester" verbunden. Sie stimmt ihm zu, daß diese Kategorien eine zentrale Stellung im ganzen System einnehmen, bezweifelt aber ihren deskriptiven Charakter.

> "Dumont maintains that *bhāī/bahen* is a purely descriptive term which does not oppose another category, but serves only to trace filiation (1966:100). What he does not show is that *bhāī/bahen* includes one important category of *affines*, who could not be called "brother" and "sister" (execpt at the highest level of meaning referred to above) if the crucial criterion were double filiation." (ibid., S. 101)

Ich möchte zunächst kurz rekapitulieren, was ich im Kapitel 6 über diese Verschwisterungen und Verbrüderungen ausgesagt habe.

(1) Die Ehefrauen eines Hauses (Schwägerinnen) sind als genommene Frauen von der gleichen Art bzw. in Opposition zu HZ (*naṅd*=affinal) verschwistert, HeBW ist im Anruf eine *didi* (Z). Ich wies darauf hin, daß DHBW *celi* (Tochter) und ZHBW Schwester gerufen wird und konnte zeigen, daß hier Terminologie und Haltung in enger Beziehung stehen (s. Adressierung des *bheṭaṇ* an alle

---

[14]s. hierzu Dumont (1966), der diesen Umstand sehr vorsichtig ausdrückt: "Furthermore, the *māmā* of my agnatic *bhāī* is conversely, at least in certain cases, taken as my *māmā*." (ibid., S. 101)

[15]vgl. hierzu Parry 1979: "My first, rather piecemeal, observation is that as a term of reference *jija* - unlike *sala* - applies only to a specific individual (though it used more widely in address)." (ibid., S. 310)

genommenen Frauen des Dorfes und Personalaustausch der so verschwisterten Schwägerinnen bei *mait*-Besuchen).

(2) Nicht nur ZHBW wird Schwester genannt, sondern auch die Ehefrau der Frauengeber (WBW). Hier habe ich den Widerspruch aufgezeigt, daß sie als "Schwester" zum Nehmen berechtigt ist, ihr Ehemann aber zum Geben verpflichtet. Sie meidet das Haus ihrer *naṅd* (HZ). Wenn sie zu Besuch kommt, dann wird sie wie eine Schwester behandelt, auf Hochzeiten aber erscheint sie als Abgesandte eines Geberhauses und nimmt die Gaben entgegen, die für Frauengeber bestimmt sind.

(3) Ego nennt WZH Bruder. Als Frauennehmer der Frauengeber steht er in der gleichen Position wie Ego. Ich sagte, daß er nicht als *paũṛ* (Gast, affinaler Verwandter) auftritt, seine Ehefrau (*sāī*) aber aus der Sicht von Ego auch nicht als solche zählt. Sie steht wie die Ehefrau, die auch keine *paũṛ* ist, in Opposition zur Schwester.

Die unter (1) und (3) aufgeführten Verschwisterungen sind auch in der Hinditerminologie auffindbar. Allerdings wird als bedeutsame Differenz WBW nicht zur Schwester (s.u.). Außerdem erscheint das von Vatuk präsentierte Modell viel komplizierter, weil hier stets zwischen einer direkten und kollateralen Verbindung unterschieden wird, was im Kumaon nicht der Fall ist. Zumindest alle gleichgeschlechtlichen Geschwister bilden eine referentensynyme Einheit (BWB=WB).[16]

Im Kumaon werden nicht nur die Ehepartner der Affinalen verschwistert, die gleichgeschlechtliche Geschwister darstellen (WZH, HBW), sondern auch die der gegengeschlechtlichen Geschwister: WBW und HZH.

Hindi *salhaj* (WBW) Kumaoni *didi*(e)/*bhulī*(y) (WBW)

nandoī (HZH) *dad*(e)/*bhulā*(y) (HZH)

Jede Person, die Ego in seiner Generation (aber auch darüber hinausgehend, s.u.) mit einem affinalen Terminus tituliert, hat einen Ehepartner der "Bruder" bzw. "Schwester" heißt und Geschwister, die mit einem affinalen Terminus belegt sind. Frauennehmer- und Frauengebertermini (z.B. *bhin*, *sāu*, *sāī*) wechseln

[16] vgl. Vatuks Kategorisierung: "As the above table shows, this is the category which includes one's own "siblings'" spouses' same-sex "siblings'" spouses and their "siblings"; furthermore, and conversely, the "siblings" of one's spouse's same-sex "siblings'" spouses. In other words, for a male speaker the BWZH/BWZHB/BWZHZ and ZHBW/ZHBWB/ZHBWZ and their "siblings'", and also the WZHB/WZHZ and their "siblings". In adress (though generally not in reference) the WZH and HBW are themselves accorded sibling terms and are regarded as a kind of "sibling"." (ibid., S. 101)

hier die Seiten und ordnen sich den zwei Schienen von konsanguinen und affinalen Termini unter. So wird ZHZ, die Schwester des Frauennehmers, vom männlichen Sprecher *sāi/sālī* (WyZ) genannt und sie nennt BWB, den Frauengeber des Bruders *bhin* (eZH).[17] ZHZH ist ein Bruder und umgekehrt ist derjenige, den die Frau *bhin* nennt, für ihren Ehemann ein Bruder (hier WBWB).

m/s	*jeṭhau(e)*	*sāī(y)*	ZHZ	*dad(e)*	*bhulā(y)*	ZHZH
	javaī	*bhin*	BWB	*bhulā*	*dad*	WBWB

Bei dieser Klassifikationsweise gibt es eine latente Alternative. Wenn BWB (*bhin*) gleichzeitig HB ist (s. WBWB=B), dann müßte er auch *jiṭhāṇā* (HeB) genannt werden können bzw. ZHZ anstatt *sāi* auch *dyorāṇi* (yBW). Die Ehefrau des Mutterbruders (*māmi*) wäre dann gleichzeitig eine Vaterschwester (s. WBW=Z, HZH=B).

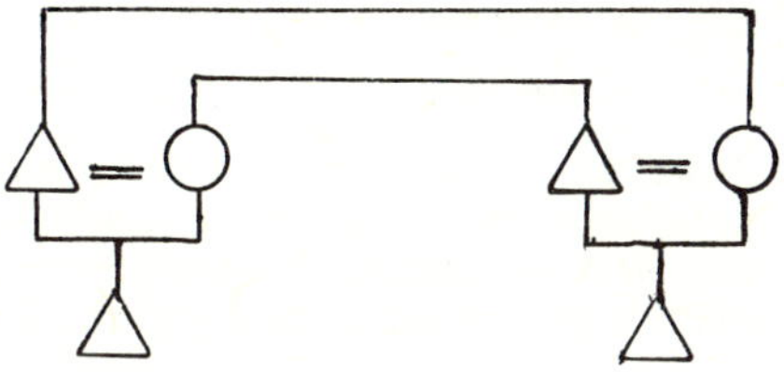

Es setzen sich die Termini der affinalen Komponente in der Beziehung durch (s.o. WBS=*sāu*, obgleich seine Mutter Schwester genannt wird; HZS=*bhānja*, obgleich sein Vater Bruder genannt wird.

Aus den bisherigen Ausführungen ergibt sich eine weitere Konsequenz: Frauengeber der Frauengeber und Frauennehmer der Frauennehmer sind nicht wie in Vatuks Darstellung kettenartig aneinander gebunden bzw. zu einer Kategorie verschmolzen.

> "..the *jījā* of a *jījā* is a *jījā* to Ego ... and the *sālā* of a *sālā* is a *sālā* to Ego." (Vatuk 1969:106)

Sie werden ebenso zu Brüdern wie diejenigen, die sich in der gleichen Position befinden, weil sie eine Frau von derselben Gruppe genommen bzw. eine Frau in dieselbe Gruppe gegeben haben.

WBWB=B (FG d. FG)	WZH=B (FN d. FG)
ZHZH=B (FN d. FN)	ZHBWB=B (FG d. FN)

Diese Klassifikation läßt sich mit Südindien vergleichen, wo es heißt: "..the affine of my affine is my brother.." (Dumont 1953:31)

[17] vgl. hierzu Vatuk 1969: "Note in both figures the absence of terms for the reciprocal pair BWB/ZHZ: "bride-giver" (f.s.) and "woman of the bride-takers" (m.s.). These relatives, classificatory as well as true, are the only ones in the entire kinship universe who are assigned no term, who cannot be classed with any other kin by a speaker of opposite sex." (ibid., S. 106)

Ganz unabhängig davon wie es in der Praxis aussehen mag, beinhaltet dieser terminologische Modus Symmetrie. An die Stelle der Triade – Frauennehmer, Frauengeber, Konsanguine – tritt die Opposition von Affinen und Konsanguinen. Alle Schwestern von Affinen sind Ehefrauen, alle Ehefrauen von Affinen sind Schwestern.

Die Trennung von Frauennehmern und Frauengebern artikuliert sich in der vertikalen Linie: WBS tritt in der gleichen Weise wie WB als Frauengeber auf.

Daß hier Symmetrie mit dem asymmetrischen nordindischen Muster – Frauen gehen in eine Richtung – kollidiert, beweist auch der o.g. Umstand, daß ZHZ im Kumaon nicht unbenannt bleibt.

> "The ZHZ is neither a potential bride nor a "sister" with whom marriage would be incestuous. She is an ineligible female of another kind: a woman who cannot be taken because she is of the group to which one gives and must continue to give." (Vatuk 1969:107)

Parry (1979), dessen Daten die asymmetrische Klassifikation (FG d. FG = FG; FN d. FN = FN) bestätigen, drückt dennoch den folgenden Zweifel aus:

> "What fits less well, however, is that in abstract contexts informants invariably refused to classify their ZHZH as a *jija* (ZH), their WBWB as a *sala* (WB); or – in the first ascending generation – their MBWB as a *mama* (MB), or their FZHZH as a *buai* (FZH)." (ibid., S. 308/309)
>
> vgl. Vatuk (1969): "..MBWB and FBWB are equated with MB, FZHZ, and MZHZ with FZ.." (ibid., S. 107)

Die Gleichung MZHZ=FZ, FBWB=MB trifft auch auf den Kumaon zu; FZHZ aber ist eine *sāī* bzw. *jethau* (WeZ) und steht in Opposition zur *did* (FZ), FZHZH wird Bruder genannt, d.h., er steht in Opposition zum *bhin* (FZH). Bei der Benennung von MBWB gab es eine Ambivalenz (s.a. Parry): Männliche Informanten sagten, er sei ein *mam*. Einige Frauen behaupteten, er sei ein *bhin*, andere sagten, er sei ein *cācā* (H f. FeB). Ich habe diese Widersprüche leider nicht weiter verfolgt. De facto ist er sehr häufig ein Lineage- oder Dorfbruder, d.h. "innerhäuslich", und er wird hier zu einem richtigen *paur̥*, während Männer, die mit einem konsanguinen Terminus belegt sind, nicht zu *pakkā paur̥* werden (s.Kap.6.6).[18]

---

[18] Zusammenfassung der "Quasi-Konsanguinen":
m/s: WZH, WZHB, ZHBWB, ZHZH, FZHZH, WBWB = Bruder
WBW, WBWZ, ZHBW, ZHBWZ, MZHZ, FZHBW = Schwester
f/s: HZH, HZHB, HBWB, ZHZH, HFZH, FZHZH = Bruder
HBW, BWBW, HZHZ, MZHZ, FZHBW = Schwester

c) Die affinalen Verwandten in Egos Generation; Scherzbeziehungen und Inzesttabu

An die Stelle der einfachen Bezeichnungen gegenüber den Aszendenten der Affinalen tritt in Egos Generation ein komplexes Benennungssystem, denn ebenso wie die eigenen Geschwister, sind diese affinalen Verwandten in älter und jünger differenziert.

	WeB: *jeṭhu*	WeZ: *jeṭhau*
	WyB: *sāu*	WyZ: sāi
m + f/s	eZH: *bhin*	
m + f/s	yZ/DH: *javaĩ*	
	HeB: *jiṭhāṇā*	HeZ: *paũṇī*
	HyB: *dyor*	HyZ: *naṅd*
m + f/s	eBW: *boji*	
m + f/s	yBW: *bvāri*	

Ich habe bereits in dem vorangegangenen Kapitel hervorgehoben, daß diese Altersdifferenz von größter Bedeutung ist, und daß der Status des Alters den Status Frauennehmer/Frauengeber überlagert. Ist der Frauennehmer ein Ehemann der jüngern Schwester, hier zählt also nicht das individuelle Alter, berührt er dem Frauengeber, *jeṭhu* (WeB), die Füße, meidet ihn und scherzt nicht. Umgekehrt verhält sich der *jeṭhu* ebenfalls distanziert. Eine ausgesprochene Scherzbeziehung dagegen hat der ältere Frauennehmer, der *bhin* mit dem *sāu*, dem jüngeren Bruder der Frau.

> Ich beobachtete Dungar Singh, wie er seinen *sāu* aufzog und beleidigte. Er sagte mir später: "Mindestens 10 Minuten muß ich das so treiben, dann kann ich mich auch normal mit ihm unterhalten".

Eine Scherzbeziehung hat der *bhin* auch mit seiner *sāi* (WyZ). Ich zeichnete ein Lied auf, daß die Beziehung von *sāi* (WyZ) und *bhin* besingt: Sie fordert ihn auf, ihr aus der Ferne ein Geschenk mitzubringen. Keine Konvention fordert Geschenke an die *sāi*, aber der in dieser Form Besungene kann ihr gegenüber potentiell Großzügigkeit und Emotionen ausdrücken, die er gegenüber der Ehefrau nicht zeigen soll.

Mit der Schwester eines Frauennehmers finden zwar nur selten Begegnungen statt, aber die Männer erzählten mir, daß man mit ihr viel scherzen und auch über schmutzige Dinge reden kann. Wie oben ausgeführt, wird sie wie die Schwester des Frauengebers *sāi* genannt und das drückt sich auch in einer Identität der Attitüden aus.

Der Interpretation von Vatuk (1969), Mayer (1960) u.a. folgend, sind gegengeschlechtliche Scherzbeziehungen ein Ausdruck für potentielle Sexualpartnerschaft. Den ältern Schwestern der Affinalen, die der Mann wegen ihres höheren Alters nicht hätte heiraten können, wird mit dem gleichen Respekt begegnet, mit dem man einer Schwiegermutter gegenübertritt. Beide Frauen, sowohl WeZ als auch ZHeZ bezeichnet der Mann sehr häufig auch als *paũṇī* (HeZ). Er nimmt also einen Begriff, der eigentlich nur von weiblichen Sprechern verwandt werden kann.

Dort wo der relative Altersunterschied der Affinalen an den Status der älteren bzw. jüngeren Generation angepaßt ist, besteht eine distanzierte Beziehung, während die Nichtanpassung an den Status der nächsten Generation eine Scherzbeziehung signalisiert:

Beziehungspaare:

HeZ	*paũṇī*	(Schwiegerm.)	-	yBW	*bvāri*	Schwiegert.	Distanz	außerhäuslich
HyZ	*nańd*		-	eBW	*boji*		Scherz	außerhäuslich
HeB	*jiṭhāṇā*	(Schwiegerv.)	-	yBW	*bvāri*	Schwiegert.	Distanz	häuslich
HyB	*dyor*		-	eBW	*boji*		Scherz	häuslich
WeZ	*jeṭhau*	(Schwiegerm.)	-	yZH	*javaĩ*	Schwiegers.	Distanz	potent.häusl.
WyZ	*sāi*		-	eZH	*bhin*		Scherz	potent.häusl.
WeB	*jeṭhu*	(Schwiegerv.)	-	yZH	*javaĩ*	Schwiegers.	Distanz	außerhäuslich
WyB	*sāu*		-	eZH	*bhin*		Scherz	außerhäuslich

Wie die Heiratsdaten zeigen werden, sind *jeṭhau* (*paũṇī*) und *sāi* "potentiell häuslich". Es besteht eine Präferenz, Schwestern in die gleiche Familie bzw. in ein Dorf zu geben. Dann kehrt sich die oben dargestellte Beziehung um. Aus einer intimen Beziehung (*sāi/bhin*) wird eine distanzierte (*bvāri/jiṭhāṇā*) und aus einer distanzierten Beziehung (*jeṭhau/javaĩ*) wird eine intime (*dyor/boji*), denn im eigenen Haus ist die ältere Frau eine potentielle Ehe- und Sexualpartnerin des jüngeren Bruders ihres Gatten (Juniorlevirat; s.Kap.8.6).

Aber vielleicht lassen sich Distanz und Nähe gar nicht als Gegensätze festschreiben, sondern stellen Komplemente von Form und Inhalt dar. So könnte man sagen, daß die distanzierte Form des Umgangs mit einer *jeṭhau* der Art entspricht, wie man mit Ehefrauen umgeht und daß der intime Ton mit der *sāi* dem Inhalt des Eheverhältnisses entspricht.

Die Ausführungen haben gezeigt, daß der Mann nicht zwischen den affinalen Frauen der Geber- und der Nehmerseite differenziert, sondern <u>daß die dominante Unterscheidung zwischen Schwestern- und Nicht-Schwestern verläuft.</u>

Gemessen an dem Inzesttabu gegenüber Schwestern sind die Frauen des Dorfes erlaubte Frauen. Kein Mann hat das Recht, seine Frau unter Berufung darauf, daß sie bei einem anderen Mann war, zu vertreiben, und eine Frau hat schon gar kein Recht, sich darüber zu beschweren, was ihr Mann tut.

Bekommt eine Frau von dem jüngeren Bruder ihres Ehemannes ein Kind, dann gibt es keine Probleme. Im Nachbardorf gab es einen solchen Fall.

> Der ältere Bruder war auswärts beschäftigt, der jüngere im Hause. Die Frau des älteren Bruders bekam ein Kind, das nur dem jüngeren Bruder

gehören konnte. Er nahm die Frau als Zweitfrau und der ältere Bruder heiratete in aller Würde eine andere Frau.

Diese Lösung ist gegenüber jüngeren Frauen des Hauses (*bvāri*) nicht möglich. Daß es dennoch Beziehungen zwischen älteren Männern und jüngeren Schwägerinnen (*bvāri*) in Familien gibt, weiß ich. Solange es einen Ehemann gibt, ist er der Vater, auch wenn er nicht anwesend war.[19]

Wenn ein Mann aber ein Verhältnis mit einer im Dorf lebenden Frau aus der Kategorie Schwester (vertriebene oder verwitwete Frau, die ins Dorf zurückgekehrt ist) hat und dieses wird durch eine Schwangerschaft offenkundig, dann folgen die stärksten Sanktionen. Ungeachtet dessen, ob die Frau aus der eigenen oder aus einer anderen Lineage stammt, werden sie beide wie Liebende, die die Kastengrenzen mißachten, vertrieben und können auf Lebzeiten nicht in den Ort zurückkehren. Auch ein solcher Fall ging in die jüngere Dorfgeschichte ein.

---

[19]Diese Auslegung habe ich exemplarisch erfahren. Meine Argumentation, daß der Ehemann nicht der Vater sein könne, weil er abwesend war, wurde ignoriert. Er sei der Vater bzw. der Vater gewesen, denn dieses Kind starb bald nach der Geburt. Es gibt allerdings auch Kinder, von denen es heißt, daß sie aus einer unehelichen Verbindung stammen. In dem Fall wird die Frau mit dem Kind i.d.R. als *dhā̃ti* in ein anderes Haus gegeben.

TAB. 12 **Kinship terms of reference**

(Das Schema für diese Tabelle ist von Parry (1979:298) übernommen worden.)

Term	Genealogical referent	Other referents include
G 2		
bubu	FF/MF	FFB, (FFZH)[20], FMB, FMZH, MFB, (MFZH), MMB, MMZH, + Z of any *bubu*
āmā	FM/MM	W of any *bubu*
buṛ caur	HFF/WFF/HMF/WFM/ FZHF	any *bubu* of H/W
buṛ saśū	HFM/WFM/HMM/WMM/ FZHM	any *āmā* of H/W
G 1		
ijā, ij	M	-
baujyu, bābu	F	-
ṭhulbaujyu/kaka, kā̃śabaujyu	FeB/FyB MeZH/MyZH	FFBS, FFZS, FMBS, FMZS MFBDH, MMBDH, MFZDH, MMZDH
ṭhulijā/kāki	FeBW/FyBW MeZ	W of any *ṭhulbaujyu/kaka*, exeption: MyZ = *kaīj*
mam	MB	MFBS, MFZS, MMZS, MMBS, FBWB
māmi	MBW	W of any *mam*
didi, pusyā̃ṇi	FZ	FFZD, FFBD, FMBD, FMZD (classified with eZ)
bhin	FZH	H of any *didi*
caur	WF/HF	HFB, WFB, HMB, WMB, HMZH, WMZH, ZHF, ZHFB, BWF
saśū	WM/HM	W of any *caur*
G 0		
dad/bhulā	eB/yB	FBS, FZS, MBS, MZS + H of any *sāi, jeṭhau, nand, paũṇī,*
boji/bvāri	eBW/yBW	(yBW classified with SW)

[20] s. im Text Ambivalenz *bubu/bhin*

didi/ bhulī	eZ/yZ	FBD, FZD, MBD, MZD + W of any *sāu, jeṭhu, javaī, bhin* (eZ classified with FZ, yZ classified with f/s BD)
bhin/javaī	eZH/yZH	f/s BWB, ZHB (eZH classified with FZH, yZH classified with DH)
jeṭhu/sāu	WeB/WyB	WFBS, WMBS, WFZS, WMZS, m/s BWB (WyB classified with WBS)
didi/ bhulī	WeBW/WyBW	W of any *jeṭhu/ sāu*
jeṭhau (paũnī)/ sāi	WeZ/WyZ + ZHZ	any Z of W and any Z of ZH
dad/ bhulā	WeZH/WyZH	any H of *jethau, sāi*
jiṭhāṇā/ dyor	HeB/HyB	HFBS, HMBS, HFZS, HMZS
jiṭhāṇī/ dyorāṇi	HeBW/HyBW	W of any *jiṭhāṇā/ dyor*
paũnī/ nand	HeZ/HyZ	HMBD, HFBD, HFZD, HMZD, f/s ZHZ, HFZ
dad/ bhulā	HeZH/HyZH	ZHZH, HFZH
samdi	SWF/DHF	F of any *javaī* or *bvāri*
samdyaṇi	SWM/DHM	W of any *samdi*
G -1		
cyal	S	m/s BS, WZS (WBS=*sāu*) f/s ZS, HBS (BS=*bhadyā*)
celi	D	m/s BD, WZD (WBD=*sāi*) f/s HBD, ZD (BD=*bhadye*)
bhānja	ZS (m/s)	HZS
bhānji	ZD (m/s)	HZD
javaī	DH (yZH)	H of any *celi/ bhānji/ nātiṇi/ bhulī*; incl. SWB, DHB, yZHB
bvāri	SW (yBW)	W of any *cyal/bhānja/nāti*; incl. SWZ, DHZ
G - 2		
nāti	SS/DS	
nātiṇi	SD/DD	

<u>Anmerkung:</u> Ein feststehender Terminus für H/W fehlt. Stattdessen gibt es eine große Anzahl von Termini für diese Beziehung. *Saiṇi* und *maīns* sind allgemeine Bezeichnungen für Frau und Mann, aber ebenso sagt die Frau für Ehemann auch *mard* oder *khassam* und er *jenaṇī* für Frau. Ist das Paar über 40 Jahre alt, können sie von *myer buṛe, myer buṛi* (mein Alter, meine Alte) sprechen. Als *byol* (m), *byoli* (f) oder *dulhā* (m), *dulhan* (f) werden junge Eheleute bezeichnet.

8. HEIRAT UND HEIRATSALLIANZEN

8.1 HEIRATSREGELN

Die vorangegangenen Kapitel haben gezeigt, daß Heirat Gruppen dauerhaft aneinander bindet. So ist bei der Auswahl der Partner nicht nur darauf zu achten, welche Personen zusammen passen – Prüfung durch die Auslegung der Horoskope seitens des Priesters –, sondern welche Familien bzw. Lineages sich miteinander verbinden können.

"Negative Heiratsregeln", die im Unterschied zu "positiven Heiratsregeln" keine bestimmte Klasse als Partner vorschreiben, definieren Kategorien von unmöglichen und damit auch von möglichen Partnern. Die Regeln variieren vom strikten Verbot einer Heiratsverbindung bis zum Meidungsgebot, wobei es vorkommt, daß ein Meidungsgebot auch wie ein Verbot behandelt wird.

(a) Endogamie. Die Kastenendogamie ist das höchste, sozusagen juristisch festgeschriebene Gebot. Zuwiderhandlungen werden in der Regel durch Ausschluß aus der Gemeinschaft sanktioniert. Fälle von Interkastenheiraten sind mir mit einer Ausnahme (s.Kap. 1.3) nicht begegnet.

In Kapitel 3.1 führte ich aus, daß es innerhalb der Subkaste der Ṭhākurs eine ganze Reihe von als niedrig erachteten Lineages gibt, die durch den sozialen Konsens, daß man von ihnen keine Frauen nimmt, faktisch eine endogame Gruppe bilden (hierzu Kap.8.3: "Hypergamie").

(b) Lineageexogamie und Sapiṇḍaregel[1]

Im Unterschied zu der für die paternale Lineage geltenden Exogamie, wonach Ego auch mit genealogisch und lokal entfernten Angehörigen der paternalen Abstammungsgruppe keine Heirat eingehen kann, ist das Heiratsverbot gegenüber den durch Heirat der Vorfahren gefundenen Lineages dem Krite-

---

[1] *Sapiṇḍa* bezeichnet die Gruppe der bilateralen Blutsverwandten. Ego soll nicht innerhalb der *sapiṇḍa* heiraten, wobei die Reichweite der *sapiṇḍa* regional zu definieren ist. "Such rules however are given in the Brahmanical law-book where it has been stated among other rules that "One must not marry a *sapiṇḍa*." (Karve 1953:54)

rium der Erinnerbarkeit überantwortet.[2] Das Vergessen setzt dort ein, wo die Einladungen aufhören, spätestens nach drei Generationen.

Formal folgt das Heiratsverbot der von Tiemann (1970) vorgetragene "Four-*got*-Rule":

> "A man and a woman cannot marry if any one of their own, their mother's, their father's mother's and mother's mother's *got* coincide." (ibid., S. 168/169)

Für die Ṭhākurs im Kumaon ist hier das Wort *got* (*gotrā*) durch Lineage bzw. Klan zu ersetzen. Die Ṭhākurs gehören zwar unterschiedlichen *gotrā* an, es wurde mir aber gesagt, daß dies keine Bedeutung für die Heiratspraxis habe. Die exogamen Gruppen sind Lineages. Ich merkte mir die o.g. Regel so, daß alle lineal ins Haus genommenen Frauen W, FW, FFW (Stiefmütter werden so behandelt wie eigene Mütter) aus unterschiedlichen Lineages stammen müssen. Ich entdeckte aber einige Fälle, in denen Schwiegermutter und Schwiegertochter aus der gleichen Lineage kamen. Die allgemeine Regel, daß Heiraten mit Mutters Lineage verboten sind, wurde von meinen Informanten daraufhin in der folgenden Weise modifiziert: Es ist zwar ausgeschlossen, Frauen an die Lineage der Mutter zu geben, es ist aber möglich, Frauen von dieser Lineage zu nehmen, sofern diese aus einem anderen Ort kommen als die Mutter (s.a.Kap.8.2b).

Mit den Kindern von Mutters Schwestern können keine Heiraten eingegangen werden. Auch mit den Nachkommen von Vaters Schwestern kann Ego keine Heirat eingehen, weil für diese umgekehrt, Mutters Bruders oder Vaters Mutters Bruders Lineage verboten ist, aber die von diesen Schwestern erworbene Lineage ist erlaubt, wenn nicht gar präferiert. Es ist kein Problem, eine Tochter in den gleichen Haushalt zu geben wie die Schwester bzw. Vater-Schwester, z.B. an den jüngeren Bruder des Ehemannes der Schwester.

(c) Dorfexogamie wurde in allen Orten des Heiratsradius von Thama streng befolgt. In Brahmanendörfern verzeichnete ich Fälle von dorfinterner Heirat, so daß es scheint, daß diesbezüglich ein Unterschied zwischen den Kasten besteht.

---

[2]Dumont/Pocock (1957:55) plädieren dafür, nicht von einer Exogamieregel schlechthin zu sprechen, sondern zu differenzieren: "Furthermore, there is an essential difference between the two kinds, which makes it impossible to reduce them to a single principle. It is that exogamy bars the same persons for all (male) members of the exogamous unit, while cognatic prohibitions, being expressed in terms of individual kinship relations, bar other persons for other individuals." ..."The interdiction of marrying in a clan (or gotra) different from one's own, e.g. in the mother's gotra, cannot for this reason be taken as part of an exogamic rule."

(d) Alters- und Primärehenbegrenzung. Ein Mann ab Vierzig und eine Frau ab Mitte Dreißig kann keine Familie mehr gründen, lautet die Regel. Heirat dient dem Zweck der Fortpflanzung und der Erhaltung der Gruppe. Wer diesen Auftrag nicht rechtzeitig erfüllt, hat ihn versäumt.

Eine Frau kann nur einmal in ihrem Leben als Jungfrau offiziell heiraten. Solange sie jung ist, kann sie bei gescheiterter Ehe oder als Witwe in ein "anderes Haus" gehen (Sekundärehe). Männer können das Ritual der Primärehe mehrmals vollziehen (s. Pkt. 8.6).

(e) Die Bereichsbegrenzung. Heiraten werden nicht über die Entfernung eines Tagesfußmarsches hinaus geschlossen. Jeder *barāt* – Zug der die Braut abholt- erreicht das Haus bei Einbruch der Dunkelheit und muß am nächsten Tag vor Einbruch der Dunkelheit den Ort, der die Braut aufnimmt, erreichen können. Bei Ehen, die diesen Radius überschreiten, handelt es sich i.d.R. nicht um arrangierte Heiraten. Das gilt für mein Untersuchungsgebiet. Im dünner besiedelten Nordosten des Kumaon stellte ich Abweichungen von dieser Regel fest.

(f) Die Hypergamieregel. Als Hypergamie wird die in Nordindien allgemein verbreitete Aufwärtsheirat der Frau bezeichnet. Da Frauengeber durch die Heirat automatisch einen niedrigeren Status erhalten, sollen Frauen möglichst nicht an die Gruppe zurückgegeben werden, aus der man eine Frau genommen hat, was bedeuten würde, sie einem Statusniedrigeren zu geben. Needham (1966/67:153) formuliert, daß es als inzestuös betrachtet wird, Frauen von der Gruppe zu nehmen, in die man eine Frau gegeben hat.

In der Dumont'schen Argumentation erfüllt die Hypergamieregel eine der matrilateralen Kreuzkusinenheirat[3] struktural verwandte Funktion.

---

[3]Die matrilaterale Kreuzkusine ist Mutters Bruders Tochter. Präferenz für diese Form bedeutet im Unterschied zur Heirat mit der patrilateralen Kreuzkusine – Vaters Schwesters Tochter –, daß die Heirat einem "harmonischen Regime" folgt. Wenn die Tochter in das Haus von Vaters Schwester heiratet, kommt die Schwiegermutter aus der gleichen Lineage wie die Schwiegertochter, und der häusliche Antagonismus, daß die Schwiegertochter als Fremde integriert werden muß, ist minimiert. Bei der Heirat mit der patrilateralen Kreuzkusine kehrt die Frau in die Lineage der Mutter zurück. Sie bringt Milch an den Ort zurück, von dem sie sie erhalten hat. Das minimiert nicht nur den Heiratskreis, sondern führt auch dazu, daß ihre Schwiegermutter aus einer anderen Lineage stammt wie sie selbst, während die Großmutter des Ehemannes, die Senorin des Hauses, die Geburtslineage mit ihr teilen mag. Die Solidarität der Herkunftsgleichen schließt dann die Schwiegermutter aus, schafft eine Disharmonie in der Autoritätsabfolge. (vgl. Leach 1961)

> "What is noteworthy in comparison with the South, is that in this hypergamous situation it is essentially the difference of status which differentiates the givers from the takers, while in the South it was the unilaterality of the marriage preference, as for instance when it was said in the matrilateral case "let him who gave a woman give (once again)". Thus, one of the functions of marriage alliance is here fulfilled by hypergamy." (Dumont 1966:95)

Der hier nur sehr verkürzt dargestellte Komplex hat Modellcharakter und bewegt sich damit auf einer anderen Ebene wie die vorgenannten Regeln. Die empirische Seite der Heiratsverbindungen werde ich im folgenden Abschnitt und die Ausdruckformen von Hypergamie im Kumaon in Kap. Punkt 8.3 behandeln.

8.2 HEIRATSVERBINDUNGEN

a) Die regionale Verteilung

Mit wenigen Ausnahmen, ca. 12 von 484 registrierten Heiraten, bewegen sich alle Verbindungen in dem oben beschriebenen Radius. Eine Frau soll weder zu nah noch zu fern verheiratet sein. Wenn sie nur zwei bis drei Kilometer entfernt wohnt heißt es, daß sie die Verbindung zum Bruder bzw. zum *mait* nicht zu schätzen weiß und bei jedem Problem in ihr Elternhaus geht. Trotz dieser Rede bestehen zum Nachbarort Tina, dessen Länderein an Thama grenzen, die häufigsten Heiratsverbindungen. Es sind dies 52 von 484 insgesamt erhobenen Heiraten.[4] Den zweiten und den dritten Platz (45 und 33 Verbindungen) nehmen die nur eine knappe Stunde Fußmarsch entfernt liegenden Orte Godi und Bara ein. Thama hat zwar insgesamt mit ca. 50 Orten der Umgebung Heiratsverbindungen, aber 50 % aller Verbindungen verteilen sich auf ca. 10 Orte im Umkreis von max. fünf Kilometern, mit durchschnittlich 24 Heiratsverbindungen pro Dorf. 75 % der Verbindungen schließen 20 Orte mit einem Durchschnitt von 17 HV pro Dorf ein, und auf die restlichen 30 Orte entfallen nur 25 % der Heiratsverbindungen mit einer durchschnittlichen Häufigkeit von vier Heiraten pro Dorf. Diese große Gruppe beinhaltet kleine Orte wie das Nachbardorf Jola mit nur fünf Häusern, Orte mit denen früher Verbindungen bestanden, die nicht aufrecht erhalten wurden (Chonsai, Damussa, Poduwa,

---

[4]Das Sample von 484 Heiraten (205 gegebene und 279 genommene Frauen) schließt Mehrfachehen, Verstorbene und Verbindungen ein, die zwei, maximal drei Generationen zurückliegen. Die zahlenmäßige Differenz von gegebenen und genommenen Frauen ist durch den Umstand mitbegründet, daß alle Mehrfachehen der Männer im Dorf registriert wurden, aber nicht die der aus dem Dorf gegangenen Frauen.

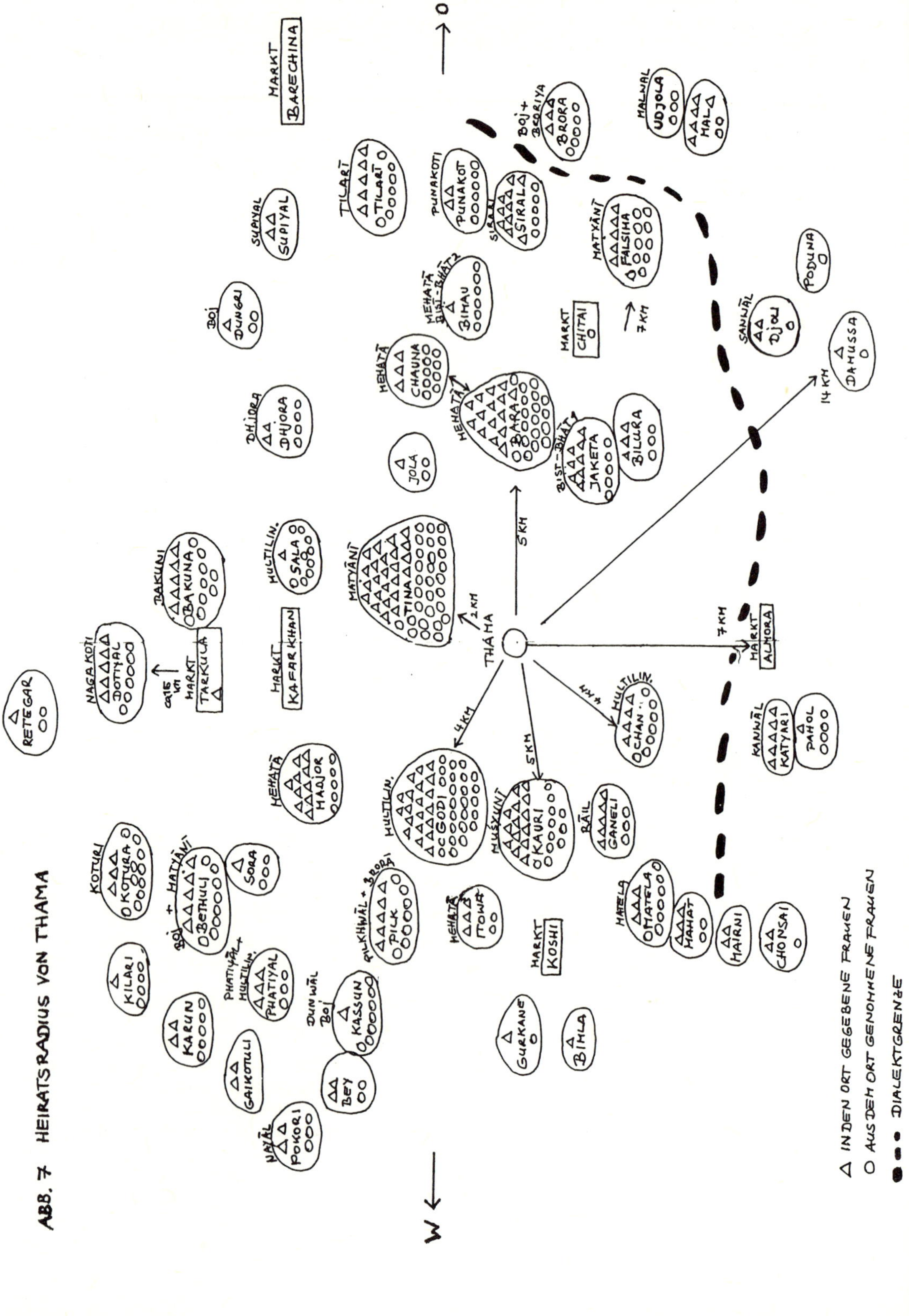

ABB. 7 HEIRATSRADIUS VON THAMA

Itowa, Mairni), sowie Orte, die erst in jüngster Zeit in den Heiratskreis aufgenommen wurden (so etwa Supijal, Udjola, Bey) - siehe Abb 7.

Heiratskreise überschneiden sich in ihren Randzonen und haben jeweils ein eigenes Zentrum. Die Pheripherie ist durch den Satz ausgewiesen: "Die heiraten zur anderen Seite."

Benachbarte Dörfer sind entweder die bevorzugten Allianzpartner, so wie Tina zu Thama, oder sie sind agnatisch verbunden, weil sie von einer Lineage dominiert werden und bilden ein exogames "cluster", wie etwa Chauna, Bara und Bimau. Dazwischen liegen Orte, die in der Skizze nicht erscheinen, weil sie von niedrigen Ṭhākurlineages bewohnt werden, die aus dem Heiratskreis ausgeschlossen sind.

Aufgrund nachbarschaftlicher Verdichtungen von Heiraten sind die meisten Frauen, die aus einer Richtung kommen auch untereinander verwandt (z.B. Töchter von kategoriellen Brüdern oder Schwestern).

Wiederholt wurde mir erklärt, daß es als optimal gelte, Verbindungen mit den Orten im Nord-Westen einzugehen. Im über die Nachbarschaft hinausreichenden Osten und Süden verläuft eine "Kulturgrenze". Ins Dorf einheiratende junge Frauen, die aus der südlichen Gegend stammen, werden mitunter ausgelacht, weil sie nicht den gleichen Dialekt sprechen, oder Frauen aus dem Nord-Westen mokieren sich über die altmodische Kleidung der Frauen aus dem Süd-Osten, wo noch mehrheitlich *ghāgars* getragen werden. Die Männer beklagen, daß dort viel getrunken wird und daß die Leute Milch verkaufen, was als schändlich angesehen wird. Im Süden und im Osten befinden sich auch die Orte, die als *brādar daij* - Aussteuergeschenke - zur Hochzeit geben.

Das von mir als Heiratskreis bezeichnete Gebiet ist dicht besiedelt und zu etlichen Orten an der Pheripherie gibt es keine Verbindung, obwohl ranggleiche Lineages zur Verfügung stehen. "Wir geben nur dorthin, wo bereits Verbindungen bestehen", lautete die Antwort auf meine Frage nach dem Ausschluß dieser Orte.

b) Die kategorielle Verteilung der Heiraten

Ich habe versucht, bei allen Heiraten der Frage nachzugehen, wer diese warum vermittelt hat. Ein großer Teil der Befragten verwies auf den pragmatischen Aspekt der Heirat und erwähnte den verwandtschaftlichen Hintergrund der Verbindung nicht. Die Leute handeln zwar in verwandtschaftlichen Kategorien, reflektieren jedoch ihr Handeln in ökonomischen und praktischen Betrachtungen. Ich bekam immer wieder die gleichen Antworten: Die Heirat wurde arrangiert, weil es ein gutes Haus ist, weil die Familie groß ist. (Viele Frauen und Brüder in einem Haushalt zeugen von Stärke und Sicherheit.) Der Mann hat die Schule besucht und eine Arbeit. Die Väter hatten den gleichen Arbeitsplatz. Sie verabredeten die Heirat im Teeladen an der Straße. Die Väter kannten sich, usw.

Nach genügend Vorwissen und gezielteren Fragen stellte sich heraus, daß die meisten Heiraten in Verbindung mit Verwandtschaft gestiftet worden waren.

Für 170 Fälle zeichnete ich auf, mit welcher Kategorie von Verwandtschaft die Heirat eingegangen worden war. Es gibt mehr Heiraten, die durch Verwandtschaft vermittelt worden sind, als diese. Wenn es z.B. heißt, 'Der *mam* von Utap Singh (Bruder der Braut auf Lineageebene) hat sie für einen *brādar* geholt', habe ich die Verbindung nicht in das Sample aufgenommen, weil beide Seiten der Verbindung kategoriell sind. (Die Frau heiratet den kategoriellen Sohn des kategoriellen Mutterbruders.) Insbesondere bei den Fällen, in denen Schwestern im Sinne der Lineage- oder Dorfverwandtschaft ebensolche Lineagebrüder heiraten, wäre die Masse der Fälle ausgeufert und diese hätten sich mit anderen Kategorien überschnitten. So habe ich nur die Heiraten in das Sample aufgenommen, bei denen mindestens eine Seite der Verbindung direkte bzw. biologische Verwandtschaft darstellt, die mit dem Wort *pakkā* umschrieben wird. Als *pakkā* wurden allerdings mitunter auch Cousins ersten Grades bezeichnet, so daß die Grenzziehung bei Brüdern und Schwestern nicht ganz genau sein kann. Man hätte stets nachfragen müssen, ob sie die gleiche Mutter haben. Bei der anderen Seite der Verbindung handelt es sich jeweils um Lineage- oder Dorfverwandtschaft.

TAB. 13 **Kategorielle Verteilung der Heiraten**
Sprecherin ist die Frau, männlicher Sprecher ( )

I Frauen gehen in dieselbe Richtung wie Z oder FZ
II Rückgabe von Frauen an die eigenen Frauengeber
Y Vermittlung der Frau aus der eigenen lokalen Lineage
X Vermittlung der Frau aus der Dorfverwandtschaft
0 kennzeichnet, daß beide Seiten der Verbindung direkt sind, (*pakkā* Schwestern heiraten *pakkā* Brüder)
1 der erste Teil ist direkt, der zweite kategoriell FZHBS (die Frau heiratet den kat. Sohn der *pakkā* Vater-Schwester)
2 der zweite Teil ist direkt, der erste kategoriell FZHBS (sie heiratet den *pakkā* Sohn der kategoriellen Vater-Schwester)

Richtung	Lfd. Nr.	Verwandtschafts-verbindung f.s.	(m.s.)	Y 0	Y 1	Y 2	Y	X 1	X 2	X	insges.
I	1)	FZHBS FZHB	(FBWBD)	6	19	-	25	6	3	9	34
	2)	FZS	(MBD)	-	-	4	4	1	3	4	8
	3)	eZHB	(BWyZ)	9	26	2	37	12	4	16	53
							(66)			(29)	(95)
II	4)	FBWBS FBWB	(FZHBD)	4	4	6	14	-	16	16	30
	5)	FMBS	(FZSD)	-	-	3	3	-	5	5	8
	6)	MBS	(FZD)	-	-	-	-	4	-	4	4
	7)	BWB	(ZHZ)	2	3	4	9	3	2	5	14
							(26)			(30)	(56)
Sonstige							16			3	19
							108			62	170

Sonstige = ZHZHB/S 4 Fälle je ein Fall:
BWZHB/S 2 Fälle F(B)MZS/FBWZS/MBWZS/ZHZS/FBWZHB/
MZHBS 5 Fälle BWBMBS/FZHZS/FWBS (nicht Mutter)

Überschneidungen der Kategorien machten die statistische Zuordnung zum Teil problematisch. Ich bin dem Kriterium gefolgt, welche Verwandtschaftsverbindung den Ausschlag für die Heirat gab bzw. die unmittelbarste Verbindung darstellte. Bei der Auswertung ergaben sich die folgenden kategoriellen Doppelverbindungen, die ich hier nicht weiter interpretieren werde, die aber demonstrieren können, daß sich Verbindungen überlagern:

Heirat mit BWB (Y) = ebenso FZHB (X)
ZHB (Y) = " FZHBS (Y) und BWB (X)
BWB (Y) = " FZS (Y)
FZHB (Y) = " ZHB (X)
FZHB (Y) = " ZHMBS (Y)

ZHB (Y) =	"	MMBS (Y)
FBWBS (Y)=	"	ZHB (X)
FBWBS (Y)=	"	FZHBS (X)
FZHBS (Y)=	"	FBWZHB (X)

Die obige Verteilung der Heiratsverbindungen zeigt Züge des Systems auf, die bereits als im Gabentauschmodus und in der Terminologie reflektiert, dargestellt worden sind. Die höchste Besetzung weist die Kat. Nr. 3) auf: Die jüngere Schwester der Frau wird zur Ehefrau des Bruders.

In neun Fällen haben *pakkā* Schwestern *pakkā* Brüder geheiratet. Die *sāi* wird zur *bvāri*. In 26 Fällen haben Schwestern zwar nicht in den gleichen Haushalt, aber in dieselbe lokale Agnatengruppe geheiratet (Y3/1). In zwei Fällen haben *pakkā* Brüder Frauen geheiratet die ihrerseits aus der gleichen lokalen Abstammungsgruppe kommen (Y3/2). In 12 Fällen haben *pakkā* Schwestern in den gleichen Ort geheiratet, allesdings nicht in die gleiche Lineage (X3/1), und in vier Fällen haben wirkliche Brüder Frauen geheiratet, die aus dem gleichen Ort aber aus unterschiedlichen Lineages kommen (X3/2). Ich bin die Reihe der Kategorie f/s heiratet eZHB hier exemplarisch durchgegangen, um das Prinzip der tabellarischen Darstellung zu verdeutlichen. Ich habe die Bestimmung, welcher Teil der Verbindung "direkt" ist zwar aufgenommen, aber sie ist sekundärer Natur. In allen 53 Fällen, in denen Frauen in die gleiche Richtung gehen wie die ältere Schwester heiβt es in der Regel: "Die ältere Schwester hat sie geholt."[5]

Der gleiche Satz trifft zu, wenn das Mädchen FZHB(S) heiratet, die Kategorie, die die zweithöchste Besetzung erfährt (42 Fälle); sie nennt Vaters Schwester *didi* (ältere Schwester). Den leiblichen Sohn der Schwester ihres Vaters kann sie nicht heiraten. In sechs Fällen aber heiratet sie den Sohn des *pakkā* Bruders des Ehemannes der Schwester des Vaters. Das heiβt, sie teilt möglicherweise den Haushalt mit Vaters Schwester. Sie nennt sie Schwiegermutter, so wie dies alle weiteren 36 Frauen (Nr.1 und 2), die in dieselbe Richtung wie Vaters Schwester gehen, tun.

Das was auf der kategoriellen Ebene durchaus als eine Präferenz erscheint und Analogien zur matrilateralen Kreuzkusinenheirat aufweiβt – Ego heiratet MBD – ist durch die bereits dargestellte Sapiṇḍaregel verboten. In vier Fällen aber kam die Frau sowohl aus der Lineage als auch aus dem Ort der Mutter

[5]Oft gehen auch drei direkte Schwestern an eine Gruppe oder in einen Ort. Etwas, was die Zahlen nicht zeigen, da ich hier nur Fälle der Wiederholung registriert habe.

(Y2/2). Sie heiratete den leiblichen Sohn der kategoriellen (*brādar*) Schwester des Vaters.

Vermutlich gibt es mehr Heiraten dieser Art als ich habe erfassen können. Sie finden aber keinen Eingang in den verbalisierten Regelkodex. Das gilt auch für die zehn registrierten Fälle, in denen die Schwiegertochter aus der gleichen Lineage stammt wie die Schwiegermutter, aber aus einem anderen Ort. (Die Fälle sind nicht in der Tabelle ersichtlich, weil dieser Umstand nicht den Ausschlag für die Heirat gab.) Die meisten Informanten sagten, daß solche Heiraten nicht möglich seien. Angesichts der Tatsachen bekam ich die Erklärung, daß der Sohn von der gleichen Art sei wie der Vater und daß sich primär das Blut des Vaters auf ihn übertrage und nicht das der Mutter. Es mache daher nichts, wenn er eine Frau vom Blut der Mutter heirate. Diese Erklärung wurde durch die bereits erwähnten Prämissen eingeschränkt: Die Frau darf nicht aus dem gleichen Ort stammen wie die Mutter. Man kann die Frauen aus der Lineage der Mutter nehmen, sie aber nicht in dieselbe geben. In dieser Regel ist das Prinzip, daß die Frauen sich in eine Richtung bewegen sollen, ausgedrückt. Wie die folgenden Daten und Fallbeispiele über den Rückfluß von Frauen zeigen, trifft aber dennoch das nordindische Muster der kontinuierlichen Unterscheidung und Trennung von Frauennehmer- und Frauengeberlinien, die einseitige Gabenketten bilden und zu einer ständigen Erweiterung des Heiratskreises drängen, nicht zu.

Alle unter I 1-3 aufgeführten 95 Verbindungen gehen in eine Richtung und sind eine Wiederholung der Gabe. Die Abteilung II 4-7 (56 Verbindungen) beinhaltet den Rückfluß von Frauen. Global gesprochen werden die Frauennehmer hier zu Frauengebern. Bei diesem Mechanismus spielt die "Dorfverwandtschaft" eine nicht unwesentliche Rolle. Häufig wird die Gabe einer Frau durch die Vermittlung einer "Dorfschwester" (andere Lineage) an den Sohn eines *mam* oder an einen *sāu* direkt erwidert. Der Frauennehmer besorgt seinem Frauengeber eine Frau, ohne selbst in den Rang des Gebers zu gelangen (s. bei 30 von 56 Rückgaben bedient man sich der Dorfverwandtschaft).

Da die Zahlen und Tendenzen nichts über die Typik der Abwicklung aussagen, möchte ich den Rückgabemodus kurz fallexemplarisch illustrieren. Der Einfachheit halber benutze ich erneut die bereits bekannte Familie unseres Hausherrn als Beispiel:

> Die Heirat von Dungar Singhs Vater war angeblich eine Erstverbindung mit der Lineage Broriya in Brora, einem Ort an der Peripherie des Heiratskreises (sie heiraten zur anderen Seite). Heiratsvermittlung: Die Väter kannten sich, weil sie gemeinsam für die Engländer arbeiteten.

Ganz typisch ist zunächst die Verdoppelung oder die Verdreifachung der Gabe. Man gibt eine Frau nicht alleine in einen Ort. Der Mutter von Dungar Singh folgte ihre Cousine, die dem *brādar* Utap Singh zur Frau gegeben wurde. Als nächstes folgte Dungar Singhs Mutters Bruders Tochter der Vaterschwester in den Ort. In derselben Generation gingen drei Frauen an die Frauengeber nach Brora zurück. Sie waren aber alle aus anderen Lineages genommen. Eine Mehatā- und eine Mehra II-Frau gingen an die Söhne von Dungar Singhs *mam*, und eine Kārkī-Frau ging an den Sohn des *sāu* von Utap Singh. Aus einer Heiratsverbindung waren innerhalb von zwei Generationen sechs geworden.
Zwei Frauen aus der Lineage Dungar Singhs waren an die Nachkommen von Großvaters *mam* (nach Itowa) vermittelt worden und eine Frau an die Nachkommen von Vaters *mam*. Das heißt, nicht eine Gabe blieb unerwidert.
Ein Kārkī-Mädchen wurde an den *sāu* von Dungar Singhs Bruder (BWB) gegeben, eine kategorielle Schwester (5 Gen. entfernt) wurde an den *sāu* (WB) von Dungar Singh gegeben. Die eigene Tochter gab Dungar Singh an den paternalen Cousin der Frau seines Bruders (BWB). Die jüngste Heirat im Hause, die erst nach meiner Untersuchung stattfand, war von der gleichen Art. Das Mädchen heiratete einen *bhaicyal* von FBWB.[6]

Solche unmittelbaren Rückgaben wie die letzten sind nicht sehr häufig, aber sie sind auch nicht ausgeschlossen und kommen in etlichen Fällen vor (Y4). Wie die Kat. Y7/O zeigt, haben gar in zwei Fällen leibliche Brüder ihre leiblichen Schwestern getauscht, so daß sich Frauennehmer- und Frauengeberstatus direkt überlagern.

Neben der überwiegenden Neigung, Allianzen in gleiche Richtung zu erneuern (95 gleichgerichtete Verbindungen gegenüber 56 Rückgaben) und der Präferenz, Frauen, die aus anderen lokalen Lineages kommen, an die eigenen Frauengeber zurückzugeben, besteht eine hohe Toleranz, Frauen der eigenen Lineage an die Frauengeber zurückzugeben, und es gibt keine strikte Meidungsregel, selbst die eigene Tochter oder Schwester zurückzugeben.

Ich möchte die praktische Handhabe bei einer solchen Überlagerung von Frauennehmer- und Frauengeberstatus an einigen Beispielen demonstrieren, die m.E. auch erklären, warum das Wort *bhin* (FN) im Unterschied zu *mam* bzw. *sāu* (FG) nicht kollektivierend gebraucht wird (s.Kap.7).

Munni heiratete einen *cācera*-Bruder der Ehefrau ihres Vaterbruders (kat.MBS). Am Tag der Hochzeit wurden ausnahmslos alle Männer die sie abholten als Frauennehmer behandelt, d.h., selbst der eigene *sāu* (WB) nahm Geld an. Danach wird nur der einzelne Haushalt für die Familie zum Frauennehmer. Alle anderen bleiben Frauengeber (s.Scherzbeziehung). Für Munni wiederum werden die Leute, die sie vorher kollektiv *mam* nannte, zu *caur* und *saśū*, aber in einem einzelnen Haushalt, den von

[6]Ich habe bei dieser Darstellung die Rückgabe betont, aber fast alle Frauen des Haushalts hatten ihrerseits Schwestern bzw. Vater-Schwestern am Ort.

FBWB nennt sie die Männer *mam* und wird auch wie eine *bhānji* behandelt. In diesem Fall bekam sie z.B. jeden Tag ein Glas Milch von ihrer *māmi*. Einen vergleichbaren Schutzraum in der "Fremde" bietet ihr auch die ältere Schwester oder Vater-Schwester. Dieser Haushalt ist ebenso ausgegrenzt. Hier wird sie als *sāi* (WyZ) behandelt (Scherz), obgleich sie für den Rest des Dorfes *bvāri* (Schwiegertochter) ist. Heiratet sie allerdings in den Haushalt der Schwester, dann wird sie selbstverständlich zur *bvāri*.
Diese Modalitäten zeigen, daß eine Überlagerung - mit Ausnahme des direkten Schwesterntausches - nicht zu habituellen Konflikten führt. Vorgängige Frauengeber bleiben Frauengeber und wechseln - einen einzelnen Haushalt ausgenommen - nicht den Status. Es ist aber zu betonen, daß die Statusdifferenzen gegenüber der Tatsache, daß das Dorf als ganzes ein affinales Gegenüber darstellt, sekundär sind. Hierzu ein kurzes Beispiel:
Die Tochter von K. wurde in ihrem *saurās* so schlecht behandelt, daß bei ihrem Vater ein großer Leidensdruck entstand und er wochenlang darüber nachgrübelte, welche Schritte er unternehmen könne. Ich fragte ihn, warum er nicht mit seinem *sāu*, der der kategorielle Schwiegervater dieser Tochter war, rede und ihn bitte, einzulenken. Er sagte sinngemäß: "Das geht nicht, wo kämen wir hin, wenn der *sāu* die Interessen einer anderen Partei gegenüber seinen eigenen Leuten vertreten würde."

Daß es sich um eine affinale (=distanzierte) Beziehung handelt, stellt also das oberste Regulativ dar.

Ich habe versucht, das diachrone Allianzverhalten für zwei lokale Lineagesegmente im Drei-Generationen-Zyklus zu erfassen:

Familienverband:	A		B	
Anzahl der Männer, die Frauen genommen haben:	26		31	
Anzahl der von diesen Männern genommenen Frauen:	34		34	
Zahl der lokalen Abstammungsgruppen, von denen die Frauen genommen wurden:	16		18	
davon mit derselben lokalen Abstammungsgruppe wiederholte Heiraten				
in der gleichen Generation:	7		3	
in der nächsten Generation:	7		2	
in der übernächsten Generation:	5	(19)	2	(7)
Gegebene Frauen der Gruppen A u. B insgesamt:	32		40	
davon Rückgaben an Frauengeber				
in der gleichen Generation:	1		2	
in der nächsten Generation:	4		9	
in der übernächsten Generation:	3	(8)	8	(19)
Verbindungen, bei denen weder eine Wiederholung der Frauennahme noch eine Rückgabe stattgefunden hat:	7		8	

Eine diachrone Dimension von Allianzen ist zweifellos gegeben, aber ein engerer Agnatenkreis stellt m.E. keine Basis für die Demonstration von Allianzverhalten dar. Bereits wenn man die Gruppen A und B zusammenschließt, das heißt in diesem Fall den Kreis auf die sieben Generationen voneinander entfernten Agnaten erweitert, dann gibt es anstatt der 15 nur noch zwei nicht wiederaufgelegte Verbindungen.

Es kommt nicht auf familienindividuelle Verbindungen an, sondern darauf, die Allianz mit einer bestimmten Lineage in einem bestimmten Dorf aufrechtzuerhalten. Bei den meisten Vermittlungen aber war mindestens ein Teil der Heiratskontrahenten spezifisch, d.h. nah, verwandt. Affinale Nähe (direkter *bhin*, *sāu*, *mam* etc.) hat die Funktion, weitere Heiraten zu stiften.

Niemals wird eine leibliche Kreuzcousine geheiratet, aber das ändert nichts an der Tatsache, daß kategorielle Kreuzverwandtschaft (FZ/MB) Frauen vermittelt (s.a. geringe Besetzung von Verbindungen über Mutters Schwester). In dieser Gesamtstruktur erscheint der individuelle *mam* lediglich wie ein kleinfamilienartiges Implement. Die Rückgabe von Frauen (ZHZ=W), die ja in der Terminologie festgelegt ist, erfolgt zwar nicht symmetrisch, aber sie wird in Abweichung vom nordindischen Muster eindeutig praktiziert.

8.3 HEIRAT UND STATUS; AUSDRUCKSWEISEN DER HYPERGAMIE

Die Redeweise "Frauen nach 'oben' geben, sie von 'unten' nehmen", hier mit dem Wort Hypergamie umschrieben, war im Dorf ganz geläufig. "Oben" bezieht sich in erster Linie auf den zugeschriebenen Status der Lineage. "Oben" reflektiert aber ebenso eine "gute Partie". Das Mädchen soll nicht in ein armes oder in Verruf geratenes Haus gegeben werden.

Um Hypergamie empirisch fassen zu können, ist zu fragen, welche Statusmerkmale objektiv gegeben bzw. institutionalisiert sind. Normativ geregelt ist die Superiorität der Frauennehmer. Das bedeutet, daß die Dinge gegen den Strich gebürstet werden, wenn man rangniedrigere Lineages zu Frauennehmern macht. Dieses Kalkül setzt das Vorhandensein eindeutig hierarchisierter Statusgruppen voraus. Über die Nichterfüllung dieses Kriteriums ist m.E. das Auseinanderklaffen einer starken Hypergamieideologie und einer nur schwach ausgeprägten hypergamen Heiratspraxis im Kumaon zu erklären.

Während der Untersuchung habe ich eine Liste mit ca. 50 Lineages angefertigt, die mir im Heiratsradius von Thama bekannt wurden. Unabhängig voneinander bat ich dann verschiedene Leute, Männer wie Frauen, diesen Lineages in einer ordinalen Skala (1 bis 10) jeweils Ränge und die Merkmale zuzuordnen, ob sie Reis und Frauen von ihnen nehmen können.

Übereinstimmung herrschte bezüglich der Lineages, von denen man weder Reis noch Frauen nehmen kann (acht von fünfzig Lineages). Man war sich auch mit einer Unstimmigkeit[7] bezogen auf die Lineages einig, von denen kein Reis, jedoch Frauen genommen werden können (fünf von fünfzig). Hohe Übereinstimmung herrschte bezüglich der ranghöchsten Lineages, insgesamt aber war die Einordnung der verbliebenen 37 Lineages nicht mehr konvergent. Fast alle Frauen stuften ihre Herkunftslineages außergewöhnlich hoch ein, bis zu dem Extrem, daß sie sie an die Spitze stellten, gefolgt von der Lineage des Mannes, während die gleiche Lineage von den Männern entweder auch einen höheren oder einen mittleren Rang erhielt, nicht aber den höchsten.

Die stärkste Divergenz stellte sich bei der Lineage "Maṭiyānī" heraus, zu der die zweithäufigsten und reziproken Heiratsverbindungen bestanden. Die Einstufungen variierten von der Stufe 2/hoch (mehr von Frauen vertreten) bis 8/niedrig.[8]

Bei der Einschätzung der Lineage "Mehatā", mit der die meisten Allianzen bestehen, vergaben Männer wie Frauen allerdings den Rang 1.

Überschätzung des eigenen Rangs, Aufwertung der Lineages mit denen Heiraten etabliert sind, in Kombination mit der Tatsache, daß nicht isolierte Abstammungsgruppen, sondern die Versammlung der lokalen Lineages die Basis für Heiratskooperationen bilden, schlägt sich in der begrenzten Aussagekraft der folgenden Tabelle nieder: Der Versuch einer quantitativen Erfassung von Hypergamie, wer wen heiratet und ob die Verbindung einer Aufwärts- oder Abwärtsheirat entspricht, führte zu keinem eindeutigen Profil.

---

[7]Die auch lokal vertretenen Mehra II wurden von der Mehrheit als Lineage eingestuft, von der man Reis nehmen kann. In einem ganz anderen Kontext (s. lokale Konflikte Kap. 3) wurde behauptet, von ihr keinen Reis nehmen zu können. Die Erklärung: Man hat inzwischen begonnen, von ihr Reis zu nehmen, während dies die Väter nicht taten.

[8]Zu erwähnen ist hier, daß die Männer die Frauen als inkompetent für diese Art von Fragestellungen hielten. Statuseinschätzung ist Männersache.

TAB. 14 **Verteilung der Heiratsverbindungen Thamas mit anderen Lineages, unterteilt in Statusgruppen[9]:**

Allianz-lineages:		Lokale Lineages: Rang 1) Mehra I / Mehatā, Khaṛaī				Rang 3) Rāil / Mehra II				Rang 4) Nayāl, Kārkī, Biṣṭ-Bhāt				
Rang	Anz. d. Lineage	Frauen gegeben		Frauen genommen		Frauen gegeben		Frauen genommen		Frauen gegeben		Frauen gen.		Verb. total
			%		%		%		%		%		%	
1)	6	50	38	62	34	10	77	18	56	13	46	5	19	158
2)	16	50	38	58	32	2	15	7	22	5	1	6	23	128
3)	7	29	22	54	29	1	8	4	13	9	32	12	46	109
4)	5	1	2	10	5	-		3	9	1	6	2	8	17
5)	1	-	-	-	-	-		-	-	-	-	1	4	1
	34	130	100	184	100	13	100	32	100	28	100	26	100	413

Rang 1) eindeutig hoch, Zuordnung 1 (Bhoj, Muśyunī, Adhikārī u.a.)
Rang 2) auch hoch, Zuordnung 2–4, (Kanvāl, Nagārkotī, Sirārī u.a.)
Rang 3) niedriger, Zuordnung 4–8, (Pilkhvāl, Rāil, Maṭiyānī u.a.)
Rang 4) eindeutig niedriger, man nimmt keinen Reis, Zuordn. 8–10, (Kārkī2, Biṣṭ-Bhāt2, Nayāl, Borā2, Tshta u.a)
Rang 5) man nimmt weder Reis noch Frauen (Mer, Ṭhaṭāu, Paṭāu, Baniyā̃, Hanvāl, Ṭhaṭvāl, Sanvāl2 u.a.)

Aufgrund der Abwesenheit einer stabilen Rangfolge lassen sich die meisten Heiraten als statusgleiche bzw. statusnahe Verbindungen auslegen (Rang 1–3).

Es ist erstaunlich, daß die unter Rang 4 aufgeführten niedrigsten Lineages Thamas grundsätzlich die gleichen Verbindungen haben wie die höheren Lineages. Hier wäre zu hinterfragen, inwieweit die lokalintern ausgeprägte Statusinterpretation (von ihnen nimmt man keinen Reis) überlokal geteilt wird; ein Projekt, das ich noch nicht durchgeführt habe. Immerhin haben diese niedrigen Lineages, von denen es heißt, daß man zwar Frauen von ihnen nehme, ihnen aber keine gebe, fünf Frauen von erstrangigen Lineages erhalten.

Andererseits ist zu beachten, daß, das Dorf als Gesamtheit genommen, von den 17 Heiraten die mit Lineages vom Rang 4) geschlossen wurden, 15 Frauennahmen sind. Ebenso ist bemerkenswert, daß die einzige Heirat mit einer

[9]Die Tabelle ist aus einem Mittelwert der obigen Einschätzungen erstellt worden und zeigt auf, welche Lineages sich miteinander verbinden. Da die dominante Mehralineage 58% (242) aller Heiratsverbindungen (413) auf sich vereinigt, während die kleineren Lineages (Biṣṭ, Nayāl, Khaṛaī) einen Durchschnitt von acht Heiratsverbindungen aufweisen, ist ein quantifizierender Vergleich von Allianzen der hohen und niedrigen Lineages im Dorf kaum angebracht.

Lineage (Mer), von der man einhellig weder Frauen noch Reis nimmt und die somit die subkasteninterne Endogamiegrenze überschreitet, von einer der untersten Lineages des Dorfes (Kārkī) eingegangen wurde.

Der Einzelfall verweist auf die prinzipielle Flexibilität des Systems und auf die von Parry beschriebene Wechselwirkung, daß Hypergamie einerseits endogame Prinzipien einführen muß bzw. verstärkt, um die Statusgruppen konsistent zu halten, andererseits aber unmerklich dazu tendiert, die Endogamiegrenze nach unten zu erweitern (vgl. Parry 1979, u.a.S.231).

Fallbetrachtungen lassen durchaus erkennen, daß ein Hypergamiegebot existiert.[10]

> Die Frauengabe an eine Lineage, von der man zwar Frauen nimmt, an die man aber keine Frauen geben sollte, geschah im Dorf durch die ranghohe Lineage Mehra I (s.Rang 4/1). Dieser Fall wurde mir in allen Details und als ein schwerer Entschluß geschildert. Statusgleiche Heiraten, die aber weniger Vorteile versprachen, standen zur Debatte. Die Meinung des Brahmanen wurde eingeholt. Abgesehen von der Tatsache, daß die empfangende Familie sechs gut verdienende Brüder aufwies, ein hohes Hausprestige hatte und die Braut mit viel Schmuck ausstattete, gab die Vermittlung und die Befürwortung der Verbindung durch eine statushohe Lineage am selben Ort (Adhikārī) den Ausschlag. Mit dieser Lineage waren Heiraten über mehrere Generationen hinweg etabliert.

Dieses Beispiel zeigt grundsätzlich die Möglichkeit einer Infiltration von erworbenem Status in den zugeschriebenen. Bedeutsam aber erscheint mir die Tatsache, daß die Heirat über eine Art Bürgschaft einer ranghohen Lineage am Ort, quasi unter dem Schutzmantel eines hohen Rangs, entstand.

Die hypergame Formel wurde oft durch den Satz ausgedrückt: "Wir geben unsere Tochter nur dorthin, wo wir auch essen können." Eine andere wörtliche Rede aber lautete so: "Dort wo wir unsere Tochter hingeben, können wir auch essen."

Der erste Satz beinhaltet, daß Heiratsverbindungen von einem vorgegebenen Status abhängig sind. Der zweite Satz aber kann so verstanden werden, daß der Status sich durch die Heirat verändert (wenn wir eine Tochter wohin geben, dann essen wir folglich auch dort). Diese Wendung entspricht meinen Beobachtungen. Im Haus einer Lineage des 4. Ranges wird selbst von Frauennehmern

---

[10]Fanger bemerkt zur Hypergamie: "It is possible that at one time there may have been a more rigidly ranked hierarchy of clans among the Ṭhākurs and that these clans practiced rules of hypergamy. ... However, today the ranking of clans exists in only the vaguest sense, and there is no evidence of clan hypergamy among the young people." (1980:324)
Berreman (1963:183): "No evidence of subcaste hypergamy appeared in the research."

1. Ranges Reis gegessen; dies geschieht aber nicht öffentlich und wird nicht zugegeben.

So mag es sein, daß man weiterhin von Lineages spricht, deren Reis nicht gegessen wird, auch wenn man den Reis in Folge von Heiratsverbindung längst ißt. Unter Beibehaltung der allgemeinen normativen Notwendigkeit, daß es diese und jene Abgrenzungen geben muß, können sich die unter eine bestimmte Statuskategorie fallenden Gruppen in ihrer tatsächlichen Stellung verändern.

Gleichzeitig muß eine durch Heirat herbeigeführte Veränderung des angeborenen Status negiert bzw. eingeschränkt werden, weil das die Einheit und Gleichheit der *brādar* infrage stellen würde und weil, wie Parry es formuliert, der Prozeß der Fragmentierung in Statusgruppen ohne Ende wäre (vgl. Parry 1979:277).

Ich möchte zum Abschluß dieses Themas folgende Thesen und Betrachtungen zusammenfassen:

Je niedriger der zugeschriebene Status des Frauengebers ist, desto mehr Leistungen, materieller und immaterieller Art (Anerkennung der Frauennehmer-Superiorität) lassen sich von ihm erwarten.

Ist der Status zu niedrig (subkasteninterne Endogamiegrenze), läßt er sich nicht durch erworbenen Reichtum oder durch "Hausprestige" kompensieren, und das Argument, daß die Herkunft der genommenen Frau keinen Einfluß auf den Status ihrer Nehmer hat, läßt sich nicht mehr aufrecht erhalten.[11]

Zugeschriebener und erworbener Status sind durch den Gehalt der Frauengeber-Frauennehmer-Beziehung miteinander verbunden: Bei einer armen Familie ist der materielle Gabenfluß von Frauengeber zu Frauennehmer nicht gesichert.

> "Wenn die Familie arm ist, dann kann sie uns nicht helfen, dann müssen wir ihr helfen und das ist nicht in Ordnung", erklärte mir ein Mann aus dem Dorf.
>
> "Es ist gut, ein armes Mädchen in das Haus zu nehmen.", lautete aber die wörtliche Rede eines anderen Mannes.

Bei dem zweiten Satz erscheint es so, als sei ein Almosenmodell angesprochen. Man nimmt aber nur dann ein "armes Mädchen" in ein Haus, wenn es dazu verhilft, den eigenen zugeschriebenen Status durch die Herkunft der Frau aufzubessern.

Trotz der im nordindischen Vergleich im Kumaon schwach ausgeprägten Frauengeberinferiorität (s.Kap.6.4) erscheint auch hier die Entgegennahme

---

[11]vgl. Dumont (1964:87): "The status of the male line is transmitted unimpaired from one generation to the next provided the status of the mother's natal group is either equal to it or inferior within certain limits."

einer Frau im Unterschied zu vielen anderen Kulturen als Leistung und Gefälligkeit.[12] Man nimmt dem Frauengeber eine Last ab, die u.a. darin besteht, eine Tochter rechtzeitig und gut (nach oben) verheiraten zu müssen.

Hat ein Mädchen die Pubertät überschritten, muß sich die Familie mit Kompromissen abfinden und sie gegebenenfalls unter dem eigenen Rang verheiraten.

Möglicherweise besteht ein Zusammenhang zwischen der stark ausgeprägten Inzestangst zwischen Bruder und Schwester und der Schuldnerstellung der Frauengeber. Hohe Inzestangst könnte auf eine Instabilität der Ehebündnisse bzw. der Heiratsregeln verweisen (exogame Heiratsregeln sind der positive Ausdruck des Inzestverbots).

Die Inzestangst steht wiederum im Zusammenhang mit der patrilinealen und patrilokalen Ordnung, nach der die Schwester immer "außerhäuslich" sein muß. Tatsächlich lassen sich manche Hinnahmen von Erniedrigungen durch Frauennehmer im Sinne der Angst, daß die Schwester ins Haus zurückkehrt, erklären.

8.4 DAS EREIGNIS HEIRAT

Obgleich bereits in allen vorangegangenen Kapiteln von Heirat die Rede war, gibt es einige wichtige Aspekte, die noch nicht besprochen worden sind. Außerdem möchte ich hier das mentale Klima des Heiratens zu Worte kommen lassen und den dargestellten Regeln einen Platz in ihrem lebensweltlichen Kontext einräumen.

a) Die Verhandlungen

Die Kunde, daß ein Mädchen heiratsreif ist – d.h., die Pubertät erreicht- oder daß ein Junge zur Heirat bereit ist, tragen die Verwandten in den anderen Dörfern weiter. In der Regel werden alternierend verschiedene Verbindungen erwogen, besprochen und ausgekundschaftet. Erste Kontakte und Erkundungen

---

[12]Erklärungen dieses Umstandes lauten z.B., daß sich die untergeordnete Stellung der Frau gegenüber ihrem Ehemann auf die "Quelle" überträgt (Argument Gough 1956:843); Dumont (1961), der Gough zitiert, sagt dazu: "This is too simple: the pattern is certainly in accordance with the place of women, but it does not flow necessarily from it, it represents on the contrary a remarkable elaboration, and we know from comparison that other societies, in which women are not precisely "equal" to their husbands, rank the wife-givers above the wife-takers." (ibid., S. 84)

können niemals von den Eltern oder Brüdern selbst ausgehen, sie bedürfen einer Kontaktperson.

Sobald ein Mädchen in die nähere Auswahl gekommen ist, unternehmen die Frauennehmer den ersten Schritt. Sie schicken eine Delegation von zwei Männern in den Ort des Mädchens, die Früchte, Süßigkeiten und Joghurt mitnehmen. Der erste Besuch ist noch unverbindlich. Das Mädchen wird in Augenschein genommen und die Parteien begutachten sich. Die erwogenen Brautleute sollen sich vor der Hochzeit nicht zu Gesicht bekommen. Oft wird dem jungen Mann aber Gelegenheit gegeben, das Mädchen aus der Entfernung zu sehen. Bei der ersten Begegnung wird insbesondere darauf geachtet, ob das Mädchen gesund ist und ob sie auch in ihrer äußeren Erscheinung (Körpergröße etc.) zu dem jungen Mann paßt. Der Altersunterschied zwischen Mann und Frau soll höchstens einige Jahre betragen. Außerdem wird darauf geachtet, daß das Mädchen nicht mehr Schulbildung besitzt als der Mann.

Häufig ist das Geburtshoroskop des Mädchens schon vorher angefordert und vom Brahmanen mit dem des Jungen verglichen worden, wenn dies nicht der Fall ist, wird es bei dieser ersten Begegnung mitgenommen. Die Nehmerfamilie schickt über die Vermittlerperson eine Nachricht, ob sie die Heirat wünscht. Die Geberseite kann ihrerseits überlegen, ob sie in die Verbindung einwilligt. Beide Parteien können ihrem Brahmanen unabhängig voneinander das Horoskop vorlegen, und Ablehnungen werden in der Regel damit begründet, daß die Horoskope nicht zueinander passen. Von diesem Vorspiel bis zum Heiratstermin lagen bei den von mir miterlebten zehn bis zwölf Hochzeiten maximal 12 Monate, minimal 6 Wochen.

Ṭika lagāṇ, die Verlobung oder das Versprechen, ist der nächste Schritt. Zu diesem Termin wird ein Festtag ausgesucht. Die Frauennehmer kündigen sich an. Sie überbringen eine komplette Kleidungsausstattung für die Braut (fünf Teile) und einen schweren Silberschmuck für ihre Handgelenke (*pauṇjīs*). Die Delegation muß aus mindestens zwei bis drei Männern bestehen, und auch die Geberseite bittet ihrerseits bei jeder Begegnung mit den Frauennehmern ein, zwei *brādar* als Zeugen hinzu.

Dem Mädchen wird vom ältesten Vertreter der Nehmerseite das *ṭika* auf die Stirn gedrückt. Mit dem *ṭika* erhält sie einige Geldnoten (20–40 Rupien). Die ohne das Beisein eines Brahmanen vollzogene Zeremonie besagt, daß das Mädchen nun reserviert ist und in einen neuen Stand tritt. Fortan kann sie ihre Mädchenkleider ablegen und einen *dhoti* tragen.

Die Frauennehmer treten bei dieser Eröffnung der Beziehung als Bittsteller auf. Ich beoachtete, daß sie selbst jüngeren Frauengebern die Füße berührten.

Die Frauennehmer nehmen altes *bartan* mit zurück, mindestens eine große *parāt* und eine *thāli*.

Die Gaben an *ṭika lagāṇ* sind bereits der Auftakt für Spekulationen: Wenn die erhaltene Kleidung von minderer Qualität ist oder wenn das Gewicht des Silbers nicht dem Standard entspricht, läßt dies läßt nichts Gutes ahnen. Die Atmosphäre war bei den von mir miterlebten Begegnungen von gegenseitigem Mißtrauen erfüllt. Der Rücktritt einer Partei nach dem *ṭika lagān* ist sehr selten, aber er kommt vor.

Der Verlobung folgen zwei bis drei weitere Begegnungen:

(1) Darlegung und Besprechung der Horoskope seitens des Brahmanen;
(2) Besprechung der Gaben (Schmuck und Aussteuer s.u.);
(3) Mitteilung des Termins der Hochzeit.

All diese Begegnungen finden im Haus der Braut statt. Die Frauengeber sollen Ort und Konditionen der Nehmer nicht kennen bzw. vor der Hochzeit nicht in Augenschein nehmen. Man kennt sie jedoch trotzdem oder hat Gewährsleute, die sie beurteilen.

b) Exkurs: Heirat im Wandel; Aussteuer versus Brautpreis?

Alle älteren Frauen (ab ca. 40) wurden noch im Alter von 7 bis maximal 13 Jahren verheiratet. Fälle, daß Mädchen wie heute manchmal erst mit 16, 17, maximal 18 Jahren heiraten, gab es nicht.

Als größte Veränderung wird von den Leuten das Ausmaß und die Art der Gaben angesehen. Heute sind die minimalen Aussteuerartikel obligatorisch festgelegt: Möbel (Stühle, Tisch, Bett, genannt *lakṛī*=Holz), einen Anzug und einen Goldring für den Bräutigam sowie ein Radio und eine Uhr. All das gab es vor 15 bis 20 Jahren noch nicht, und man erinnert sich zum Teil noch ganz genau, wer die erste Uhr oder die ersten Möbel im Dorf bekam.

Früher stellten die Frauennehmer den Schmuck für die Braut, und nur die *munarī* (goldenes Ohrgehänge) kamen, wenn es sie überhaupt gab, von den Frauengebern. Man sagte mir, daß die Frauengeber ausschließlich *bartan* und Kleidung gaben. Die Schmuckausstattung einer Braut bestand aus den folgenden Teilen:

1.) dem *nath*, einem handtellergroßen, massiven Goldring, der zwischen Nase und Ohrläppchen befestigt wird;
2.) dem *suta*, einem bis zu 800 Gramm wiegenden Silberreif, der um den Hals getragen wird;
3.) den *dhāgulas*, zwei massiven und schweren silbernen Armreifen;
4.) der *sānsīr*, einer langen Silberkette, die wie eine Schärpe quer über den Oberkörper getragen wird;
5.) den *munarī*, ein schweres goldenes Ohrgehänge.

Der notwendigste und teuerste Artikel ist der *nath*. Heute kostet er ca. 5.000 Rupien. Er ist das einzige traditionelle Schmuckstück, das sich erhalten hat. Noch vor zwei bis drei Generationen befand sich nur ein *nath* im Dorf (im Familien- bzw. Lineagebesitz), der zu jeder Hochzeit ausgeliehen wurde. Heute haben schätzungsweise mehr als 50% der Frauen ihren eigenen *nath*.

Alle anderen Schmuckstücke sind in den letzten 10 bis 15 Jahren von der Gabenliste verschwunden und sie werden nur noch von alten Frauen getragen. Der schwere Halsschmuck aus Silber (*suta*) wurde durch einen Goldschmuck, den *galoban*, ersetzt. Der *galoban* ist ein schwarzes Halsband, auf dem gepreßte Goldstücke befestigt sind (Preis ca. 4.000 Rupien). Die massiven und schweren *munarī*, die manchen Frauen die Ohrläppchen zerrissen, haben einfache, aus Gold gepresste Ohrringe (*kaṛnphūl*) abgelöst, und anstatt der *dhāgulas*, die wie der *suta* nie abgelegt wurden, trägt man jetzt *paunjīs*, auf einem schwarzen Band befestigte Silbernoppen.

Witwen können bis auf den *nath* und die bisher noch nicht erwähnte *caryau*[13] und den goldenen Nasenschmuck (*phūlī*) alle aufgeführten Schmuckstücke tragen.

Welche Seite welchen Schmuck gibt, wird heute vor der Hochzeit ausgehandelt. Lediglich der *nath* muß vom Frauennehmer kommen. Festgelegt ist nach wie vor, daß der Frauengeber die Ohrringe bringt. Jede Frau, auch die aus einer armen Familie, wird bei der Hochzeit mit dem o.g. Schmuck ausgestattet. Notfalls treten die älteren Frauen der Familie Schmuck ab (s.Kap.4.5).

Der Schmuck, der wie die obigen Zahlen angedeutet haben, einen Hauptkostenfaktor bei der Hochzeit darstellt, wird auch heute noch mehrheitlich durch die Frauennehmer gestellt. Gaben, die vom Ehemann an die Ehefrau gehen bezeichnet Goody (1973) als "indirekte Mitgift".

Als einschneidende Veränderung der Heiratsbräuche wurde mir immer wieder das Wort *kanyā-dān* (die Tochter schenken) zugetragen. Die erste *kanyā-dān*-Hochzeit soll vor ca. 20 bis 30 Jahren im Dorf stattgefunden haben. Es ist mir nicht gelungen, im Einzelnen herauszufinden, wodurch sich traditionelles Ritual von der *kanyā-dān*-Hochzeit unterscheidet. Im Stall, wo heute die *kanyā-dān*-Zeremonie (Übergabe der Braut und der Geschenke) stattfindet,

---

[13] *Caryau* ist eine schwarze Kette, die heute aus Glasperlen hergestellt wird und früher aus Samenkörnern bestanden haben soll. Sie ist das elementarste Zeichen einer verheirateten Frau. Eine schwarze Kette erhält sie vom Ehemann und eine vom Elternhaus. Selbst wenn die Frau sonst keinen Schmuck besitzt oder ihn abiegt, eine *caryau* soll sie immer tragen.

wurde auch früher geheiratet und an den in Kap. 6 dargestellten Gabenmodi hat sich angeblich seit Alters her nichts verändert.

Über die traditionelle Hochzeit im Kumaon berichtet allerdings L.D. Joshi in seiner Studie über das "Khasa Family Law" (1929).

> "Of the eight forms of marriage mentioned in the Dharma-Sastras which were recognized among the ancient Hindus, only two are found among the Khasas - the Brahma and the Asura. The latter, called Taka ka Biyah, is by far the common form, while the former, called Kanyadan, is confinded to cultured Khasas, who are Brahmanised in thought and practices and have attained certain social eminence. There may be a mixture of Kanyadan and Taka ka Biyah, e.g. brideprice is taken, but the money is spent in marriage expenses, i.e. in feasting, etc., and in supplying the ornaments and dowry to the girl." (Joshi (1929)1984:117)

> "The secular character of Khasa Family law is well demonstrated by the fact that no religious ceremonies are necessary to validate a marriage." (ibid., S. 123)

Bei einer rechtmäßigen Hochzeit waren lt. Joshi die folgenden Bedingungen zu erfüllen:

- Einkehr der Braut im Haus des Mannes in Verbindung mit einem materiellen Siegel (Zahlung von Brautpreis, Gabe von Aussteuer) stellte den Ehevollzug dar.[14]
- Rechtsgültigkeit erlangte die Transaktion durch die Zeugenschaft einer breiten Öffentlichkeit (s. das ist auch heute nicht anders; Einladungs- und Gabentauschrituale Kap. 6).
- Die Heirat mußte von zwei Parteien ausgehandelt sein, um Gültigkeit zu besitzen (s. Kap. 4, nichtausgehandelte, individuell in der Fremde durchgeführte Heiraten sind auch heute nicht anerkannt).
- Die Individuen waren beim Vollzug der Hochzeit so unbedeutend, daß die Anwesenheit des Bräutigams nicht erforderlich war. Die Braut wurde entweder an einen Baum, an einen mit Wasser gefüllten Tonkrug oder an einen Bruder des Bräutigams verheiratet, wenn der Bräutigam selber durch irgendwelche Dienste verhindert war (ibid, S. 124f). Auch das ist heute im Prinzip nicht anders: Fehlt der Bräutigam, dann wird er in der Zeremonie durch eine Fotographie ersetzt. So eine Hochzeit fand in einem Nachbardorf während der Untersuchung statt. Als der Bräutigam zwei Wochen später eintraf, wurde kein Ritual nachgeholt.

Mit dem Begriff *kanyā-dān*-Hochzeit verbinden die Leute in erster Linie die Abschaffung des Brautpreises, aber auch umfangreicheres Ritual und aufwendigere Aussteuer.

---

[14]Das Kriterium der "Einkehr" als Ehevollzug finde ich interessant, denn hier besteht ein semantischer Unterschied zur Übergabe bzw. zum Geschenk der Frau. Es wird der Ortswechsel ins Zentrum der Zeremonie gestellt. Das demonstriert Joshi auch, wenn er schreibt, daß die Union einer Witwe und eines *Tekwa* (Mann der zu einer Witwe zieht), niemals einen Ehestatus erreichen kann, obwohl es verschiedenste Formen der Sekundärehe (s.u.) gibt, "because no tradition or delivery took place". (ibid., S. 144)

Auf die Frage, welche Brautpreissummen damals gezahlt wurden, erhielt ich von verschiedendsten Informanten die Standardantwort 50 oder 100 Rupien pro Hochzeit, um die Bewirtungskosten für den *barāt* davon zu bezahlen. Höhere und auszuhandelnde Beträge wurden angeblich nur bei Sekundärehen von Frauen (s.Pkt.e) und unter besonderen Umständen gezahlt. Bei allen schwierigen Verbindungen - dem Mann ist die erste Frau weggelaufen - der Mann ist Witwer und bedeutend älter als die Frau etc. - wird auch heute noch ein Brautpreis gezahlt. Die höchste, von mir registrierte Summe waren 300 Rupien für die Ṭhākurs. Von einer Śilpkārhochzeit erfuhr ich, daß 1.000 Rupien gezahlt wurden (der Mann hatte bereits vorher zweimal geheiratet).

Es ist schwierig, Art und Ausmaß einer Regelung einzuschätzen, von der es heißt, daß sie abgeschafft ist. Schließlich besteht ein wesentlicher Unterschied darin, ob es sich um standardisierte Summen für den Verzehr handelte, wie die Informanten behaupten, oder ob es um größere Summen ging, wie Sanwal (1966) und Fanger (1980) annehmen.[15] Im ersten Fall wäre es nicht mal angebracht, von einem Brautpreis zu reden.

> "Bridewealth is not to be consumed in the course of the celebrations, nor is it handed to the wife; it goes to the bride's kin (typically brothers) in order that they can themselves take a wife." (Goody 1973:5)

Brautpreiszahlungen sind offiziell abgeschafft, und der Umfang der Mitgift wächst kontinuierlich. Dennoch trifft m.E. nicht zu, daß ein System (Brautpreis) durch ein anderes (Mitgift) abgelöst wurde. Der Brautpreis war von drei Mitgiftarten begleitet:

- der "indirekten" Mitgift, die Frauennehmer stellen traditionell den Schmuck;

---

[15]Fanger (1980) widmet dem Übergang von der Brautpreisregelung zur Mitgift ein größeres Kapitel. Für ihn trägt die Brautpreispraxis im Kumaon alle Zeichen einer kommerziellen Transaktion, die den Frauenhandel nicht ausschloß. "The nature of contemporary marriage negotiations over the brideprice and/or dowry has all the signs of a commercial exchange. The price is not fixed and depends on whatever the traffic will bear." (ibid., S. 343) Seine These lautet, daß die Kumaonifrau möglicherweise aufgrund von Auswärtsbeschäftigung und Landdezimierung als Arbeitskraft an "Kurswert" verloren hat: "...heavy burdens of women in the village economy have been considerably reduced. ... Their importance and high value was clearly reflected in the brideprice form of marriage. ... There are more women to work less land and, thus, their economic value has been reduced proportionately." (ibid., S. 349, 350)

- der Schmuck-Mitgift, die von der Mutter an die Töchter geht;[16]
- der Austeuerung der Braut mit *bartan* und Kleidung.

Nichtstandardisierte Brautpreiszahlungen gab es angeblich in Verbindung mit Frauenknappheit.[17] Zwar kann im Kumaon nicht wie in Kangra von einer strukturellen Frauenknappheit gesprochen werden, aber bei allen Zweitehen des Mannes ist das Angebot an Frauen beschränkter und Brautpreis wird nach wie vor bezahlt.

c) Die Hochzeit

Eine Frau sagte einmal sinngemäß zu mir:

> "Es gibt nur zwei Ereignisse im Leben, bei denen man nicht alleine ist, das sind die Hochzeit und der Tod."

Hochzeit ist sowohl der Höhepunkt in jeder individuellen Biographie, als auch das größte gesellschaftliche Ereignis.

Die Festivitäten dauern fünf bis sechs Tage lang und spielen sich parallel in beiden Orten ab, dem der Braut und dem des Bräutigams.

Die umfangreichen gemeinsamen Vorbereitungen des Dorfes führte ich bereits in Kapitel 3 aus. Die Beschaffung von Lehm für den Wand- und Bodenputz, von Feuerholz für die große, offene Küche, die neben dem Haus errichtet wird, der Einkauf von Kleidung und Naturalien auf dem Markt etc., all das besorgen die *brādar* und *pālṭi*-Mitglieder. Einladungen werden über Mundpropaganda (s. Boten - Frauen) an die Verwandten in den umliegenden Dörfern geschickt.

Der offizielle Teil des Festes beginnt mit dem Aufbruch der *masahlau* vom Ort des Bräutigams. Die *masahlau* bestehen aus zwei Männern, die einen Tag vor der Hochzeit im Ort der Braut eintreffen, um anzukündigen, daß der *barāt* kommt, um die Braut abzuholen. Sie nehmen Joghurt, Früchte, Süßigkeiten und

---

[16]Ich erwähnte diese Form in Kap. 4.5. Viele Frauen hatten alten Schmuck in der Kiste, der von Mutter zu Tochter weitergereicht worden war. Zum Teil war dieser Schmuck eingeschmolzen und zerschnitten worden, um gleiche Teile für die Töchter daraus zu machen. Diese Handhabe erinnert an die Erbteilung (s.a. Goody (1985:93), daß Erbschaft und Ausstattung als ein zusammenhängender Vorgang zweifacher Übereignung anzusehen sind).

[17]vgl. hierzu Parry 1978, der für Kangra, wo das hypergame Milieu sehr viel stärker ausgeprägt ist als im Kumaon, aufzeigt, daß Brautpreiszahlungen durch die strukturelle Frauenknappheit in den unteren Rängen üblich sind.

Gemüse mit. Früher sollen sie noch eine weitere Funktion gehabt haben. Sie kochten in Gemeinschaft mit einem Brahmanen das Essen - Reis/Linsen - für das Mahl nach Eintreffen des *barāt*. Heute ist es so, daß die Festmahlzeit nur aus Stoffen besteht, die alle Angehörigen einer Subkaste miteinander teilen können (*puris*, Gemüse, Joghurt).

Nach dem Eintreffen der *masahlau*, mit denen kräftig gescherzt wird, erfolgt das erste Festessen im Kreis der *brādar/pālṭi*.

Auf der Nehmerseite finden sich am nächsten Vormittag die Männer des Dorfes und außerlokale Verwandte ein, um am *barāt* teilzunehmen. Im Inneren des Hauses werden dem Bräutigam von zwei Schwestern die Füße gewaschen und mit Öl eingerieben. Der Brahmane hält im Haustempel eine Gaṇeś-*pūjā* ab und schmückt den Bräutigam anschließend mit einer Gesichtsmalerei aus Reispaste und mit dem *mukuṭ*, einem hohen Pappschild, das auf dem Kopf des Bräutigams befestigt wird und von dem ein Perlenvorhang herabhängt, der sein Gesicht verdeckt.

Draußen wird das erste große Festessen (Reis und Linsen) an alle Gäste verabreicht, bevor sich der Zug, der die Braut abholt, in Bewegung setzt. Er umfaßt bis zu 150 Männer und wird von Lastenträgern, Musikanten und zwei Säbeltänzern, die Kunststücke aufführen, begleitet. Der Bräutigam wird in einer *ḍoli*, einer hölzernen Sänfte mit reich geschmücktem Baldachin, getragen.

Im Dorf der Braut wird zur gleichen Zeit das erste große Festessen (Reis, Linsen, Gemüse), zu dem das ganze Dorf eingeladen ist, vorbereitet.[18] Die Mitglieder der Familie selber brauchen sich während der ganzen Hochzeit nicht um die Arbeiten zu bekümmern. Ranghohe und ältere Männer präparieren und kochen das Essen. Die Frauen des Dorfes teilen sich in verschiedene Arbeitssektionen auf. Eine Gruppe holt Wasser, andere bringen ihre Masala-Steine mit, hocken sich in einer langen Reihe nieder, um die Gewürze darauf zu Pulver zu zerreiben usw.

Inzwischen ist der Brahmane erschienen und hält gemeinsam mit den Brauteltern und der Braut eine Gaṇeś-*pūjā* im Haustempel ab.[19] Nach der *pūjā* wer-

---

[18]Ich spreche der Einfachkeit halber vom ganzen Dorf, weil es in den meisten Orten so gehalten wird, in Thama aber nur die *pālṭi* betrifft.

[19]Der Schrein des Gottes Gaṇeś besteht während der *pūjā* aus dem *jhoka*, einem besonderen Stück Holz, auf dem Essenzen, Naturalien, Geld u.v.m. angerichtet werden. Jedes Wasserloch hat linksseitig einen kleinen Gaṇeśtempel. Wenn die Braut am nächsten Tag das Dorf verlassen hat, wird der *jhoka* von den Eltern der Braut zum Wasserloch getragen und dort belassen.

den Kleingeld und *guṛ* (Melasse) an alle Anwesenden verteilt, und dann kann das Essen genossen werden.

Im Laufe des Nachmittags treffen die auswärtigen Gäste in kleinen Gruppen ein. Die Braut selbst ist noch ganz unbeteiligt, weder angekleidet, noch geschmückt, und spielt z.B. mit ihren Freundinnen.[20] In der Erdkammer (*goṭh*) sind ein Tisch und ein Bett aufgebaut worden. Hier stellen sich die auswärtigen Gäste an. Ein schreibkundiger junger Mann sammelt die Geschenke ein, drapiert sie auf dem Bett und trägt jedes eingehende Geschenk (*bartan*/Kleidung), versehen mit dem Namen des Gebers, in eine Liste (*daij-dinī*) ein.

Der von Musikaten (Dudelsack, Trommeln, Pfeifen und Blashörnern) begleitete *barāt* kündigt sich an, noch bevor er in Sicht ist. Er soll genau bei Sonnenuntergang das Dorf erreichen und legt Pausen ein, wenn es zu früh ist. An der Spitze führt der Zug eine rote Fahne und am Ende eine weiße. Wenn der Zug mit der Braut am nächsten Tag zurückgeht, wird die weiße Fahne an der Spitze geführt (Kampf und Befriedung). Im *barāt* von Brahmanen gibt es keine Fahnen, sie sind Symbol der Kriegerkaste, wurden aber von den Śilpkār übernommen.

Je näher der Zug kommt, desto lauter, fast drohend, werden die Trommeln. Die tanzend einkehrenden Männer begeben sich sofort auf einen Platz im Hof, der in Opposition zum Aufenthalt der bereits versammelten Gäste liegt. Hier singen und tanzen sie unter sich.

Die folgenden Zeremonien sind in drei Hauptteile gegliedert.

(1) Die Begrüßung des Bräutigams und seines Brahmanen

(2) Die *kanyā-dān*-Zeremonie im Stall

(3) Das siebenmalige Umschreiten des heiligen Feuers auf dem Hof durch die Brautleute.

Damit ist die Ehe vollzogen, obgleich sich die Zeremonien am nächsten Tag im Haus des Bräutigams noch fortsetzen.

Es ist mir nur einmal gelungen, allen Handlungen durchgängig beizuwohnen und sie zu protokollieren. Die Zeremonien bilden keinen ständigen Mittelpunkt des Geschehens, um den sich die gesamte Gesellschaft versammelt. Das stundenlange Rezitieren von Texten durch die Brahmanen, das Hin- und Herreichen von Wasser, Geld und Naturalien wird von niemandem aufmerksam verfolgt.

---

[20]In einigen Fällen habe ich es auch erlebt, daß die Braut 1-2 Tage vor der Hochzeit plötzlich von einem hohen Fieber befallen wurde und bis kurz vor dem Eintreffen des *barāt* daniederlag. Dies ist wohl als eine psychosomatische Reaktion auf das bevorstehende und für sie nicht antizipierbare Ereignis zu betrachten.

Aktivitäten spielen sich in verschiedenen Bereichen ab und haben jeweils ihr eigenes Publikum: Die Männer des Dorfes bilden z.B. eine Traube um die Hochzeitsküche; die Frauen haben im Inneren des Hauses einen lebhaften Austausch mit den Frauen von außerhalb. Die Männer des *barāt* halten ihren separaten Platz, auch wenn sich immer wieder Männer herauslösen, um Verwandte zu begrüßen oder sich umzuschauen. Die Gefahr eines Streits zwischen den Gefolgsleuten des Bräutigams und den Männern des Dorfes der Braut ist immer gegeben. Schlimmstenfalls kommt es zu Schlägereien, mindestens aber werden aggressive verbale Provokationen ausgesprochen und zurückgegeben.

Den Schauplatz "Hochzeitszeremonie" möchte ich im folgenden kurz in seinen Höhepunkten darstellen:

Der Begrüßungsteil, *dhui-arag* genannt, wird von der Brautmutter und ihrer Schwägerin (HBW) eröffnet. Der Bräutigam (rechts) und sein Brahmane (links) stehen etwas erhöht auf gelb getünchten Fußbänkchen, vor denen neue Schuhe für dieselben placiert sind. Die Frauen streuen, sich jeweils tief verbeugend, fünfmalig Reiskörner und Blüten über das Haupt des Bräutigams und des Brahmanen. Als nächstes werden die Fahnen, die links vom Bräutigam stehen, in der gleichen Weise, durch fünfmaliges Verbeugen und Überstreuen mit Reiskörnern von den Frauen gewürdigt.[21] Anschließend überreichen die Frauen dem Bräutigam und dem Brahmanen Halsketten aus Geldscheinen sowie silberne oder goldene Ringe. Der Bräutigam empfängt eine Uhr. Die Frauen treten ab, und die Zeremonie setzt sich im Beisein der zwei Väter, der zwei Brahmanen (Frauennehmer/-geberseite) und des Bräutigams für ca. zwei Stunden fort. In ihrem Verlauf wäscht der Brautvater zuerst dem Bräutigam und anschließend dem Brahmanen die Füße.[22]

---

[21]Diese Handlung wird *ākṣāt nilāgaṇ* genannt. Sie wiederholt sich mehrmals im Verlauf der Hochzeit. Auf die gleiche Weise werden Braut und Bräutigam am nächsten Tag verabschiedet und bei der Ankunft im Nehmerort von zwei Frauen empfangen. Zwei Bedeutungen wurden für *ākṣāt nilāgaṇ* genannt: a) Den Ankommenden kann auf dem Weg, ohne daß sie es wissen, ein *bhūt* (böser Geist) begegnet sein. Die Zeremonie bannt die bösen Geister und reinigt Gäste und Fahnen. b) Die Frauen, die *ākṣāt nilāgaṇ* ausführen, nehmen alle Trauer, Mühe und Last, die den Brautleuten anhaften könnte, auf sich. Die Empfänger werden in den Stand von Reinheit und Glück versetzt und sind vor Gefahren gefeit.

[22]Die Verlaufsform der Zeremonien ist nicht stereotyp. Es kommt ebenso vor, daß *dhui-arag* mit der Fußwaschung beginnt, der Brautvater Geld und Geschenke überreicht und daß der Zeremonieteil mit *ākṣāt nilāgan* abgeschlossen wird.

Im Anschluß an diese Zeremonie wird das Essen verabreicht. Die Frauennehmer (Männer vom *barāt*) nehmen in einer langen Reihe auf dem Hof Platz und erhalten das erste Essen. Simultan dazu wird das Haus und eventuell noch ein Nachbarhaus geräumt, um die *paũṛ* zu bewirten. Anschließend setzen sich die Männer des Dorfes zum Essen nieder, und als letzte kommen die Frauen des Dorfes an die Reihe. Das Essen, das keinen Reis, sondern *puris*, Gemüse und eine Süßspeise (*haluvā*)[23] enthält, wird auf Blättern serviert. Die Verköstigung dauert zwei bis drei Stunden. Braut und Bräutigam nehmen nicht an den Aktivitäten teil, die draußen stattfinden. Der Bräutigam hält sich im Stall auf, die Braut im Hausinneren. Lugt sie manchmal durch die Fensteröffnung, um zu sehen, was für Leute das sind, die sie abholen, wird sie sehr bald von den anderen Frauen getadelt.

Der Zeitpunkt für die im Stall stattfindende Hochzeit wird vom Brahmanen des Bräutigams aufgrund astrologischer Berechnungen bestimmt. Der Beginn variiert zwischen 22 und 24 Uhr. Man wartet jetzt, bis es soweit ist. Die Zeremonie findet in dem Stall statt, in dem normalerweise die Tiere untergebracht sind (*malgoṭh*)[24]. Die Tiere werden schon zwei Tage vorher ausquartiert. Der kleine und niedrige Raum wird mit Kuhdung und Lehm ausgeglättet, und grüne Zweige werden zwischen die Holzsparren der Decke gesteckt. In diesem Stall halten seit der Ankunft des *barāt* zwei Männer neben der Kiste mit Schmuck und Kleidung für die Braut (*byaul pital*), die der *barāt* mitgebracht hat, Wache.

Im Stall finden nur wenige Leute Platz. Die Parteien sitzen sich gegenüber, jede hat ihren eigenen Brahmanen zur Seite. Das Gesicht der Braut ist durch Stoffe tief verhüllt, das des Bräutigams durch den Perlenvorhang. Das Elternpaar muß bei der Zeremonie vollständig sein. Ist ein Elternteil der Braut bereits gestorben oder menstruiert die Mutter zum Zeitpunkt der Hochzeit, dann werden ein Bruder des Vaters und seine Frau die Rolle einnehmen, die

---

[23]Fanger (1980) schreibt: "Both *kaccā* and *pakkā* foods are served, and these often include rice, *purīs*, vegetables and *halawā*." (ibid., S. 239) Mir wurde gesagt, daß den Männern des *barāt* niemals Reis angeboten werden kann. Es sei denn, Frauennehmer bzw. Brahmanen kochen das Essen. Manchmal wird aber anstatt des *haluvā pulāo*, angebratener Reis mit zugesetztem Gemüse, verabreicht. Da dieses Gericht *ghī* enthält zählt es als *cokha khana*, Essen von dem keine Verunreinigungsgefahr ausgeht.

[24]Offenbar besteht ein Zusammenhang zwischen Sexualität bzw. Fruchtbarkeit und Stall. Tiere sind das Spiegelbild der eigenen, naturgebundenen Reproduktion.

Braut zu übergeben.[25] Die Zeremonie beginnt mit *gotrācār*, dem Vortrag der Genealogie der beiden Familien durch die Brahmanen. Es schließt sich die *jyōti-pūjā* an, die Verehrung von durch Reispaste symbolisierten Gottheiten-Gaṇeś, Śiva, Brahma, Viṣṇu – seitens des Bräutigams.

Ein Höhepunkt der Zeremonie besteht in dem Austausch der Gaben. Die Kiste der Frauennehmer enthält den Schmuck sowie Früchte und Kleidung für die Braut, die der Frauengeber ist mit Früchten und Kleidung für den Bräutigam gefüllt, enthält aber ebenfalls eine Kleidungsausstattung für die Braut. Zuerst übergeben die Frauengeber ihre Kiste. Die Frauennehmer überreichen der Braut, die an der Seite ihrer Eltern sitzt, die darin enthaltene Kleidung.[26] Alsdann wird ein großes, rotes Tuch durch den Raum gespannt, hinter das sich die Braut, von ihren Schwestern und Freundinnen begleitet, begibt. Die Schwestern, vorzugsweise die Schwester des Vaters, kleiden die Braut an.[27] Währenddessen wird unter den anwesenden Frauennehmern Geld eingesammelt, denn die Mädchen bzw. Frauen müssen für das Ankleiden der Braut großzügig bezahlt werden. Ich zeichnete Summen von 25 bis 30 Rupien für jede der sechs bis acht Ankleiderinnen auf.

Zwei Frauen des Dorfes sind als Sängerinnen für den Verlauf der gesamten Zeremonien engagiert. Alle Vorgänge werden von ihrem melancholischen und monotonen Gesang im Hintergrund begleitet.

Die Sängerinnen werden *gīdār* genannt und haben eine besondere Stellung. Sie bekommen ein erstes Essen an einem separaten Platz, werden von den Frauennehmern mit 5-20 Rupien bezahlt und erhalten zu

---

[25]Ich erlebte eine Hochzeit, bei der die Menstruation der Mutter unerwartet eingetreten war. Obgleich sich die Frau bereits im 3. Tag befand (die Hauptunreinheit ist vorbei), konnte sie nicht an einer Zeremonie teilnehmen, und sie hielt sich während der gesamten Hochzeit unbemerkt im Inneren des Hauses auf. Nicht nur sie, sondern auch ihr Gatte war niedergeschlagen, weil er bei den Zeremonien am Rande stand.

[26]Zur Hochzeit trägt die Braut die Kleidung, die aus dem Elternhaus kommt und an *durgūṇ* die Kleidung, die sie aus dem *saurās* erhalten hat. Heute besteht die Brautkleidung i.d.R. aus einem feinen roten *sāṛi*. Früher trug die Braut einen *ghāgar* und der Bräutigam, der heute einen Anzug trägt, einen weißen *dhoti* (ca. 4 Mtr. langes Tuch, das um die Hüften geschlungen und zwischen den Beinen durchgezogen wird).

[27]Das Ankleiden der Braut wird *ghũgũṭī* genannt. Das Wort wurde mir mit dem Hindiwort *pardā* (Schleider) bzw. mit "den Schleier anlegen" übersetzt. Es heißt, daß man nach *ghũgũṭī* bald eine *bvāṛī* ins Haus holen soll, daß aber nach der Heirat eines Sohnes ein Jahr lang kein *ghũgũṭī* im Hause stattfinden darf. Mit anderen Worten kann der Bruder unmittelbar nach der Verschleierung der Schwester heiraten – Doppelhochzeiten kommen vor – die Schwester aber muß ein Jahr lang warten, wenn ihr Bruder zuerst geheiratet hat.

jeder Hochzeit Geschenke (*dhoti*, Kokosnuß). Das Besondere an ihrem Gesang besteht darin, daß es für die Texte keine Vorlage gibt. Sie improvisieren und ihr Repertoire reicht von traurigen, tröstenden Gesängen bis zu scherzhaften Anspielungen und Provokationen. Insbesondere während der Übergänge und Pausen im zeremoniellen Ablauf scherzen sie heftig, u.a. mit dem Vater des Bräutigams, ohne dabei den monotonen Rhythmus zu verlassen.

Nach dem Ankleiden der Braut überreichen die Frauennehmer ihre Kiste. Der Brautvater entnimmt ihr den Schmuck und übergibt ihn seiner Schwester, die der Braut jetzt behutsam unter dem Schleier hantierend den großen *nath*, die Ohrringe und das goldene Halsband anlegt. Es folgt die *pāni pāṛnī* Zeremonie (fließendes Wasser). Die Brautmutter gießt aus einem Kännchen milchige Flüssigkeit aus, die in Kaskaden über die Hände des Brautvaters und der Braut fließt und in einer großen Schale aufgefangen wird. Der Brahmane füllt immer wieder Flüssigkeit nach und der Strahl verwandelt sich von Milch in klares Wasser. Es wurde mir gesagt, daß der Wasserstrahl das Fließen der Gaben in eine Richtung symbolisiere und gleichzeitig bedeute, daß die Tochter so rein und klar wie das Wasser übergeben wird. Diejenigen, die an der *pāni pāṛnī*-Zeremonie beteiltigt waren, dürfen ein Jahr lang keine Ziege opfern und kein Fleisch essen. "Dort wo Wasser geflossen ist, darf kein Blut fließen."

Alsdann nimmt der Brautvater die rechte Hand der Braut und hält sie dem Bräutigam hin, der den Daumen des Mädchens ergreift und mit zwei Fingern festhält. Die Brahmanen sprechen hierzu Mantras und rezitieren Texte. Sobald der Bräutigam den Daumen losgelassen hat, wechselt die Braut den Platz. Sie ist übergeben, wird zur anderen Seite geleitet und neben den Bräutigam placiert. "Jetzt gehört sie uns", gab ein Bräutigamvater triumphierend zu verstehen.

Zum Abschluß der Zeremonie im Stall bindet der Brahmane die Brautleute mit einem langen gelben Schal aneinander. Dem Bräutigam wird der Schal um die Hüfte geschlungen, der Braut wird nun auch ein *mukuṭ* (geschmücktes Pappschild) um den Kopf gebunden, unter dem der Schal befestigt wird. Braut und Bräutigam werden dann in den Stall geführt, in dem die Aussteuer ausgebreitet ist (*talgoṭh*). Die Eltern der Braut sowie alle Brüder, Vater-Brüder und deren Ehefrauen treten jetzt nacheinander ein. Sie verbeugen sich vor dem Brautpaar und lassen einen Teller mit geweihten Essentialien und Lichtern dreimal vor diesen kreisen.

Unter Umständen ist es jetzt schon 3 Uhr morgens. Die Männer des *barāt* haben längst ihre Quartiere in den benachbarten Ställen aufgesucht und sind schlafen gegangen. Nur eine kleine Gruppe von Zuschauern ist übriggeblieben, wenn die Brautleute in den Hof treten, wo der letzte Teil der Zeremonie stattfindet. Im Hof ist das heilige Feuer entfacht worden, um das die Gesellschaft Platz nimmt. Die Zeremonie wird durch Gaben an das Feuer eröffnet. Während der Brahmane zum Rhythmus seines Gesangs mit einem Holzklöppel *ghī* in das Feuer spritzt, läßt der Bräutigam im gleichen Rhythmus Wasser auf den Boden träufeln. Es folgt eine Szene, bei der der Bräutigam die Braut, die links von ihm sitzt, aufhebt und auf die rechte Seite trägt, aber die Braut steht auf, um ihren Platz an der linken Seite wieder einzunehmen. Dann wäscht sie dem Bräutigam die Füße.[28]

Bald darauf erhebt sich das Paar, um siebenmal das heilige Feuer zu umschreiten (*ā̃cav*). Der Bräutigam folgt der Braut und hat dabei die Hände auf deren Schultern gelegt. Die Braut hat ihren Schoß mit Reiskörnern gefüllt, die sie bei diesem Gang wie Saatgut ausstreut.

Den Abschluß der Zeremonie bildet das gemeinsame Speisen der Brautleute. Sie schieben sich gegenseitig einen Happen unter ihre Gesichtsverdeckung. Sie speisen sich einmalig in ihrem Leben gegenseitig und werden fortan immer getrennt essen.

Während der gesamten Zeremonie werden zahlreiche obszöne Anspielungen und Scherze zwischen dem noch verbliebenen Frauennehmerpublikum und den anwesenden Frauen der Geberseite ausgetauscht.

Der Zug geht ins Hausinnere, zum Tempel, wo am Morgen die Gaṇeś-*pūjā* abgehalten wurde. Die Braut bleibt mit Eltern und Geschwistern im Hause. Die Tür wird verriegelt, nachdem der Bräutigam und seine Angehörigen (Vater, Brüder) herausgetreten sind. Sie legen sich auf dem Lehmfußboden im Stall, wo die Hochzeit stattfand, schlafen.

Ich sagte bereits, daß die Hochzeit in zwei Orten ihren Fortgang nimmt. Die Männer haben den Frauennehmerort mit dem *barāt* verlassen, und nur einige alte Männer sind zurückgeblieben. Auf der Frauennehmerseite findet, während die Zeremonien im Ort der Braut vollzogen werden, das schönste und ausgelassendste Fest statt.

Sobald der *barāt* den Ort verlassen hat, strömen alle Frauen im Hochzeitshaus zusammen. Die Küche wird übernommen. Freizügig wird ein Tee nach

---

[28]Fanger (1980:333) schreibt, daß die Braut es ablehnt, dem Bräutigam die Füße zu waschen bzw. erst dann gewillt ist, nachdem sie dafür bezahlt wurde. "While not unique, this ritual seems to express very clearly the unusual status of a Kumaoni wife. Like all Hindu wives, she expresses her subservient position by washing her husband's feet; but, she also asserts her independence and fiery spirit by demanding to be paid for the task." Nach meiner Beobachtung sind es die Schwestern der Braut (sāi, s. Scherzbeziehung), die das Geld fordern und erhalten.

dem anderen gekocht. Die Frauen sitzen in Kreisen um das Feuer und bereiten ein großes Festmahl für sich selbst vor. Große Mengen von Teig werden geknetet, landen als Fladen auf den Köpfen der Frauen in der nächsten Reihe, bis sie schließlich den Feuerplatz erreichen. Zwei Frauen, die das Feuer bedienen, fangen die Fladen auf und werfen sie in das siedende Öl.

Die Zubereitung der Mahlzeit ist von Gesängen und Scherzen begleitet. Es wurde mir erzählt, daß dies der Tag sei, an dem die Frauen weglaufen, und daß manche Männer die Frauen früher angebunden hätten, bevor sie den Ort mit dem *barāt* verließen. Schwiegertöchter wie Schwiegermütter stimmen ausgefallen in Reime über böse Schwiegermütter ein. Manchmal bilden sich auch Gruppen, die sich gegenseitig durch ihre Reime provozieren und überbieten.

Vor allem aber wird an diesem Tag *jhoṛa* getanzt, ein Reigen der begonnen wird, sobald der *barāt* das Dorf verlassen hat und abrupt aufhört, wenn am nächsten Tag der Zug mit der Braut zurückkehrt. "In dieser Nacht wird durchgetanzt", sagen die Frauen. Manchmal mag der Kreis nur drei bis vier Frauen führen und dann schwillt er wieder auf vierzig bis fünfzig Frauen an. Die eine Seite des Kreises schreitet gebückt, die andere erhoben, wie im Bild einer Wellenbewegung. In diesem Tanz werden ununterbrochen repetitive Verse gesungen. Für viele Frauen ist die *jhoṛa* "das schönste was es überhaupt gibt!". Worte können dieses Empfinden und die einfachen Freuden nur unvollkommen beschreiben. Man hat die Hände um die Schultern gelegt und erst nach mindestens einer halben Stunde wird es nach eigener Erfahrung erst schön, weil sich die eigene Person in der gemeinsamen Bewegung aufzuheben beginnt. Als Zuschauer aber bemerkt man, daß sich die Individualität jeder Frau, in der Art und Weise wie sie sich in dem monotonen Reigen bewegt, absetzt.

Ein Stamm von Frauen wird nicht schlafen gehen. Man tauscht sich bis zum Morgengrauen Geschichten mit den auswärtigen Frauengästen, den *paũṛ* aus, und man hält die *jhoṛa* aufrecht.

Im Ort der Braut wird früh aufgestanden, denn spätestens um 9 bis 10 Uhr setzt sich der *barāt* wieder in Bewegung. Im Hausinneren dekoriert der Brahmane das Gesicht der Braut mit einer Punktmalerei aus Reispaste. Eine größere *pūjā* wird mit dem Paar im Haustempel abgehalten.

Draußen auf dem Hof tanzen die Männer, Tee und Kartoffeln werden als Frühstück gereicht. Die Trommeln werden in Intervallen immer lauter und drängender. Der *mam* oder der Brautvater verteilen Geld und ein *ṭika* an alle Männer des *barāt*. Der Vater des Bräutigams überreicht dem Vater der Braut und seinen Brüdern Kokosnüsse, und zwar soviele Kokosnüsse wie sie Söhne haben. Die Aussteuer wird gepackt und verschnürt und die aus nepalesischen Gastarbeitern bestehenden Träger eröffnen den Zug.

Während die Braut am Vortag mitunter noch aufgedreht und munter war, beginnt jetzt der traumatische Teil des Festes. Laut weinend und schluchzend verläßt sie das Haus. Die Mutter und eine andere Frau des Hauses verabschieden das Paar durch die fünfmalige Segnung mit Reiskörnern und Blumen (s. *ākṣāt*). Eilig werden noch Reiskörner auf den Sitz der hölzernen Trage gestreut, in die die Braut jetzt gehoben wird. Ein bis zwei jüngere Brüder der Braut gehen neben der Sänfte. Ansonsten läßt sie jetzt alle vertrauten Personen hinter sich.

Die anwesenden Frauen weinen, schweigend folgen sie dem Zug auf eine Anhöhe und schauen ihm solange nach, bis der nächste Gebirgeszug ihn den Blicken entzieht. Stille und Beklommenheit liegen auf dem weiteren Tagesablauf, der nach der *pūjā go-dān* (Speisung und Ehrung eines Kalbes) wieder ein Essen für das gesamte Dorf vorsieht. Die Eltern der Braut haben seit dem Eintreffen der *masahlau* gefastet und nehmen jetzt ihre erste Mahlzeit zu sich. Viele auswärtige Gäste verlassen bereits am Nachmittag das Haus. Kokosnüsse, die die Frauennehmer gestern mit dem *barāt* gebracht haben, *dhotis* und Geld werden verteilt (s.Kap. 6).

Im anderen Dorf dagegen herrscht jetzt Hochstimmung. Nach der Begrüßung der Brautleute durch die Mutter und eine Tante des Bräutigams wird die Braut von einer jungen Frau der Familie (HBW) über die Schwelle getragen. Diese junge Frau bleibt den ganzen Tag in der Nähe der Braut und führt sie, da das Gesicht der Braut nach wie vor verdeckt ist und sie sich nicht alleine bewegen kann. Im Haustempel wird eine *pūjā* abgehalten.

Gleich nach der Ankunft des Zuges haben einige Männer damit begonnen, die Aussteuer zu zählen. Der Vater des Bräutigams studiert die mitgesandte Gabenliste, um zu taxieren, ob die Anzahl der an die Frauengeber gesandten Kokosnüsse ausreicht oder ob noch welche nachgeschickt werden müssen.

Die Braut ist im Hausinneren von Frauen umringt. Jede Frau ist neugierig, wie die Braut aussieht, und eine Frau nach der anderen tritt jetzt an sie heran und hebt den Schleier, um einen Blick darunter zu werfen. Die Braut wird weder etwas sagen, noch eine Miene verziehen. Bald darauf wird die Braut zum Wasserloch geführt, denn ihre erste Pflicht im neuen Dorf besteht darin, ein Gefäß mit Wasser zu füllen und nach Hause zu tragen.

Zum folgenden großen Festessen (Linsen und Reis), das in den meisten Orten außerhalb des Hauses an einem Flußufer abgehalten wird, kommt das ganze Dorf zusammen. Teller und Trinkgefäße werden mitgebracht, und jede

Person nimmt anschließend noch einen vollbeladenen Teller mit nach Hause, um daheimgebliebene Personen und die Tiere damit zu speisen. Die Frauen finden sich wie bei jedem Fest erst zum Essen ein, wenn die Männer den Platz verlassen haben. Sie führen die Braut in ihrer Mitte, die das Essen zwar mit einem symbolischen Happen eröffnet, aber selbst nicht mitessen wird.

Mit dieser Mahlzeit ist der offizielle Teil der Hochzeit beendet. Die außerlokalen Gäste begeben sich jetzt mit ihren Geschenken (s. Kap. 6) auf den Heimweg. Am Abend, nachdem die Brüder der Braut mit dem *bheṭaṇ* angekommen sind, gibt es zwar nochmals ein Festessen, aber nur für Nachbarschaft und Freunde. Solche Essen setzen sich in den nächsten Tagen fort, und nahe Verwandte mögen noch bleiben, bis auch *durgūṇ* vorüber ist.

In manchen Häusern wird die Rückkehr der Brautleute nach *durgūṇ* mit einer großen *pūjā*, der *satye nārāyaṇ kā kathā* (s.u.), gefeiert.

Ich habe junge Bräute gefragt, wie sie ihre Hochzeit empfunden haben, und hatte den Eindruck, daß sie das Ereignis in einer Art Trance erleben. Die meisten versicherten, daß sie sich außer an ihren Schmerz und ihre Angst an nichts erinnern und daß sie den ihnen angetrauten Mann erst nach der Hochzeit erstmalig zu Gesicht bekamen. Die Überraschungen, die sich aus diesen positiven wie negativen Konfrontationen ergeben, werden noch Wochen später bei den häufigen Besuchen im Elternhaus mit Freundinnen und Schwägerinnen beredet und verarbeitet. Häufig verläßt der junge Mann die Braut bereits kurz nach der Hochzeit, um an seinen Arbeitsplatz in der Stadt zurückzukehren. Er lernt seine Frau erst in ein oder zwei Jahren im "großen Urlaub" kennen.

Zu Hause vor ein paar Tagen noch ein gefeierter und gottgleich verehrter Empfänger einer Frau, wird er im schwitzenden Gedränge der Kumaonis, von denen sich manche in der gleichen Situation befinden mögen, im Bus nach Delhi sitzen.

8.5 DIE HAUSEINWEIHUNG, EIN ANALAGON ZUR HOCHZEIT

Leider konnte ich selbst keine Hauseinweihung (*ghar-paiṭ*) miterleben. Die Auskünfte darüber, die ich hier kurz zusammentragen will, beschränkten sich oft auf wenige Sätze: "Du hast Hochzeiten gesehen, *ghar-paiṭ* ist dasselbe wie eine Hochzeit; es werden die gleichen Leute eingeladen, das ganze Dorf kommt zum Essen. Das älteste Paar der Familie umschreitet siebenmal das Haus, das ist *ghar-paiṭ.*"

Ghar-paiṭ zelebriert nicht in erster Linie die Fertigstellung eines Hauses, sondern die Entfachung des Feuers in dem Haus das vordem "roh" war und erst durch *ghar-paiṭ* in einen Lebens- und Reproduktionsraum umgewandelt wird. Das Abhalten eines *ghar-paiṭ* ist sehr teuer und es mögen ein bis zwei Jahre vergehen, bis in einem neu- oder umgebauten Haus *ghar-paiṭ* stattfindet. In einem solchen Haus kann man bereits schlafen oder sitzen, aber es darf darin nicht gekocht werden.

Der zeremonielle Ablauf von *ghar-paiṭ* besteht aus drei Teilen:

(1) Die Gäste treffen am frühen Nachmittag ein. Von ca. 16 - 21 Uhr wird im ausgeräumten Kuhstall eine große *pūjā* abgehalten: *Satye nārāyaṇ kā kathā*. Anschließend gibt es ein Festessen (*puris*, Gemüse, *haluvā*).

(2) Von 22 bis 24 Uhr findet das eigentliche *ghar-paiṭ* statt. So wie die Brautleute das Feuer umschreiten, umkreist das älteste Paar der Familie siebenmal das neue Haus.

(3) Am nächsten Morgen findet wieder eine *pūjā*, gefolgt von einem großen Festessen (Reis und Linsen), statt.

"Die richtige *satye nārāyaṇ kā kathā* wird an *ghar-paiṭ* abgehalten", heißt es. Die gleichnamige *pūjā* im Rahmen einer Hochzeit stelle nur einen schwachen Abglanz derselben dar. Die Auskünfte schwankten von mindestens zwei bis maximal fünf an *ghar-paiṭ* anwesenden Brahmanen. Der Priester, der die Handlungen im Stall vollzieht, muß ein anderer sein als derjenige, der die anschließende Zeremonie auf dem Hof leitet.

Über die *satye nārāyaṇ kā kathā* wurde mir gesagt, daß sie mit einer ausführlichen Aufzählung der Ahnen seitens der Priester beginnt, gefolgt von der Zubereitung des heiligen Essens, das als *prasād* (von Gott kommendes Essen) an alle Anwesenden verteilt wird. "*Ghar-ped prasād* erkennst du daran, daß immer etwas Mehl darüber gestreut ist", erklärten mir Frauen und beschrieben als einen Teil des zeremoniellen Ablaufs das Anrichten von fünf verschiedenen Getreidesorten auf einem großen Teller. Dieser Teller geht herum und jeder der Anwesenden legt Geld darauf, das später zwischen dem Brahmanen und der Familie geteilt wird.

Nachdem das Essen unter Mitwirkung der Brahmanen zubereitet ist[29], nehmen 5, 7 oder 8 kleine Mädchen in einer Reihe Platz. Ihnen werden zuerst die Füße gewaschen (soviel ich hörte, geschieht dies durch einen Brahmanen). Sie erhalten ein Geld-*ṭika* und werden dann mit dem ersten heiligen Essen gespeist. Erst wenn die Mädchen gegessen haben, können die Männer gefolgt von den Frauen das Festmahl einnehmen. Auf diese an *ghar-paiṭ* vollzogene

---

[29]Hochrangige Männer des Dorfes, die an dem Tag gefastet und ein Bad genommen haben, kochen das Essen in der offenen Küche, während die Brahmanen im Hausinnern nur eine kleine Portion zubereiten.

erste Speisung und Fußwaschung der Mädchen wurde in verschiedendsten Kontexten hingewiesen, um mir zu erklären, daß das die wahre Rangfolge sei.

Gaben an *ghar–paiṭ* sind nach Auskunft der Informanten nicht erforderlich. Beiläufig, die hohen Ausgaben belegend, wurde aber erwähnt, daß für alle Kinder der Schwestern an *ghar–paiṭ* Kleidungsstücke bereitliegen müssen und daß die Schwester selber Kleidung erhält. Ebenso gehen an *ghar–paiṭ* großzügige Geschenke an den Erbauer des Hauses (s.Kap.1.3b).

8.6 SEKUNDÄREHEN

Ein Mann kann das beschriebene Hochzeitsritual mehrmals wiederholen, indem er eine Jungfrau ins Haus führt, wenn seine Frau gestorben oder weggelaufen ist. Töchter werden nicht gerne in solche Verbindungen gegeben. Der Mann ist schon älter und mag seine erste Frau schlecht behandelt haben. Wenn ein Mann gar die dritte oder vierte Frau zu heiraten wünscht, wird er sie nicht als Jungfrau bekommen. Er sucht sich eine *dhā̃ti*. Als *dhā̃ti–byā* wird die Ehe mit einer Frau bezeichnet, die bereits einmal verheiratet war. (Eine Frau kann das Ritual der Primärehe nur einmal in ihrem Leben vollziehen.)

Auch *dhā̃ti*–Heiraten werden in der Regel arrangiert. Ein Mann oder seine Angehörigen erfahren von einer jungen Frau, die ihren Mann verlassen hat, verwitwet ist oder vertrieben wurde und im Elternhaus lebt. Eine Delegation besucht sie und fragt, ob sie bereit ist, wieder zu heiraten. Stimmt sie zu, führen die nächsten Schritte zum Ehemann der Frau, sofern dieser noch lebt. Ein Preis wird ausgehandelt, der in der Regel 150 bis 300 Rupien beträgt und von dem es heißt, daß er den Mann für die ihm bei der Hochzeit entstandenen Kosten entschädigt. Sobald der Mann das Geld angenommen hat, verliert er sämtliche Ansprüche an die Frau und die neue Union ist besiegelt. Es gibt keine Zeremonie und eine *dhā̃ti*–Braut wird im Unterschied zur Jungfrau immer in der Nacht in das Haus geführt.

> Es gibt in diesem Zusammenhang einige erheiternde Anekdoten, von denen ich eine kurz schildern möchte: Einem Mann war die junge Frau weggelaufen. Sie lebte bereits zwei Jahre bei ihren Eltern und die Männer griffen zu einer List. Sie verkleideten einen jungen Mann als Frau und zogen in der Nacht los, um im Morgengrauen, wenn die Frauen zur Wasserstelle gehen, das Dorf der entflohenen Frau als *dhā̃ti–byā*–Zug zu passieren. Als der Vater des Mädchens davon erfuhr, daß eine *dhā̃ti* für seinen Schwiegersohn geholt worden war, brachte er seine Tochter noch am selben Tag in das Haus des Mannes zurück.

Eine *dhā̃ti* nimmt die Lineage ihres Mannes an. Ihre Söhne sind erbberechtigt.

Jede hochrangige Lineage behauptet von sich, daß sie keine *dhẫtis* mehr nimmt und dem Sohn einer *dhẫti* keine Frau gibt. Aus der Hand einer *dhẫti* kann kein Reis angenommen werden. Als Folge der Verbindung trifft dieses Tabu auch ihren Ehemann und ihre Söhne. Bei den Enkeln erlischt der Makel. Einige der prestigehöchsten Männer im Dorf hatten aber eine *dhẫti* zur Mutter oder zur Frau. Sie waren zwar als Köche ausgeschlossen, aber ich konnte nicht beobachten, daß ihr Ansehen in irgendeiner Weise gelitten hat. Die Behauptung, daß Söhne von *dhẫtis* schlechtere Heiratschancen hätten, war durch die empirischen Daten ebenfalls in keiner Weise belegt. Im gleichen Atemzug mit der verbalen Ablehnung von *dhẫti*-Verbindungen für die eigene Lineage wurde allgemein eine positive Einstellung zur Wiederheirat der Frau artikuliert.

> "Die Eltern machen einen Fehler, wenn sie nicht auf die Wiederverheiratung des Mädchens drängen. Das Leben der Frauen hier ohne Kinder ist leer. Morgen ist sie alt und dann kann sie nicht mehr gehen, dann hat sie auch kein Geld."

Nicht jede Zweitehe der Frau macht diese zur *dhẫti* und nicht jede Frau, aus deren Hand man keinen Reis essen darf, ist eine *dhẫti*-Ehefrau. Durch das im Kumaon verbreitete Juniorlevirat, ein Mann übernimmt die Witwe seines älteren Bruders als Zweitfrau, wird die Frau nicht zur *dhẫti* und man kann ihren Reis essen. Aus der Hand von Frauen, die im Laufe ihrer Ehe in ein "anderes Haus gehen", das heißt, mit einem anderen Mann leben und später in das Dorf zurückkehren, nimmt man keinen Reis mehr. Ihr Makel überträgt sich aber nicht auf die Söhne. Ich habe einige Fälle dieser Art im Dorf protokolliert:

> Eine Frau verließ den Ort sogar unter Hinterlassung eines Sohnes, um mit einem anderen Mann zu leben. Sie soll im Laufe ihres Lebens in mehrere Häuser gegangen sein, bekam aber keine Kinder mehr. Im Alter holte ihr einziger Sohn sie zu sich. Außer der Tatsache, daß sie nicht mal für ihren eigenen Sohn Reis kochen konnte, zeitigte ihr vorangegangener Lebenswandel keine Diskriminierung.
> Eine andere Frau, deren Mann über Jahre hinweg nicht aus der Stadt nach Hause kam, ging ebenfalls aus eigener Initiative in "ein anderes Haus". Sie gebar dort eine Tochter, die starb. Als ihr erster Mann heimkehrte, machte sich eine Delegation auf den Weg, um die Frau zur Rückkehr zu bitten, denn die Ansprüche waren nicht wie bei einer *dhẫti-byā* abgetreten worden.

Geht aus einer solchen Beziehung allerdings ein Sohn hervor, dann ist es selbstverständlich, daß die Frau als *dhẫti* für die neue Verbindung freigegeben wird.

In einem Fall verließ eine Frau ihren Mann angeblich weil er häßlich war, dieser nahm sich eine zweite Frau. Auch diese verließ den Mann und ging als *dhẫti* in ein anderes Haus. Die erste Frau, die nicht in ein anderes Haus gegangen war, kehrte daraufhin erneut zurück. Diese Beispiele belegen die unkomplizierte und freie Form eines sekundären Ehebündnisses.

Sanwal schreibt im Rahmen eines Aufsatzes über die Stabilität des primären Ehebündnisses im Kumaon:

> "Of the total primary unions which I have recorded in respect of the Khasi males of Harsil, 20 per cent, terminated in divorce or breakdown of conjugal relations. The majority of these primary unions were broken because children were not born." (ibid. 1966, S.53)

Das Ausbleiben von Nachkommenschaft ist ein häufiger Grund, den Ehemann oder die Ehefrau zu wechseln. Die Initiative mag zwar mehrheitlich von der Familie des Mannes ausgehen, aber ich habe auch Fälle erlebt, in denen die Familie der Frau den Grund beim Mann suchte und die Zweitehe für die Tochter arrangierte.

Das Eingehen einer zweiten Ehe ist für die Frau i.d.R. nur solange möglich, wie sie keine Kinder geboren hat.[30] Ausnahmen von dieser Regel kommen vor. So ging eine Frau, die bereits fünf Kinder geboren hatte, als *dhā̃ti* in ein anderes Haus, weil das 6. Kind, das sie gebar, als Bastard galt. Die Umstände dieses Falles, wer der Vater ist, warum zu der drastischen Maßnahme gegriffen wurde, sie zu vertreiben und von ihren Kindern zu entzweien, blieben verschleiert. Die neue Ehe war von den Verwandten ihres Mannes arrangiert worden. Das 6. Kind nahm sie mit, die fünf anderen Kinder blieben im Haus ihres Vaters, für den eine neue *kanyā dān*-Hochzeit arrangiert wurde, die gewiß mit einem Brautpreis verbunden war.

Ein Mann soll nicht wieder heiraten, nachdem ihm die Frau einen Sohn geboren hat, lautet zwar die Regel, aber dieser Grundsatz wird nicht streng befolgt. Eine verwitwete Frau mit Kindern dagegen kann keine Zweitehe eingehen, es sei denn, sie wird die Zweitfrau des jüngeren Bruders ihres Mannes. Hierüber kann sie selbst entscheiden.[31]

---

[30]Den Ausführungen Joshis (1929)1984 zufolge, muß es aber früher durchaus häufig vorgekommen sein, daß die Frau Kinder in eine Zweitehe mitbrachte. Diese Heirat wurde lt. Joshi (S. 175) "*Syun chela Biyah*" genannt, und die Kinder wurden als *jhantela* bezeichnet. Joshi zitiert Mr. Lall: "There are numerous instances of *Jhantelas*, as there must be in a country where it is common for a woman to leave one husband for another. Such children naturally do not succeed in obtainung anything from their own fathers whom their mother had deserted." (ibid., S. 174)

[31]Joshi (1929)1984:93f. berichtet ausführlich über den "*Tekwa*" (Mann, der zu einer Witwe zieht), eine Institution, die ich nicht beobachtet habe. "A *Tekwa* union is not 'marriage' under the customary law." (S. 100) .. "The children born of such a union are affiliated to the deceased husband of the widow." (S. 90) Die Ehe mit dem jüngeren Bruder des Mannes (Juniorlevirat)

Sekundärehen werden vermutlich bald aussterben. Die Leute sprachen von einem starken Rückgang in den letzten Jahrzehnten. Beteiligt an diesem Trend ist die zunehmende Orientierung am sanskritischen Ideal - die Brahmanen erlauben keine Wiederheirat verwitweter oder verlassener Frauen - und die neue Rechtslage.[32] Nimmt sich der Mann eine zweite Frau, während die erste noch lebt, kann er gerichtlich zu Unterhaltszahlungen verpflichtet werden. Es kamen mir aus anderen Dörfern Fälle zu Ohren, in denen dies geschehen ist. Männer beschrieben als bitteren Aspekt dieser Gesetzeslage, daß sie auch dann zahlen müssen, wenn die Frau sie mutwillig verlassen hat, und daß jetzt mancher Bruder gar nicht mehr darauf bedacht ist, die Schwester wiederzuverheiraten, weil sie ja eine Einkommensquelle darstellt.

---

galt dann als vollzogen, wenn die Frau in dessen Haushalt zog bzw. dort lebte. Blieb sie in ihrem eigenen Haus und wurde lediglich von ihrem Schwager besucht, galt dies lt. Joshi als eine *Tekwa*-Union und nicht als Ehe.

[32]s. Hindu Adoptions and Maintenance Act, 1956, Section 18

9. ÜBERGANGSRITEN UND GRENZBEREICHE

Die Ereignisse Geburt und Tod stehen neben den die Menstruation begleitenden Tabus im Zentrum dieses Kapitels. Sie gehören zusammen mit dem Ereignis Heirat in den Kontext der Übergangsriten. Geburt und Tod unterscheiden sich aber von der Heirat dadurch, daß sie von Verunreinigung begleitet sind.

Die wesentliche Rolle, die die Begriffe "rein" und "unrein" in diesem Kapitel spielen, veranlaßt mich dazu, der Beschreibung einen Exkurs über diese Kategorien voranzustellen.

9.1 EXKURS ÜBER DIE DIMENSIONEN "REIN" UND "UNREIN"

Alle Wesen, Materien und Zustände sind den Prinzipien von "rein" und "unrein" zuordenbar. Obgleich hier Kategorien einer sakralen Logik die Voraussetzung bilden, reguliert diese Segregation laut Dumont u.a. die Sozialordnung, und zwar als ein Prinzip das

- Statusabstufung ermöglicht - rein ist höher als unrein;
- die Segregation von Gruppen sicherstellt;
- die Arbeitsteilung und ihre Interdependenz begründet - reine und unreine Beschäftigungen müssen voneinander geschieden sein (vgl. Dumont (1966) 1976:53f).

Während meines Aufenthalts im Dorf mußte ich meine Einkaufstasche vor den Blicken der Frauen verbergen, wenn sie z.B. Eier enthielt. "Eier zu essen ist vergleichbar mit dem Verzehr von Embryos", hielt man mir entgegen. "Sie sind schmutzige und unreine Nahrung, die ihre Wirkung zeitigen wird."

Der Verzehr von tierischen Produkten, mit Ausnahme des Fleisches von Opfertieren (Ziegen) sowie Milch und Milchprodukte, wurde mit der Begründung abgelehnt, daß dies Leben zerstöre und heiß mache. Heiße Nahrung, zu der auch Alkohol gehört, führe zu Krankheiten und Unfruchtbarkeit. Wenn Männer sie verzehren, dann ist es weniger schlimm als wenn Frauen dies tun. Frauen sichern die Reproduktion des physischen Lebens und sind durch derartige Verunreinigungen stärker gefährdet als Männer. Brahmanen, die die Gewähr für den Fortbestand der geistigen Integrität der Gesellschaft leisten sollen, sind in ähnlicher Weise wie die Frauen stärker gefährdet als das übrige Volk.

Ein Aufsatz von Tambiah (1985:208f.) gibt den folgenden nützlichen Überblick, die Arten der Unreinheit betreffend:

> Orientiert an Orenstein (1965) unterscheidet er
> "relational pollution" als zutreffend bei Geburt und Tod, ein enger Kreis von Verwandten ist betroffen;
> "internal pollution" als individuell zuschreibbare Übertretungen verschiedener Gebote, die Nahrung, die Tötung, den Schwesterninzest etc. betreffend;
> "external pollution", den Kontakt mit verunreinigenden Elementen bezeichnend;
> "self-pollution". "...ego pollutes himself through substances secreted from his own body.." (ibid. S. 214).
>
> Tambiah argumentiert, daß die Verunreinigung in zwei Statusrichtungen kulminiert. Ein geistiger Führer (Brahmane) ist einerseits durch verunreinigende Substanzen stärker gefährdet und muß sie deshalb besonders meiden ("internal/external pollution"), andererseits beträgt der Zeitraum der Unreinheit bei Geburt/Tod ("relational pollution") bei ihm nur wenige Tage, während er bei konditionell unreineren Kasten bis zu 30 Tage anhalten kann. Ein Brahmane ist durch seine reine Lebensführung in der Lage, Unreinheit schneller abzubauen, wenn sie nicht durch Selbstverschuldung, sondern wie in diesem Falle durch Geburt/Tod in der Verwandtschaft hervorgerufen ist.

Für eine Frau führen verbotene Nahrung/Kontakte etc. zu einer Kumulation der bereits durch die Monatsblutung vorhandenen größeren konditionellen Unreinheit. Ihre besondere Gefährdung stellt unter diesem Aspekt also eine Inversion der speziellen Gefährdung des Brahmanen dar.

Die alltäglichste Verunreinigungsgefahr besteht durch den Umgang mit Körpersekreten. Die Hand, die das Essen zum Munde führt, soll nicht mit Speichel in Berührung kommen, und es muß die rechte Hand sein, während nur die linke Hand zur analen Reinigung benutzt werden darf.

Tambiah (1985) nennt die natürlichen Abfälle (Nägel, Haare) oder Ausscheidungen des Körpers "boundary overflows". Mary Douglas (1985:165f) bezeichnet sie als "marginale Materie", die als Randzonen des Körpers auch soziale Randzonen symbolisieren. Es sind dieselben "boundary overflows", die, wenn sie von heiligen Objekten stammen, eine reinigende Wirkung haben:

> "But the overflows from a pure object can be eminently purifying, as in the case of the five sacred products of the cow; or less dramatically the leavings of food offered to and eaten by the pure gods; or more dramatically, the water with which a saintly guru's feet have been washed. Within the sphere of every day caste life, the same principle is at work when the food leavings of the Brahmans are acceptable food to polluted castes, or when various categories of cooked food may pass from superior patrons to inferior clients." (Tambiah 1985:216)

Reinigende Kraft wird insbesondere dem Wasser, dem Badezeremonial, zugeschrieben. Bei manifesten Verunreinigungen, wie ich sie im folgenden beschreiben werde, ist aber die Verwendung von Kuhurin und-dung zum Schutz und zur Purifikation unerläßlich.

9.2 DIE MENSTRUATION

Das Menstruationsblut wird als hochgradig verunreinigend und gefährlich angesehen.[1] Die durch Menstruation hervorgerufene Verunreinigung währt insgesamt fünf Tage und ist von zahlreichen Regeln und Tabus begleitet. Mit "*chūt haigo*!" (die Unreinheit ist gekommen) oder "*mi alag chu!*" (ich bin anders), verkündet die Frau das Eintreffen ihrer Monatsblutung. Es ist notwendig, den Zustand bei Begegnungen mit Frauen sofort zu signalisieren, bevor es zu einem Körperkontakt kommen könnte, denn in den ersten drei Tagen ist die Frau "unberührbar".

Ich möchte hier erwähnen, daß mich die Tabus während der Menstruation selbst betroffen haben und daß mir ihre Befolgung die Pforte zur Integration öffnete. Es war eine sehr starke emotionale Erfahrung, drei Tage lang kein anderes Haus betreten zu können und niemanden berühren zu dürfen, während man sonst ständig in körperlichem Kontakt mit Frauen und Kindern steht. Ein Abschnitt der großen Reinigungszeremonie, die 11 Tage nach Eintreffen der ersten Menstruation abgehalten wird, besteht darin, daß alle Anwesenden die junge Frau berühren und auch am dritten Tag erfolgt eine Berührung manchmal demonstrativ.

Bis zum 5. Tag nimmt niemand etwas aus der Hand einer menstruierenden Frau an. Die natürliche Regung, sich durch Gaben, eine Bidi oder ein Glas Tee, mitzuteilen, muß unterdrückt werden. Auch außerlokale Besuche und die Teilnahme an Versammlungen oder Festen irgendwelcher Art sind während des gesamten Zeitraums nicht erlaubt. Dies ist ein Umstand, unter dem ich persönlich aufgrund meines Forschungsinteresses sehr litt, unter dem aber auch die anderen Frauen leiden.

---

[1]Als ich das Wort Blut gebrauchte, wiesen die Frauen darauf hin, daß es sich bei der Menstruation nicht um Blut handele, sondern um einen sehr schmutzigen und gefährlichen Ausfluß.
"Die Maori sehen das Menstruationsblut als eine Art menschliches Wesen an, das verloren gegangen ist. ... Daher hat es den widersinnigen Status eines Toten der nie gelebt hat." (M. Douglas 1985:126, nach Lévi-Bruhl 1931:390)

Das Auge registriert sofort diejenigen, die bei Hochzeiten abseits oder im Dunkel sitzen[2] oder die, die betrübt sind, weil an einem großen Festtag der ersehnte Elternbesuch vereitelt wurde. Die Frau kann den Besuch auch dann nicht antreten, wenn ihre Menstruation lediglich in Erwartung ist, denn wie bereits mehrfach erwähnt, darf sie in diesem Zustand auf keinen Fall ihrem Bruder begegnen.

Unreinheit ist ein Zustand, der von der Öffentlichkeit kontrolliert wird und dem nicht hinterfragte Gefahren zugeschrieben werden. Es wird angenommen, daß die aus der Hand einer unreinen Frau empfangene Nahrung zu Übelkeit und Erbrechen führt. Die Frau soll sich von Wasserlöchern fernhalten, weil das Wasser ansonsten vergiftet und für die Allgemeinheit ungenießbar wird. Ist bei einem *jāgar*, in dessen Verlauf Lokalgötter in Medien einkehren und durch diese sprechen, eine menstruierende Frau anwesend, so soll das nicht nur die Ankunft der Götter verhindern können, sondern große körperliche Schmerzen für das Medium hervorrufen oder auch zur Krankheit des Mediums führen, weil der Gott den Körper nicht ordnungsgemäß verlassen kann. Eine menstruierende Frau darf sich nicht in die Nähe von Göttern begeben; sie soll weder Tempel betreten, an *pūjās* (Gottesdienst) teilnehmen, noch soll sie *ṭikas* (Segen) empfangen.

Die öffentliche Kontrolle über den Zustand der Unreinheit äußert sich dergestalt, daß mich z.B. die Frauen zum treffenden Zeitpunkt fragten: "Was ist, bist du nicht bald "*alag*"?" Der Stand des Mondes oder die gemeinsame Unreinheit mit bestimmten anderen Frauen stützt das Gedächtnis.

Das Unreine schadet dem Unreinen nicht. Mit einer jungen Frau, deren Unreinheitsphase ich über das Jahr hinaus teilte, entwickelte sich eine besondere Gemeinschaft. Sie bezog während dieser Zeit traditionsgemäß im Stall Quartier und forderte mich jeweils mit Begeisterung auf, in ihr "Exil" zu kommen, das sonst von niemand betreten werden konnte, denn die Unreinen haben ihre eigene Zone. Heutzutage ist diese meistens in den Außenraum des ersten Stockwerks verlegt und durch einen mit Kreide gezogenen Kreis markiert. Nur die Kinder im Stillalter dürfen die Linie übertreten. Nahrung wird vor die Linie gestellt, und es ist darauf zu achten, daß die Hand, die Nahrung bzw. einen Gegenstand empfängt, ihn nicht eher berührt, bis die gebende Hand

---

[2]Meine Nachbarin bangte und rechnete schon Wochen vor dem Hochzeitstermin ihrer Tochter. Sie erzählte mir, daß mit Hilfe Jaman Rāms, einem Heilexperten (*ḍaṅriyā*), das Eintreffen der Blutung manipuliert werden könne und daß sie sich an ihn wenden werde, falls die Unreinheit sie vor der Hochzeit zu ereilen droht.

ihn losgelassen hat. Essen, Schlafen und rastender Aufenthalt haben innerhalb dieser Markierung zu erfolgen. Alle Personen, die in die Nähe des Kreises kommen oder ihn überschreiten (Kleinkinder), werden sofort durch das Besprenkeln mit Kuhurin purifiziert.

Für menstruierende Frauen gibt es eigenes Geschirr, das immer im Außenbereich des Hauses aufbewahrt wird, und eine eigene Bettunterlage, die nur während dieser Zeit benutzt wird.

Frauen sind in dieser Zeit von Hausarbeiten suspendiert, aber sie können den Kreis verlassen, um nach draußen zu gehen und in den Feldern zu arbeiten. Ich habe erlebt, daß sich eine sehr junge Frau regelmäßig krank fühlte und ihren Bezirk nicht verließ. Niemand sagt etwas, wenn eine Frau die Menstruation als Schonzeit benutzt und weniger arbeitet als sonst.

Die große Reinigungszeremonie und die Aufhebung der "Unberührbarkeit" erfolgt am dritten Tag.[3] Die Frau geht zum Fluß (es muß ein fließendes Gewässer sein), nimmt ein Bad, wäscht ihre in den ersten drei Tagen nicht gewechselte Kleidung und die Bettunterlage. An frostreichen Wintertagen ist dieser Gang sehr beschwerlich. Es wird Feuerholz mitgenommen und heißes Wasser am Fluß zubereitet. Auch am 4. und 5. Tag nimmt die Frau ein Bad, wäscht und wechselt die Kleidung. Diesmal darf sie in Hausnähe baden. Sie braucht nicht mehr innerhalb des Kreises zu sitzen und darf sich mit Ausnahme von Küche und Tempelbereich im ganzen Haus bewegen. Für Kleinkinder darf sie die Mahlzeiten zubereiten und benutzt dazu einen Feuerplatz außerhalb des Küchentrakts. Wasser schöpfen oder Erwachsenen Nahrung überreichen darf sie erst nach dem Bad am 5. Tag und nachdem sie den Fußboden des gesamten Hauses mit einer frischen Schlacke aus Kuhdung und Lehm versehen hat.

Obgleich die Menstruationsregeln eine Bürde für die Frau darstellen und in vielen Fällen Organisationsprobleme schaffen – Haushalte mit nur einer Frau sind auf die Hilfe von anderen Familien angewiesen – sagten die meisten Frauen, sie seien stolz auf ihre Rituale. Sie wissen, daß die Regeln in den Städten nicht befolgt werden und verurteilen daran insbesondere die Anonymisierung der Menstruation bzw. die Aufgabe der Differenzierung: "Das muß doch

---

[3]Ich wies in Kap. 4.5 darauf hin, daß viele Frauen de facto nur einen vollen Tag unberührbar sind. Wenn die Periode z.B. am frühen Morgen kommt, sagt man, sie kam vor Mitternacht. Dann befindet man sich bereits im 2. Tag und am nächsten Morgen erfolgt das Bad. Dies ist nicht so zu verstehen, daß die Unreinheit nicht ernst genommen wird. Keine Frau wird kochen oder mit Göttern in Berührung treten, wenn die Unreinheit bereits eingetroffen ist.

jedem Menschen einleuchten, daß eine menstruierende Frau anders ist als eine, die nicht menstruiert".

Die einer Verletzung der Regeln zugeschriebenen Gefahren legitimieren zwar die Tabus, es werden in diesem Kontext aber noch ganz andere Dinge auf den Plan gerufen: Nachbarschaftshilfe, symbolische Trennung von Bruder und Schwester, Kontrolle der Öffentlichkeit über den Zusammenhang von Empfängnis und Geburt und nicht zuletzt die Ausweisung eines natürlichen Ausnahmezustandes, der zur Schonzeit berechtigt.

Ich habe in verschiedenen Zusammenhängen darauf hingewiesen, daß Empfänger des "ersten Essens" (Götter, Ahnen, Gäste etc.) immer einen Sonderstatus innehaben, der Zuschreibung von Ehre, und vielleicht auch von Glück, bedeutet. Die menstruierende Frau gehört in diese Kategorie. Sie ist ebenso unrein bzw. gefährlich (weil sie in von Menschen nicht kontrollierbare Naturzusammenhänge eintaucht) wie glücksverheißend (s. den Ausspruch "Ein Baum der blühlt, der trägt auch Früchte", bzw. den Vergleich: Menstruation= Blüte, Schwangerschaft=Frucht).

9.3 SCHWANGERSCHAFT UND GEBURT

Die Schwangerschaft ist ein Zustand, über den eine schwangere Frau nicht sprechen soll. Er weist somit konträre Züge zur Menstruation auf. In anderer Hinsicht hat der Sonderstatus einer Schwangeren Gemeinsamkeiten mit dem einer menstruierenden Frau, auf die ich später zu sprechen komme.

Vergleichbar mit dem in Kapitel 5 behandelten Kommunikationskanälen für Sexualerfahrung wird eine Frau nicht mit der Mutter über ihre Schwangerschaft reden. Ebenso wird sie nichts gegenüber den Frauen des eigenen Haushalts, insbesondere den älteren Frauen, verlautbaren lassen. Freundinnen, die sie auf dem Felde trifft und die aus dem gleichen Ort kommen mögen, sind ihre einzigen Vertrauten. Die Männer des Hauses erhalten jeweils als letzte endgültige Kenntnis vom Zustand der Frauen.

Ich möchte die "Vernebelung" der Schwangerschaft, das Kreisen von Gerüchten, Vermutungen, Negierungen an einigen Beobachtungsausschnitten demonstrieren:

> Die Frau von G. weist mich darauf hin, daß S. ihre Periode nicht bekommen hat. Als ich S. frage, ob sie schwanger sei, reagiert sie überrascht, "Wie kommst du darauf?", und wendet sich ab. Ich habe ein Tabu berührt.

> Zwei junge Frauen besuchten mich auf ihrem Gang zum Feld und die eine sagte über die andere: "Schau sie dir an, sie bekommt ein Kind." Die andere

Frau sagte, "Sie lügt, sie bekommt selbst ein Kind und ist bereits im 5. Monat." Es stimmte, daß die Frau, die die Provokation eröffnet hatte, selbst ein Kind erwartete, aber sie gab es nicht zu und blieb dabei, dies der anderen Frau zu unterstellen.
Die Beobachtung der Monatszyklen kann nicht immer als erster Hinweis auf eine etwaige Schwangerschaft dienen, da viele Frauen ein Kind empfangen, während sie stillen und noch nicht wieder menstruieren.
In unserer Familie wies eine solche Frau alle Symtome einer Schwangerschaft auf. Ihr Mann hatte seinen zweimontigen Urlaub im Sommer zuhause verbracht. Nach einigen Monaten sprach ich mit einer Frau des Hauses über die veränderte Physiognomie ihrer Schwägerin. Sie sagte, "Es stimmt, die Frau von Divan Singh hat es mir gesagt und nun bekommt sie jeden Tag ein Glas Milch." Einige Zeit später sprach mich Dungar Singh an, er habe gehört, daß die Frau seines jüngeren Bruders schwanger sei und ob dies stimme. Sechs Monate waren seit dem Urlaub des Ehemannes ins Land gegangen.
Meine Nachbarin zog mich eines Tages zu sich heran und fragte, welchen Eindruck ihre Tochter beim letzten Besuch auf mich gemacht habe, ob sie nicht verändert wirke. Sie erklärte mir, daß sie schon seit Wochen vermute, daß ihre Tochter Kamla ein Kind erwarte und wenn Kamla zum nächsten großen Festtag (Divālī) nicht nach Hause käme, dann sei es sicher. Als ich sie fragte, warum Kamla nichts gesagt habe bzw. warum sie Kamla nicht einfach frage, erläuterte sie mir, daß Mutter und Tochter darüber nicht sprechen könnten.

Insbesondere jungen Frau gebietet das Schamgefühl, vermutlich aufgrund der Verbindung von Empfängnis und Sexualakt, ihren Zustand zu verschweigen.

Aber es gibt auch noch andere Gründe. Große Freude, die in der Regel mit der Erwartung eines Kindes einhergeht, soll nicht geäußert werden. Die Frauen verglichen die Schwangerschaft mit einer Furcht, zwischen deren Entstehung und Vollendung ein langer und gefahrenvoller Weg liegt. Wir würden sagen, "man soll den Tag nicht vor dem Abend loben". Werdendes Leben ist schwach und liegt außerhalb des menschlichen Einflusses. Es ist immer damit zu rechnen, daß ein böser Geist in den Prozeß eingreift.

Eine Schwangerschaft dauert 10 Monate. Einwände, daß die Zeit bei uns nur 9 Monate beträgt, wurden als Irrtum abgewiesen.

Ich erlebte den Verlauf einer Schwangerschaft, die auf den 12. Monat zuging (von Abreise des Ehemannes). Die enormen Spannungen, die dieser Fall auslöste, wurden in zwei *jāgar*-Sitzungen ausgetragen: Ein Geist hatte sich des werdenden Kindes bemächtigt und aß von ihm, so daß das Kind nicht ausreifen und den Mutterleib verlassen konnte. Diese Interpretation war bereits vor Anrufung der Götter gegeben worden und trifft immer zu, wenn das Kind zu spät kommt. Interessant war in diesem Zusammenhang der Hinweis auf verschiedene andere Fälle in der Vergangenheit, bei denen eine Entbindung erst im 13. oder 14. Monat stattgefunden hatte und daß die obige Frau in keinster Weise verdächtigt wurde, ein uneheliches Kind zu tragen. In diesem Falle handelte es sich tatsächlich um eine Scheinschwangerschaft, aber die mit Hilfe der obigen Auslegung flexibel gehaltene Kontrolle der Öffentlichkeit in diesem Punkt erscheint mir bemerkenswert.

Sobald der Prozeß des Vermutens und Deutens von Schwangerschaften einem definitiven Stadium gewichen ist, es heißt, dies sei nach spätestens 6 – 7 Monaten der Fall, darf die Frau den Ort nicht mehr zu Festen oder zu Besuchen der Eltern verlassen. Vor allem ist es ihr untersagt, in diesem Zustand einem Bruder zu begegnen. Von Frauen, die mit dem Mann in der Stadt leben, wird erwartet, daß sie ab diesem Zeitpunkt in das Dorf des Ehemannes zurückkehren, um hier zu entbinden.

Die schwangere Frau, *asajili* genannt, darf weder Tempel betreten noch an *pūjās* teilnehmen. Diese dem Stadium der Unreinheit während der Menstruation vergleichbaren Vorkehrungen betreffen auch den Ehemann. Er ist von der Teilnahme an religiösen Ritualen ausgeschlossen und darf z.B. auch keine Bestattung begleiten ("Holz bringen").

Ich kann nicht beurteilen, ob es überall so gehalten wird, aber in unserem Haus, das über viel weibliches Personal verfügte, durfte die schwangere Frau kein Trinkwasser befördern. Im Unterschied zur Menstruation, die den Kontakt der Frau mit einem Wasserloch verbietet, konnte sie aber Wasser für anderen Gebrauch schöpfen, Wäsche waschen etc. Viele Häuser verfügen über *ḍaṅriyās* (Medium für die Kommunikation mit Göttern). Die zwei weiblichen *ḍaṅriyās* unserer Familie nahmen aus der Hand der schwangeren Frau keine gekochte Nahrung an und begründeteten dies damit, daß Übelkeit und körperliche Schmerzen die Folge seien (s. Menstruation). Man mag an eine Erniedrigung der schwangeren Frau denken, aber dieselben Frauen (*ḍaṅriyās*) erzählten mir, daß die schwangere Frau gleich einem *bhagvān* (Gott) sei.

Götter (gute Geister) und böse Geister sind während der Schwangerschaft nah beieinander. In den meisten Fällen tragen Frauen schwere Lasten und arbeiten bis unmittelbar vor der Niederkunft, ohne Beschwerden oder Unwohlsein zu bekunden. Ein pathologischer Verlauf der Schwangerschaft, der immer auf die Einflußnahme eines bösen Geistes (*bhūt*) zurückgeführt wird, endet aber häufig tödlich. Auch wenn Frauen heute auf der hölzernen Trage (*ḍoli*) ins nächstliegende Krankenhaus befördert werden, wenn Komplikationen auftreten, ist es doch für manche zu spät.

Die Frauen, mit denen die guten Geister sind, entbinden auf sehr unproblematische Weise. Eine Hebamme (*sūvai*) wird erst dann konsultiert, wenn die Wehen eintreten. Im Dorf gab es ca. sechs Frauen, die für diese Aufgabe spezialisiert waren.

Ein Seil wird über den Dachbalken des Mittelraums geworfen, an dem sich die Frau mit der rechten Hand festhält, während sie halb liegend den linken Ellenbogen auf dem Boden aufstützt. Männer sind aus dem Trakt des Hauses verbannt und vier bis fünf Frauen begleiten das Geschehen.

Eine Frau wird durch die Entbindung unrein und ist den gleichen Vorschriften unterworfen, die ich im Rahmen der Menstruation beschrieben habe. Der einzige Unterschied zur Menstruation besteht darin, daß die erste und stärkste Phase der Unreinheit nicht bis zum dritten, sondern bis zum 5. Tag währt. In denselben Intervallen wie bei der ersten Menstruation nimmt die Frau am 5., 7., 9. und 11. Tag ein Bad. Bereits am 2. oder 3. Tag verläßt sie ihren Kreis, um draußen zu arbeiten.

Alle Frauen des Dorfes (der pāḷṭi/Fraktion) kommen, um das Kind zu sehen, das von der Schwiegermutter präsentiert wird. Sie bringen mindestens eine Frucht (Apfel, Banane, Mango etc.) und erhalten ein Geld-*ṭika*, i.d.R. bis zu einem Rupie.

Am 11. Tag findet die *nāmkaraṇ*-Zeremonie, die Namensgebung des Kindes, unter Beisein von Brahmanen und Gästen statt. Auf eine detaillierte Beschreibung des Hergangs möchte ich in diesem Rahmen verzichten, zumal ich den innerhäuslichen Teil der Zeremonie, der u.a. die Purifikation der anwesenden Familienmitglieder[4], der Räume und Gegenstände mit Kuhurin zum Inhalt hat, nicht beobachtet habe.

Für die außerhäusliche Zeremonie wird auf dem Hof ein kleiner Schrein errichtet, um den sich nur die in ihre besten Kleider und Ornamente gehüllte Mutter mit dem Neugeborenen, der Vater und der Brahmane versammeln. Symbole für Reinheit, Leben, Nahrung, Wohlstand (Kuhurin, Blumen, Milch, Getreideprodukte, Geld u.a.) kreisen im Verlauf der Zeremonie.

Wichtig ist der reinigende Akt und die soziale Geburt des Kindes. Einem Mädchen werden vier Namen verliehen, einem Jungen fünf. Zwei Namen geben die Eltern, und einer dieser beiden Namen setzt sich als Rufname durch.[5] Die Namen die der Brahmane gibt, stehen im Horoskop und werden nur bei der Hochzeit benutzt und bekannt.

Das von dem Brahmanen zur Geburt erstellte Horoskop besteht für Mädchen oft nur aus einem kleinen Stück Papier, das einem Schulheft entnommen wurde, für Knaben mitunter aus einer kunstvoll angefertigten Rolle. Das Horoskop,

---

[4]Unreinheit in Folge der Geburt (*nātak*) betrifft nur die Familienmitglieder.

[5]Oft wird der Rufname, der gegenüber einem Kind benutzt wird, im Erwachsenenalter durch den zweiten ersetzt.

kunav (Geburtsblatt), wird sorgfältig aufbewahrt und erst wieder bei der Hochzeit zur Auslegung benutzt. Beim Tod soll es verbunden mit einer Pilgerfahrt in einen heiligen Fluß geworfen werden.

Die Anzahl der Gäste zum *nāmkaraṇ* schwangt je nachdem, ob es sich um die Geburt eines Mädchens oder eines Jungens handelt. Bei der Geburt des ersten Sohnes soll eine Person pro Haus im Dorf zum Festessen (Linsen und Reis) eingeladen werden. Bei Mädchen ist der Kreis auf die *brādar/pālṭi* beschränkt. Unter den auswärtigen Gästen befanden sich bei den von mir miterlebten *nāmkaraṇ*-Festen nur Frauen. Die Mutter wird immer kommen, keinesfalls aber dürfen Vater und Brüder der Frau erscheinen.

Alle auswärtigen Gäste sowie die Frauen der engeren *brādar* (*bhaicyal*) und die Hebamme erhalten ein Kleidungsgeschenk, bevor sich die Festgesellschaft am Nachmittag auflöst. Die Gäste geben der Mutter des Kindes etwas Geld. Andere Gaben habe ich nicht beobachtet.

Wurde der erste Sohn eines Paares geboren, macht sich im Anschluß an die Feier ein Mitglied des Hauses auf den Weg, um im ganzen Dorf zwei *puris* und ein Geld-*ṭika* (10 bis 20 Paisā) pro Haus zu verteilen.

Verunreinigung bei Geburt und erster Periode wird auch *bāis chūtiya* (22tägige Unreinheit) genannt. Erst ab dem 22. Tag wird die Frau wieder Küche und Tempel betreten, Wasser schöpfen und kochen können. An diesem Tag findet häufig (mehrheitlich bei Knabengeburten) eine *jāgar*-Zeremonie statt. Die *ḍaṅriyās* (Medien) tanzen nicht, um einen bösen Geist zu entlarven, sondern um Glück für die Zukunft des neuen Lebewesens zu beschwören.

Die Frau ist ein bis zwei Jahre nach der Geburt zahlreichen Nahrungsbeschränkungen unterworfen: Sie soll weder Knoblauch, Chilli, Zwiebeln (heißmachende Stoffe) noch Naturalien, die als unrein gelten (Eier, Fleisch etc.), genießen. All diese Substanzen können in den Augen der Leute Krankheiten oder gar den Tod des Kleinkindes herbeiführen. Diese Beschränkungen gelten auch für die Zeit der Schwangerschaft.[6] Die Liste der Nahrungseinschränkungen nach der Geburt erweiterte sich noch um *ghī*, *dāl*, Reis und Gemüse, also um lebenswichtige Stoffe. "Eine Frau die entbunden hat, kann praktisch nichts essen, außer Früchten, Milch und jeden Tag *roṭis* (Fladenbrote)", beschrieben die Frauen.

Diese Vorschriften haben mich persönlich so empört, daß ich mir nicht vorstellen konnte, daß sie eingehalten werden. In den meisten Haushalten in

---

[6]Es wird übrigens behauptet, daß die Zeit der Schwangerschaft von großer Appetitlosigkeit begleitet sei.

Thama wurden sie nicht strikt befolgt. In einem anderen Dorf aber konnte ich beobachten, daß eine junge Frau mit einem Säugling sich fast ausschließlich von Fladenbroten mit Salz ernährte. Krankheiten von Frauen - "sie hat kein Blut, die Kinder haben es ihr genommen"; "ihr fielen nach dem zweiten Kind die Zähne aus" etc. - mögen mit diesen Regeln in Verbindung stehen.

9.4 TOD UND BESTATTUNG

a) Die Bedeutung der Wiedergeburt und der Art des Sterbens.

Die Kumaonis kennen wie alle Hindus den Glauben an die Reinkarnation. "Wer gut gelebt hat wird wieder zum Menschen, wer nicht gut gelebt hat, kann alles werden, eine Kuh, eine Schlange ... alles!", antwortete eine Frau im Kreis von mehreren Frauen auf meine Frage nach der Wiedergeburt. Die anderen Frauen kicherten unverhohlen. Ich fragte sie: "Glaubt ihr das nicht?". "Das weiß ich nicht", sagte die eine und die andere: "Wir glauben, daß es möglich ist." "Wir gehen dahin, wo die Seele[7] hingeht", sagte eine Frau, Flugbewegungen gestikulierend, "aber woher sollen wir wissen, wo sie hingeht, weißt du das?"

Auch Dungar Singh fragte ich nach seiner persönlichen Vorstellung vom Leben nach dem Tode. Er wurde sehr traurig und rekapitulierte alle Personen, die in seinem Umkreis gestorben waren. "Nachts kommt die Erinnerung an sie, der war so, der so... Wer geht, der ist gegangen und kommt nicht zurück."

Ich habe keine Situation erlebt, in der dieses Thema selbstredend zur Sprache gekommen wäre und keinen Umstand, bei dem das persönliche Schicksal mit den Taten vorhergehender Leben in Zusammenhang gebracht wurde.[8] Der große Stellenwert, den Weber (1978) der Wiedergeburtslehre für die hinduistische Gesellschaft beimißt, wird hier nicht bestätigt. An der Möglichkeit der Wiedergeburt zweifelte niemand, aber die Vorstellungen waren bar jeglicher Konkretion und Spekulation.

---

[7]Die Frau benutzte das Wort *ātman*. "*Ātman*" bezeichnet das "Selbst", "als ganz und gar unabhängige, unvergängliche Wesenheit, die der bewußten Persönlichkeit und der leiblichen Hülle zugrundeliegt." (Zimmer 1961:19).

[8]Meine Beobachtung steht im Gegensatz zu der von Berreman: "Disappointments are nearly always rationalized in terms of fate as determined by misdeeds in previous lives. A Brahmin from the village nearest to Sirkanda had such an explanation for the nagging, unattractive wife with whom he had been saddled." (Berreman 1963:84f u. 222)

Der Geist der Verstorbenen begibt sich auf eine Wanderung, deren Verlauf sich im Schicksal der Lebenden niederschlagen kann. Hat der Verstorbene sich ein Vergehen zuschulden kommen lassen, z.B. Mord oder Veruntreuung fremden Eigentums und dieses nicht zu Lebzeiten begradigt, müssen die Nachkommen mit dem Eintreffen eines Mißgeschicks rechnen.

Für das Schicksal der Toten, wie für das der Lebenden, ist wesentlich, in welcher Weise und unter welchen Umständen ein Mensch die Welt verläßt. Eines unnatürlichen Todes sterbende Menschen (Unfall, Mord, Intrigen) werden zu bösen Geistern (*bhūt*), die von den Lebenden Besitz ergreifen können (s. Kap. 10). Eines würdigen Todes sterben schließt ein, daß Söhne vorhanden sind, die ihre Rolle erfüllen.

> Mir ist die Debatte von mehreren Frauen im Gedächtnis, die einen Todesfall im Nachbardorf behandelte. Die Frau verstarb allein, obwohl der Sohn im Dorf anwesend war, und es wurde erwogen, welche schädlichen Folgen dieser Umstand für den Sohn und seine Nachkommen haben könnte.

Selbstmord kommt im Kumaon vor und stellt einen Grenzfall dar. Entweder ist die Person nicht zur sozialen Existenz geworden (individuelle Handlung) oder sie wurde in den Selbstmord getrieben. In den meisten Fällen werden Selbstmörder verbrannt, aber ich verzeichnete auch einen Fall, in dem ein Selbstmörder anonym verscharrt wurde. Es entfiel die Verunreinigung der Verwandten und die kollektive Pflicht der Trauer.

> vgl. hierzu Tambiah (1985:211/12): "The texts minimize or curtail pollution, or declare the total absence of pollution falling on kinsmen in cases of suicide... Here the texts seem to be asserting that the relationship of kinship or sapinda does not bear the burden of sharing the blame and impurity of violent deaths or deaths meted out for crimes which are matters of "personal" rather then "collective" and "relational" responsibility, in the same way as, for instance, "self-pollution" induced by personal circumstances does not spread to others, if the person polluted keeps himself separate from others, and avoids social contact."

Auch dem Tod von Kindern folgt weder Unreinheit noch Gefahr. Sie werden an einem unbekannnten Platz begraben und sind nicht zur sozialen Existenz geworden. Als die jüngste Tochter unseres Hausherrn in Moli starb, durfte der Name dieses Kindes nie wieder erwähnt werden. Die Genauigkeit der Zuordnung gipfelt in dem Umstand, daß von den im Zustand der Schwangerschaft sterbenden Frauen der Fötus entfernt und verscharrt werden muß, bevor die Frau der Feuerbestattung anheim gegeben wird.

b) Bestattung und rituelle Verunreinigung

Während der Untersuchung gab es nur einen Sterbefall in Vār-Thama, und ich möchte hier die Fragmente zusammentragen, die mir diese Beobachtung nahegebracht hat. Zwar wurde ich an das Sterbelager der mir vertrauten Frau geholt, aber in den folgenden Tagen bekam ich keine Besuche aus dem Kreis ihrer Verwandtschaft. Seltener als sonst wurde ich in das Haus der Familie gebeten, und ich wurde auch - entgegen der Gewohnheit - nicht zu Ritualen gerufen.

Der Leichnam darf nur von den engsten Verwandten, vorgeblich Söhnen, berührt und aus dem Haus getragen werden. Eine Zeremonie auf dem Hof bereitet die Seele des Verstorbenen auf die Reise vor. Er wird mit etwas Kuhurin getränkt und besprenkelt. Sieben kleine Goldstücken werden in Mund, Nasen-, Augen-, und Ohrenöffnungen verteilt. Beides soll dem Toten dazu verhelfen, einen guten Platz zu finden.

Der nur aus Männern bestehende Bestattungszug setzt sich in der Regel schon drei bis vier Stunden nach dem Ableben einer Person zum nächstliegenden *ghāt* (die an einem Fluß liegende Verbrennungsstelle) in Bewegung.

Vor dem Aufbruch werden Boten an nahe affinale Verwandte in Nachbardörfern geschickt. Eine Tochter soll die Mutter noch einmal sehen können, ein Schwiegersohn den Zug begleiten. Aus Bambusrohr wird eine leichte Bahre angefertigt, der Leichnam wird von den Söhnen zunächst in ein weißes und dann in ein rotes Tuch gehüllt. Ein Mann pro Haus im Dorf soll - unabhängig von Fraktionen - "Holz bringen", das heißt, den Zug mit einem Stück Holz, das später auf das Feuer gegeben wird, begleiten.[9]

Ich verfüge zwar über Beschreibungen der Ereignisse am Verbrennungsort, denen eine Frau nicht beiwohnen darf; die Vorgänge sind aber, u.a. von Berreman (1963:404f), bereits ausführlich beschrieben, so daß ich auf eine detaillierte Darstellung verzichten werde.

Die Söhne tragen den Leichnam und zünden ihn auch von zwei Seiten (Kopf und Füße) an. Nachdem die Asche dem Fluß übergeben wurde, nehmen alle Beteiligten ein Bad. Die Śilpkār dürfen an diesem gemeinsamen Reinigungsakt nicht teilnehmen und haben das *ghāt* schon vorher verlassen. Die Männer kehren in der Nacht oder am nächsten Morgen zurück.

---

[9]Diese Pflicht-Gabe erfolgt nur in einer Richtung. Śilpkār bringen Ṭhākurs Holz, Ṭhākurs Brahmanen, aber nicht umgekehrt.

Der Leichnam wird verbrannt, aber die Kleider, die äußere Hülle, die der Verstorbene zuletzt getragen hat, werden am Flußufer ausgebreitet und für alle Augen sichtbar vollzieht sich an ihnen ein natürlicher Verfall.[10]

Die zu Hause gebliebenen Frauen entfachen in der Nacht auf dem Hof des Sterbehauses ein großes Feuer und versammeln sich dort, bis die Männer zurückkehren. An alle Männer, die den Trauerzug begleitet haben, werden bei der Rückkehr Süßigkeiten verteilt.

Bei jedem Todesfall gibt es einen Haupttrauernden, den ältesten Sohn oder einen Ersatz. Für diesen wird in einem Außenraum, wie bei der Menstruation, ein Kreis gezogen, in dem er sich für die nächsten 12 Tage aufzuhalten hat. Er ist "unberührbar". In diesem Kreis steht ein Messigbehälter, in dem ein in *ghī* schwimmender Docht brennt. Der Haupttrauernde soll Tag und Nacht darüber wachen, daß dieses Licht nicht ausgeht. Er bekommt täglich nur eine Mahlzeit, Linsen und Reis, am späten Vormittag verabreicht. Samstags, dienstags und donnerstags kann er von Familienvertretern des gesamten Dorfes besucht werden. Es sind genau die Tage, an denen normalerweise Besuche vermieden werden. Die Besucher bringen Zigaretten bzw. Bidis, Früchte oder Süßigkeiten. Überraschenderweise habe ich unter den Besuchern Vertreter von verfeindeten Lineages und Familien wahrgenommen. Die Frauen erklärten mir anschließend, daß diese Barrieren bei einem Todesfall aufgehoben sind.

Am 3., 7. oder 9 Tag bringen die affinalen Verwandten Geschenke (Naturalien). Wenn es sich um Frauengeber handelt, müssen sie auch Geld geben. In einem beobachteten Fall (Tod von FFBD) waren es 50 Rupien.

Am dritten Tag wird eine Ziege geschlachtet. Das Fleisch wird an die *brādar* verteilt. Es ist möglich, daß dieses Opfer die Aufhebung der Unreinheit für die 8-10 Generationen entfernten Agnaten signalisiert.

Am 3. oder 7. Tag finden sich alle Männer der bis zu sieben Generationen entfernt verwandten *brādar* im Hof des Trauerhauses ein und man schert sich gegenseitig die Haare. Eine Regel darüber, wer wem die Haare zu schneiden hat, gibt es angeblich nicht.

Bei den mit der Bestattung verbundenen Ritualen erstaunt, daß hier keine für die Probleme der Unreinheit zuständigen Spezialisten aus den unteren Kasten in Aktion treten. In anderen Regionen und selbst im benachbarten

---

[10]Es werden an diesem Platz, der für Ṭhākurs und Śilpkār an verschiedenen Stellen liegt, auch Eßgeschirr (Topf, Teller, Becher) und Arbeitsgeräte (Sichel, Korb) der Verstorbenen deponiert.

Garhwal werden bei einem Todesfall die rituellen Dienste von Unberührbaren als Wäscher und Babiere benötigt (vgl. Berreman 1964).

Die Hauptphase der Unreinheit wird am 10. Tage aufgehoben. Männer wie Frauen des betroffenen Kreises (7-Generationengruppe) nehmen an dem Tag ein Bad und legen neue Kleidung an. Bis zu diesem Tag darf weder Seife benutzt noch Wäsche gewaschen werden.[11] Erst am Morgen des zehnten Tages waschen alle Haushalte ihre Wäsche. Sie muß anschließend zum Spülen an den Fluß getragen und mit Kuhurin besprenkelt werden.

Der Brahmane erscheint erstmals am 12. Tag im Dorf. Es wird angenommen, daß sich der Geist des Verstorbenen bis zu diesem Tag im Hause aufhält. Die Hauptphase der Unreinheit ist zwar am 10. Tag beendet, aber für den Haupttrauernden hält sie bis zum 12. Tag an und bis zu diesem Tag darf im Haustempel keine Andacht abgehalten werden.

Am 12. Tag, *pipav*, findet ein großes Mahl statt. Hierzu sind auch alle affinalen Verwandten eingeladen, aber es können nur die Frauennehmer hingehen. Sie erhalten an diesem Tag - wie der Brahmane - Geschenke; Kleidung und Geld.[12] Im Anschluß an das Mahl wird im ganzen Dorf eine *puri* pro Haus verteilt.

Nach einem Jahr findet eine große Zeremonie (*bārsi*) statt, zu der wiederum alle Verwandten geladen sind. Innerhalb dieses Jahres soll im Haushalt des Verstorbenen keine Hochzeit abgehalten werden. Auch das dem Todesfall nächstfolgende Fest darf von der Familie nicht gefeiert werden.

9.5 FAZIT

> "It is remarkable that marriage is one of the rare "rites de passage" in which, unlike birth, girls'puberty or death, no impurity is involved; accordingly it is the most auspicious ceremony. It is possible, then, to suppose that the condition of the bride and groom in marriage is similar to that of people of a superior caste." (Dumont/Pocock 1959:33)

---

[11]Am Todestag selbst sollen im gesamten Dorf keine Reinigungsarbeiten wie Fegen, Waschen etc. mehr erfolgen. Die gleiche Vorschrift gilt für einen Haushalt, wenn ein Mitglied eine große Reise antritt, z.B. Männer in die Stadt zurückgehen. Als wir aufbrachen, um nach Deutschland zurückkehren hieß es, "Heute werden wir weder fegen noch waschen können".

[12]Die Bezahlung des Brahmanen anläßlich eines Todesfalls ist eine sehr kostspielige Angelegenheit. Er erwartet ein Kalb, eine Kleidungsausstattung, Schuhe, Bettzeug, Naturalien u.v.m. Die Leute klagen über diese Bürde, zitieren aber gleichzeitig, daß das was dem Brahmanen gegeben wird dem Toten zugute kommt.

Analogien zwischen den drei größten lebenszyklischen Ritualen bestehen dennoch: Sie alle rufen die Gemeinschaft auf den Plan und sind soziale Ereignisse. Kein Wesen kann ohne das rituelle Zutun der anderen sozial geboren werden, die Welt verlassen oder heiraten. Die Art des Sterbens ist für den Fortbestand der Gesellschaft so bedeutsam wie die Art des Heiratens. Für Frauen ist die Heirat so einmalig wie die Geburt und der Tod. Insbesondere für sie gilt auch, daß jeder Heirat eine Phase der Gefährdung folgt (s. Kap. 10.2, das Besessenwerden von einem *mait-bhūt*). Die latente Präsenz von Geistern in kritischen Phasen, wozu auch Krankheit gehört, steht zwar nicht in direktem Zusammenhang mit der Kategorie "Unreinheit", aber sie räumt den betroffenen Personen einen der Unreinheit vergleichbaren Sonderstatus ein. Beide Zustände müssen von der Gemeinschaft registriert und unter ihrer Kontrolle überwunden werden.

> "Also, we have all along equated purity with sacredness. Are we entitled to do so?" (Dumont/Pocock 1959:26)
> "The mourner, impure as he is, has to bathe to come in to contact with negative sacredness, as one has to do for positive sacredness." (ibid., S. 31)

Die schwangere Frau wird, obwohl partiell als Unreine behandelt, mit *bhagvān* assoziiert. Die Erstmenstruierende erhält während ihrer Unreinheit Speisen (*puris*), die normalerweise nur zu Festen zubereitet werden. Menstruierende Frauen generell erhalten – im Verein mit Göttern, Ahnen und Gästen – das erste Essen. Dem Haupttrauernden werden Gaben dargebracht. Ich bin der Meinung, daß sowohl ein Zusammenhang zwischen lebenszyklisch bedingter Unreinheit und Gefahr als auch zwischen Unreinheit und "Heiligkeit" bzw. "Potenz"[13] besteht.

Die Allgegenwart von "Übergangsriten"[14] und die prononcierte Stellung, die die drei wichtigsten lebenzyklischen Ereignisse – Geburt, Heirat, Tod – in allen Gesellschaften einnimmt, hat eine Fülle an Literatur über dieses Thema sowie über die Bewertung der Kategorien rein/unrein, heilig/profan etc. entstehen lassen, die hier nicht behandelt wurde. Ich verweise auf das Grundlagenwerk von van Gennep (dt. Ausg. 1986) sowie auf die Ausführungen von Leach (1978), der wie van Gennep von einem Dreiphasenschema der Übergänge ausgeht:

---

[13]Zu dieser Gleichung siehe Leach 1978:79,80.

[14]Jeder Ritus (die Begrüßung, das Ablegen der Schuhe, bevor man in ein Haus tritt, der Austausch von Gaben, die im nächsten Kap. behandelten Ziegenopfer) ist auch ein Übergangs- bzw. Umwandlungs- oder "Binderitus".

Trennung (Markierung von Diskontinuität in der sozialen Zeit); Umwandlung (annomaler Zustand, Zeitvakuum, außerhalb der Gesellschaft, Isolation); Wiedereingliederung (Rückkehr in die soziale Zeit, den Alltag, auf einer neuen Stufe bzw. in einer neuen Rolle). Für Leach basiert die Diskontinuität in der Zeit auf der fundamentalen Erfahrung der Endlichkeit (Tod), die Kontinuität (Wiedereingliederung; Geburt) auf der soziologischen Erfahrung der Unendlichkeit (Wiederholung, metaphysische Kontinuität der Zeit).

Des weiteren verweise ich auf die neuere Debatte über ein, so Madan (1987), bislang zu wenig beachtetes Thema: Es geht um die Kategorien "auspicious" (sinngem. glücksverheißend) und "inauspicious" (*śubha/aśubha*), ihre enge Korrelation mit den Kategorien "rein" - "unrein" (*śuddha/aśuddha*) sowie um die Frage, ob "auspiciousness" nicht gar eine größere Bedeutung zukommt als der "Reinheit".[15] Madan unterstreicht "the overriding quality of auspiciousness" (ibid., S. 61), während Dumont und Pocock (1959) "purity" für die fundamentalere Kategorie halten. Madan verweist auf die Notwendigkeit, den unabhängigen Charakter dieser Kategorien sowie die Variablen ihres Zusammenspiels zu untersuchen:

Heirat ist "auspicous" und "rein";
Geburt ist "auspicous" und "unrein";
Tod ist "inauspicous" und "unrein" (vgl. Madan, 1987:60)

Offentsichlich sind alle vier Kategorien bei jedem Ritual beteiligt. Bei der Heirat werden "unreiner" und "unglücklicher" Part durch die Zeremonie des *ākṣāt* von verheirateten Frauen aufgesogen bzw. abgewandt, d.h., sie sind präsent. Bei der Geburt ist das Ereignis als solches glücksverheißend, die Umstände, unter denen ein Kind geboren wird, können astrologisch wie sozial unter einem schlechten Ohmen stehen. Gebirt eine Frau mehrere Töchter hintereinander und keinen Sohn, wird dies als ein großes Unglück betrachtet. Beim Tod, der Unglück und Unreinheit vereint, ist die haupttrauernde Person, die beide negativen Aspekṭe absorbiert, auf sich nimmt, in meinen Augen "auspicous".

Ich möchte die von mir noch nicht hinreichend verfolgte Debatte hier nicht weiter vertiefen und verweise auf die genannten Autoren.

---

[15]vgl. hierzu Carman, J. B., Frédérique A. Marglin, eds. 1985 sowie Madan 1987

10. DIE KOMMUNIKATION MIT GÖTTERN UND GEISTERN

In den vorangegangenen Kapiteln wurde hervorgehoben, daß Verwandtschaft als ein totaler sozialer Tatbestand zu betrachten ist, der alle gesellschaftlichen Bereiche durchdringt. Gleiches gilt für die Religion. Zahlreiche Beispiele haben gezeigt, daß Göttlichkeit keine exklusive Kategorie darstellt und daß das Attribut "göttlich" sich im Diesseits nicht auf Eigenschaften, sondern auf Kategorien bezieht, die miteinander in Verbindung treten.[1]

Der religiöse Kosmos reicht von dieser, im gewöhnlichen Leben angesiedelten Göttlichkeit bis zur universalen Gottesvorstellung als von einem Wesen, das keine Gestalt hat. "*Bhagvān ek samān haĩ.*" Gott ist für alle Menschen gleich. "Ob Harijan, Muslim oder Christ, sie alle atmen dieselbe Luft ein und erfahren den gleichen *bhagvān*", wurde mir wiederholt erklärt, begleitet von Neugierde darüber, durch welche konkreten Gottheiten unser religiöser Kosmos ausgestaltet ist.

Die zwischen *bhagvān* und den Menschen angesiedelten Götter und Geister, die verschiedene Funktionen, Attribute und Gesichter in sich vereinigen, bilden den Inhalt dieses Kapitels. Da meine Informanten keine religiösen Experten (z.B. Brahmanen) waren, werden hier nur die Götter zur Sprache kommen, die im täglichen Leben eine offensichtliche Rolle spielen.

10.1 DIE VERSAMMLUNG LOKALER UND ÜBERLOKALER GÖTTER

Die Kumaonis glauben sowohl an die vielen, aus dem hinduistischen Pantheon bekannten Götter und Göttinnen als auch an die Geister von Verstorbenen. Diese können zu bösen oder zu guten Geistern werden. Zahlreiche gute Geister werden als Götter (*devtās*) verehrt, und in ihrem Namen sind überall im

---

[1]Für die Frau ist der Ehemann gottgleich, für den Bruder die Schwester, für den Sohn die Mutter, für die Lebenden die Verstorbenen (Ahnen), für die Laien die geistigen Führer, für die Menschen insgesamt bestimmte Tiere und Elemente (Kuh/Feuer) und natürlich die Götter im Jenseits.

Kumaon Tempel errichtet, in denen regelmäßig Andachten gehalten und Opfer dargebracht werden.

Die in Thama und Umgebung verehrten *devtās* tragen Namen wie Gaṅgānāth, Golū (Goril), Airi, Shaim, Haru und seine Begleiter und Nandā Devī. Ihr Leben hat sich im Kumaon abgespielt, und jeden *devtā* umgibt eine Legende, die besondere Taten, Fähigkeiten oder auch Mißgeschicke aufweist, die den Geist nicht zur Ruhe kommen ließen. *Devtās* können den Menschen erscheinen und von ihnen Besitz ergreifen. Menschen, denen einer dieser *devtās* erscheint, können zu *ḍaṅriyās* oder *ghantuvas*[2] werden. Der Gott spricht und agiert durch ihren Körper, während sie im Zustand der Trance sind. So entsteht eine unmittelbare Kommunikation zwischen *devtās* und den Menschen, die sich im rituellen Rahmen des weiter unten beschriebenen *jāgar* vollzieht.

Das Pendant zu den als Götter verehrten guten Geistern sind übelwollende und rachsüchtige Geister (*bhūts*). Auch sie können vom Menschen Besitz ergreifen und durch sie sprechen. Böse Geister treten im Kumaon meist in der Form des *maśā̃ṇ* auf. *Maśā̃ṇ* lauert an Verbrennungsplätzen (*ghāt*), bestimmten Flußläufen oder Orten, an denen ein Unglück oder ein Unrecht geschehen ist. Durch Irrlichter, Laute und andere ungewöhnliche Zeichen macht er sich bemerkbar. Menschen, von denen *maśā̃ṇ* Besitz ergreift, erkranken, oder es widerfährt ihnen ein Unglück.

Während die Erscheinung *maśā̃ṇs* als schwarz und furchterregend beschrieben wird, begegnet der in Thama und Umgebung weit verbreitete Devtā Golū den Menschen in weißer Kleidung. In Momenten der Angst und Gefahr tritt er als Beschützter auf.

Wie sehr sich gute und böse Geister in ihren Erscheinungen und Wirkungen unterscheiden, so heißt es doch, daß sie "zusammen wohnen"[3], und auch die guten Geister können in einen Menschen fahren, um ihn zu peinigen oder zu strafen. Zahlreiche *devtās* agierten vor der Verwandlung in Götter als böse Geister (*bhūts*).

---

[2] *Ghantuvas* sind in der Lage, ihre Bessenheit bzw. das Erscheinen eines Gottes aus sich selbst heraus zu initiieren. Die sehr viel zahlreicher vertretenen *ḍaṅriyās* benötigen hierzu den musikalischen Vortrag der Legende des Gottes. Der Definition Lewis u.a. folgend, könnte der *ghantuva* im Unterschied zum *ḍaṅriyā* mit einem Schamanen verglichen werden: "a person of either sex who mastered spirits and who can at will introduce them into his own body" (Lewis 1971:51).

[3] Neben jedem Tempel eines Lokalgottes befindet sich in 5-10 Meter Entfernung ein kleiner *maśā̃ṇ*-Tempel.

Die Schwierigkeit einer konsistenten bzw. kategorischen Trennung zwischen guten und bösen Geistern, die

a) als Einheit,
b) als Resultat einer Transformation,
c) als Gegensätze erscheinen,

ergibt sich auch bei dem Versuch einer Differenzierung zwischen lokalen und überregionalen, aus dem sanskritischen Pantheon bekannten Gottheiten, deren Präsenz im Alltag ich im folgenden kurz vorstellen möchte.

Die Verehrung lokaler *devtās* reiht sich übergangslos in die Anbetung der überregionalen Gottheiten ein. Der Haustempel, vor dem täglich nach Sonnenuntergang von mindestens einem Familienmitglied Andacht gehalten wird, ist bezeichnend für die Einheit in der Vielfalt.

Von Śiva, dem Schöpfer und Zerstörer, wird gesagt, daß er in keinem Haustempel fehle und daß seiner bei jeder *pūjā* gedacht werde. Von allen überlokalen Göttern fand ich seinen Namen am häufigsten erwähnt. Ohne das Zutun Śivas kann keine Seele von einem Reich in das andere gehen. An jedem *ghāt* (Verbrennungsplatz) befindet sich ein ihm geweiher Tempel. Passanten sollen ein Stückchen Ziegenwolle mitführen und anzünden, das den Geruch eines verbrennenden Körpers simuliert, wenn sie hier Andacht halten. Einmal im Jahr, an Śivrātri, besuchen die Frauen die nahegelegenen Śivatempel, um das Lingam (steinernes Phallussymbol) zu waschen.

Mit Gaṇeś, der durch einen Elefantenkopf dargestellte Gott, Sohn von Śiva und Pārvatī, wird jede größere Zeremonie eröffnet. Seine Anrufung ist für das Gelingen einer Sache notwendig. Die Tempel befinden sich kaum sichtbar an den Seiten von Wasserlöchern (stehende Quellen). Befestigte, Gaṇeś geweihte Tempel sind im Dorf oder in der näheren Umgebung nicht zu finden.

Das Bild von Kāli, der schwarzen Göttin (weiblicher Aspekt des Zerstörers Śiva), ist in vielen Haustempeln zu finden und es wird mir erklärt, daß ihr Pendant Lakṣmī, die weiße Göttin, sei, die Wohlstand verheißt und die zu dem großen Fest Divālī (Erntedank- und Lichterfest) in allen Häusern den Mittelpunkt der Verehrung bildet.

Nārāyaṇ, der eine Form Viṣṇus darstellt, wird sehr verehrt. Die großen Satje Nārāyaṇ-*pūjās* werden aus Glück und aus Dankbarkeit für das Gelingen bestimmter Unternehmen abgehalten (bei der Hauseinweihung, *ghar-paiṭ*, und nach einer Hochzeit). Sein prachtvoller Tempel befindet sich an der Straße außerhalb des Dorfes.

Die hier genannten Gottheiten aus dem hinduistischen Pantheon sind diejenigen, die häufig Erwähnung fanden und die sowohl im häuslichen Rahmen eine Rolle spielten, als auch, mit Ausnahme von Gaṇeś, in außerlokalen Tempeln verehrt wurden. Tempelbesuche finden an hohen Festtagen statt, und die Verehrung lokaler und überlokaler Gottheiten reiht sich bei dieser Gelegenheit übergangslos ineinander ein. Ein Pilger, der den Golū-Tempel in Chitai besucht und Blumen, Reis, Münzen, Duftessenzen, Öllichter und Wasser zum Besprenkeln des steinernen Symbols mitnimmt, wird es nicht versäumen, den nahegelegenen Śivatempel zu besuchen und die gleichen Darbietungen zu machen.

Auf meine Frage nach einem spezifischen Hausgott wurde mir häufig erklärt, daß im Haustempel verschiedene Götter (namentlich erwähnt: Śiva, Devī (s.u.), Golū, Gaṅgānāth) einschließlich der Ahnen versammelt sind und daß sie alle das Haus und die Familie beschützen. Erst nach mehrmaligem Nachfragen deklarierte man die eine oder andere Form des Golū oder Gaṅgānath als *ghar* bzw. *bhithar kā devtā* (Hausgott).

Golū 1 und 2, auch Caghāṇgolū und Ḍānāgolū[4] genannt, haben eine so große Bedeutung im täglichen Leben der Leute, daß ich sie an dieser Stelle kurz charakterisieren möchte. Ihre Legende sowie die von anderen Lokalgottheiten ist im Appendix ausgeführt.

Beide Götter spielen eine dominante Rolle bei den im Haus abgehaltenen *jāgaṛs*, die sich mit den die Familie betreffenden Problemen befassen. Circa 80 % aller *ḍaṅriyās*, die im Haus tanzen, erschien einer der beiden Golūs. Gaṅgānāth tanzt auch im Haus, aber ich traf weniger Medien, die von ihm besessen wurden.[5]

Beide Golūs erscheinen, wie bereits erwähnt, als Helfer in der Not in weißen Kleidern. Von Thama aus gesehen waren Golū 1 und 2 die einzigen Lokalgottheiten, die in großen und stark frequentierten außerlokalen Tempeln-Caghāṇgolū in Chitai, Danagolu in Geral - repräsentiert waren.[6]

Die Legenden der Götter sind grundverschieden. Caghāṇgolū war ein Königssohn, dem ein Unrecht geschah, das noch zu seinen Lebzeiten aufgedeckt und bestraft wurde, Ḍānāgolū war ein einfacher Hirte.

Caghāṇgolū gilt als ein Experte für Rechtsfragen. Anstatt sich eines Gerichts zu bedienen, wird man zunächst ihn um Rat und Hilfe bitten und sich

---

[4]*Caghāṇ* = 4 Richtungen; *Ḍānā* = oben, hoch

[5]Manche Götter tanzen nur an der *dhuṇi* (heiliges Feuer), dem Dorftempel, der analog zum Haustempel verschiedene Gottheiten versammelt. Ich werde diese Götter im Zuge der Beschreibung der Dorftempel darstellen.

[6]Nandā Devī hat auch einen außerlokalen Tempel, aber wie ich später zeigen werde, spielt sie eine Sonderrolle.

durch ein Ziegenopfer bedanken. Dieser Golū wird überall im Kumaon verehrt. Ḍānā-Golū, über den Atkinson nur wenige Zeilen unter der Bezeichnung "Kal-biṣḥt" schreibt, erfährt in der Region von Thama höchste Verehrung. Es scheint aber, daß er über diese Gegend hinaus weniger bekannt ist als der andere Golū.

Die Geschichte von Kal-biṣḥt oder Kailbokhrī, wie die Leute sagen, soll sich erst vor einigen hundert Jahren abgespielt haben. Er war ein Ṭhākur und Hirte, der eine sehr große Herde sein Eigen nannte, mit der er von dem am Fuße der Berge liegenden Haldwani in die Gegend von Almora zog. Magische Kräfte ließen ihn die Herde zusammenhalten und Gefahren überstehen. Sein ständiger Weideplatz lag in der Nähe eines Brahmanendorfes (Phatiyal). Die Brahmanen hatten Angst, daß ihre Frauen und Töchter, die in den Feldern dem Klang seines Flötenspiels lauschten und von diesem bezaubert waren, seiner angesichtig würden. Man beschloß daher, ihn zu töten. Nach vielen erfolglosen Versuchen gelangt es einem *bhin* (Frauennehmer der Brahmanenlineage) Kailbokhrī aus dem Hinterhalt den Kopf abzuschlagen. Kailbokhrī erstand als Geist wieder auf. Die Brahmanenlineage mitsamt ihren affinalen Verwandten ereilte ein rascher Tod. Die Taten, die Kailbokhrī als *bhūt* verübte, wurden bekannt. Man baute ihm einen Tempel und brachte Ziegenopfer dar. Heute spricht niemand mehr von Kailbohkrī, sondern von Golū.

Als Besonderheit von Ḍānā-Golū ist zu erwähnen, daß er angeblich immer in der Gestalt eines Bruders oder nahen Verwandten erscheint.

> Einige Aussagen von Frauen über Golū: "Du hast Dich z.B. im Walde verirrt und plötzlich kommt ein ganz in weiß gekleideter Mann auf Dich zu. Du erkennst, daß es Dein Bruder ist. Er zeigt Dir den Weg, Du drehst Dich nach ihm um und schon ist er weg. Es war Golū. ...Oder Du kommst in der Dunkelheit nach Hause und plötzlich lauert eine Gefahr auf Dich, ein *bhūt* oder ein wildes Tier. Dann rufst Du Golū und er geht hinter Dir her, bis Du in Sicherheit bist. ... Oder Du hast Probleme im Hause, Du wirst ungerecht behandelt, dann bittest Du Golū, daß er Dir hilft. Er sorgt für Gerechtigkeit."

Die Bilder beider Golūs fließen ineinander über. Caghāṇgolū erscheint den Menschen angeblich in Gestalt eines Reiters auf einem weißen Pferd.

Golū ist in unmittelbarer Weise am Alltag der Leute beteiligt, und ein Mann drückte den Unterschied zwischen Golū und Śiva so aus:

> "Śivji ist groß, aber er muß sich um viele Menschen kümmern und wir können ihn nicht mit unseren kleinen Problemen belästigen. Er kennt sich mit uns nicht so gut aus wie Golū, der hier gelebt hat."

Schwerer fällt eine formale Unterscheidung der Götter, die Fanger (1980:355f.) folgendermaßen vornimmt: Er differenziert zwischen "big gods", "*nacnewāle devtās*" (tanzende Götter) und "*bhūt-maśāṇ*" (Geister).

"Most of the big gods known to the villagers are deities whose existence can be traced to the sacred Sanskrit literature. ...In addition to the dozens of major and minor Sanskritic gods, this category also includes an important regional deity (Nanda-devi) who cannot be traced directly to the Sanskrtic literature." (ibid., S. 359,360)
"The essential characteristic of the big gods which distinguish them from all other deities is that they do not possess villagers (e.g., they do not dance through possessed mediums.)." (ibid., S. 364)

Neben Nandā Devī zählt Fanger auch Goraknāth zu den "big gods".[7] Er berichtet von Nandā Devī, deren Tempel sich in Almora befindet, daß sie die Hausgöttin der Chand-Könige war und daß diese das Auftreten von *ḍaṅriyās*, denen Nandā Devī erschien, verboten haben. Als weitere Kriterien für ihre Klassifikation mit den "big gods" nennt Fanger, daß Brahmanen in ihrem Tempel *pūjā* halten und daß Nandā Devī mit sanskritischen Gottheiten assoziiert wird.

"Sophisticated plains-oriented Kumaonis say that she is a form of Pārvatī or Devī, the Great Mother and consort of Śiva" (ibid., S. 360).

Der Versuch einer konstistenten Zuordnung der Götter führt zu Schwierigkeiten. Es gibt Götter, die nicht tanzen und die trotzdem als Lokalgötter zu gelten haben, und der Golū-Tempel in Chitai ist wie der von Nandā Devī ständig von Brahmanen umgeben.

Als relevantes Unterscheidungsmerkmal für zwei Arten von Göttern nannte ein Informant: "Die einen sind Fleischesser und die anderen sind es nicht." Nandā Devī mag sich vom Volk entfernt haben, weil sie nicht mehr erscheint, aber sie ist Fleischesserin geblieben. Noch heute kommt zu ihrer Melā der Nachfolger des letzten Rājās (Königs), um die ihr dargebrachten Büffel- und Ziegenopfer zu verfolgen.

Obgleich sich Brahmanen den vegetarischen Göttern verschrieben haben und nicht an Büffel- und Ziegenopfern beteiligt sein können, sind sie in allen bedeutenden überlokalen Tempeln, in denen diese Opfer stattfinden, zahlreich vertreten. Sie zelebrieren sanskritisches oder "vegetarisches" Ritual, ohne an der Praxis des entgegengesetzten Prinzips Anstoß zu nehmen.

---

[7]Die Verehrung oder Erwähnung von Goraknāth ist mir in Thama nicht begegnet. Fanger (1980:363) über Goṛakhnāth: "In the Haru legend, Goṛakhnāth is a great sādhu with numerous siddhas, and although Haru is the hero of the legend, Goṛakhnāth is his guru and leader. Moreover, Haru's companions are either ascetics or warriors leading ascetic lives, and thus, Goṛakhnāth is in effect a leader of a society of ascetics. The conclusion of my plains-oriented informants that Goṛakhnāth is an aspect of Śiva as Mahayogin reinforces this interpretation."

Die vegetarische Seite vertritt der Brahmane qua Profession. Er opfert aber ebenso Ziegen und ruft Golū um Rat, wenn z.B. ein Mitglied seiner Familie erkrankt ist. In diesem Fall bedient sich der Brahmane des Spezialisten für die nichtvegetarischen Götter, eines *pujyāris* (Tempelpriesters), der das Opfer vollzieht und als Lohn den Kopf und mindestens einen Fuß der Ziege erhält.

Alle den Lokalgottheiten geweihten Tempel haben ihre eigenen *pujyāris*. Für die Dorftempel sind die Ämter auf verschiedene Lineages (s.u.) verteilt und werden vom Vater auf den ältesten Sohn übertragen. Niemand, außer dem für den bestimmten Tempel zuständigen "Priester", hat das Recht, dort Zeremonien und Opferungen zu leiten.

Ich habe die Verehrung der Götter im Haustempel, der den Mikrokomos des religiösen Lebens darstellt, sowie in den außerlokalen Tempeln beschrieben und möchte an dieser Stelle die Dorftempel und die in ihnen vertretenen Gottheiten vorstellen.

1) Gaṅgānāth. Der ihm geweihte Tempel gilt als der älteste. Der Gott tanzt und erhält Ziegenopfer. Der *pujyāri* stammt aus der dominanten MehraI-Lineage;

2) Caghāngolū. Ihm ist ein großer Tempel im Mittelpunkt des Dorfes geweiht; Merkmale wie oben; *pujyāri*: MehraII-Lineage;[8]

4) Devī. Größerer Tempel im anderen Ortsteil, über den ich kaum Informationen habe. Die Frauen sagten, daß Devī verschiedene Göttinnen repräsentiere ("Nandā-devī, Khasa-devī, koi bhī devī") und daß in dem Tempel Ziegen geopfert werden. Devī soll auch tanzen, und zwar nur an der *dhuṇi*. Mir ist allerdings niemand begegnet, dem Devī erscheint.

5) Zwei kleine Śhiva-Tempel.

6) Die Dhuṇi. Das Wort bedeutet "heilige Feuerstelle".
Es handelt sich um einen Tempel besonderer Art, den ich bereits in den Eingangskapiteln als Versammlungs- und Tanzplatz bei großen Festen (z.B. Holi) beschrieben habe. Hier finden die großen *jāgars* statt, bei denen verschiedene *devtās* gleichzeitig tanzen. *Jāgars* an der *dhuṇi*, die drei, sieben bzw. zweiundzwanzig Tage (*bāishi*) oder gar bis zu 6 Monaten dauern können,

[8]Im Dorf selbst befindet sich kein Ḍānāgolū geweihter Tempel, ein größerer ihm geweihter Tempel befindet sich aber direkt außerhalb des Dorfes nahe der Straße. Es wurde mir gesagt, daß sich die Ḍānāgolū-Tempel niemals innerhalb des Dorfes befinden.

gab es während meines Aufenthalts in Thama nicht. Es hieß, daß solche *jāgars* selten sind, weil ihre Veranstaltung sehr kostspielig sei. In einem Nachbardorf fand allerdings eine *bāishi* statt. Alle berühmten *ḍaṅriyās* (Medien) der Umgebung werden eingeladen. Sie leben während dieser Zeit sehr enthaltsam, baden zweimal täglich, nehmen nur ein Mahl zu sich und schlafen wenig. Jede Nacht tanzen sie um das heilige Feuer. Darbietungen wie das barfüßige Überqueren des Feuers oder die Berührung des Körpers mit glühenden Eisenstangen ohne Anzeichen von Verletzungen oder Brandwunden, gab es auf der *bāishi* nicht. Derartige Praktiken werden aber von anderen großen *jāgars* berichtet. Im Verlauf des *jāgar* werden zahlreiche Ziegenopfer dargebracht. Fanger schreibt, daß die Opfer früher auch Büffel einschlossen. "The Ṭhākurs ate the goat meat and the Śilpkārs ate the buffalo." (ibid., S. 370)

In Thama gibt es zwei *dhuṇis*. In Pār-Thama war ein Mehatā der *pujyāri*, in Vār-Thama ein Mehra I.

An der *dhuṇi* können prinzipiell alle *devtās* tanzen und eine *dhuṇi* ist mehreren Göttern gleichzeitig geweiht. Als ich fragte, welchen Göttern die *dhuṇi* in Vār-Thama geweiht sei, erhielt ich die folgende Aufzählung: "Śivji, Shaimji, Haru und Golū." Es ist zu beachten, daß Śiva hier in einem Atemzug mit den "fleischessenden" *devtās* erscheint. Golū und Gaṅgānāth tanzen im Haus wie an der *dhuṇi*. Sie erscheinen Männern und Frauen. Haru, Shaim und Airi[9] sind nicht im Haus präsent. Sie ergreifen ausschließlich von Männern Besitz und tanzen nur an der *dhuṇi*. Fangers Kennzeichnung von Dorfgöttern (im Unterschied zu Hausgöttern) erscheint mir bezogen auf die Repräsentanz der letztgenannten Götter plausibel, bezogen auf andere Götter läßt sich eine solche Zuordnung m.E. nicht treffen.

> The group of deities known as gaon debtā or grām-kā devatā (literally village deities) are primarily worshiped in shrines and temples located in the village. This contrasts with the big gods whose temples usually are located outside the village and with household and lineage deities who usually are worshiped in the house." (Fanger 1980:369)

7) Chammu. Sein Tempel und die in seinem Namen abgehaltene *pūjā* werden ***badhan kartan*** genannt. Chammu ist kein *devtā* im üblichen Sinne. Er ist nur für das Wohl der Kühe und Büffel zuständig. Ihm werden Ziegen geopfert, wenn in einem Haus zwei oder drei Kälber gleichzeitig zur Welt kommen, oder manche Leute versprechen ihm, "wenn meine Kuh kalbt, bekommst du eine Zie-

[9]Airi wurde von meinen Informanten nicht einmal erwähnt, aber ich weiß, daß er in anderen Regionen große Verehrung erfährt. Airi ist der Geist eines Mannes, der auf der Jagd getötet wurde.

ge". Sein unauffälliger Dorftempel befindet sich an einer fließenden Quelle. Er muß zu jedem *nāmkaraṇ*, Namensgebung nach der Geburt einer Kuh, aufgesucht werden. "Wir waschen die Mutter, dann baden wir uns selber und legen das *ṭika* an."[10]

Jedes Haus hat auf dem Dach einen kleinen Tempel für *badhan kartan*. Er ist durch fünf Steine dargestellt und wird beim *nāmkaraṇ* eines Büffelkalbs und bei anderen, die Tiere betreffenden Zeremonien, benutzt.

8. Bhumiyā. Diesen Tempel am Feldrain habe ich bereits in Kap. 6 beschrieben. Die Gottheit wacht über das Gedeihen der Felder. Die zyklischen Erntedank-*pūjās* in diesem Tempel führt ein Brahmane durch. Der Bhumiyā-Tempel und die zwei kleinen Śiva-Tempel sind die einzigen des Dorfes, in denen keine Ziegen geopfert werden.[11]

9. *Bhūt kā Mauṛ*[12] Obgleich unauffällig im Walde versteckt und selten frequentiert verdient der Tempel besondere Beachtung. *Bhūt kā mauṛ* ist ein eindeutiger Lineagetempel, zu dem nur die *brādar* der Mehra I Zugang haben.

Die "Gottheit" bzw. der "Geist" dieses Tempels ist eine Schwester, die in ihrem *mait*, vermutlich von kategoriellen Brüdern, umgebracht wurde. Sie wurde zum *bhūt* und soll großes Unheil über die *brādar* gebracht haben. Durch Erscheinungen und Besitznahme der Leute offenbarte sich ihre Identität. Sie forderte den Bau eines Tempels sowie Ziegenopfer. Heute erscheint und tanzt sie nicht mehr, aber wenn eine Schwester von Krankheit oder Unwohlsein geplagt ist, dann mag es sein, daß dies mit *bhūt kā mauṛ* zusammenhängt. Die Frau schickt einen kleinen Geldbetrag in ihr *mait*, der im Tempel hinterlegt wird.

Bekanntschaft mit diesem Tempel machte ich erst kurz vor meiner Abreise durch einen Zufall. Es hieß über die fünfzigjährige Schwester eines Nachbarn, daß sie in den nächsten Tagen mit Ziegen für *bhūt kā mauṛ* kommen werde. Dann stellte sich heraus, daß alle Töchter des Dorfes und deren Töchter

---

[10] Die Geburt eines Kalbes ist mit ähnlichen Ritualen verbunden wie die eines Kindes. Zehn Tage lang darf die Milch der Mutter nicht genossen werden und am 11. Tag werden die Produkte der Kuh (Milch, Joghurt und Milchreis) an die Nachbarschaft verteilt.

[11] In anderen Gegenden, so meine Beobachtung im Distrikt Pithoragarh, werden Bhumiyā Ziegen geopfert und Bhumiyā kann hier auch von den Menschen Besitz ergreifen.

[12] Mauṛ wurde mir als ein Kumaoniwort für Tempel übersetzt. Allerdings wurde auch hier die Unterscheidung gemacht, daß dieses Wort nur für die Tempel solcher Götter benutzt werden könne, die "Fleisch essen".

dieses Ziegenopfer zu bringen haben. Das Opfer wird erst dann vollzogen, wenn die Schwestern Kinder geboren und bereits die Menopause erreicht haben. Es ist von zahlreichen Bedingungen begleitet: Die Ziege muß alt sein und darf nicht männlich sein. Die Schwester bringt das Tier, darf dieses Tempels aber nicht ansichtig werden oder in seine Nähe kommen. Sie darf das Fleisch nicht genießen und kann davon nichts mit in ihr *sausās* zurücknehmen. Der *pujyāri* bekommt wie üblich Kopf und Füße, den Rest verzehren die Familien der *brādar.* Es heißt, daß keine Frau dieses Opfer versäumen dürfe, da sie sonst verrückt werde. Stirbt sie, ohne das Opfer gebracht zu haben, würden ihre Kinder krank werden.[13]

Die Schwester muß gleichzeitig mit dem Opfer für Bhūt kā Maur je eine Ziege für den Gangānāth- und für den Golū-Tempel bringen. Hier wird das Opfer aber unter anderen Bedingungen vollzogen: Sie ist selbst zugegen, erhält vom *pujyāri* ein *ṭika*, kann das Fleisch essen und nimmt eine Portion zur Verteilung in ihrem *saurās* mit zurück. Das letztgenannte Opfer ist in allen Orten üblich.[14]

In die hier vorgestellten Tempel wird zu jedem Fest, das die Verteilung von Naturalien vorsieht, ein Vertreter des Haushalts entsandt, um die Nahrung segnen zu lassen und einen symbolischen Teil zu opfern.

Männer die sich auf eine Reise begeben, werden vorher die Dorftempel ihrer Umgebung aufsuchen und jeweils eine kurze *pūjā* halten. Wenn Frauen das Dorf verlassen, verneigen sie sich häufig an der Grenze des Ortes in Richtung Dorf und sagen, daß sie sich vor den Tempeln des Ortes verbeugen.

---

[13]In diesem Zusammenhang wurde mir die Geschichte von einer Frau erzählt, deren Vorfahrin vergessen hatte, das Opfer zu bringen. Die Frau lebte bereits außerhalb des Heiratsradius von Thama und hatte keine Verbindung mehr zu dem Ort. Ihre Familie war von großen Problemen geplagt und in einem *jāgar* stellte sich die obige Ursache heraus. Die Frau verfolgte ihre Genealogie zurück nach Thama, brachte das Opfer und mit sofortiger Wirkung ging es der Familie besser.
Bhūt kā maur ist gefürchtet. Im Umkreis des Tempels, in dem sich Geldsäckchen, Sicheln und Armreifen von Frauen häufen, dürfen keine Bäume gefällt werden. Ein Mann, der hier einen Baum fällte, wurde unmittelbar danach von einer Schlange getötet, lautete eine andere Geschichte.

[14]Das gilt nicht für Brahmanendörfer. Hier bringen die Frauen nach der Geburt des ersten Sohnes ein Ziegenopfer in ihrem *mait* dar.

10.2 DIE ANRUFUNG DER GÖTTER IM *JĀGAR*

a) Definition und Spektrum des jāgar sowie Qualifikation der Experten.

Der *jāgar* wurde bereits mehrfach erwähnt als eine Kommunikation mit Göttern und Geistern mittels menschlicher Medien, die in dem extrapsychischen wie außeralltäglichen Zustand der Trance sprechen und tanzen. Die in diesem Abschnitt behandelte Form des *jāgar* findet in einem Haus statt. Er wird auch *devtā gaṛānā* ("den Gott zur Erscheinung bringen") genannt.[15] Die Veranstaltung besteht in der Regel aus einem Dialog zwischen zwei Kontrahenten, einem Gott (guter Geist), der die Wahrheit aufdecken soll und einem *bhūt* (böser Geist), der sich verbirgt und im Verlauf der Veranstaltung zum Sprechen, zur Entlarvung gebracht werden soll. Die Parteien sind durch das Medium des Gottes, *ḍaṅriyā*, und das Medium des bösen Geistes - das Opfer, von dem ein *bhūt* Besitz ergriffen hat - vertreten. Der als *guru* titulierte Leiter des *jāgar* ist der *jagriyā*. Er spielt das Instrument, die *huṛkā*, eine eieruhrförmige Trommel, und singt die Legende des Gottes, der zur Erscheinung gebracht werden soll. Mit diesen Mitteln dirigiert er die Herabkunft des *devtās*. Er richtet die Fragen an das Medium. Alle drei Hauptfiguren haben ihre Alltagsidentität abgestreift und sind *guru*, *devtā* und *bhūt*.

Grund für die Veranstaltung eines *jāgar* bietet in den meisten Fällen die Krankheit bzw. ein "anomaler Zustand" eines Familienmitgliedes. Ein Ziel des *jāgar* besteht in der Herstellung eines kausalen Zusammenhangs zwischen Symptom und Ursache.

Jāgars dieser Art verteilen sich über das ganze Jahr. Ich habe ca. 15 *jāgars* beigewohnt, aber die tatsächliche Zahl von *jāgars*, die während meines Aufenthalts veranstaltet wurden, ist weitaus größer.

Nicht jedem *jāgar* liegt ein Problem zugrunde. *Jāgars* können auch aus Freude und zur Verehrung der Götter veranstaltet werden. Dann fehlt das Element des bösen Geistes und es treten nur ein oder mehrere *devtās* auf. Von dieser Art sind insbesondere die ganz großen *jāgars*, die in Haus- und Dorf-*jāgars* (*dhuṇi* s.o.) unterschieden sind.[16] Sie dienen u.a. der Initiation

---

[15]Ich behalte dennoch das Wort *jāgar* bei. Es bedeutet Wachsein, Zustand des Wachens, Wachen (vgl. Sharma/Vermeer 1987:562).

[16]Die Informanten wiesen mich auf die folgende Differenz hin: Die großen Veranstaltungen im Haus werden *jāgar* genannt, die an der *dhuṇi jāgā*.

neuer *ḍaṅriyās*. Der letzte große Haus-*jāgar* fand in Vār-Thama vor zwei Jahren statt und dauerte 7 Tage, er kann aber auch 5, 11 oder noch mehr Tage dauern. Das Ereignis wurde mir folgendermaßen beschrieben: Fünf bis sechs berühmte, mehrheitlich weibliche *ḍaṅriyās* werden eingeladen. Die *ḍaṅriyās* nehmen zweimal täglich ein Bad und nur eine Mahlzeit zu sich, tanzen die ganze Nacht hindurch und sollen das Haus während des gesamten Zeitraums nicht verlassen. Am vorletzten Tag des *jāgar* findet eine große *pūjā* statt. Bei diesem Anlaß werden fünf Ziegen geopfert.

"Fast jede Frau tanzt einmal in ihrem Leben", sagen die Frauen, das heißt, sie wird von einem bösen Geist besessen. Für einige Frauen ist das Tanzen nach ihrer ersten Besessenheit von einem bösen Geist und dessen Austreibung abgetan. Andere Frauen tanzen sobald sie die *Huṛkā*-Trommeln und die Legenden hören. Sie sagen, daß ihnen ein bestimmter Gott erscheint, in der Regel Gaṅgānāth oder die eine oder andere Form des Golū. Es kommt auch vor, daß eine Person Medium für zwei Götter ist.

Solche Frauen werden bei dem großen Haus-*jāgar* eingeführt. Fortan können sie öffentlich auftreten. Sie werden von verschiedenen Haushalten zum *devtā gaṛānā* als Medien eingeladen.

Ungefähr jedes zweite oder dritte Haus im Dorf verfügt über eine eingeführte *ḍaṅriyā*. Demgegenüber wurden mir nur fünf Männer im Dorf genannt, die "tanzen". Sie sind *ḍaṅriyās* für die *dhuṇi*, und nur einer von ihnen tritt auch zum *devtā gaṛānā* im Haus auf.

Soviele *ḍaṅriyās* es gibt, so sehr sind sie nach Fähigkeiten und Ruhm beurteilt und gefragt. Die lokalen *ḍaṅriyās* treten oft als Zweitmedien oder zum Anlaß freudiger Ereignisse, z.B. nach einer Geburt oder Hochzeit, auf. Bei Problemen versucht sich jeder eines berühmten, in der Regel außerlokalen *ḍaṅriyās* zu bedienen. Männliche und weibliche *ḍaṅriyās* halten sich dabei ungefähr die Waage. *Ḍaṅriyās* können grundsätzlich aus allen Kasten kommen. Sie sind aber eher bei den Ṭhākurs und Śilpkārs zu finden als bei den Brahmanen.

Aufgrund ihrer großen Verbreitung besteht kein Mangel an *ḍaṅriyās*, wohl aber an *jagriyās*. In Thama gab es nur einen *jagriyā* (Ṭhākur), der es aber nicht zu großem Ansehen gebracht hatte. Die meisten Haushalte bedienten sich eines außerlokalen *jagriyās* (Śilpkār).

Ein anerkannter und guter *jagriyā* bereist einen großen Radius an Orten. Seine Qualifikation erhält er durch einen Meister (*guru*). Neben der Beherrschung des Instruments[17] soll der *jagriyā* über eine gute Stimme verfügen. Die Leute sagen, "wo bleibt der Genuß bei einem *jāgar*, wenn der *jagriyā* eine kratzende Stimme hat". Hier sei in einem Nebensatz darauf hingewiesen, daß ein *jāgar* trotz möglicher trauriger Anlässe (z.B. Krankheit) auch Unterhaltung und Genuß bringen soll.[18]

Ein guter *jagriyā* kennt nicht nur sämtliche Legenden der Lokalgötter auswendig. Bei großen *jāgars* werden mitunter auch die Geschichten bekannter Hindugottheiten vorgetragen und beim *huṛkyā-baul*, wenn der *jagriyā* die Feldarbeit mit Spiel und Gesang begleitet, präsentiert er ein reiches Repertoire an Heldenlegenden.

Obgleich oft Analphabeten, können *jagriyās* also gelehrte Leute sein. Ich habe einige von ihnen als Charismatiker erlebt, deren Vortrag und Urteil auch in anderen Bereichen als dem der *jāgar* gefragt ist.

Viele *ḍaṅriyās*, aber mitunter auch *jagriyās*, sind gleichzeitig Heilexperten im täglichen Leben. Beim Auftreten krankhafter Symptome wird häufig zuerst ein/e *ḍaṅriyā* gerufen. Die Konsultation hängt allerdings von der Art der Krankheit ab. Unfälle, Schnittwunden, grippale Infekte und viele andere Symptome, bei denen ein kausaler Zusammenhang mit einer Handlung oder einem Umstand (z.B. Klima) gegeben zu sein scheint, werden mit Hausmitteln oder dem Besüch eines Arztes in Almora kuriert.

Bei allen nicht kausal erklärbaren Symptomen ist ihre Zuordnung zu prüfen. Es heißt, daß man sich die Kosten für den Arzt sparen kann, wenn ein *bhūt* die Ursache der Krankheit ist, weil der Arzt in einem solchen Falle nicht helfen kann.

Ich möchte hier kurz die am eigenen Körper erfahrende Behandlung durch eine *ḍaṅriyā* beschreiben, die den Charakter der Kur verdeutlichen kann:

> Ich litt gegen Ende der Untersuchung an heftigen Zahnschmerzen, für die kein Loch nachzuweisen war, vermutlich an einer Zahnnerventzündung. Die Frauen mutmaßten, daß mein Schmerz durch einen *bhūt* oder durch eine Verunreinigung verursacht worden sei. Eines Abends saß ich in der Küche und konnte wieder vor Schmerzen nicht kauen. Die *ḍaṅriyā* unseres Hauses sagte: "Dreh dich um". Sie bat mich die Hände zu falten und vor ihr niederzuknien. Sie holte von dem letzten *jāgar* aufgehobene

---

[17]Das Instrument für den *jāgā* an der *dhuṇi* ist der *ḍhol*, eine große Trommel, und nur Śilpkārs können dieses Instrument spielen.

[18]Insbesondere gegenüber Frauen, die zum ersten Mal von einem bösen Geist besessen sind, ist das Interesse, sie tanzen zu sehen und anschließend zu beurteilen, groß. So hieß es z.B. nach einem *jāgar*, zu dem ich nicht gehen konnte: "Du hast nichts versäumt, was sie uns geboten hat, glich dem Hoppeln eines Hasen."

Asche, die sie in der hohlen Hand wie in einer Muschel schüttelnd und Mantras murmelnd um meinen Kopf kreisen ließ. Gleichsam lauschend hielt sie ihre Handmuschel immer wieder an meine Ohren. Mit einer so plötzlichen Wucht, daß ich das Gleichgewicht verlor und einem lauten Schrei drückte sie mir dann das Asche-*ṭika* auf die Stirn und versprengte den Rest der Asche über meinen Kopf. Die *ḍaṅriyā* schloß mich dann in die Arme und sagte, "Wenn es ein *bhūt* war, wird es jetzt gut". Der Schmerz hörte schlagartig auf und kehrte nicht zurück. Ich war von dem nicht erwarteten Erfolg der Behandlung so überrascht, daß ich am nächsten Tag Dungar Singh fragte und um eine Erklärung bat. "Sie hat den Nerv irritiert, ihn zum Schweigen gebracht, das ist alles", sagte er. "Leider kann sie es nicht bei mir machen (es war seine Frau), denn die Wirkkräfte der *ḍaṅriyās* versagen gegenüber den Ehepartnern."

In dieser Weise oder ähnlich verfahren die *ḍaṅriyās*. Ihr dem heiligen Feuer entnommenes Asche-*ṭika* (*bibhūt* genannt), verspricht in Verbindung mit Mantras, manche Leiden direkt zu kurieren. *Ḍaṅriyās*, die Asche-*ṭikas* verteilen und eventuell eine erste Analyse stellen, gibt es in jedem Dorf. Bei Schwellungen aller Art, plötzlichem wie diffusem Unwohlsein, heftigen Kopf- oder Bauchschmerzen werden sie gerufen.[19]

Verflüchtigt sich das Leiden im Anschluß daran nicht, geht der Selektionsprozeß, ob es sich um ein physiologisches oder *bhūt*-bedingtes Symptom handelt, weiter. Man mag sich zuerst an einen Arzt wenden und abwarten, zu welchen Ergebnissen seine Rezeptur führt. Andere beraumen gleich einen *jāgar* an, z.B. dann, wenn der oder die *ḍaṅriyā* diagnostiziert hat, daß es sich um einen *bhūt* handelt, der aber nur mit den Mitteln des *jāgar* ausgetrieben werden kann. Wieder andere wenden sich an einen Experten, den ich bereits kurz erwähnte, den *ghantuva*. Dieser wird meistens dann zu Rate gezogen, wenn es sich um prekäre und dringende oder um undurchsichtige und resistente Fälle handelt.

Ich möchte diesen Prozess des Abwägens und das in Aktion treten eines *ghantuvas* an einem Fallbeispiel veranschaulichen:

Bishan, ein dreijähriger Junge, erkrankte an einer ungewöhnlich großen und heißen Knieschwellung. Sie war verbunden mit hohen Fiebern, und er konnte nicht mehr laufen. Bishan wurde, nachdem das Asche-*ṭika* erfolglos geblieben war, dem Krankenhaus in Almora anvertraut. Die Mutter und eine Schwester begleiteten das Kind, und zu dritt teilte man sich in das Krankenbett. Die Beine Bishans waren durch daran befestigte Backsteine in Bewegungsunfähigkeit gebracht. Die Ärzte hatten gesagt, daß eine Operation unvermeidlich sei, um das Leben des Kindes zu retten. Zu

---

[19]Sehr oft werden auch Kleinkinder dem o.g. Ritual unterzogen. Wenn sie z.B. mit ihrer Mutter aus dem *mait* zurückkommen und nur das kleinste Anzeichen von Unruhe zeigen, könnte dies bedeuten, daß ihnen unterwegs ein *bhūt* begegnet ist, oder wenn sie grundlos anhaltend weinen wird ihnen in Verbindung mit Mantras ein *bithūt* gegeben.

diesem Zwecke hätte er in die Provinzhauptstadt Lucknow verlegt werden müssen. Der Vater war nicht anwesend, aber der ältere Bruder, der alle Entscheidungen zu treffen hatte. In diesem Falle ging es um die Investition von einigen tausend Rupien. Die Mutter wurde durch das immer stärker leidende und ständig quängelnde Kind, dessen Bett sie pausenlos teilte, während die Schwester bei dort üblicher Selbstversorgung die Nahrung einkaufte, von Tag zu Tag gereizter. Als ihre Menstruation zu erwarten war, geriet sie in Verzweiflung. Der ältere Bruder wurde zur Entscheidung gedrängt und entschloß sich, einen *ghantuva* aufzusuchen.

Ghantuvas sind noch seltener vertreten als *jagriyās*. Sie kommen im Unterschied zu den letzteren nicht in die Häuser, sondern werden besucht. Zu diesem Zweck nimmt man eine Hand voll Reis, bindet ihn zusammen mit einer Kupfermünze in ein Stück Stoff und läßt das Beutelchen dreimal um den Kopf des Erkrankten kreisen.

Der *ghantuva* beugt sich über den auf einem Messingteller ausgebreiteten Reis und liest in ihm. Unter stoßartigem, gepresstem Gesang wendet er den Reis vorsichtig in alle Richtungen. Ab einem gewissen Punkt beschleunigt sich der Rhythmus seines Gesangs und er beginnt plötzlich heftig zu zittern. Sein ganzer Körper schüttelt sich, der Kopf fliegt hin und her und seine Kniee schlagen in schnellem Rhythmus auf dem Boden auf. Nach 5 bis 10 Minuten verlangsamt sich sein Tanz und *devtā* beginnt aus ihm zu sprechen. Zunächst beschreibt der *ghantuva* das Symptom in allen Details. Er ist ein Ortsfremder und es darf ihm vorher nichts über den Fall erzählt werden, so daß er durch die Darstellung des Problems seine Kompetenz unter Beweis stellt.

Als nächstes wird er die Ursache bekanntgeben. Es kann vorkommen, daß er seine Klienten an den Arzt verweist. In diesem als Beispiel gewählten Fall aber gab der *ghantuva* bekannt, daß die Mutter des Knaben von einem *bhūt* besessen sei und daß die Gesundheit des Kindes durch einen *jāgar* wiederhergestellt werde.

In der ersten Phase hatte er die Erkrankung des Knaben – Beginn der Krankheit, Diagnose der Ärzte, die Situation im Krankenhaus usw. – präzise beschrieben, so daß kein Zweifel an seinem Urteil bestand. Das Kind und seine Mutter wurden noch am selben Tag aus dem Krankenhaus nachhause geholt, und ein *jāgar*-Termin wurde angeraumt.

Ein *ghantuva* kann, wie der Brahmane, für seine Leistung kein Geld verlangen, aber er wird bezahlt. In diesem Fall erhielt er 20 Rupien und ein Huhn.

Die Spezialisierung des *ghantuvas* besteht in dem oben beschriebenen Lesen aus dem Reis und im Bestimmen von Problemen, ohne daß ihm Patienten gegenübertreten. Das Lösen von Problemen bzw. die Austreibung des bösen Geistes ist Sache des *jāgar*.

b) Das Jāgar-Ritual

Je nach Art des *bhūts* kann der *jāgar* eine kostspielige Angelegenheit werden. Hartnäckige Fälle erfordern mitunter bis zu drei, vier Sitzungen die einige hundert Rupien kosten. Im obigen Fall, den ich als Beispiel weiterführen werde, hatte der *ghantuva* bereits ausgesagt, daß es sich um einen *mait-bhūt* handele, einen *bhūt*, der vor der Ehe in die Frau gefahren ist. Man weiß in einem solchen Fall, welche Gaben der *bhūt* fordert, *jāgar* und Austreibung können in einer Sitzung stattfinden.

Jāgars werden immer in der Nacht abgehalten. Sie beginnen mit einem Mahl, zu dem Verwandte, Nachbarn, Freunde und die Experten (*ḍaṅriyā* und *jagriyā*) eingeladen sind. Bei der *ḍaṅriyā* handelt es sich hier um eine über fünfzigjährige, auswärtige Ṭhākurfrau, die sich eines großen Rufs erfreut. Der *jagriyā* (Śilpkār) kommt ebenfalls aus einem Nachbardorf.

Zu einem *jāgar* werden, abgesehen von der Einladung zum Essen, keine Einladungen ausgesprochen. Es kann kommen wer will und Interesse an dem Vorgang hat. Während die Frauen noch in der Küche essen, versammeln sich die Männer in dem mit ausgeliehenen Gasleuchten, Matten und Zweigen geschmückten Außenraum, wo der *jāgar* stattfindet. Sie nehmen in einer langen Reihe an der Außenwand Platz. Der *jagriyā* sitzt in ihrer Mitte, umgeben von zwei Männern (*hayār*), die das *huṛkā*-Spiel begleiten werden. Sie schlagen mit biegsamen Stöckchen auf Messingteller und untermalen den Gesang des *jagriyās* mit einer Art Echo.

Bei den Männern kreist die *hukkā* (Wasserpfeife). Der *jagriyā* stimmt sein Instrument durch das Einreiben der Felle mit Wasser und durch prüfende Schläge. Dann spielen sich die Musikanten ein. Dies ist der Aufruf, daß der *jāgar* bald beginnt. Er kann bis zu einer Stunde lang andauern.

Zuletzt füllt sich der Raum mit Frauen und Kindern, die sich, falls von den männlichen Zuschauern noch Platz gelassen wurde, an der Innenwand des Hauses niederkauern oder in den Nebenraum gehen, um abwechselnd durch die Türöffnung zu schauen.

ABB. Räumliche Verteilung der an einem *jāgar* beteiligten Personen

```
|     fff                          d  ḍańriyā
|    ffff                 p        dh dhuṇi
|-----fff-----------------------   j  jagriyā
| ffff          d         mm       h  hayār
| ffff                    mm       s  śyonkār
| fff          dh         mmm         (Gastgeber)
| fff                    mmmm      p  Patient
| ff                    mmmmm      f  Frauen
| ff   s mmmm  h j h    mmmmm      m  Männer
|___   ___________________________
```

Der Bereich in der Mitte des Raumes und eine Wand, an der podestartig ein mit Blumen geschmücktes Deckenlager errichtet wurde, muß für die *ḍańriyā* freigehalten werden. Der *jagriyā* beginnt sein Spiel mit der Anrufung verschiedener Götter. Lautlos kommt die *ḍańriyā* herein und nimmt auf ihrem Podest Platz. Der Gastgeber (*śyonkār*) steht auf, verbeugt sich vor der *ḍańriyā* und besprenkelt sie mit dem reinigenden Kuhurin, wovon sie auch eine kleine Portion aus der hohlen Hand trinken mag. Anschließend werden alle Anwesenden auf die gleiche Weise purifiziert. Dies ist eine Handlung, die sich im Laufe der Nacht in Abständen wiederholt.

Der *śyonkār* trägt einen großen, mit glühenden Kohlen beladenen Messingteller herein, auf dem Duftessenzen schwelen. Diesen läßt er dreimal vor der *ḍańriyā* kreisen und placiert ihn dann in der Mitte des Raumes wo er als *dhuṇi* (heiliges Feuer) dient.

Der *jagriyā* geht von der Anrufung verschiedener Götter in den Gesang der Legende des Gottes über, der zur Erscheinung gebracht werden soll. In diesem Fall ist es Golū. Das Spiel und der hohe nasale Gesang werden nach einer Weile schneller und eindringlicher. Auf dem Höhepunkt rasender Trommelschläge und klirrender *thālis* beginnt das bis dahin reglos auf die Einkehr des Gottes konzentrierte Medium zu vibrieren und fällt in den Tanz. Die Geschwindigkeit nimmt so sehr zu, daß man dem Medium kaum mit den Augen zu folgen vermag. Nach circa zehn Minuten verlangsamt sich das Spiel des *jagriyās*. Das Medium, auch das "Pferd *devtās*" genannt, sinkt keuchend und schwankend auf den Boden und beginnt mit hoher, gepreßter Stimme Laute auszustoßen, die in einen beschwörenden, langgezogenen Gesang übergleiten.

Der *jagriyā* unterbricht und provoziert sie: "Bist du wirklich *devtā*, was hast du uns zu sagen." Das Medium nimmt eine Hand voll Reiskörner und schleudert sie quer durch den Raum in Richtung *jagriyā* und seiner *hayār*. Sie fangen sie mit den Händen auf und die *ḍaṅriyā* sagt ihnen, ob sie eine gerade oder ungerade Zahl empfangen haben. Dies wird dreimal wiederholt. Es wurde mir gesagt, daß durch die richtige Antwort der *ḍaṅriyā* die Einkehr *devtās* bewiesen ist.[20] Anschließend verteilt das Medium Asche-*ṭikas* an *jagriyā*, *hayār* und *śyonkār*.

Dann erscheint das Opfer des *bhūts* aus dem Nebenraum, hier die Mutter von Bishan. Der folgende Teil variiert von *jāgar* zu *jāgar*. In diesem Falle setzte bald eine Beschleunigung des Rhythmus ein, und das Medium befahl der Mutter zu tanzen. Die Frau fiel nicht von selbst in Trance und die *ḍaṅriyā* mußte nachhelfen. Sich selbst in schnellem Tanz bewegend, hat sie die Frau am Schopf ergriffen und schleudert sie hin und her, begleitet von barschen Befehlen: "Tanz, so tanz jetzt!" Glühende Kohlen aus der *dhuṇi* und zerbrochene gläserne Armreifen der *ḍaṅriyā* geraten durch die Gewalt des Auftritts zwischen die Füße der Tanzenden. Bishans Mutter bricht erschöpft zusammen und das Medium befiehlt, "Sprich, wenn du nicht sprichst, dann geht es weiter!". Als der Griff der *ḍaṅriyā* sich lockert, beginnt die Frau von selbst zu zittern und in einen noch ekstatischeren Tanz zu fallen als die *ḍaṅriyā* ihn aufführt. Der *bhūt* ist bei ihr eingekehrt und wird von der *ḍaṅriyā* gelobt: "So ist es gut, nun sprich, sag uns deinen Namen, wo kommst du her, was hat deinen Zorn erregt, bist du ein Mann oder eine Frau?" Solche und ähnliche Fragen werden an den *bhūt* gerichtet.

Die Prozedur kann lange dauern, zumal der *bhūt* oft zögernd und immer wieder stockend durch das Opfer spricht. Das Publikum beteiligt sich. Die erhaltenen Informationen werden debattiert. Die Männer schlagen Fragen vor, die der *jagriyā* an die *ḍaṅriyā* weitergibt und die diese an den *bhūt* richtet. Vom *jagriyā* und vom Publikum kommt auch das Signal: "Es reicht, es ist gut, das was wir unbedingt wissen müssen, wissen wird jetzt". Die genaue Lokalität des Geschehens - in diesem Falle war es eine bestimmte Wasserstelle im *mait* - muß bekannt sein, weil dort das folgende Opfer zu bringen ist. Die Kenntnis des Geschlechts des *bhūts* ist ebenso vonnöten. In manchen Fällen äußert sich der *bhūt* als ganz konkrete verstorbene Person. In diesem Fall tat er das nicht. Weigert sich der *bhūt* gänzlich zu sprechen, dann muß ein zweiter *jāgar*-Termin anberaumt werden.

---

[20]Ist die Antwort jeweils falsch, was ich auch einmal erlebt habe, gibt es eine kleine Debatte darüber, aber dann wird der *jāgar* fortgesetzt.

Mit dünner, hoher Stimme ließ sich der *bhūt* hier vernehmen: "Ich bin *maśāṇ*... ich bin ein Mann." Er beschrieb die Stelle und die Gelegenheit, bei der er in die Frau gefahren war, ließ aber etliche Fragen offen.

Es folgt ein Abschnitt, in dem die *ḍaṅriyā* den *bhūt* beschwört, Frieden zu geben, ihm alles aufzählt, was er an Gaben (s.u.) erhält, ihn fragt, ob er noch Wünsche habe und ob er glücklich sei; ob er den Knaben in Zukunft beschützen anstatt gefährden wolle. Der durch die Frau sprechende *bhūt* ging auf alle Forderungen und Angebote ein und versprach, Ruhe zu geben.

Der *jagriyā* verlangsamt sein Spiel. Der besessenen Frau wird ein Asche-*ṭika* auf die Stirn gepreßt und Reiskörner werden über ihren Kopf ausgestreut. Dann kniet ihr Ehemann vor der *ḍaṅriyā* nieder und erhält das *ṭika*.

Das kranke Kind wird gebracht und die *ḍaṅriyā* hebt zu einem letzten Tanz an, das Kind heftig in den Armen wiegend und schüttelnd.[21] Einzelne Leute aus dem Publikum treten jetzt vor, verbeugen sich vor der *ḍaṅriyā* und bitten ebenfalls um ein Asche-*ṭika*.

Die Männer drängen, denn der *bhūt* muß noch vor Anbruch des Morgengrauens in einem anderen Dorf begraben werden. Ein Mann führt einen schwarzen Ziegenbock herein und legt ihn der *ḍaṅriyā* auf die Arme, die ihn über den Köpfen der Betroffenen, Vater, Mutter und Kind, kreisen läßt, um ihn dann in einem hohen Bogen aus dem Haus zu schleudern, wo er von Männern aufgefangen wird. Dann faßt die *ḍaṅriyā* ein wild flatterndes Huhn an den Beinen und schlägt es den Eltern um die Köpfe. Als nächstes verläßt in großer Korb das Haus, der verschiedene Dinge, Geschenke für den *bhūt*, enthält: eine Flöte, eine *thāli* (Messingteller), einen *loṭā* (Trinkgefäß aus Messing), Bidis, einen aus Mehl hergestellten und mit Asche geschwärzten *maśāṇ* (böser Geist) sowie Kleidung für den *maśāṇ*, in diesem Falle Hose, Hemd und Hut (*topi*). Ist der *maśāṇ* weiblichen Geschlechts, sind Frauenkleider erforderlich.

Nachdem all diese Dinge das Haus verlassen haben, wird die Tür fest mit einem Klotz von innen verriegelt. Für die nächste halbe Stunde darf niemand das Haus verlassen. Die Männer gehen mitsamt Ziege, Huhn und Korb zu dem vom *bhūt* bezeichneten Platz im *mait* der Frau. Da ich als Frau einen solchen Zug nie begleiten könnte, übernehme ich die folgende Beschreibung meines

---

[21]Es ist bemerkenswert, daß Kleinkinder, die häufig eine Rolle bei *jāgars* spielen und die ja bereits als Neugeborene im Trancetanz durch den Raum geschüttelt werden, nie ein Anzeichen von Angst zeigten oder weinten. Selbst zwei- bis dreijährige schauen schon interessiert bei *jāgars* zu. Ich hatte einmal den Spaß, Kinder zu beobachten, die eine *jāgar* getreulich nachspielten, Trancebewegungen und -Sprache auf ihre Weise immitierten.

Mannes, die einen *jāgar* betraf, wo der *bhūt* am Verbrennungsplatz in sein Opfer gefahren war:

> "Die Pfade sind steil und steinig, die Nacht ist sehr dunkel und die Männer scherzen nervös miteinander. Man achtet darauf, eng beieinander zu bleiben und sich nah an der Lampe oder den als Beleuchtung dienenden Kienspänen zu halten. Der Weg kann lang, schwierig und auch gefährlich sein, weil sich rechts und links vom Pfad oft steile Fels- oder Flußschluchten auftun. Wenn der Trupp den Verbrennungsplatz erreicht hat, wird der Korb so placiert, daß er zur Hälfte das fließende Wasser und zur Hälfte das Ufer berührt. Öllampen werden angezündet und der Geist wird beschworen, wegzugehen und nie mehr zurückzukehren. Er wird gebeten, seine schönen neuen Kleider zu akzeptieren und die jetzt ausgeführte Opferung einer Ziege und eines Huhnes. Die Opfertiere werden eilig auf einem offenen Feuer gekocht und Fladenbrote werden zubereitet. Der Hauptteil dieser Mahlzeit ist als Speise für den Geist gedacht. Die Männer essen nur wenig davon und ohne Appetit. Dann machen sie sich schnell und ohne zurückzuschauen auf den langen Heimweg. Man achtet darauf, nicht zu gähnen, denn durch die Mundöffnung könnte ein Geist schlüpfen und von der Person Besitz ergreifen."

Diesem Bericht ist als Ergänzung hinzuzufügen, daß die affinalen Verwandten den Zug der Männer empfangen. Sie müssen das Kochgeschirr und das Feuerholz bereithalten und sollen auch den Hauptanteil der zubereiteten Nahrung verzehren. Die Knochen der Opfertiere werden vergraben, so daß nichts übrig bleibt. Die Männer kehren im Morgengrauen in das Dorf zurück.

Ich möchte meinerseits den Ausgang des *jāgar* auf der Frauenseite kurz schildern.

> Bishans Mutter, das Opfer, war in einem noch tranceartigen Zustand in den Nebenraum gekrochen, während der Aufbruch der Männer, das Suchen nach Lampen, Gewürzen, Kleidung noch anhielt. Schwer atmend, aber ansonsten reglos kauerte sie in einer Ecke. Ich wagte nicht, mich ihr zu nähern, doch plötzlich schlug sie die Augen auf und sagte: "Schön, daß du da bist, setz dich neben mich und zünd mir eine Bidi an." Ich sprach das von mir schmerzlich verfolgte Zerren an ihren Haaren an, und sie gab zu, daß ihr der Kopf weh tue. Ansonsten aber gehe es ihr sehr gut. Der ganze Körper sei von einem Prickeln erfüllt, das tagelang anhalten werde und ich müsse es selber erfahren, um es zu verstehen. Es sei ein guter Zustand.

Nach jedem *jāgar* füllt sich diese Innenkammer ausschließlich mit Frauen. Die *ḍaṅriyā* ist der Mittelpunkt. Ihr werden alle möglichen Probleme und Geschichten zur Beurteilung vorgestellt. Eine sehr alte, über achtzigjährige Frau, die einmal ein berühmtes Medium war, weiß auch die *ḍaṅriyā* noch zu belehren und ihre Geschichten gehen bis zum frühen Morgengrauen. Sobald die Tür wieder geöffnet werden kann, wird für alle Gäste des *jāgar* Tee gekocht. *Ḍaṅriyā* und *jagriyā* schlafen im Haus des Gastgebers. Geld sollen diese Spezialisten für ihre Leistung nicht entgegennehmen. Die *ḍaṅriyā* bekommt am nächsten Morgen nebst Frühstück eine Schachtel Süßigkeiten und eine Kokosnuss. Vom *jagriyā* heißt es, daß er außer der Verköstigung und Zigaretten angeblich nichts erhält. Ein an der *dhuṇi* spielender *jagriyā* sagte allerdings, daß er bei einer *bāishi* ein *thola* (ca. 11 Gramm) Gold bekomme.

Im Anschluß an diesen *jāgar* hatten mir die Frauen erklärt, daß Golū versichert habe, daß sich der Zustand des Knaben ab dem 8. Tage nach dem *jāgar* normalisiere. Die Prophezeiung traf ein. Das Symptom verschwand allmählich. Bishan war, in einer Ecke sitzend, sich selbst überlassen, begann sich langsam wieder zu bewegen und zu spielen. Gleichwohl ein schwaches und sensibles Kind bleibend, war er aber kein akuter Problemfall mehr.

c) Variationen des Jāgar

Jeder *jāgar* hat den gleichen Aufbau und ist dennoch verschieden. Anstatt einer *ḍaṅriyā* können auch zwei oder drei Medien auftreten.[22] Anders als beim obigen Verlauf fallen häufig verschiedene lokale *ḍaṅriyās* in den Trancetanz bevor das oder die engagierten Medien auftreten.[23]

Das vom *bhūt* besessene Opfer wird nur in seltenen Fällen mit der oben beschriebenen Brachialgewalt in die Trance geführt. Manche Frauen sind bereits in Trance, wenn sie aus dem Nebenraum gerufen werden, wie beispielsweise Kamla, eine jungverheiratete 16-jährige Frau. Ihr *bhūt* gab sich schnell als der von Kamlas Großvater ins Haus genommene und anschließend von ihm ertränkte Hirtenjunge zu erkennen. Auch das war ein *mait-bhūt*, wie ca. die Hälfte aller von mir aufgezeichneten Fälle, die in *jāgars* behandelt wurden. Beim *mait-bhūt* ist es immer erforderlich, daß der *bhūt* durch sein Opfer spricht und tanzt. In anderen Fällen aber genügt es manchmal, daß *devtā* spricht und den Fall analysiert. Mohan Singhs und Puran Singhs Frau hatten trotz unterschiedlicher Symptome den gleichen *bhūt*, der in Gestalt des bereits in Kap. 4.3 beschriebenen Fluchs der Frau, die mit der Erbabfindung nicht zufrieden gewesen war, auftrat. Sie mußten weder tanzen noch sprechen, sondern das Medium rekon-

---

[22]Treten mehrere Medien auf, handelt es sich nach meiner Beobachtung um solche, die alle vom gleichen Gott besessen werden. Ein Medium ist dann trotzdem Mittelpunkt und spricht mehr als die anderen. Bei Medien denen zwei Götter erscheinen, z.B. Golū und Gaṅgānāth, wird zuerst der eine Gott angehört, dann folgt eine Pause und es wiederholt sich die komplette Sitzung unter Anhörung des zweiten Gottes.

[23]In einem Fall erlebte ich, daß ein junger und noch nicht initiierter Mann in eine so wilde Trance fiel, daß er mit Wasser abgekühlt wurde, um seinen Auftritt unter Kontrolle zu halten. In solchen Fällen wird später ein Teil der Sitzung darauf verwandt, herauszufinden, von welchem Gott oder Geist Ersttanzende besessen sind.

struierte an ihrer Stelle, provoziert durch die Fragen des *jagriyā*, die gesamte Geschichte.

Auch den an Kopfschmerzen und Verwirrung leidenden Bace Singh hatte angeblich ein Fluch getroffen (seitens der verstorbenen Stiefmutter). Während der für ihn veranstalteten drei *jāgar*-Sitzungen wurde dem Medium häufig widersprochen. Die Aussagen des Mediums wurden angezweifelt und durch Debatten ergänzt bzw. ersetzt. Obgleich man nach der dritten Sitzung das vom *devtā* zur Austreibung des *bhūts* geforderte Ziegenopfer dargebracht hatte, trat keine Besserung ein und Dungar Singh erklärte mir, daß die Zusammenhänge in diesem Fall immer noch nicht klar seien.

Ein bestimmter Haushalt veranstaltet den *jāgar*, aber in der Regel wird die eine oder andere Familie am Ende der Hauptsitzung den *jagriyā* bitten, dem Medium Fragen zu stellen, die ihre eigenen Probleme betreffen. Die Umstände, unter denen im Laden von Divan Singh eine Uhr gestohlen wurde, wurden so geklärt. Die *ḍaṅriyā* bestimmte den Täter bis auf Besonderheiten, sein Alter und seinen Wohnplatz. Am nächsten Tag lag die Uhr ebenso unbemerkt wie sie entwendet worden war wieder an derselben Stelle.

Der *jāgar* schließt kein Problem aus. Er ist zwar primär, aber nicht nur mit der Phänomenologie der Krankheit befaßt. Gesunde und kräftige junge Frauen wie Kimuli oder Champa Devī werden *devtā* als Fälle vorgeführt. Die eine hat einen Mann, der seine finanziellen Pflichten gegenüber der Familie nicht erfüllt, die andere ist fünf Jahre verheiratet und immer noch ohne Kinder. Beide werden Gegenstand von *jāgars* und haben einen *mait-bhūt*.

Ein *jāgar* wurde für eine gesunde junge Frau abgehalten, deren Ehemann die erste Frau verloren hatte. Sie mußte den Fluch der ersten Frau überwinden, um nicht krank zu werden. *Jāgars* umfassen also präventive wie reaktive Maßnahmen.

Der weit verbreitete *mait-bhūt* erfüllt meines Erachtens den Zweck, das vermeintlich negative Erbe einer Frau auszumerzen. Im Anschluß an Kamlas *jāgar*, bei der der durch die Mordtat ihres Großvaters verursachte *bhūt* ausgetrieben werden konnte, waren alle sehr erleichtert und man sagte mir: "Wenn wir nicht fragen würden, dann bekäme sie keine Kinder. Eine Empfängnis ist zwar möglich, aber das Kind kann nicht herauskommen."

Der *mait-bhūt* erfüllt verschiedene Funktionen. An Symptomen für "anomale Zustände" mangelt es bei jungen Frauen nicht, die sich oft noch in ihrer Pubertät befinden. Niedergeschlagenheit, Angst, Aufsessigkeit können durch die *bhūt*-Formel als außerpersonell verursacht, begründet und als von dem eigentlichen Subjekt losgelöstes Objekt behandelt werden.[24]

Die meisten jungen Frauen, die ich nach ihrem *bhūt* befragte, gaben an, daß sie sich nach der Kur besser fühlten, und waren davon überzeugt, daß vorher mit ihnen etwas nicht in Ordnung war. Einige gaben an, schlechtes Blut gehabt zu haben, das sich in Gesichtsflecken äußere, bei anderen waren es Kopfschmerzen, die daraufhin verschwanden. Über Kimuli, ein Beispiel blühender Gesundheit, lästerten die Frauen, daß sie schon die ganze Zeit darauf gewartet habe, einen *bhūt* zu bekommen. Der *mait-bhūt* war bei ihr im Verlauf eines anderen *jāgar* von der *ḍaṅriyā* festgestellt worden. Hier handelte es sich offensichtlich um das Bedürfnis der Teilhabe an einer Konvention. Es gibt allerdings auch andere Beispiele: Eine Witwe erzählte mir, daß sie sich damals mit Erfolg geweigert habe, den *bhūt* zu akzeptieren. Ihr hätte nicht das geringste gefehlt. Das *saurās* hätte sie zwei Jahre lang damit gequält, daß sie einen *bhūt* habe. Sie seien von *ghantuva* zu *ghantuva* gelaufen, um zu beweisen, daß ihr doch etwas fehle.

Das Opfer des *bhūts* trifft weder eine Schuld noch ein Makel. Wiedergutmachungen (Forderungen des *bhūts*) bestanden in keinem der von mir verzeichneten Fälle in individuellen Leistungen.

> Die zur Austreibung des *mait-bhūts* erforderlichen Leistungen habe ich oben beschrieben. In allen anderen Fällen ist meistens ein Ziegenopfer gefordert, das bei Tage, verbunden mit einer *pūjā*, im Tempel eines Lokalgottes dargebracht wird. Als höchste Gabe kann der *bhūt* die Errichtung eines Tempels fordern. Als minimalste Gabe gilt die Darbietung von *khicṛi* (Dal- und Reisgemisch) in einem der Tempel. Die Leute sagen: "*Maśāṇ* liebt *khicṛi*". Haben Eigentumsdelikte den *bhūt* auf den Plan gerufen, ist die Rückgabe und Neuverteilung des Landes erforderlich.

Frauen, die einen *mait-bhūt* haben, dürfen im Anschluß an den *jāgar* ihr als Schutzraum definiertes *saurās* für sechs Monate nicht verlassen. Es heißt, daß sonst zu befürchten sei, daß der *bhūt* erneut von ihnen Besitz ergreift. So hat dieser *bhūt* auch die Funktion der Ablösung und Integration. Er kann als ein "Übergangsritual" betrachtet werden und stärkt möglicherweise die Identifikation mit dem *saurās*, das als Befreier vom Übel auftritt.

---

[24]Bezüglich therapeutischer Implikationen und Aspekte einer solchen Kur verweise ich auf die folgende Literatur: Beatrix Pfleiderer/Lothar Lutze, "Jāgar – Therapeutic vigil in Kumāū̃" 1983:99f.; Beatrix Pfleiderer/Wolfgang Bichmann, "Krankheit und Kultur" 1985.

Innerhalb meiner Fallsammlung gab es keine Frau über 40, die Anlaß zu einem *jāgar* bot, und nur sehr wenige Männer.[25] Frauen sind mit der Vernichtung des *mait–bhūts* nicht endgültig vor dem Übel gefeit, sie bleiben auch für ein in der Familie ihrer Männer begangenes Unrecht die vornehmlichen Objekte der Austragung. So wurde zum Beispiel bei einer an Gelbsucht erkrankten Frau diagnostiziert, daß der ehemalige *bhūt* der Schwiegermutter in sie gefahren war, weil versäumt worden war, das geforderte Ziegenopfer zu bringen.

d) Fazit

Ich habe bei dieser Arbeit den Weg einer Monographie gewählt, aber als abkürzendes Verfahren würde sich die extensive Interpretation der in *jāgars* behandelten Fälle unter Verwendung der Origaltexte vorzüglich eignen. Der *jāgar* hat einen holistischen Charakter und läßt sich nicht auf Teilbereiche oder Aspekte der Gesellschaft reduzieren. Er ist religiöse wie judikative Praxis, Heilverfahren und Unterhaltung. Die gleichen Elemente sind übrigens bei fast allen Ritualen wiederzufinden, ohne daß der eine Aspekt vom anderen losgelöst wäre.

Der *jāgar* stellt Öffentlichkeit in einem nichtexklusiven Sinne her; kein gesellschaftliches Problem und keine gesellschaftliche Gruppe wird bei der Verhandlung ausgeschlossen. Natürlich handelt es sich um eine kontrollierte bzw. ritualisierte Artikulation, und ein Konzept, das unserem Begriff von Problemlösung entspräche, existiert in dem Sinne nicht.

Im Unterschied oder Gegensatz zu Klatsch und Politik besteht hier ein Medium, in dem Dinge ohne subjektiven Bewertungszwang und ohne individuelle Sanktionen zur Sprache kommen (das erinnert an eine Vorläuferinstitution wissenschaftlichen bzw. professionellen Handelns).

Geister treten als Parasiten auf, die sich an die schwachen bzw. empfindlichen Stellen der Reproduktionskette heften. Die Geisteraustreibung bewirkt aber nicht die Eliminierung dieser Geister selbst, sondern deren Umwandlung in positive Kräfte (Beschützer, Götter). So erscheinen gute und böse Geister als binäre Einheit. Dieser Wesenszug – die gleichgewichtige (nicht gleichberechtigte), alltagspraktisch regulierte und akzeptierte Koexistenz von Gegensätzen – scheint allerdings allen in dieser Arbeit dargestellten Phänomenen zugrundezuliegen.

---

[25]a) ein alter Mann, der an Verwirrung litt, Grund: Landveruntreuung; Lösung: Rückgabe; b) ein Epileptiker; Grund unbekannt; Lösung: er hatte schon über 10 *jāgars* hinter sich, c) der oben geschilderte Fall Bace Singh.

11. SCHLUSSBEMERKUNGEN

Der erste Teil dieser Arbeit betont die zentrale Bedeutung der unilinearen Deszendenzgruppe, die soziale Identität stiftet, Recht spricht und die ökonomische Wohlfahrt ihrer Mitglieder stützt. Insbesondere der Teil, der unter dem Oberbegriff "agnatisches Recht" die Grundwerte der unilinearen Abstammungsgruppe zusammenfaßt (Kap. 4.3 und 4.5) läßt die Aussage zu, daß die soziale Ordnung keine individuelle Autonomie vorsieht. Der Einzelne erhält seine Daseinsbegründung und -berechtigung durch die Übernahme und Erfüllung sozialer Rollen. Diese sind komplementär, wie älterer/jüngerer Bruder, Mann/Frau, wie Schwester/Ehefrau etc.[1]

Ergänzung und Opposition sind allen drei Paaren gemeinsam, aber sie unterscheiden sich in sukzessive Rollen, wie Alter/Generation, sich personell ausschließende Rollen, wie Mann/Frau, und in Rollen, die eine Person auf sich vereinigt, die aber in Abhängigkeit von dem Gegenüber strikt geschieden sind und wechseln, siehe Schwester/Ehefrau:

> "The concept of the "person" as an assemblage of statuses has been the starting point of some interesting enquiries. ...A common rule of social structure reflected in avoidance customs is that these two statuses must not be confounded. Furthermore, each status can be regarded as a compound of separable rights and obligations." (Fortes 1953:37)

In der lebenszyklischen Sukzession kann jede Person ihre zukünftigen Rollen antizipieren. Ein junges Mädchen weiß, daß es eine Braut, eine Schwiegertochter und eine Mutter zu werden hat und wird bereits rechtzeitig mit den nächsten Rollen vertraut gemacht. Jeder Bruder ist ein potentielles Haupt der Familie.

---

[1]Ich habe den Begriff Rolle bisher gemieden und stattdessen von Gruppen, Klassen oder Kategorien gesprochen. Ich benutze den Begriff im Sinne von Nadel (1962), wonach Rolle eine Spezifikation der Klasse darstellt. "In this sense class concepts, being broad labels based on any shared property, might be said to indicate the raw material from which roles are gained by the appropriate elaboration." (ibid., S. 26) "To quote from Linton: `There are no roles without statuses or statuses without roles', role representing `the dynamic aspects of a status'." (ibid., S. 29)

> Ich erinnere mich an eine Äußerung von Dungar Singh, der mir beschrieb, mit welcher Weitsicht und Güte sein älterer Bruder die Familie geführt hatte, und daß es ihn wie einen Schlag traf, als sein Bruder starb und die Rolle des ältesten Bruders plötzlich auf ihn fiel. "Ich muß es genauso machen wie er, auch wenn ich schlechter und jähzorniger bin als der Bruder. Bei jeder Gelegenheit frage ich mich, was hätte der ältere Bruder getan?"

Als ein wesentlicher Bestandteil der sozialen Ordnung stellte sich das "Stellvertreterprinzip" heraus. Es gibt keine unbesetzten Rollen.

> "As I have suggested before, it seems that corporate descent groups can exist only in more or less homogeneous societies. ... The working definition I make use of is that a homogenous society is ideally one in which any person in the sense given to this term by Radcliffe-Brown in his recent (1950) essay, can be substituted for any other person of the same category without bringing about changes in the social structure." (Fortes 1953:36)

Die Sukzession ist in verwandtschaftliche und quasi-verwandtschaftliche Dimensionen geteilt. Den älteren Bruder kann nur der nächstfolgende ersetzen, den Boten, der den *barāt* ankündigt, nur ein Frauennehmer etc. Die quasi-verwandtschaftliche Seite umschrieb ich mit der Hilfskonstruktion "Adoption". Man bildet eine Fraktion (*pālṭi*), indem man andere als die angestammten Mitglieder der Gruppe so behandelt als seien sie die eigenen.[2] Ich folgerte, daß für politische Mikroprozesse kein anderes Modell als das der Verwandtschaft zur Verfügung steht.

Als höchstes moralisches Gesetz innerhalb der Bruderschaft bezeichnete ich das Gebot der Uneigennützigkeit, deren Demonstration insbesondere den Älteren abverlangt wird. Es wurde gezeigt, daß dieses Gebot ebenso für den Frauenbereich gilt. Akribisch werden Landstücke der gleichen Lage nach der Anzahl der Brüder parzelliert, wird ein Apfel im Haushalt in 15 Stücke geteilt. Niemand soll einem anderen nachsagen können, er sei benachteiligt worden.

> "In certain respects, then, `brotherhood' appears to provide a paradigm for relations of equality, and this is at variance with the dominant ideology of hierarchy." (Parry 1979:315)

Parry spricht von "the limits of hierarchy", indem er darauf hinweist, daß das hierarchische Prinzip innerhalb der Agnatengruppe (Generation/Alter) mit einem egalitären Prinzip koinzidiert.

---

[2]Evtl. könnte man hier auch von Patronage sprechen, wie Pettigrew (1975) dies bezogen auf die Fraktionen der Jat im Punjab tut. "Patronage is associated with this: if a Jat is not strong and powerful himself, he seeks the protection or patronage of those who are and this he usually obtains by joining a faction." (ibid., S. 208)

Das Thema Kaste bildet den Kontext dieser Arbeit. Die Opposition von "Selbst" und "Anderer" (z.B. *vār* und *pār*), "Oben" und "Unten", "Innen" und "Außen" aber wiederholt sich, angefangen von der räumlichen Ordnung (Kap. 2.1 und 4.3a), in den unterschiedlichsten Facetten in jedem Kapitel.

Jede Situation ist durch eine Rangordnung gestaltet, aber die gleichen Personen, die im Kontext A unterlegen sind, können im Kontext B überlegen sein. Ich erinnere daran, daß dem Gast der höchste Rang zukommt, daß der Unberührbare häufig die Rolle des *gurus* (Meisters) bei *jāgars* und in etlichen anderen Situationen einnimmt, daß der jüngere Frauennehmer dem älteren Frauengeber die Füße berührt, daß der ältere Bruder bei der Verteilung der Häuser hinter dem jüngeren zurücktritt. Die hierarchischen Fixpunkte – Frauennehmer über Frauengeber, älter über jünger, rechts über links etc. – werden dadurch nicht außer Kraft gesetzt. Dennoch ist zu beachten, daß sich aus dem Wissen, daß A höher steht als B nicht ableiten läßt, daß A immer und in jeder Situation die Rolle eines Höherstehenden gegenüber B einnimmt.

Der zweite Teil der Arbeit behandelt die affinalen Beziehungen. Es konnte gezeigt werden, daß über die eigene Gruppe bzw. das Dorf hinausgehende Sozialität im wesentlichen durch affinale Beziehungen gestiftet wird. Das Bindeglied bilden die Frauen. Sie sind nicht erbberechtigt, aber wie Eglar (1960) bemerkt, würde ein Erbrecht der Frauen am paternalen Besitz ihren Anspruch auf lebenslängliche Gaben, Schutz und Hilfe seitens des Bruders zerstören.

> "To do so would mean that she no longer had a *peke* (hier *mait*) to visit, who would give her the gifts that enhance her prestige, and who would be the first to share in her joys and sorrows." (ibid., S. 188)

Dies zeigt, welche Vorsicht bei emanzipatorischen Übertragungen von Rechtsvorstellungen auf andere Kulturen geboten ist.

Bei dem ersten Entwurf dieser Arbeit war ich versucht, alle Geschenke, die vom Bruder an die Schwester gehen, als konsanguine Geschenke zu klassifizieren. Die Betrachtung der Gaben- und Einladungsmodi führte aber zu einem gegenteiligen Ergebnis. Geschenke sind das Zeichen einer affinalen Beziehung. Die Schwester wird affinal behandelt und die Ehefrau "konsanguin". Desgleichen bilden alle Schwestern von Schwestern und Schwestern von Ehefrauen eine Opposition. Es konnte gezeigt werden, daß es sich hierbei um ein zentrales Ordnungsschema handelt.

> Vgl. hierzu auch Pfeffer (1985b): Die Mimik des Gatten steht im Gegensatz zu der des Bruders, so wie die Gattin grundsätzlich anders als die Schwester auftritt. Der Dualismus wirkt sich auch direkt auf die Beziehungen zur nachfolgenden Generation aus: Der mütterliche Onkel stellt

> den Gegensatz zum väterlichen dar, der so etwas wie ein Vater ist. Genauso wird die väterliche Tante auf keinen Fall so wie die mütterliche (oder gar die Mutter selbst) behandelt. Der bekannte Pariser Völkerkundler Claude Lévi-Strauss hat als erster diese Gegensätzlichkeiten ausgearbeitet und für das ethnozentrische Konzept der `Kernfamilie' das `Verwandtschaftsatom'eingesetzt (Lévi-Strauss 1967:63)." (ibid., S. 64)

In den die Terminologie und die Heiratsverbindungen behandelnden Kapiteln 7 und 8 konnte gezeigt werden, daß im Kumaon in Abweichung vom nordindischen Muster eine deutliche Tendenz zu symmetrischem Allianzverhalten besteht (s.a. terminologische Identität von WZ und ZHZ). Hier treffen die Worte von Dumont zu, die dem südindischen Kontext entnommen sind:

> "...the opposition between kin and affines constitutes a whole - the affine of my affine is my brother - marriage is in a sense the whole of society, which it unites, and at the same time separates in two from the point of view of one Ego." (Dumont 1953:31)

Das in den o.g. Kapiteln dargelegte Material bestätigt bzw. verstärkt Dumonts These von subkontinentalen Strukturhomologien im Bereich der Registrierung von Verwandtschaft. Auch zeigt es auf, daß Heirat Abstammungsgruppen einerseits dauerhaft aneinander bindet, andererseits aber auf Distanz hält. Distanz ist das dominante Merkmal, dem realverwandtschaftliche Nähe oder "Amity"[3] untergeordnet sind.

Die den Ausführungen Dumonts impliziete These, daß Art und Richtung der Gaben Beziehungen mit einer an die Aussagekraft von Terminilogien heranreichenden Präzision markieren, wurde von den empirischen Tatbeständen vollends bestätigt. Nicht durch die einfache Tatsache, daß eine Frau ein Geschenk erhält ist sie als Schwester klassifiziert, sondern dadurch, daß sie ein Geld-*ṭika* und *puris* empfängt. Auch in anderen Zusammenhängen ließ sich eine Gruppe oder Kategorie erst anhand der Gaben differenzieren. Ich verweise auf die Definition *bhaicyal*, den engeren Agnatenverband, der durch die Gabe von *daij* markiert ist, sowie auf die Aussage von Frauen, daß sich ein Haushalt daran erkennen lasse, ob Gaben und Einladungen als <u>ein</u> Haus oder als mehrere vergeben werden.

Auch Geld gehört zu den Gaben. Es konnte aber gezeigt werden, daß Geld in seiner neutralen Eigenschaft, nämlich als Bezahlung zu dienen, ein ver-

---

[3]Dies ist ein Begriff von Fortes (1978), der "Amity" und "komplementäre Filiation" (personenfocusierte Abstammungsbeziehung) als Grundlage für den Bestand affinaler Beziehungen annimmt (siehe hierzu auch die Debatten Fortes 1959 a u. b, Leach 1957, 1960, 1962).
Die Argumentation Fortes geht in die gleiche Richtung wie das von Radcliffe-Brown vertretene Axiom: "The unity of the sibling-group", wobei die affinale Komponente der Beziehung unterbewertet wird.

wandtschaftsfeindliches Mittel darstellt (s.Kap. 3.5), ja daß das Prinzip der "Bezahlung" an sich - die Schuld begleichen - im Gegensatz zum Gabentausch steht.

> "It is because the thing contains the person that the donor retains a lien on what he has given away and we cannot therefore speak of an alienation of property; and it is because of this participation of the person in the object that the gift creates an enduring bond between persons." (Parry 1986:457)

Wenig konnte in dieser Arbeit zur Frage nach dem sozialen Wandel beigetragen werden.[4] Der Agnatenverband ist aufgrund seiner speziellen Konstitution weitgehend in der Lage, Personalverluste, verursacht durch Auswärtsbeschäftigung, zu verkraften (siehe Stellvertreterprinzip). Die Außenwelt wird mit anderen Maßstäben gemessen als die lokale Welt. Man befindet sich in der ersteren sozusagen ständig in einem Ausnahmezustand. Die eigene Gesellschaft, die die identitätsstiftenden Normen und Werte reproduziert und pflegt, befindet sich im Dorf. Abgesehen von wenigen Ausnahmen (vgl. Kap. 4.2c) bleibt sie die Orientierungsgruppe, in die man im Urlaub und im Alter zurückkehrt.

Der soziale Zusammenhang des lokalen Agnatenverbandes wird insbesondere durch Ahnenglauben und Ahnenverehrung gefestigt. Der Tod zwingt alle Mitglieder der Gruppe, ja selbst die des Dorfes (siehe Gaben an den Haupttrauernden seitens verfeindeter Fraktionen, Kap. 9.4) zum Verband. Die Dominanz der Ahnen als Bereiter des Schicksals gegenüber einer an individuelle Heilserwartung gebundene Wiedergeburtsphilosophie, hütet die gemeinsame Verantwortung und die Betroffenheit der Gruppe als ganze. Vielleicht wäre es leichter, einen Sohn zu enterben, einem Vater auf Dauer den Rücken zu kehren, wenn dieser starke Glaube an die Macht der Ahnen und der soziale Konsens, daß bestimmte Arten von Unrecht nicht nur vielleicht, sondern mit zwangsläufiger Sicherheit durch das Erscheinen eines *bhūts* ausgetragen werden, nicht bestünde.

---

[4]Ich teile in diesem Punkt die Meinung von Leach (1954), daß es keine stagnierenden Gesellschaften gibt, daß sich der Feldforscher aber wohl in einer Situation befindet, in der es schwer fällt, strukturelle Fixpunkte und Wandel synchron wahrzunehmen. Die Evaluierung von Wandel erfordert zeitliche und räumliche Distanz.

APPENDIX I: LEGENDEN DER LOKALGÖTTER

Ich möchte die Legenden der Götter, die von anderen Autoren bereits ausführlich dargestellt worden sind, hier nur sehr knapp skizzieren. Eine detaillierte Beschreibung von Golū (1), Gaṅgānāth und von Haru und seinen Begleitern findet sich im Appendix bei Fanger (1980:454–470). Die Nandā Devī-Legende ist bei Atkinson (1884; 1981:297, 313, 702) beschrieben, der auch die Legenden der o.g. Götter ausführt. Bei Fanger ist Golū (2), der wie Golū (1) sehr große Verehrung erfährt, nicht mal erwähnt. Atkinson (ibid., S. 828) nennt ihn in wenigen Sätzen. Ich werde diese Legende, die ich in keinem Buch gefunden habe, deshalb auf Kosten der anderen ausführlich wiedergeben (s.Pkt.5).

1) Golū (1), lokal auch Caghāṇgolū genannt, Tempel Chitai, war der Sohn der achten Frau eines Königs. Die sieben Frauen waren unfruchtbar. Aus Neid über das Glück der achten Frau, die schwanger wurde, verbanden sie dieser die Augen bei der Geburt und tauschten den zur Welt gekommenen Sohn durch einen Stein aus. Sie sagten zur 8. Frau, "sieh, du hast einen Stein geboren". Das Kind warfen sie in den Stall, wo es aber von der Milch der Tiere ernährt wurde. Daraufhin beschlossen die sieben Frauen, den Säugling in eine Kiste mit Salz einzuschließen. Sie verwechselten die Salzkiste mit einem Zuckerbehälter und wiederum überlebte der Knabe. Alsdann versenkte man ihn in einer eisernen Kiste im Fluß. Aber anstatt unterzugehen, erreichte die Fracht ein kinderloses Fischerpaar, das den Knaben aufzog. Dieses erfüllte dem Kind alle Wünsche und auch den größten, die Anfertigung eines hölzernen Pferdes. Mit dem Pferd ritt der Knabe zu der Wasserstelle, wo die Frauen seines Vaters ihr tägliches Bad nahmen. Er sagte: "Gebt meinem Pferd zu trinken!" und erwiderte auf das schallende Gelächter der Frauen, daß doch nichts Merkwürdiges daran sei, ein hölzernes Pferd zu tränken, wenn es möglich sei, daß eine Frau einen Stein gebirt. Die Geschichte kam dem König zu Ohren. Er erkannte den Sohn und die Untat. Die sieben Frauen endeten in einem siedenden Ölbad, während Golū die Nachfolge seines Vaters antrat und fortan zum Streiter für Gerechtigkeit wurde.

2) Gaṅgānāth führte trotz Königreich und mehreren Ehefrauen das Leben eines Jogis, eines Weltentsagers. Zu seinen Schülern gehörte eine Brahmanentochter, die sich in ihn verliebte. Als sie ein Kind erwartete, verfolgte ihre Familie das nun flüchtende Paar und brachte es um. Als *bhūt* erstand Gaṅgānāth wieder und verschaffte sich Respekt und Verehrung.

(3) Nandā Devī, eine noch unverheiratete Königstochter, erschien ihrem Bruder im Traum. Er sah, daß sie in Gefahr war. Auf einem Spaziergang wurde sie tatsächlich von einem wilden Büffelochsen angegriffen. Es gelang ihr zu fliehen und sich hinter Bananenstauden zu verstecken, die aber wurden von Ziegen abgefressen und der Büffel tötete sie, noch bevor der Bruder zur Hilfe eilen konnte.

4) Haru und seine Begleiter. Harus Mutter war die Tochter eines Ṭhākurs, der, lange Jahre kinderlos, einen Sādhu um Medizin für seine Frau gebeten hatte. Das Mittel brachte ihm Zwillingstöchter, die er erbost zum Sādhu zurückschickte. Der Sādhu zog die Mädchen auf und schickte sie im heiratsfähigen Alter zum Vater zurück. Die eine nahm einen König zum Mann, die andere weigerte sich zu heiraten und kehrte zum Sādhu zurück. Dessen gewahr, daß es unschicklich ist, mit einem jungen Mädchen unter einem Dach zu leben, verließ der Sādhu das Haus heimlich bei Nacht und ging zum Ganges nach Hardwar.Das Mädchen war so betrübt, daß es den Eid ablegte, sich nicht mehr von Sonnenstrahlen berühren zu lassen. Sie verbrachte ihre Tage im Schatten und in der Meditation, bis sie eines Tages die Nachricht von einer "Kumb Melā" in Hardwar erreichte, einem Fest, das nur alle 12 Jahre stattfindet. Der Vater gewährte ihr den Wunsch, die "Kumb Melā" zu besuchen und schickte sie in einer verhangenen Sänfte auf die Reise. Das Mädchen lebte in einer dunklen Hütte und badete nachts im Ganges. Am Haupttag der Melā verschlief sie ihr nächtliches Bad und sah sich am Morgen vor die Entscheidung gestellt, entweder das große heilige Bad zu versäumen oder ihren Schwur zu brechen. Sie entschied sich, den Schwur zu brechen. Als sie den Ganges betrat, fielen die ersten Sonnenstrahlen auf sie und sie wurde in dem Moment schwanger mit "Haru".

Haru erhielt auf ähnlich magische Weise Brüder, Gefolgsleute und einen Palast. Er schien Kraft seiner Schöpfung unbesiegbar zu sein. Einer seiner Begleiter war Shaim. Dieser verhalf Haru zu seiner Gattin, der Tochter eines Bhoṭiyā-Königs, die Haru zunächst in einer Vision erschienen war und die dann gesucht und auf mühsamen und gefährlichen Wegen erobert werden mußte. Bei dieser Expedition überwand Shaim mit magischen Kräften die Hürden zum Erfolg (Auszug aus der Beschreibung von Fanger 1980:462–470).

5) Golū (2).[1]

"Warum heißt der Golū Ḍānā-Golū?" "In Kumaoni heißt ḍānā oben, auf der Höhe, dort wurde sein Kopf abgeschlagen und dann ist er einen Steilhang hinuntergerollt. Zu Haldwani sagen wir Bhabar, Haldubhara. Von Haldwani kam er mit seinen Herden in die Berge. Er hatte 100 Büffel, 100 Ziegen und 100 Kühe. Er kam an die Toltax (Stadtgrenze von Almora) und blieb dort für eine Nacht. Ein *bhūt* gab ihm Probleme. Da spielte er auf seiner Flöte. Er war stark und reich. Er hatte viel Milch und Joghurt. Die nächste Nacht verbrachte er oberhalb des Basars von Enti Divār. An dieser Stelle war ein *maśā̃ṇ*. Der Mann aus Katuri nahm eine lange Stange und schlug solange auf den *maśā̃ṇ* ein, bis dieser tot war. Er war groß und stark. Kein Mann legte sich mit ihm an, man fürchtete ihn.

Danach ging er nach Pakaura, an den Platz, wo es grüne Wiesen gibt (Flußtal des Kosi). Von dort ging er mit seiner Herde nach Phatiyal. Von dort ging er bis kurz vor Kaphkakhan. In Phatiyal lebten Pandits. Da war ein Pandit, der hatte ein sehr, sehr großes Haus. Die Pandits hießen Pande. Danach ging er in den Dschungel von Binsar, den großen, großen Dschungel. Da gab es viel zu essen für die Tiere und viel Ruhe. Er setzte sich hin und spielte auf seiner Flöte. Alles war friedlich. Es entlief ihm kein Tier und die wilden Tiere blieben fern. Der Pandit in Phatiyal hatte viele viele Frauen, seine Brüder, seine Kinder, soviele Frauen. Im Monsun gingen sie auf die Felder außerhalb des Dorfes, um Unkraut zu jäten. Da hörten sie die Flöte und waren ganz bezaubert von ihrem Klang. Als der Pandit das hörte, war er traurig und sagte, "Es ist ein großer Fehler, daß unsere Mutter und die Töchter diesen Mann sehen." Er überlegte, wie der Mann zu töten sei. Alle Männer hatten Angst um ihre Frauen und sie gingen nach Binsar, um den Mann zu töten. Sie konnten dem starken Mann aber nichts anhaben, und nach diesem Versuch bekamen sie große Probleme. Da gingen sie nach Haldwani und holten eine giftige Schlange. Die Schlange wurde auf die Plattform oberhalb des Hauseingangs gelegt. Am nächsten Tag ging man nach Binsar und sagte: "Morgen ist der *śrāddh* von der Mutter unseres Vaters, können wir von Dir Milch und Joghurt bekommen? Wenn Du uns Milch und Joghurt bringen könntest, dann wären wir sehr glück-

[1]Die Legende wurde mir von Dungar Singh, ergänzt durch andere anwesende Männer und Frauen, erzählt. Ich werde sie im Sprachduktus der Erzähler (Tonbandaufnahme) wiedergeben.

lich." Der Mann sagte, "Dein Vater und deine Mutter sind auch mein Vater und meine Mutter, ich bringe Euch die Milch." Als er am nächsten Tag mit Milch und Joghurt an die Tür kam, wußte er von der über dem Eingang verborgenen Schlange. Er stellte die Gefäße nieder, nahm die Schlange und sagte, "Du bist von Haldwani nach Almora gekommen, um mich zu töten, ich aber bin nicht nach Haldwani gegangen, um dich zu töten. Tu mir einen Gefallen und töte diese ganze Familie."

Daraufhin zerteilte er die Schlange in vier Stücke und verteilte diese auf die vier Ecken des Raumes. Dann ging er in das Innere des Hauses und sagte: "Pandiji, ich habe Euch die Milch gebracht." Der Pandit sagte: "Setz Dich und nimm ein Essen ein." Der Mann sagte: "Pandiji habt ihr nicht eine Schlange aus Haldwani geholt, um mich zu töten? Ich habe gegessen, vielen Dank!" Der Pandit war ratlos. In Dyora hatte er einen *bhin* (ZH) und fragte diesen, "was sollen wir machen?"

Der *bhin* sagte: "Wir bringen ihn um, laß das meine Sorge sein. Ich suche seine schönste Büffelkuh aus und treibe ihr einen Nagel in die Hufe." So geschah es und als Ḍānā-Golū versuchte, den Nagel mit den Zähnen zu entfernen, schlug ihm der *bhin* des Pandits aus dem Hinterhalt den Kopf ab. Der Kopf rollte einen steilen Hang hinunter, und dort wo er ankam, steht heute der Ḍānāgolū-Tempel.

Was passierte danach? Die Familie des Pandits und alle seine Verwandten, *javaĩ*, *bhin*, starben. Einer nach dem anderen wurde innerhalb kurzer Zeit krank und starb. Das große Haus stand leer. Vor sieben, acht Jahren ist das Haus in Phatiyal abgebrannt, man sieht noch die Reste.

Was war sein Name? Kailbokhrī. Seitdem ist er Ḍānāgolū. Man kann ihn jederzeit um etwas bitten und sagen, Ḍānāgolū, wenn du das und das tust, dann bekommst du eine Ziege." ....

"Eines Tages passierte das folgende: Eine Frau aus Kotura ging mit den anderen Frauen zum Holzschlagen nach Binsar. Sie war hochschwanger. Alle Frauen waren bereits mit ihrem Holz in die Häuser zurückgekehrt. Bei der Frau hatten auf dem Rückweg die Wehen eingesetzt und sie gebar ganz alleine einen Sohn. Da wurde Ḍānāgolū zum Menschen und nahm die Gestalt des Bruders an. Die Frau sagte, "Bruder, wie kommst du denn hierher? Ich habe ein Kind geboren." Der Bruder sagte, "Das macht nichts, nimm dein Kind und trag es nach Hause. Ich trage dein Holzbündel."

Er begleitete die Frau in das Dorf ihres Mannes, warf die Holzlast vor dem Haus ab und verschwand. Alle wunderten sich, daß die Frau sowohl das Holz als auch das Neugeborene nach Hause getragen hatte und fragten, "Wie hast du das gemacht?" Sie sagte, "Es war mein Bruder", und die Anwesenden lachten sie aus. "Dein Bruder kann dir in diesem Zustand nicht begegnen, zeig ihn uns doch, wo ist er". Der Bruder war verschwunden. Bald darauf wurde der Knabe krank. In dem zur Erkundung des Übels abgehaltenen *jāgar* erschien Ḍānāgolū und verkündete, daß die Frau recht gesprochen habe, daß er es gewesen sei, der sie in der Form des Bruder begleitet und das Kind gerettet habe.

Er forderte den Bau eines Tempels und ein Ziegenopfer und versprach als Gegenleistung, das Leben des Knaben nochmals zu retten. Das Kind wurde wieder gesund. Von da an wurde Ḍānāgolū noch mehr verehrt."

Eine andere Geschichte, die die Popularität des Ḍānāgolū vergrößerte, wurde mir folgendermaßen beschrieben: Ein neuer Magistrat hatte sein Amt bezogen. Sein Fahrer bat ihn, für einige Minuten beim Ḍānāgolū-Tempel zu halten. Der hohe Herr schaute sich den Tempel an, lachte und sagte, "Das soll ein Gott sein, es ist nichts weiter als ein Stein." Kurz darauf erblindete er. Ein *jāgar* wurde abgehalten. "In den Augen des *ḍaṅriyā* war Golū und sprach: "Du bist der der Fahne, ich bin der der ganzen Welt. Wenn du groß bist, dann ist es gut." Der Magistrat sagte daraufhin: "Du bist der größte, du bist ein Gott und ich habe einen Fehler begangen." Golū sagte: "Nein, keinen Fehler, bring zwei Ziegen und zwei Fahnen in meinen Tempel. Du, deine Frau und deine Kinder sollen in meinen Tempel kommen." Der hohe Herr wurde wieder sehend, und das Ereignis ist in den Köpfen aller Leute präsent.

APPENDIX II:
FESTE IM JAHRESZYKLUS

Ich möchte mich hier auf eine kurze Darstellung der Feste beschränken, die ich selbst erlebt habe.[2]

Es gibt Feste, die durch den Mondkalender bestimmt sind und solche, die sich nach dem Sonnenkalender richten. Die letzteren werden *saṅkrānti* genannt und kennzeichnen den ersten Tag eines neuen Monats.

> "Each sankrant or the passage of the sun from one constellation into another is marked by festivals." (Atkinson 1882, 1981:869)

Die Monate sind:			Feste:
Cait	Mitte	März - April	Phuldei-Saṅkrānti
Baisākh	"	April - Mai	Bikhvār-Saṅkrānti
Jeṭh	"	Mai - Juni	
Āsāṛh	"	Juni - Juli	
Srāvan	"	Juli - August	Haryāla-Saṅkrānti
Bhādo	"	August - Sept.	Ghirat-Saṅkrānti
Asauj	"	Sept. - Okt.	Khatoṛ-Saṅkrānti
Kārtik	"	Okt. - Nov.	
Mārgśīrs	"	Nov. - Dez.	
Pūs	"	Dez. - Jan.	
Māgh	"	Jan. - Febr.	Ghugutī-Saṅkrānti
Phāgun	"	Febr. - März	Khicṛi-Saṅkrānti

Der Mondmonat beginnt mit dem Vollmond (*puṛnimā*). Er ist in zwei Hälften (*pākh*) eingeteilt. Der erste Zyklus reicht vom Vollmond bis zum Neumond und wird *badi* oder dunkle Hälfte genannt, die Zeit vom Neumond bis zum Vollmond wird als *sudī* oder helle Hälfte bezeichnet. Feste fallen insbesondere auf den 5. Tag (*pañcimi*), den 8. Tag (*aṣṭimi*), den 10. Tag (*daśẽ*) und den 11. Tag (*ekādaśi*) des zunehmenden (hellen) oder abnehmenden (dunklen) Mondes.

Da es in diesem Rahmen zu weit führen würde, die Feste im Detail zu beschreiben, werde ich hauptsächlich die folgenden Merkmale berücksichtigen:

a) Hat der Monat eine besondere Färbung, ein "Motto"?
b) Welche Nahrungsmittel werden an den Festtagen zubereitet und außer *puris* noch getauscht? Dies trifft nur für solche Feste zu, an denen die Zubereitung bestimmter Nahrung für alle Haushalte rituell vorgeschrieben ist.
c) Welche Bedeutung hat das Fest.

---

[2] Eine ausführliche Darstellung des Kumaonikalenders findet sich bei Atkinson (1882, 1981:843-934). Sein Bericht enthält viele Feste, von denen ich nicht mal gehört habe.

Atkinson und Fanger verbinden mit den meisten Festen Götternamen. Im Dorf war der Zusammenhang von Götternamen und Festen nur punktuell sichtbar. Die Leute sagten: "Die meisten Kumaonifeste sind von Menschen für Menschen gemacht worden, sie haben wenig mit *bhagvān* (Gott) zu tun." Das heißt lediglich, daß bei vielen Festen kein bestimmter Gott im Mittelpunkt steht. Es werden aber zu jedem Fest Speisen an alle Götter (Tempel) verteilt, für die Ahnen auf das Dach gelegt, an die Tiere verfüttert, und eine Portion wird symbolisch in das Feuer gegeben. Ebenso wird zu jedem Fest ein Bad in der Frühe genommen, die Kleidung gewechselt und der Fußboden mit einer frischen Lehmschlacke versehen.

Jedes größere Fest hat seine eigene Aura. An Haryāla (Mitte Juli) wird die Erneuerung der Natur wie der Menschen gefeiert. Der Monsunregen läßt alles sprießen. Die Welt wird fruchtbar, jung und neu. An Divālī (Ende Oktober) werden die Häuser erneuert und man erfreut sich des Reichtums der Ernte. Die Früchte aus Saat und Wachstum werden genossen. An Ghugutī (Mitte Januar), zu einer Zeit, in der manchmal strenge Kälte und Schnee herrschen, werden die Krähen geehrt. Das Fest trägt den Namen einer Taubenart *ghugut*, die mit dem Frühling einzieht. So kennzeichnet Ghugutī auch das Erwarten des Frühlings, der mit dem Holi-Fest (Anfang März) beginnt.

Dies sind die vier größten Feste im Jahreszyklus. Holi und Divālī (Frühjahr und Herbst) wurden als Männerfeste bezeichnet. Sie werden im gesamten Subkontinent gefeiert. Haryāla und Ghugutī (im Hindukalender auch Sommer- und Wintersonnenwende) wurden als Frauen- und Kumaonifeste eingestuft. Es gibt keine herausragende Zelebration eines Jahresanfangs (Neujahr) und man könnte sagen, daß sich Resummee und Neuanfang viermal im Jahr vollziehen. Ich beginne meine Darstellung mit dem Monat Māgh, dessen Saṅkrānti (erster Tag) ungefähr auf den 15. Januar fällt.

<u>Māgh</u> (Mitte Januar bis Mitte Februar).

Der Monat ist der Schwester bzw. Tochter gewidmet. Es gibt zwei große Feste in diesem Monat: Ghugutī und Basant Pañcimi (5. Tag des hellen Mondes). Ghugutī (Mitte Jan.) währt drei bis vier Tage. Töchter und Schwestern kommen nach Hause. Eröffnet wird Ghugutī mit einer Nacht, "in der man nicht ins Bett geht!" und in der nach Herzenslust gegessen und gescherzt wird. Es werden große Mengen Teig aus Zuckerwasser und Mehl zubereitet und zu kleinen, verschlungene Ringeln verarbeitet, die *ghugut* heißen und Vögel darstellen sollen. Die *ghuguts* werden in Öl gebacken und am nächsten Tag an alle Haushalte verteilt. Für Schwestern, die nicht kommen konnten, werden *ghuguts* aufgehoben, und da diese Backwaren haltbar sind, findet man sie noch Wochen später im Umlauf. In der Nachbarschaft werden außer *ghuguts* auch *puris*, ein Löffel *ghī* und ein Glas Milch pro Haushalt verteilt. Da ich mich mit Frauen auf eine Pilgertour zur großen Uttarayni Melā nach Bageshwar begab, habe ich den weiteren Verlauf des Festes im Dorf bis auf den letzten Tag nicht erlebt. Am letzten Tag werden die Krähen gefüttert. Die Kinder stehen schon vor Tagesanbruch auf, verteilen *ghuguts* auf Dächern und Mauern und rufen stundenlang in Chören nach den Krähen.

Basant pañcimi (26.1.)[3] kündigt den Beginn der Holi-Saison und des Frühlings an. Gemessen an den Bewegungen ist es ein großes Fest. Alle Frauen, selbst die alten, sind unterwegs, denn an Basant pañcimi bekommen die Frauen von ihren Brüdern neue Kleidung. Männer bringen den verhinderten Schwestern Kleidung und Süßigkeiten. Verteilt wird an diesem Festtag neben *puris khīr* (Milchreis), Joghurt und *baṛa* (in Öl gebackene Linsenbällchen). Dem Empfänger der Gaben werden, verbunden mit einem Segensspruch frische Weizensprossen hinter die Ohren gesteckt.

Phāgun (Mitte Februar bis Mitte März).

Auch dieser Monat ist den Schwestern gewidmet. Es darf in seinem Verlauf kein Huhn oder Ziegenfleisch genossen werden. Der Brahmane besucht während des Monats jedes Haus, um für die Schwestern bzw. Töchter *khicṛi* zu kochen (s.Kap.6). In diesem Monat gibt es drei größere Feste: **Khicṛi-Saṅkrānti**, **Śivrātri** (14. Tag dunkel) und **Holi** (3.3.).

Töchter und Schwestern kommen in diesem Monat an **Khicṛi-Saṅkrānti**, jedoch nicht an **Holi**. An **Khicṛi-Saṅkrānti** wird in allen Haushalten *khicṛi* gekocht und neben *puris* an die Nachbarschaft verteilt.

An **Śivrātri** pilgert man zu einem außerlokalen Śivatempel und verbindet diesen Gang mit weiteren Tempelbesuchen. Tagsüber wird an **Śivrātri** gefastet und am Abend werden in allen Häusern in *ghī* gebackene Buchweizenpfannkuchen zubereitet, die an die unmittelbare Nachbarschaft verteilt werden.

Cait (Mitte März bis Mitte April).

Cait ist ein schwarzer Monat, das heißt, es kann nicht geheiratet und kein Geburtshoroskop für Heiratsvermittlungen angefordert werden. Cait ist der Monat des bheṭaṇ. Auch in diesem Monat stehen die Schwestern im Mittelpunkt. Bereits mit dem ersten Tag beginnen die in Kap. 6 beschriebenen

---

[3]Die Datumsangaben beziehen sich auf das Untersuchungsjahr 1984/85.

Bewegungen von großen *Puri*-mengen von Ort zu Ort. Ich registrierte in diesem Monat drei Feste: **Phuldei Saṅkrānti**, **Neujahr** (22.3) und **Aṣṭimi** (27.3.). Töchter und Schwestern kommen und gehen wegen *bheṭaṇ* während des ganzen Monats. An **Phuldei Saṅkrānti** war ich nicht im Dorf. Es wurde mir erzählt, daß die Kinder Blumen sammeln, durch das Dorf gehen und diese auf die Türschwellen streuen. Sie erhalten etwas Geld und Süßigkeiten. Abends wird Reis auf spezielle Weise zubereitet (gebraten) und an alle Haushalte der Nachbarschaft verteilt.

Das **Neujahrsfest** ist nur daran zu erkennen, daß in allen Häusern eine neue Lehmschlacke angelegt wird. Tempelgänge und *Puri*-Verteilung finden nicht statt. In manche Haushalte wird an diesem Tag der Brahmane kommen, um eine Prognose für das Jahr zu stellen.

An **Aṣṭimi** wird wie an Śivrātri gefastet, und das ganze Dorf ist zu einem der beiden Golūtempel in Chitai und Geral unterwegs. An diesem Tag finden weder *Puri*-Verteilungen noch *mait*-Besuche statt. Lediglich an die Haushalte, deren Tiere trocken sind, wird ein Becher Joghurt verteilt.

Baisākh (Mitte April bis Mitte Mai)

Im Monat Baisākh beginnt die Heiratshochsaison. Außerdem ist es der *jhoṛa*-Monat. Den ganzen Monat hindurch versammelt man sich abends in den Höfen, um *jhoṛa* zu tanzen. Das einzige große Fest dieses Monats ist der **Bikhvār Saṅkrānti**. Fast alle Töchter und Schwestern kommen zu diesem Fest nach Hause. Alle Dorftempel werden aufgesucht und *puris* werden verteilt. In allen Haushalten wird an diesem Tag Ziegenfleisch gegessen.

Jeṭh (Mitte Mai - Mitte Juni) und **Āsāṛh** (Mitte Juni - Mitte Juli) sind die Monate, in denen ich keine Feste beobachten konnte. Auf Nachfragen wurde mir gesagt, daß ihre Saṅkrāntis unbedeutend seien und keine Namen hätten. Bewegungen von Schwestern finden dennoch am 1. des Monats statt, aber es werden keine *puris* verteilt. In manchen Jahren (nicht im Untersuchungsjahr) soll Jeṭh wie der Monat Āsāṛh ein schwarzer Monat sein, d.h., ca. ab 15. Mai wird nicht mehr geheiratet.

Srāvan (Mitte Juli - Mitte August).

In diesem Monat wird nicht geheiratet. Das größte Fest des Monats ist **Haryāla (Saṅkrānti)**. Neun Tage vor dem Fest werden verschiedene Samen, u.a. Mais, Reis, Gerste und Weizen in einen großen Topf gepflanzt, in einen dunklen Raum gestellt und jeden Tag gegossen. Die gelbgrünen Blätter werden an

Haryāla abgeschnitten und in alle Tempel sowie an alle Haushalte zusammen mit *puris* verteilt.

Haryāla steht ganz im Zeichen der Bruder-Schwester-Beziehung. Wie an Basant Pañcimi wird an diesem Tag erwartet, daß der Bruder der Schwester ein besonderes Geschenk macht wie Kleidung, Geld und Süßigkeiten. Alte wie junge Frauen gehen in ihr *mait*, und denjenigen, die nicht kommen können, wird von den Brüdern *haryāla* (Bezeichnung für die gelbgrünen Sprossen) gebracht. An Haryāla kommt der Brahmane, um in allen Häusern *pūjā* abzuhalten. Der Monat Srāvan wird auch Oglā genannt. Die Frauennehmer bringen den Frauengebern Gaben (og) und die Juniorfamilien einer Lineage bringen den Seniorfamilien og.

Bhādo (Mitte August - Mitte September)

Bhādo ist ebenso ein schwarzer Monat, in dem nicht geheiratet wird. Es gibt in diesem Monat zwei große und zwei kleinere Feste: Ghirat (Saṅkrānti), Biruṛ Pañcimi (5. Tag, hell), Janam Aṣṭimi (8.Tag, dunkel) = Kṛṣṇas Geburtstag und Nand Aṣṭimi (8.Tag, hell).

An Ghirat sind wieder alle Frauen unterwegs. Der Brahmane kommt ins Dorf, um *pūjā* in den Häusern abzuhalten, und wie an Haryāla machen sich Brüder zu ihren verhinderten Schwestern auf den Weg. In allen Häusern werden Milchreis (*khīr*) und besondere mit Linsen gefüllte Fladenbrote zubereitet. Ein Gang durch alle Tempel und die Verteilung von *puris* im Dorf findet ebenfalls statt. Junge Frauen bleiben gleich bis zum nächsten Festtag Biruṛ (2.9.). Biruṛ erinnert an Haryāla. Ein Korb mit Kichererbsen, Weizenkörnern, Blumen und den Blättern von immergrünen Gewächsen steht in jedem Haus bereit. Die älteste Frau des Hauses knüpft den jüngeren ein rotgoldenes Band um den Hals. Das erinnert an Rakṣābandhan, an dem der Bruder der Schwester ein Band um das Handgelenk legt. Hier aber wird die Geste von Frauen vollzogen. Die älteste Frau verleiht den Biruṛiyā-Segen. Sie nimmt die o.g. Ingredienzen aus dem Korb und streut sie den jüngeren Frauen und den Kindern, dabei gute Wünsche und Segnungen aussprechend, über den Kopf.[4] In allen Häusern wer-

[4]Ich ließ mir nach meiner Biruṛiyā-Segnung den Inhalt erklären und er lautete: "Das ist das Blatt von einem Strauch, es ist immergrünes Gras und von jedem Knoten gibt es eine neue Pflanze, sie breitet sich schnell und von selbst aus. So sollst du dich ausbreiten! Du sollst Dorfoberhaupt werden. Der Fuchs ist ein weises Tier. Du sollst wie er werden. Jali ist der Name einer wilden Pflanze, so schnell wie sie wächst sollst du auch wachsen. Werde so hoch und so weit wie der Himmel. Dubara ist ein Gras das niemals austrocknet, so grün sollst du bleiben."

den an diesem Tag neben *puris* Kichererbsen zubereitet und verteilt.
An Janam Aṣṭimi oder Kṛṣṇas Geburtstag wird tagsüber gefastet, und in manchen Häusern findet am späten Abend eine *pūjā* statt. Ansonsten ist es ein unauffälliger Festtag. Dasselbe gilt für Nand Aṣṭimi. Es wird gefastet, und an diesem Tag darf keine Pflugarbeit verrichtet werden. Zur selben Zeit findet in Almora die große Nandā Devī Melā statt, zu der Büffel geopfert werden.

Asauj (Mitte September - Mitte Oktober).
In diesem Monat kann nicht geheiratet werden. In der dunklen Mondhälfte dieses Monats findet die Totenverehrung Śrāddh-Paksh (12.-28.9) statt. In den ersten neun Nächten der hellen Mondhälfte (Navrātri/29.9.-8.10.) findet in allen Marktflecken die Rām Līlā, ein religiöses Drama, statt. Der Monat ist von den beiden obigen Ereignissen dominiert. Als ein weiteres Thema hat er die Verehrung der Tiere zum Gegenstand.
Der größte Festtag istKhatorSaṅkrānti. Schwestern und Töchter kommen, aber in geringerer Zahl als an Ghirat und Biruṛ. Was der vorwiegende Sinn des Festes ist, weiß ich nicht. "Es gilt den Tieren, die an diesem Tag besonders gutes und reichliches Futter bekommen sollen.", lautete die einhellige Meinung. Ein Mann sagte, daß das Fest den Winteranfang symbolisiere. Den bei diesem Fest auf bereits abgeernteten Feldstücken errichteten Feuern wurde die Bedeutung von Freudenfeuern anläßlich des Jahrestags des Sieges über das Nachbarland Garhwal zugesprochen. Ebenso war die Rede davon, daß mit diesen Feuern alles Übel verbrandt werden solle. Ein Baumstamm wird in den Boden gerammt, mit leicht brennenden Stengeln umschichtet und vor Tagesanbruch angezündet. Ein Stück Gurke wird in das Feuer geworfen, denn zu diesem Fest werden in allen Haushalten Gurken (*kākṛi*) verzehrt und verteilt. Die Kinder, die das Feuer errichten und bewachen, bringen Asche mit nach Hause, von der sich alle Familienmitglieder ein *ṭika* nehmen.
Am 8. Tag von Navrātri (Aṣṭimi) findet ein kleines Fest statt. Am Morgen wird gebadet, neue Kleidung angelegt und der Fußboden mit Lehmschlacke versehen. Es ist ein Fastentag, der mit einem Festessen am Abend beschlossen wird und ansonsten keine besonderen Merkmale (Besuche, *Puri*-Verteilung etc.) aufweist.

Kārtik (Mitte Oktober - Mitte November)
In diesem Monat wird nicht geheiratet. Das größte Ereignis des Monats ist das mehrtätige Fest Divālī, das am letzten Tag der dunklen Mondhälfte des Monats beginnt (23.-26.10.). Die Aktivitäten sind so zahlreich, daß ich sie hier nur stichpunktartig aufzählen kann.

Divālī ist das Fest des Lichtes und der Wohlstand verheißenden Göttin Lakṣmī. Schon Wochen vorher versuchen die Männer ihr Glück im Kartenspiel. In Moli war diese Sitte so ausgeprägt, daß sich die Männer Nacht für Nacht trafen und erst im Morgengraun nach Hause kamen. "Wer in dieser Zeit Glück hat, dem ist die Göttin wohlgesonnen und er hat das ganze Jahr Glück", hieß es. Vor dem Fest werden alle Häuser renoviert und die Lehmwände mit einer Malerei aus Reispaste (*alpanā*) dekoriert. Zur Einleitung des Festes wird am Abend (23.10.) in jedem Haus ein Meer von Lichtern angezündet und am Haustempel findet eine große *pūjā* zu Ehren der Göttin Lakṣmī statt. Zuckerwerk, Puffreis und Früchte werden im Tempel dargeboten, die am zweiten Divalitag zusammen mit *puris* an alle Haushalte verteilt werden. Am zweiten Divālītag (25.10.) kommen die Töchter und Schwestern. Bei den Frauen bestehen die größten Aktivitäten an diesem Tag darin, vorher gewässerten Reis mit großen Rundhölzern in einer Steinkuhle zu stampfen und anschließend zu rösten. Die daraus entstehende Spezialität des *cur* wird von den Frauen als Nascherei in einem Säckchen getragen, und die Herstellung an Divālī deckt den Jahresvorrat. Elf Tage nach Divālī (Ekādaśi im hellen Mond) werden erneut in allen Häusern Lichter angezündet. Es findet eine große *pūjā* (*hal kā pūjā*) auf dem Hof statt, zu der alle landwirtschaftlichen Geräte mit Reispaste angemalt und aufgestellt werden. Am Morgen werden die Tiere mit Blumengirlanden geschmückt und mit Reispaste bemalt. Sie erhalten an diesem Tag das gleiche Festessen wie die Menschen. Auf einer *thāli* werden ihnen *puris*, Gemüse, Joghurt und nur an diesem Tag hergestellte Bällchen aus gemahlenem Reis vorgesetzt. *Puris* werden an alle Haushalte verteilt.

Im Monat Mārgśīrs (Mitte Nov. - Mitte Dez.) kann nach einer langen Pause wieder geheiratet werden. Ich registrierte in dem Monat keine besonderen Feste, und auch der Monat Pūs (Mitte Dezember - Mitte Januar), in dem nicht geheiratet werden kann, ist wenig ereignisreich. Lediglich an Saṅkrānti wurde gebadet, und es fanden Schwesternbesuche und *Puri*-Verteilungen statt.

Literaturverzeichnis

Alavi, Hamza A. 1972: "Kinship in West Punjab Villages". Contributions to Indian Sociology, N.S. 4:1-27

Allen, N. J. 1975: "Byansi Kinship Terminology; A Study in Symmetry", MAN 10:80-94

Atkinson, Edwin T. 1882, 1884, 1886: The Himalayan Districts of the North-Western Provinces of India. Vol. I (1882); Vol. II (1884); Vol. III (1886), comprising Vols. X-XII of The Gazetteer of the North-Western Provinces and Oudh. Allahabad: North-Western Provinces and Oudh Press. Neuauflage 1981, The Himalayan Gazetteer. Vol. II, New Delhi: Cosmo Publications.

Bailey, F. G. 1958, Caste and the Economic Frontier: A Village in Highland Orissa, Manchester University Press.

Bailey, F. G. 1959, "For a Sociology of India?", Contributions to Indian Sociology., O.S. 3:88-101.

Bailey, F. G. 1963, "Closed Social Stratification in India", European Journal of Sociology, IV(1):107-124.

Berreman, Gerald D.1960a, "Caste in India and the United States", American Journal of Sociology, 66:120-127.

Berreman, Gerald D. 1963, Hindus of the Himalayas. Berkeley: University California Press.

Carman, John B., Marglin, Frédérique A. (eds.) 1985, Purity and Auspiciousness in Indian Society, Journal of Developing Societies, Vol. 1/1.

Census of India 1981, Part II-B, Uttar Pradesh, Primary Census Abstract, Ravindra Gupta, Director of Census Operations, Uttar Pradesh.

Corbett, Jim 1944, Man-Eaters of Kumaon. London: Oxford University Press.

Crooke, William 1896, The popular Religion and Folk-lore of Northern India, Vol. I u. II, Delhi: Oriental Publishers & Booksellers.

Das, Veena 1976, "Masks and Faces", An Essay on Punjabi Kinship, Contributions to Indian Sociology, N.S. 1:1-29

Douglas, Mary 1985, Reinheit und Gefährdung. Berlin: Dietrich Reimer Verlag (dt. Übersetzung von Purity and Danger; 1966)

Dumont, Louis 1953, "The Dravidian Kinship Terminology as an Expression of Marriage", Man 54-54:34-39.

Dumont, Louis 1961a, "Marriage in India, The Present State of the Question, I. Alliance in S.E. India and Ceylon", Contributions to Indian Sociology, OS, 5:75-90.

Dumont, Louis 1964, "Marriage in India: The Present State of the Question. Postscript to Part I, II. Marriage and Status, Nayar and Newar, Contributions to Indian Sociology, O.S. 7:77-98.

Dumont, Louis 1966, "Marriage in India: The Present State of the Question, III. North India in Relation to South India", Contributions to Indian Sociology, O.S. 9:90-114.

Dumont, Louis 1966a/1970, Homo Hierarchicus, London. Vikas (engl. Übersetzung).

1976, Gesellschaft in Indien, Die Soziologie des Kastenwesens, Wien: Europaverlag (deutsche Übersetzung).

Dumont, Louis 1975, "Terminology and Prestations revisited", Contributions to Indian Sociology, N.S. Vol. 9, No. 2:197–215.

Dumont, Louis und Pocock, David F. 1957, "Kinship", Contributions to Indian Sociology, O.S. 1:43–64.

Dumont, L. und Pocock, David F. 1959, "Pure and Impure", Contributions to Indian Sociology, O.S. 3:9–39.

Eglar, Zekiye 1960, A Punjab Village in Pakistan, New York and London: Columbia University Press.

Epstein, T. S. 1962, Economic Development and Social Change in South India. Manchester: University Press.

Fanger, Allen C. 1980, Diachronic and Synchronic Perspektives on Kumaoni Society and Culture. Ph. D. Dissertation, Syracuse University.

Fortes, Meyer 1949, The Web of Kinship among the Tallensi. London: Oxford University Press.

Fortes, Meyer 1953, "The Structure of Unilineal Descent Groups", American Anthropologist, 55:17–41.

Fortes, Meyer 1959, "Descent, Filiation and Affinity: A Rejoinder to Dr.Leach", in MAN Part I: No. 309:193–197, Part II: No. 331:207–212.

van Gennep, Arnold 1986, Übergangsriten (Les rites de passage). Frankfurt: Campus-Verlag.

Goody, Jack 1973, The Developmental Cycle in Domestic Groups. Cambridge University Press.

Goody, Jack und S. J. Tambiah (eds.) 1973, Bridewealth and Dowry. New York: Cambridge University Press.

Goody, Jack 1985, "Entwicklungsgeschichtliche Überlegungen zu Brautpreis und Mitgift", in: Die Braut, Band I:88–101, Hrsg. G. Völger u. K. v.Welck, Köln: Rautenstrauch-Joest-Museum.

Gough, E. Kathleen 1956, "Brahman Kinship in a Tamil Village", American Anthropologist, 5:826–853.

Gould, Harald A. 1968, "Time-Dimension and Structural Change in an Indian Kinship System: A Problem of Conceptual Refinement", in M. Singer u. B. S. Cohn (eds.) ,Structure and Change in Indian Society, S. 413–22, Chicago: Aldine Publishing Company.

Hertz, Robert 1973, "The Pre-dominance of the Right Hand; a Study in Religious Polarity". in Right and Left. Essays on Dual Symbolik Classifikation. (ed.: R. Needham), Chicago: University of Chicago Press.

Joshi, L. D. 1929, The Khasa Family Law in the Himalayan Districts of the United Provinces of India. Allahabad: Superintendent, Government Press, U.P.
Neuauflage 1984, Tribal People of the Himalayas, a Study of the Khasas. Delhi, Mittal Publications.

Joshi, S. C., Joshi, D. R. und D. D. Dani (eds.) 1983, Kumaun Himalaya. A Geographic Perspective on Resource Development. Naini Tal: Department of Geography, Kumaun University.

Karve, Irawati 1953, Kinship Organization in India, Poona: Deccan College, Post-graduate and Research Institute.

Kolenda, Pauline M. 1968, "Region, Caste and Family Structure: A Comparative Study of the Indian "Joint" Family", in M. Singer and B.S. Cohn (eds.), Structure and Change in Indian Society, S. 339-96, Chicago: Aldine Publishing Company.

Leach, Edmund R. 1954, Political Systems of Highland Burma. A Study of Kachin Social Structure, London: G. Bell and Sons, LTD.

Leach, Edmund R. 1960, "Correspondence; Descent, Filiation and Affinity", in MAN, Nos. 6:9.

Leach, Edmund R. 1961a, Rethinking Anthropology, London: Athlone Press

Leach, Edmund R. 1962, "On certain unconsidered Aspects of double descent Systems", in MAN, No. 214:130-134

Leach, Edmund R. 1978, Kultur und Kommunikation, Frankfurt: Suhrkamp Verlag.

Lévi-Strauss, Claude 1981, Die elementaren Strukturen der Verwandtschaft. Frankfurt/M.: Suhrkampf Verlag.

Lewis, I. M. 1971, Ecstatic Religion. Baltimore: Penguin Books.

Madan, T. N. 1975, "Structural Implications of Marriage in North India: Wife-Givers and Wife-Takers among the Pandits of Kashmir", Contributions to Indian Sociology, N.S. 9/2:217-244

Madan, T. N. 1987, Non-Reunication. Delhi: Oxford University Press.

Majumdar, D. N. 1962, Himalayan Polyandry. Londen: Asia Publishing House.

Mauss, Marcel 1968, Die Gabe. Form und Funktion des Austauschs in archaischen Gesellschaften. Frankfurt/M.: Suhrkamp Verlag.

Malinowski, Bronislaw 1979, Argonauten des westlichen Pazifik. Frankfurt/M., Syndikat Autoren- und Verlagsgesellschaft. (dt. Übersetzung von Argonauts of the Western Pacific)

Marriott, Mc Kim 1968b, "Caste Ranking and Food Transactions: A Matrix Analysis", in M Singer and B. S. Cohn (eds.), Structure and Change in Indian Society, S. 133-72, Chicago, Aldine Publishing Company.

Mayer, Adrian C. 1960, Caste and Kinship in Central India. London: Routledge & Kegan Paul.

Nadel, S.F. 1962, The Theory of Social Structure, London: Cohen & West LTD.

Needham, Rodney 1966, "Terminology and Alliance, I-Garo, Manggarai", Sociologus, 17-18:141-157.

Needham, Rodney 1974, Remarks and Inventions. Skeptical Essays about Kinship. London: Tavistock Publications.

Needham, Rodney 1979, Symbolic Classification, Santa Monica, California: Good Year XII (The good Year Perspectives in Anthropology Series (Hrsg. J. Fox).

Oppitz, Michael 1975, Notwendige Beziehungen - Abriß der strukturalen Anthropologie. Frankfurt/M.: Suhrkamp Verlag.

Paliwal, N. D. 1985, Kumauni Hindi Shabd Kosh. New-Delhi: Takshila Prakashan.

Parry, Jonathan P. 1979, Caste and Kinship in Kangra. London: Routledge & Kegan Paul.

Parry, Jonathan P. 1986, "The Gift, the Indian Gift and the 'Indian Gift'", Man N.S. 21/3:453-73.

Pettigrew, Joyce 1975, Robber Noblemen: A Study of the Political System of the Sikh Jats, London: Routledge & Kegan Paul.

Pfeffer, Georg 1985a, "Verwandtschaftssysteme der südasiatischen Regionen im Vergleich", Regionale Traditionen in Südasien, Hrsg. H. Kulke u. D. Rothermund, Beiträge zur Südasienforschung 104:171-190, Wiesbaden: Steiner-Verlag

Pfeffer, Georg 1985b, "Formen der Ehe. Ethnologische Typologie der Heiratsbeziehungen", in Die Braut, Band I: 60-71, Hrsg. G. Völger und K. v. Welck, Köln: Rautenstrauch-Joest-Museum.

Pfleiderer, Beatrix und Lothar Lutze 1979, "Jāgar - Therapeutic Vigil in Kumāū̃", South Asian Digest of Regional Writing, 8:99-119.

Pfleiderer, Beatrix und Wolfgang Bichmann 1985, Krankheit und Kultur, Eine Einführung in die Ethnomedizin. Berlin: Dietrich Reimer Verlag.

Pradhan, M. C. 1966, The Political System of the Jats of Northern India. London: Oxfort University Press.

Sanwal, R. D. 1966b, "Bridewealth and Marriage Stability among the Khasi of Kumaon", Man, Journal of the Royal Anthropological Institute, 1:46-59.

Sanwal, R. D. 1976, Social Stratification in Rural Kumaon. Delhi: Oxford University Press.

Sharma, Aryendra - Vermeer, Hans J. 1987, Hindi-Deutsches Wörterbuch. Heidelberg: Julius Gross Verlag.

Schmitz, Carl A. 1964, Grundformen der Verwandtschaft. Basel: Pharos-Verlag

Srinivas, M. N. 1952, Religion and Society Among the Coorgs of South India. Oxford: Clarendon Press.

Stowell, V. A. 1907, A Manual of the Land Tenures of the Kumaon Division. Allahabad: United Provinces Goverment Press.

Tambiah, S. J. 1973b, "From Varna to Caste through Mixed Unions", in Goody (Hrsg.), The Character of Kinship, S. 191-229, Cambridge University Press.

Tiemann, Günter 1968b, "Begriff und Wert der Bruderschaft bei den Jat von Haryana in Nordinien", Sociologus, N.S. 18/1:35-45.

Tiemann, Günter 1970, "The Four-got-Rule among the Jat of Haryana in Northern India", Anthropos, 65:166-77.

Trautmann, Thomas R. 1981, Dravidian Kinship. Cambridge University Press.

Vatuk, Sylvia 1969, "A structural Analysis of the Hindi Kinship Terminology", Contributions to Indian Sociology, N.S. 3:95-115.

Weber, Max 1978, Gesammelte Aufsätze zur Religionssoziologie, Bd. II, Hinduismus und Buddhismus. Tübingen: J.C.B. Mohr (Paul Siebeck).

Zimmer, Heinrich 1979, Philosophie und Religion Indiens. Frankfurt/M.: Suhrkamp Verlag

Zimmer, Heinrich 1984, Indische Mythen und Symbole. Köln: Eugen Diederichs Verlag.

Glossar

airi Ein Lokalgott; Geist eines Mannes der auf der Jagd getötet wurde.
āksāt nilāgaṇ Reiskörner werden als Segensgeste über das Haupt des anderen gestreut; adj. unversehrt, unberührt, ganz
ālu (H ālū) Kartoffel
āmā Großmutter
ā̃cav Siebenmaliges Umschreiten des heiligen Feuers durch die Brautleute
asajili Schwangere Frau
āsāṛh (H) Vierter Hindumonat, Juni/Juli
asauj (H asoj, āśvin) 7. Hindumonat, September/Oktober
aṣṭimi (H aṣṭamī) Achter Tag der Mondhälfte
ātman (H) Seele, Geist, Selbst
bābū (H) Angestellter
***badhan kartan** Zeremonie zur Verehrung des Gottes der Haustiere
badi Dunkle Hälfte eines Hindu-Mondmonats
bahar (H) Draußen, Außen
baigāṇ (H bāigan) Aubergine
bāishi 22tägiger *jāgar*
bākhi, bākhli, lambākhli Häuserreihe
bar - badhū Bräutigam - Braut
baṛa Geriebener *dal*
barāt (H barāt) Zug der die Braut abholt
baṛhī Zimmermann (Kaste)
barpan Verleihung des "heiligen Fadens"
***bārsi** einjähriges Totengedenkfest
bartan (H), KH-SK bhan, bhano Metallgeschirr
***bārūṛī** Korbflechter (Kaste)
baujyu, bābu (H pitā, bāb) Vater
bhādo (H) Sechster Hindumonat, August/September
bhadyā Weiblicher Sprecher für Bruders Sohn
bhadye Weiblicher Sprecher für Bruders Tochter
bhā̃g (H) Hanf
bhagvān (H) Gott
bhai, bhaiyā (H bhāī) Bruder
***bhaicyal (H cācera bhāī)** Söhne von Brüdern, enger Agnatenverband
bhaisākh (H) Der zweite Hindu-Monat, April/Mai
bhānji (H bhānjī) Tochter der Schwester (männl. Sprecher)
bhānja (H bhānjā) Sohn der Schwester (männl. Sprecher)
bhat Kleine schwarze Bohnen
bhāt Gekochter Reis
bhatījā/bhatījī (H) Bruders Sohn, Bruders Tochter (s. *cyal/celi*)
bheṭan Besondere Gabe an die Schwester
bhin, bhīna Ehemann der älteren Schwester
bhitar Innen
bhoṭiyā, KH-SK bhoṭi Volk im Norden des Kumaon
bhūl Ölpresser (Kaste)
bhulā Jüngerer Bruder
bhulī, baiṇī Jüngere Schwester
bhumiyā Lokalgottheit, die für die Fruchtbarkeit der Felder zuständig ist.
bhūt, bhūt-pret Böser Geist
bibhūt Heiliges Stirnmal aus Asche

bikhvār, KH-SK bikhoti Fest zu Beginn des Monats Baisākh

bij khan Mittlerer Raum eines Wohnhauses

biruṛ Ein Fest im Monat Bhado

bistār Bettzeug

boi, bye Ruf Mutter

boji Die Frau des älteren Bruders

brādar, bradar, bhrada, KH-SK birādar (H birādari) Mitglieder einer Lineage, Agnaten

brahmanen, KH-SK bāmaṇ Höchste Kaste im Hinduismus

buṛ Alt, der Alte (Bez. für Ehemann bei älteren Sprechern)

buṛ bubu Großvater

buṛi Die Alte (Bez. für Ehefrau bei älteren Sprechern)

bvāri (H bvārī) Schwiegertochter, Frau des jüngeren Bruders

byā, (H śādī) Hochzeit

byaul pital Kiste mit Gaben bei der Hochzeit

byoli Braut

cait (H) Erster Monat des Hindu-Jahres, März-April

cākh Vorderer Raum eines Wohnhauses

*caryau, carav schwarze Kette, Zeichen der Ehe

celi, cyeli Tochter

chāj Großes Sitzfenster zum Hof

*chammu Gott der Haustiere

chūt Zustand der Unreinheit

cilam Bauch der Wasserpfeife

cokha khana, KH-SK cokhi-rasoi Reines Essen, Fladenbrote

*cū Hirseart

cul, cula Feuerstelle

culnyū̃t Einladung der gesamten Familie

*cur Gerösteter Reis

cyal, cela, KH-SK cyaul Sohn

dad, dādi, dājyū Älterer Bruder

dagaṛ Gemeinsam, zusammen, eins sein

daij Aussteuer

daij dinī Gabenliste bei der Hochzeit

dāl (H) Hülsenfrucht

ḍal (H tokri) großer runder Korb

dāṇā Höhe, Bergspitze

ḍaṅriyā Medium

darzī (H) Schneider

daśẽ (H daśharā) zehnter Tag der Mondhälfte

dātul, dātuli (H darātī) Sichel

devī, KH-SK debi Weibliche Gottheit

devtā, KH-SK deba, daiva Gott, männliche Gottheit

*dern Senfkorn

dhāgul Schwere silberne Armreifen

dhān Reis (im Rohzustand)

dhā̃niya (H dhaniyā) Korianderblätter

*dhā̃ti, KH-SK nauli (H navelī) Eine in zweiter Ehe verheiratete Frau

dhā̃tibyā Zweitehe

dhar Wasserstrahl, Quelle

ḍhol Große Trommel

ḍholi, dās-ḍholi Kaste der Trommler

dhoti Baumwollsāṛi (H *dhotī* für Beinkleid der Männer)

dhui-arag Begrüßungszeremonie bei einer Hochzeit

dhuṇi (H dhūnī) Heilige Feuerstelle, Dorftempel

didi, did (H dīdī) Ältere Schwester und Vaters Schwester

divālī, divāi (H dīvālī) Fest im Monat Kārtik
ḍoli Sänfte zur Beförderung von Brautleuten
ḍom, ḍūm Alte Bezeichnung für die Kaste der Unberührbaren, s.a. Harijan, Śilpkār
dulhā - dulhan Bräutigam - Braut
durgūṇ Rückkehr der Brautleute nach der Hochzeit
dyor, devar Der jüngere Bruder des Ehemannes
dyorāni Die Ehefrau des jüngeren Bruders des Ehemannes
ekādaśi (H) Elfter Tag des abnehmenden oder zunehmenden Mondes
ekaul (H akelā) Alleine (Haushalt ohne Brüder)
***gagarās** Speiseanteil für die Ahnen
galoban Goldenes Halsband
gaṇeś Der Gott mit dem Elefantenkopf; Sohn des Śiva und der Parvāti
gaṅgānāth Ein Lokalgott
ghaderi Süßkartoffel
ghāgar (H ghāghrā) Weiter, knöchellanger Leinenrock
***ghantuva** Eine Art Schamane
gharvaī Ehefrau
gharjavaī Schwiegersohn, der in den Ort der Frau zieht
gharpaiṭ, KH-SK gharpaīs Hauseinweihung
ghāt (H) Stelle am Flußufer, Verbrennungsort
ghirat Fest zu Beginn des Monats Bhado
ghugut Besondere, an ghugutī verteilte Backwaren
ghugutī Fest zur Wintersonnenwende, s.a. Uttrayni
***ghūgūṭī** Schleier; Bezeichn. für das Ankleiden bzw. Verschleiern einer Braut.
ghī, KH-SK ghyū̃ Butterschmalz
***gīdār** Sängerinnen, die für eine Hochzeit engagiert werden
golū, KH-SK gvall, goll, goriya Lokalgott
goṭh Stall
gotrā, KH-SK gotar (H gotr) Abstammung, Geschlecht
gotrācār Aufzählung der Genealogie bei rituellen Anlässen
guśai, gosāī Derjenige, der die Dienste von Unberührbaren in Anspruch nimmt; lt. KH-SK Herr, Meister
guṛ Melasse
gyū̃ (H gehū̃) Weizen
hal, hauv Pflug
haliyā, hauv, hi Der der pflügt
haluvā, KH-SK halu Süßspeise
***hanki** Töpfer (Kaste)
haryāla Fest zu Beginn des Monats Srāvan
***hayār, hela** Begleiter des *jagriyās* beim Ritual des *jāgar*
hissadār, KH-SK hisedari Landvergeber
hukkā Tönerner Aufsatz der Wasserpfeife und Bezeichnung für Wasserpfeife allgemein
huṛkā, KH-SK huṛuk Eieruhrförmige kleine Trommel
huṛkī Tänzer (Kaste)
***huṛkiyā baul** Vortrag von Legenden bei kollektiven Arbeiten
ijā, ij Mutter
jāgar, jāgā und devta gaṛānā Die Herabkunft der Götter. Ein Ritual, bei dem Götter in Medien einkehren.
jagriyā Meister des Balladengesangs, der die Götter im Ritual des *jāgar* anruft.
jajmān Im Kumaon: Klientel der Brahmanen
jāt (H jāti) Kaste, Subkaste, Lineage
jaū̃ (H jau) Gerste

jaul, jauv Ein mit Wasser oder Buttermilch verdünntes Gericht aus Reis- oder Linsenmehl
javaī (H **javāī**) Schwiegersohn, Ehemann der jüngeren Schwester
jeṭh (H) Der dritte Hindumonat, Mai/Juni
jeṭhau Ältere Schwester der Ehefrau
jeṭhu Älterer Bruder der Ehefrau
jeṭhi mau Seniorfamilien innerhalb des Agnatenverbandes
jhora Ein besonderer Tanz (Reigen)
jimdār Ein anderes Wort für Ṭhākur
jiṭhāṇā, jeṭh, jeṭhāṇā Der ältere Bruder des Ehemannes
jiṭhāṇi, jeṭhāṇi Die Ehefrau des älteren Bruders des Ehemannes
jiṭhaun Landgeschenk an den älteren Bruder bei der Erbteilung
jūṭhā (H) Übriggebliebene, unreine Speise
jūṭhā khana Reis und Linsen
jyōti Zeremonieteil bei der Hochzeit - Verehrung sanskritischer Gottheiten
jyu Ruf Schwiegermutter
kaddu (H **kaddū**) Kürbis (Cucurbita pepo)
kaīj Die jüngere Schwester der Mutter
kaka, kak, kāku, kā=Ruf Vaters jüngerer Bruder
kāki, kai=Ruf Ehefrau von Vaters jüng. Bruder
kākṛi (H **kakṛi**) Gurke (Cucumis utilissima/sativus)
kālā, KH-SK **kaī** schwarz
kālī Die schwarze Göttin
kanyā dān (H) Die Tochter schenken
***karela** Bitterkürbis
karṇphūl (H) Goldener Ohrschmuck
kārtik (H) Der achte Hindumonat, Oktober/November
***kasera** Großer Topf um Linsen zu kochen
kāśi (f) - **kāśa** (m) Klein, jünger
***khaikār** Eine bestimmte Art von Pächter
khaṇ Außenhaus, Zweithaus
kharīf Herbst-/Winter-Ernte
khasī, khasiya, khassi, khasa Frühere Bezeichnung für die einheimischen Ṭhākurs (im Unterschied zu den Immigranten)
khatoṛ, khataṛ Fest zu Beginn des Monats Asoj, Mitte Sept.
khaukī lt. KH-SK: Derjenige, der im Austausch für seine Arbeit Getreide erhält
khaūsaīn (H **mirc**) Paprika, Chilli
khāv (H **āgan**) Befestigter Hof
khicṛi (H **khicṛī**) Linsen und Reis zusammen gekocht
khir (H) Milchreis
***koā** Getrocknete Milch
***kolī** Weber (Kaste)
kṣatriya (KH-SK **khetri**) Zweite Kaste des Hinduismus
kunav Geburtsblatt, Horoskop
lakṛī, KH-SK **lākar** Holz
lakṣmī Göttin des Glücks und des Reichtums; Viṣṇus Gattin
lāsāṇ (H **laśun**) Knoblauch
lauki (H **laukī**) Flaschenkürbis (Lagenaria vulgaris)
***lay** Grünes Blattgemüse
lipaṇ Schlacke aus Lehm und Kuhdung zur Erneuerung des Bodens
lūṭh Heuvorrat
lvār Schmied (Kaste)
***mādirā** Feldfrucht (Reisersatz)
maduvā Feldfrucht (dunkles Getreide)
māgh, KH-SK **mā̃** Elfter Hindumonat, Januar/Februar

maīs Ehemann
mait (H māykā) Herkunftsort bzw. -Familie der Ehefrau
makka (H makkā) Mais
makoṭ (H nanihal) Herkunftsort bzw. -Familie der Mutter
mal k̇han Hinterer Raum eines Wohnhauses (Küche)
mam, mām, mamu (H māmā) Mutterbruder
māmi Ehefrau des Mutterbruders
mard Mann (Ehemann)
mārgśīrs (H) Neunter Hindumonat, November/Dezember
mā̃ś (H uṛad) Linsenart
masaḥlau Boten, die den Hochzeitszug ankündigen
maśā̃ṇ Geist, der an Verbrennungsplätzen lauert
mauv̇ Dünger von Tieren
***mau, mo, mauvāsa, KH-SK mavāsa** Haushalt, Familie
mauvāri nyū̃t Einladung einer Person pro Haushalt
may Teil des Pfluggeschirrs
methi (H methī) Blattgemüse (bot. griech. Heu, Trigonellum foenum-graecum)
mukuṭ Kopfschmuck der Brautleute, hohes Pappschild
mul (Ḣ mūlī) Rettich (Raphanus sativus)
munarī Massive goldene Ohrringe
nalī, KH-SK nāl Maß zur Bemessung von Grundflächen
nāmkaraṇ Namensgebung des Kindes 11 Tage nach der Geburt; Bezeichnung der Zeremonie bei erster Menstruation, auch **namān** (glücklicher Zustand) genannt
nāni, nān (H shota) klein
nand Die jüngere Schwester des Ehemannes
nandā devī Eine lokale Göttin
nārāyaṇ Gott, Viṣṇu
nātak Verunreinigung in Folge einer Geburt
nath Großer goldener Nasenring
nāth Yogi-Kaste
nāti (H nātī) Enkelsohn
nātiṇi (H nātni) Enkeltochter
nyār, alag Getrennt, geteilt (Land, Familie)
nyū̃t Einladung
og Gabe an die Frauengeber und die Seniorfamilien der eigenen Lineage im Monat Srāvan
oṛ Maurer
padhān (H pradhān) Dorfoberhaupt (erbliches Amt)
pahāṛī Indogermanische Sprache der Bergvölker (*pahāṛ* = Berg)
pailāg Dem Älteren ehrfurchtsvoll die Füße berühren; Begrüßung, Abschied, Entschuldigung; **jyujag** Antwort auf *pailāg*
***paiṇ** Gabe von Naturalien auf Dorfebene
paisā (H) Münzeinheit 1/100 Rupie
pākh Dach
pākh (H pakṣ) Die zwei Hälften des Mondmonats
***pal** Die andere Seite; **pal ghar** Die andere Haushälfte
palaṇ (H pālak) Spinat
palṭā̃ṇ (H palṭan) Militär
pālṭi, dhaṛa Fraktion, Bündnis
pāni pārnī Zermoniteil bei deṛ Hochzeit, "fließendes Wasser"
pañcāyat (H) Dorfrat
pañcimi (H pañcmī) Fünfter Tag der Mondhälfte
pār Jenseits, auf der anderen Seite
pār bubu, KH-SK khur bubu Urgroßvater
parāt (H) Große Messingschale
parvār (H parivār), s. mau, mo, mavāsa Familie

paũṇī Die ältere Schwester des Ehemannes
paunjī Silberner Armschmuck
paũṛ (H **mehamān, ristedār**) Gast und affinaler Verwandter
peṭikoṭ Rock
phāgun (H) Zwölfter Hindumonat, Februar/März
phuldei Fest zu Beginn des Monats cait
phūlgobhī, KH-SK **phulkopi** Blumenkohl
***phuvav** Wasserbehälter aus Messing
pinalū (H **arvī**) Süßkartoffel (Colocasia esculenta/antiquorum)
pipav (H **pipal**) zwölfter Tag nach einem Sterbefall
pirūv Streu
piṭhayā lagāṇ siehe ṭika
pūjā, KH-SK **pūjai** Andacht, religiöse Zeremonie
pujyāri (H **pujārī**) Tempelpriester
pulāo Reisgericht mit Gemüse
puri (H **pūrī**), **lagaṛ** In Öl gebackenes Fladenbrot
pūs (H) Zehnter Hindumonat, Dezember/Januar
pusyāṇi Vaters Schwester, s.a. **didi**
puśṭ Generation
pyāj (H **pyāz**) Zwiebel
rabī Frühjahrs-/Sommer-Ernte
rakṣābandhan, KH-SK **racchyāpuṇyõ** Fest bei dem die Verbindung von Bruder und Schwester zelebriert wird
raīs Hülsenfrucht
rājā (H) König
rājpūt (H) Mitglied der Königs- bzw. Kriegerkaste (s. *kṣatriya*)
rāṭh Ein Lineagesegment
roṭi (H **roṭī**) Fladenbrot
sabhāpati (H) Gewähltes Dorfoberhaupt
sādhu (H) Weltentsager, Yogi
sāi, **śālī** Die jüngere Schwester der Ehefrau
saiṇi Frau (Ehefrau)
samdi (H **samdhī**) Vater von Schwiegersohn/-tochter
samdyaṇi (H **samdhin**) Mutter von Schwiegersohn/-tochter
***sancāyat** Gemeinschaftsbesitz
saṅkrānti Erster eines Hindusonnenmonats
***sānjīr** Lange silberne Kette, die quer über den Oberkörper getragen wird
sapiṇḍa (H) Blutsverwandtschaft
***sāṛhū-bhaiyā** Ehemann der Schwester der Ehefrau
sāṛi (H **sāṛī**) Kleidung der Frau; fünf Meter langes feines Tuch
***sāri-talāvu** Talfelder
saśū (H **sās**) Schwiegermutter
sāu, KH-SK **sāv**, **śav** (H **sālā**) Jüngerer Bruder der Ehefrau
saurās (H **sasurāl**) Ort der Schwiegereltern
śiva, KH-SK **śiba**, **śibjī** Einer der drei Hauptgötter, Zerstörer, zu dem man um Wohlergehen betet.
śivrātri, KH-SK **śibrāt** Fest zu Ehren Śivas
sirtān Eine bestimmte Art von Pächter
***sirūn** Strohkranz, Polster für Kostlasten
***śyonkār** Gastgeber bei einem jāgar
śrāddh (H) Totengedenkzeremonie
srāvan (H), KH-SK **sāvan**, **oglā** Fünfter Hindumonat, Juli/August
sudī Helle Hälfte eines Hindu-Mondmonats
sūdra Vierte Kaste des Hinduismus
sup Flacher, schaufelförmiger Korb
suta Schwerer silbener Halsreif

sūtak Unreinheit infolge eines Todesfalles
śvar Genealogisch entfernte Lineagemitglieder
sūvai Hebamme
tal Unten
talkhan Äußerer Abschnitt des Hauses, Außenräume
tarai Landschaftsformation im Himalayavorgebirge
thāli (H thālī) Messingteller
ṭhuli, ṭhul (H barā) Groß, älter
ṭhulij Die Ehefrau des älteren Vaterbruders und Mutters ältere Schwester
ṭhuljāt Hohe Kaste
ṭika oder piṭhayā lagāṇ Verleihung eines heiligen Stirnmals, bestehend aus roter Paste und Reiskörnern
tīl (H til) Sesam (Sesamum indicum)
ṭopi (H ṭopī) Randlose Kopfbedeckung, Kappe
torai (H) Netzgurke (Luffa acutangula)
u (H vah) Er, sie; gegenseitige Referenz von Ehemann und -frau
ukhav-mūsav Steinkuhle und Stößel
***uparau** Bergfelder
uttarayni (H) Wintersonnenwende
vaiśya Dritte Kaste des Hinduismus
val Diesseits; **val ghar** diesseitige Haushälfte
vār Diesseits
varṇa (H) Die vier großen Kasten; lt. H-SK Farbe, Färbung; Resultat
viṣṇu Einer der drei großen Götter; Welterhalter

Index

Adoption 56, 63, 74, 76, 80, 124, 127, 279
Affinale Beziehung 57, 63, 176, 184, 194, 209, 210, 280
Affin-Konsanguin 165, 181, 182, 184, 187, 189-192, 280
Affinale Verwandtschaft (153-180) 67, 102, 134, 155, 157, 176, 189, 249-251, 258, 273
Agnaten 87-90, 124, 126, 127, 129, 131, 133, 134, 206, 210, 250, 279
Ahnen 88-90, 92, 145, 154, 232, 242, 252, 257, 282, 289
Alavi 56
Allen 182
Allianz 8. 208, 211
  -lineages 212
  -partner 132, 202
  -verhalten 209, 210, 281
Anbaurotation 47
Arbeitsmittel 39, 40
Arbeitsteilung 38, 41, 46
Atkinson 3, 58, 155, 283, 288
Aufteilung
  - Haus 30-33, 116, 117, 120
  - Dorf 33, 34, 118
Aussteuer/Mitgift 67, 90, 92, 94, 97, 128, 130, 131, 167-169, 173, 174, 202, 217, 219, 227, 230, 281
  - Mitgiftarten 131
Auswärtsbeschäftigung 1,2, 10, 38, 47, 48, 85, 86, 98, 103, 105-109, 111, 139, 140, 152, 282
Autorität
  - im Familienverband 93, 105, 106, 129-131
  - im Haushalt 147, 148, 151, 152
Bageshwar 16, 60, 141, 156
Bailey 14, 99, 105
barpan 141
Bartan 66, 67, 114, 116, 127, 130, 165, 168-170, 174, 175, 217, 221, 223
Begleitpflicht junger Frauen 160, 161, 164
Berreman 2, 5, 14, 16-18, 28, 100, 101, 213, 247, 249, 251
Besiedlung 61-64
Besitzteilung 96, 101, 113-120, 123
Bhagvān 146, 153, 244, 252, 254, 289, 170, 173, 178, 179, 208, 281
Bhaicyal 88, 90, 92-94, 98, 99, 161, 170, 173, 178, 179, 208, 281
Bheṭaṇ 69, 73, 76, 79, 169, 172, 174-176, 190, 231, 290, 291
Brādar 56, 68, 80, 88, 90, 92, 155, 165, 246, 250, 262, 263, 202, 204, 207, 208, 214, 216, 221, 222
Brahmanen 4, 6, 9, 10, 15-28, 123, 144, 153, 154, 187, 199, 213, 216, 217, 222-227, 229, 232, 236, 237, 238, 251, 254, 258, 259, 260, 262, 265, 268, 284, 290-292
Brautpreis 28, 217, 219-221, 235
Bruder-Schwester-Beziehung (153-180) 154, 156, 157, 175, 176, 188, 242, 292
Bruderschaft 7, 72-77, 79-81, 83-85, 88, 89, 94, 279
Carman 253
"Cash economy" 47, 49, 105
Crooke 139
Das, Veena 128, 151
Dhāti/Sekundärehe 103, 123, 156, 195, 233-236
Divālī 46, 157, 289, 293, 294
Dorfexogamie 182, 199
Dorfgötter 261
Dorfverwandtschaft 72, 204, 207
Douglas 238, 239
Dumont 6, 8, 14, 15, 180-182, 184, 186, 188, 189, 191, 200, 214, 215, 237-239, 253, 281
Dumont/Pocock 199, 251-253
Durgūṇ 92, 161, 169, 172-174, 226, 231
Eglar 66, 280
Ehefrauen 145 f.,
- Streit von 103
- Bevorzugung von 104
- Ausschluß von Ehefrau/Schwester 153-155, 163, 164, 173, 175, 176, 184, 185, 189-195, 134-136, 280
Einladungen 67, 68, 79, 97, 155, 156, 162, 177-180, 199, 219, 221, 269, 280
- Dorfebene/Agnaten 67f.
- außerlokale Verwandtschaft 177f.
Epstein 99, 105, 107

Erbe (113-129) 90, 122-127, 130, 133, 144, 280
- Erbteilung 35, 116, 123
- Erbteilungsakt 114, 115
- Verteilung Häuser 117-119

Erntedankzeremonien 46
Erste Menstruation 141, 142, 252
Erziehung 138, 139
Familie (s.a. Haushalt) 87-114, 116, 117, 129-131, 159, 170, 178, 194, 195
- Familienbefragung 95
- Familienergänzungen 102

Fanger 3, 4, 5, 22, 100, 101, 105, 213, 220, 225, 228, 258, 261, 283
Feste (288-295) 157, 158, 161, 163, 164, 168, 177, 188,
Fortes 5, 7, 83, 87, 278, 279, 281
Fraktionen (76-81) 7, 12, 13, 58, 61, 65-67, 74, 137, 142, 146, 245, 249, 279, 282
Frauennehmer/Frauengeber 94, 125, 150, 155, 156, 159-179, 181, 184, 185, 188, 190, 191, 192, 193, 205, 207-209, 214, 215,
- Gaben 167-177, 250
- Kommunikation 159-167
- Status 166, 167
- Statusüberlagerung von 208, 209

Frühjahrsernte 45
Gaben/Gabentausch 7, 8, 10, 11, 95, 97, 98, 153, 155, 180, 188, 190, 207, 214, 218, 226-228, 233, 280-282, 290, 292,
- agnatischer/lokaler Gabentausch 64-76
- affinale Gaben 159, 167-172, 174, 175, 176, 177, 178
- Gaben Bruder an Schwester 157, 163, 164, 175-177, 280
- Gaben Mutterbruder 165
- Gaben Geburt 245, 246
- Gaben Verlobung 217
- Gaben Hochzeit 167-174, 217, 218, 226
- Gaben Tod 250, 251
- Gabe von bartan, s. bartan
- Gabe von Geld 66, 73, 85, 157-160, 162-165, 168-171, 174-176, 185, 208, 216, 223, 224, 226, 229, 230, 232-234, 245, 246, 250, 251, 262, 268, 273, 281, 292
- spezielle Geldleihgabe 66, 162
- Gabe von Kokosnüssen 165, 167, 168, 170, 171, 176, 227, 229, 230, 273
- Gabe von puris 65, 71-73, 76, 97, 158-160, 163, 172-176, 246, 251, 252, 281

Garhwal 1-5, 28, 251
Geburt (242-247) 6, 23, 69, 70, 72, 88, 122- 124, 140, 142, 144, 147, 155, 156, 161, 237, 238, 252, 253, 262, 265, 283
Gennep 252
Ghantuva 267-269, 255, 276
Ghar-javaī 57, 62, 74, 75, 80, 124, 125, 165
Ghar-paiṭ (231-233) 68, 77, 79, 256
Ghugutī 157, 288, 289
Goody 99, 218, 220, 221
Gough 215
Gould 98
Haryāla 157, 288, 289, 291, 292
Haupttrauernder 250
Hausgötter 257
Haushalt 38, 87-90, 92-104, 109, 111, 114, 124, 130, 133, 134, 140, 142, 146, 148, 149, 152, 154, 159, 168-170, 173, 175-178, 187, 241, 242
- Haushaltsgrößen und -Zusammen setzungen 99-101
- Haushaltsteilungen 113, 114
- Haushaltstrennungen 103, 104,
- Haushaltsvorstand 93
- Haushaltszusammenhalt 108
- Haushaltszyklen 98

Heirat 8, 9, 17, 19, 23, 25, 56, 69, 66, 68, 78, 96, 113, 116, 141, 143, 144, 205, 237, 252, 253
- Heiratsarrangement 204, 215, 217
- Heiratsbräuche 218
- Heiratschancen 234
- Heiratskreis/-radius 11, 19, 58-60, 199, 200, 202, 207, 210
- Heiratsregeln (198-201) 8, 187, 215
- Heirat/Status (210-215) 59,
- Heiratsverbindungen (201-210) 10, 13, 20, 58, 59, 211-213, 281
- Heiratsverhandlung 217
- Heiratsvermittlung 207

Herbsternte 49
Herdteilung 96, 97, 109
Hertz 118, 120
Hindu Succession Act (1956) 122
Hindu Adoptions and Maintenance Act (1956) 236
Hierarchie
- Alter 93
- Geschlechter 136
- Kasten 15, 17-21

- Lineages 58-61, 64, 74, 83
Holi 67, 69, 74-81, 157, 174, 289, 290
Horoskop 23, 198, 216, 217, 246
Hypergamie 198, 200, 201, 210, 211, 213
Indirekte Mitgift 218
Inzesttabu 143-145, 155, 193, 194, 215
Jāgar 127, 133, 240, 243, 246, 255, 257, 260, 261, 264-277, 280
Jajmāni-Beziehung 22
"joint family" 86, 98, 100, 101, 105, 109, 111
Joshi, L.D. 59, 219, 121-124, 126, 128, 235
Joshi, S. C. 1
Juniorlevirat 234
kanyā dān 154, 218, 219, 223, 235
Karve 198
Kaste 4-8, 12-28, 56, 64, 132, 195, 199, 238, 250, 265, 280
- Kastenendogamie 7, 19, 198
Khasa/Khasī 3, 17, 20
Kleidung 40
Kolenda 95, 100, 101, 105
Kolonialherrschaft 3, 4, 24, 63
Konflikte
- Frauenbereich 145f.
- Gattenbeziehung 148
- unter Brüdern 103-105
Krankheit 237, 240, 246, 247, 252, 262, 264, 266, 268, 275
Landbesitzgrößen 35
Landteilung 96, 97
Leach 6, 200, 252, 281, 282
Lévi-Strauss 71, 76, 180, 281
Lewis 255
Lineage 6, 7, 12, 13, 15, 18, 56-61, 63, 64, 67, 68, 72-76, 79, 80, 83, 87, 88, 95, 181, 192, 195, 198, 199, 202, 205-208, 210-214, 233, 234, 250, 260, 292
- Lineage of co-operation 66, 69, 72
- Lineageexogamie 182
- Hissadār-Lineages 62
- Lineagekonzil 57
- Lineageland 63
- maximale Lineage 58
- Lineageoberhaupt 83
- Lineageorganisation 57, 76
- Lineagesegmente 209
- Lineagetempel 262
- Lineagezugehörigkeit 56, 58, 124, 125
Madan 134, 145, 157, 160, 165, 175, 253
mait-bhūt 144, 269, 274-277
Majumdar 182
Malinowski 168, 176
Marriott 15, 64, 84, 85, 184
Mauss 71
Mayer 15, 66, 69, 122, 193
Menstruation 31, 70, 73, 97, 136, 137, 225, 226, 237, 239-242, 244, 245, 250
Mitakshara-System 121, 122, 128, 129
Mutter 43, 153, 155, 158, 159, 161, 163, 169, 182, 183, 186, 188, 199, 204-207, 210, 221, 225, 230, 234 243, 246, 249
Mutterbruder (mam) 80, 164, 165, 168, 170, 178, 182, 188, 189, 191, 192, 204, 207-210
Nachbarschaft 44, 70
Nadel 278
Nāmkaraṇ 70, 144, 245, 246, 262
Needham 118-120, 180, 182, 200
Opfer
- Büffel 259, 261
- Ziegen 43, 144, 145, 258-263, 275-277
Og 93, 169, 174, 292
Oppitz 180
Padhan 61, 62, 68, 75, 82-84
- Mehrfach-Padhan-Besetzungen 61
- Padhan-Titel 82
- Padhanchari-Land 61
Pañcāyat 76, 81-83, 116
Parry 6, 15-17, 19, 20, 28, 64, 89, 95, 99, 101, 121-123, 129-131, 154, 166, 167, 170, 184, 185, 189, 192, 213, 214, 221, 279, 282
Pettigrew 279
Pfeffer 8, 181, 184, 186, 280
Pflügen 47
Politik 74, 76, 81f.
Pradhan 7, 56, 57, 82, 83
Rakṣābandhan 157
Rangordnung 152, 280
- unter Frauen 147
- n. Geschlecht u. Alter 135, 136, 145
rein/unrein 15, 31, 41, 237
Reziprozität 65, 66, 71, 79, 80, 84, 85, 92, 170
Rückgabe von Frauen 207, 209
Sabhāpati 78, 82-84
Sancāyat/Gemeinschaftseigent. 34,67, 76
Sanskritisierung 28, 236
Sanwal 3, 19-21, 24, 25, 57-60, 220

Scherzbeziehung 166, 193, 194, 208, 209, 228
Schlafaufteilung 42, 143, 144
Schmitz 99
Schmuck 93, 114, 116, 127, 128, 131, 165, 174, 213, 217, 218, 220, 221, 225-227
Schwangerschaft 144, 242-244, 246, 248
Schwestern/Töchter 56, 57, 81, 102, 110, 125, 128, 134-136, 139, 204, 215, 222, 226, 227, 289, 290, 291, 294
  -tausch 181, 192, 208, 209
Schwiegermutter (-tochter) 134, 135, 138, 139, 144, 147-150, 152, 159, 160, 185, 194, 199, 206, 207, 245, 277
Siedlungsweise 29, 30
Śilpkār 17, 19, 22, 25-28, 61, 75, 117, 132, 139, 220, 223, 249, 261, 265, 269
Śrāddh 70, 89, 90, 124, 285, 293
Srinivas 28
Status 105, 106, 113, 124, 175, 193, 194, 200, 213
  - erworben/zugeschrieben 213
  - Frau 145, 147, 148
  - junger Mann 140
  - menstruierende Frau 136
Stiefmütter 199
Stillen 42
Stowell 61-63, 122
Streit 78-80, 85, 89, 90, 92, 96, 97, 104, 110, 116, 133, 159, 224
  - von Ehefrauen 103
  - Schwiegerm./Schwiegert. 150
Tageszyklus 39
Tambiah 20, 21, 238, 248
Tausch innerh. Nachbarschaft 70
Teilung 96, 97, 99, 101, 103, 104, 114, 116, 120, 121, 130, 133
  - Teilungsakt 113, 114
  - Teilungsvollstrecker 116
Tiemann 7, 199
Tierhaltung 42f.
Tod 88, 89, 97, 156, 211, 237, 238, 246-248, 251-253, 258, 282
  - Regeln Tod Schwester 89, 156
Trautmann 181, 183, 186, 188
Unreinheit/Verunreinigung 31, 142, 144, 151, 238-240, 244-246, 248, 250-253
Varṇa 16, 18, 20, 21
Vater, Erstbesuch 161, 173
Vatuk 89, 166, 184, 189, 191-193
Verwandtschaft 6, 8, 9, 13, 56, 63, 74, 76, 80, 125, 134, 140, 204, 238, 249, 254, 279, 281
Verwandtschaftsterminologie (180-198) 163, 281
Weber 247
Witwen 28, 125, 127, 128, 148, 200, 218, 234-236
Witwer 220
Zimmer 3, 247

Summary

This work is based on a research in a Ṭhākur village and the surrounding district in central Kumaon. I have defined the range of the surrounding district as 'marriage circle', as social contacts with other villages go as far as the women go at marriage, that is, to places that lie at a distance of a maximum of one day's foot march.

The first section (chap. 2) deals with the organisation of securing existence. It is followed by the main themes: agnatic and nonagnatic (affinal) kinship. In the first part (chap.3-4) I concentrate on local communication, lineage organisation and interaction and on different degrees of agnates, focusing on the household as the smallest unit and the rules of inheritance as an ideological frame for agnatic cooperation.

Living conditions in this one-time isolated area, that borders Tibet in the north and Nepal in the east, are largely determined by economical, ecological and geographical factors: More than 50% of the men follow their occupations outside the village resp. beyond Kumaon. The steep terrain, shortages of water, wood and fertile ground require time consuming and simple techniques for agriculture and animal husbandry, that in spite of the high rate of migratory working still presents the basis of existance. Jokes concerning suffering, burdens and weaknesses of others are a favourite objective, that accompany coping with the hardship of day to day life. Conditions, that demand a uniform engagement from every person do not allow a rigid status hierarchy. In spite of their conventional subordination, women have an expressed self-confidence of their significance as workers and as intermediaries between supra-local kinship groups. They leave their men, when the conditions in his house become unbearable, and they are traditionally entitled, like the men, to enter into second and third marriages. Egalitarian states of affairs should not be confused with "equality". They reflect interdependance upon each other.

Numerous markings have been adopted to justify the criteria of "exclusion and complement". There is a strong separation between the spheres of women and men as well as between different groups of the society: Inhabitants of the other side of the river (*pār-bākhi*) are the "others", who, as the "opposites", play another role than one's own people (*vār-bākhi*). The same pattern is repeated for the coexistance of local lineages of varying ranks. Here the giving and taking of rice serves as the dividing line. One doesn't take rice from a lineage considered to be lower, even when there is cooperation in a brotherhood-like way with this lineage. This mechanism repeats itself with respect to the affinal supra-local kinsmen (s. below). The "others" are in a translated sense "enemies", to whom one can be well-disposed to through alliances.

Caste appeares in this dissertation as a relatively neglected subject: In subcontinental comparison Kumaon features a small diversification of castes: Brahmans, Ṭhākurs (Rājpūts) and Śilpkārs (Harijan, Untouchables) form the three largest endogamous groupings, who live in exogamous villages. Every caste forms its own 'community', which can also be a village. Should various castes live together in one village then either a large piece of fallow land, a stream or a hill lies between their settlements. As I lived in a Ṭhākur village, to which a geographically separated Śilpkār minority also belonged, I was only able to observe inter-caste communication from the borders and for this reason it is recorded in the introduction (chap. 1). The analysis of a single sub-caste made clear, that the principle according to which castes are formed repeats itself within a caste: Lineage clusters take on a sub-caste like character, in that they separate themselves with respect to others as endogamous units (s. pp 17,18).

The fragmentation into exclusive groups also does not stop at the 'maximal lineage' (uniform names of members and reference to a common founder). I demonstrate, that lineages are fundamentally in a position to split themselves, and that as a result of this, new exogamous groups come into being, which can claim status differences for themselves. The occasions for such splitting can certainly only be speculatively presented: status segmentation through marriage and unacceptable offspring (see chap. 3.1).

Villages frequently consist of only one lineage. In this case the kinship union and the political union are identical. I demonstrate the cooperation in a multilineage village and point out, that those villages were traditionally ruled by a dominant lineage which generally found itself in the position of giving away land (*hissadār*-lineage). I support the thesis that the village as such does not exist as a politically autonomous entity. For the integration of unrelated groups only the model of kinship resp. lineage solidarity is available.

Disputes appear to be an intrinsic phenomenon of the close community spirit of lineage brothers in ritual (s. among others ancestor worship p. 89f.)

as well as in the everyday affairs (s. mechanical reciprocity p. 64f). Associations with "other" local lineages are called *pālṭi* and they take over the functions of a brotherhood that is no longer functioning because of quarrels.

The household resp. the family presents the smallest cell of an agnatic union. In chapter 4, which deals with the unit household, I show that it is not only defined through a common hearth, but a common budget and mainly through the undivided holding of land and other property. A new household appears technically through the act of property division (s. chap. 4.3.a). I also point out that the household, that frequently consists of several married brothers and their children ('joint family'), cannot be observed as an autonomous unit.

Even after inheritance division, the father's elder brother or his representative - there are in the ideal sense no unoccupied roles or positions - is consulted before every decision and he gives directives to the head of the household. I point out, that in principle there is no lateral family division. Analogue to the Mitakshara system all sons are entitled to inherit from the day of their birth, but, as a difference to the Mitakshara they can neither demand the division of property nor can they carry it out. This is the concern of the father's generation. This circumstance corresponds with the fact, that in Kumaon I have not come across a single case where the parents, or one of them, form their own household although they have sons. Not only dividing a household during the father's lifetime is seen as reprehensible, but also the selling of land is strongly disapproved of.

I am in agreement with Parry (1979), who points to the contradiction of authoritarian and egalitarian principles in the relationship of fathers and sons, who are co-sharers of the property. However I am able to show that age and authority are coupled with the strongest ethical responsibilities. There is perhaps no worse accusation than the one that a man abuses his position for personal gain. I demonstrate the importance of the principle of egality among agnates with the circular principle of inheritance division (chap. 4.3) and the reversal of the order of precedence. The oldest brother has the "first choice" for the land division, but this right is held by the youngest brother for house division.

While the first part of this work mainly deals with the village and agnatic kinship, the second part directs attention to affinal kinship. Terminology, gift exchange and marriage are its central points. It might hang together with the geographical border position of Kumaon that in this chapter there are significant deviations from the North Indian pattern made known through the literature.

Most of the regional and supra-local relationships are of an affinal nature. There is no supra-local lineage or caste council (as e.g. with the Jāts in Hariyana) and hardly any transaction is made without the hand of an affinal kinsman in the game. The spectrum ranges from the sale of a buffalo, over the procurance of wood for building, to the procurement of a woman for marriage. The axis between the two types of kinsmen, agnatic and affinal, in Kumaon differentiated by the words *brādar* and *paũṛ*, is formed by the brother-sister relationship. This has as a precondition, in a far more rigorous way than in other parts of the country, the exclusion of the sister/daughter from one's own group. At marriage the sister becomes a *paũṛ* ("a stranger") and one's wife becomes a *brādar*. Wife-givers cannot participate in the large feast that follows the phase of impurity after a death. They are not affected by impurity upon the death of their sisters, and they do not, as in other parts of the country, cut their hair. Under no circumstances can brothers or fathers (categorical) participate in the feast after the birth of a sister's/daughter's child (*nāmkaraṇ*). They are excluded from all intimate affairs that affect the sister. A lifelong material responsibility towards the sister accompanies this prescribed distance. Women are entitled to visit their parent's resp. brother's house (*mait*) at regular intervals, in the first year of marriage up to 10 or 12 times. Here they are respected and given presents, a position that corresponds with their non-domestic as well as their 'affinal' status.

Wife-givers and wife-takers are divided into two distinct categories through the symbolic language of gifts. The former are always receivers of coconuts, and the latter the receivers of money and metal utensils (*bartan*). In contrast to North India generally, making one's own wife-giver a wife-taker is neither excluded nor condemned. The empirical data of marriage connections (chap. 8.2) show as a dominant pattern, that women go in one direction, that a sister follows a sister resp. father's sister to the same place or even the same family. However if a marriage connection is once established, then one can be sure, that the one who gave a woman, will receive a woman in return from the receiving group.

This tendancy towards symmetrical alliance behaviour is reflected in normative attitudes as well as in the terminology. Although wife-takers, as everywhere in North India, stand higher than wife-givers, I could point to breaches of the assymetrical order: if the parents of the couple are being dealt with, then the wife-giver's feet are touched (*pailāg* = gesture of subordination). Special attention is also required for the gift of *og*. As well as going to the senior families (*jeṭhi mau*) of the circle of agnates, it is also sent to the wife-givers of the family.

Just as the North Indian model of an unidirectional flow of women is not fulfilled in practice, the terminology varies from the data presented by Parry (1979) and Vatuk (1969), where wife givers of wife givers are wife givers and wife takers of wife takers are wife takers. In the Kumaon the affines of one's own affines are called brothers. Every kinsman labeled with an affinal term in ego's generation has a sister as a wife (WBW=Z). Wife taker's sisters are not distinguished from wife giver's sisters (ZHZ=*sāi*/WZ).

All these constituent facts confirm Dumont's hypothesis of structural homologies between South and North Indian kinship ordering that, globally speaking, are in this way differentiated in that, the former asserts the symmetrical and the latter the asymmetrical exchange of women.

As a summary of the chapter dealing with marriage and affinal kinship I want to emphasise the observation, that the marks of ritualised distance stand in the forground of every meeting. The work delivers numerous examples in this regard. The affinals eat in a separate place at feasts; meetings between male representatives are avoided. The hostile element between groups which exchange women, in spite of real kinship connections and reciprocal help services, retains the upper hand.

Eine Häuserzeile

Dungar Singh mit *hukkā* (Wasserpfeife); Blick in das südöstliche Tal des Dorfes

Frauen bei der Holzbeschaffung (Rückweg von Binsar)

Das Pflügen der Felder

Kinder unterwegs

Kinder helfen beim Gemüseschneiden

Zwei Schwestern auf dem Weg in ihr *mait*.

Vorbereitung auf eine Hochzeit;
Zerkleinerung von Chilli

Festkleidung anläßlich einer Hochzeit

Der Bräutigam kurz zu seinem Aufbruch zum Ort der Braut

Hochzeitsgesellschaft in Erwartung auf
die ankommende Braut

Eine Hochzeitsküche

BEITRÄGE ZUR SÜDASIENFORSCHUNG

Stuttgart: Franz-Steiner-Verlag-Wiesbaden
ISSN 0170-3137

1 *Cultures of the Hindukush*: selected papers from the Hindu-Kush Cultural Conference held at Moesgård 1970 / ed.by Karl Jettmar. In collaboration with Lennart Edelberg. - 1974. XIV,146 p. ISBN 3-515-01217-6

2 Die Holztempel des oberen Kulutales: in ihren historischen, religiösen und kunstgeschichtlichen Zusammenhängen / von *Gabriele Jettmar*. - 1974. XI,133 S. ISBN 3-515-01849-2

3 Regionalism in Hindi novels / by *Indu Prakash Pandey*. - 1974. 179 p. ISBN 3-515-01954-5

4 *Community health and health motivation in South-East Asia*: proceedings of an international seminar organized by the German Foundation for International Development and the Institute of Tropical Hygiene and Public Health, South Asia Institute, University of Heidelberg, 22 October to 10 November 1973, Berlin / ed. by Hans Jochen Diesfeld and Erich Kröger. - 1974. VIII,199 p. ISBN 3-515-01990-1

5 Die britische Militärpolitik in Indien und ihre Auswirkungen auf den britisch-indischen Finanzhaushalt 1878-1910 / von *Werner Simon*. - 1974. VI,296 S. ISBN 3-515-01978-2

6 Die *wirtschaftliche Situation Pakistans nach der Sezession Bangladeshs* / von Winfried von Urff; Heinz Ahrens; Peter Lutz; Bernhard May; Wolfgang-Peter Zingel. - 1974. - XIX,453 S. ISBN 3-515-01979-0

7 Muslime und Christen in der Republik Indonesia / von *Wendelin Wawer*. - 1974. 326 S. ISBN 3-515-02042-X

8 The Muslim microcosm: Calcutta, 1918 to 1935 / by *Kenneth McPherson*. - 1974. VII,162 p. ISBN 3-515-01992-8

9 Adat und Gesellschaft: eine sozio-ethnologische Untersuchung zur Darstellung des Geistes- und Kulturlebens der Dajak in Kalimantan / von *Johannes Enos Garang*. - 1974. X,193 S. ISBN 3-515-02048-9

10 The Indo-English novel: the impact of the West on literature in a developing country / by *Klaus Steinvorth*. - 1975. III, 149 p. ISBN 3-515-02049-7

11 The position of Indian women in the light of legal reform: a socio-legal study of the legal position of Indian women as interpreted and enforced by the law courts compared and related to their position in the family and at work / by *Angeles J. Almenas-Lipowsky*. - 1975. IX,217 p. ISBN 3-515-02050-0

12 Zur Mobilisierung ländlicher Arbeitskräfte im anfänglichen Industrialisierungsprozess: ein Vergleich der Berufsstruktur in ausgewählten industrienahen und industriefernen Gemeinden Nordindiens / von *Erhard W. Kropp*. 2. unveränd. Aufl. - 1975. XVII, 231 S. ISBN 3-515-01976-6

13 Die Sozialisation tibetischer Kinder im soziokulturellen Wandel, dargestellt am Beispiel der Exiltibetersiedlung Dhor Patan (West Nepal) / von *Gudrun Ludwar*. - 1975. XI,209 S. ISBN 3-515-02063-2

14 Die Steuerung der Direktinvestitionen im Rahmen einer rationalen Entwicklungspolitik / von *Leo Rubinstein*. - 1975. XI,260 S. ISBN 3-515-02064-0

15 Ein erweitertes Harrod-Domar-Modell für die makroökonomische Programmierung in Entwicklungsländern: ein wachstumstheoretischer Beitrag zur Entwicklungsplanung / von *Axel W. Seiler*. - 1975. VII,230 S. ISBN 3-515-02092-6

16 *Islam in Southern Asia*: a survey of current research / ed. by Dietmar Rothermund. - 1975. VIII,126 p. ISBN 3-515-02095-0

17 *Aspekte sozialer Ungleichheit in Südasien* / hrsg. von Heinz Ahrens und Kerrin Gräfin Schwerin. - 1975. VII,215 S. ISBN 3-515-02096-6

18 Probleme interdisziplinärer Forschung: organisations- und forschungssoziologische Untersuchung der Erfahrungen mit interdisziplinärer Zusammenarbeit im SFB 16 unter besonderer Betonung des Dhanbad-Projektes / von *Dieter Blaschke*. Unter Mitarbeit von Ingrid Lukatis. - 1976. XI,201 S. ISBN 3-515-02131-0

19 Einfluss des Bergbaus auf die Beschäftigungsstruktur in ländlichen Gemeinden: gezeigt am Beispiel des Dhanbad-Distriktes, Bihar, Indien / von *Erhard W. Kropp*. - 1976. XII,184 S. ISBN 3-515-02132-9

20 Drei Jaina-Gedichte in Alt-Gujarāti: Edition, Übersetzung, Grammatik und Glossar / von *George Baumann*. - 1975.XVIII,176 S. ISBN 3-515-02177-9

21 Eigentumsbeschränkungen in Indien / von *Franz-Josef Vollmer*. - 1975. VIII,147 S. ISBN 3-515-02307-0

22 Nomaden von Gharjistān: Aspekte der wirtschaftlichen, sozialen und politischen Organisation nomadischer Durrani-Paschtunen in Nordwestafghanistan / von *Bernt Glatzer*. - 1977. XII, 234 S. ISBN 3-515-02137-X

23 Buddhistische Politik in Thailand: mit besonderer Berücksichtigung des heterodoxen Messianismus / von *Walter Skrobanek*. - 1976. VII,315 S. ISBN 3-515-02390-9

24 Lohnpolitik und wirtschaftliche Entwicklung: ein Beitrag zur Analyse der Verteilungsproblematik unter besonderer Berücksichtigung Indiens / von *Gunther Dienemann*. - 1977. VII,318 S. ISBN 3-515-02389-5

25 Der Gleichheitssatz in der Praxis des indischen Zivilverfahrens / von *Dierk Helmken*. - 1976. XII,286 S. ISBN 3-515-02134-5

26 Der Einfluss von Produktionstechniken auf die Produktion der Hauptfruchtarten im pakistanischen Punjab: methodische Probleme der Erfassung und Quantifizierung / von *Bernhard May*. - 1977. XVIII,403 S. ISBN 3-515-02580-4

27 Tai-Khamti phonology and vocabulary / by *Alfons Weidert*. - 1977. 92 p. ISBN 3-515-02582-0

28 Rudras Geburt: systematische Untersuchungen zum Inzest in der Mythologie der Brāhmaṇas / von *Joachim Deppert*. - 1977. LX, 396 S. ISBN 3-515-02583-9

29 Der Reisanbau im unteren Kirindi Oya-Becken: Analyse einer Reisbaulandschaft im Südosten der Insel Ceylon / von *Gisela Zaun-Axler*. - 1977. XIX, 286 S. ISBN 3-515-02584-7

30 *Faktoren des Gesundwerdens in Gruppen und Ethnien*: Verhandlungen des 2. Rundgesprächs 'Ethnomedizin' in Heidelberg vom 29. und 30. November 1974 unter Schirmherrschaft des Südasien-Instituts, Institut für Tropenhygiene und Öffentliches Gesundheitswesen und Seminar für Ethnologie / herausgegeben von Ekkehard Schröder. - 1977. XIII,125 S. ISBN 3-515-02585-5

31 Von Armut zu Elend: Kolonialherrschaft und Agrarverfassung in Chota Nagpur, 1858-1908 / von *Detlef Schwerin*. - 1977. XIX, 551 S. ISBN 3-515-02407-7

32 The Nilgiris: weather and climate of a mountain area in South India / by *Hans J. von Lengerke*. - 1977. XVIII,340 p. ISBN 3-515-02640-1

33 The social setting of Christian conversion in South India: the impact of the Wesleyan methodist missionaries on the Trichy-Tanjore diocese with special reference to the Harijan communities of the mass movement area 1820-1947 / by *Sundararaj Manickam*. - 1977. VIII,296 p. ISBN 3-515-02639-8

34 Religiöses Volksbrauchtum in Afghanistan: islamische Heiligenverehrung und Wallfahrtswesen im Raum Kabul / von *Harald Einzmann*. - 1977. IX,346 S. ISBN 3-515-02652-5

35 Untersuchungen des Königswahlmotivs in der indischen Märchenliteratur: Pañcadivyādhivāsa / von *Gabriella Steermann-Imre*. - 1977. XII,316 S. ISBN 3-515-02597-9

36 Schichtungsmodelle, Schichtungstheorien und die sozialstrukturelle Rolle von Erziehung: eine theoretische Diskussion und eine empirische Fallstudie aus Indien / von *John P. Neelsen*. - 1976. XII,240 S. ISBN 3-515-02638-X

37 Innovationsfaktoren in der Landwirtschaft Indiens: gezeigt am Beispiel ausgewählter Dörfer des Dhanbad Distrikts, Bihar, Indien / von *Harald Hänsch*. - 1977. XII, 277, 34, 4 S. ISBN 3-515-02704-1

38 Der indisch-pakistanische Konflikt und seine wirtschaftlichen und sozialen Kosten für Pakistan in den Jahren 1958-1968 / von *Hans Frey*. - 1978. XIX,234 S. ISBN 3-515-02716-5

39 Arleng Alam: die Sprache der Mikir; Grammatik und Texte / von *Karl-Heinz Grüssner*. - 1978. 222 S. ISBN 3-515-02717-3

40 Indian merchants and the decline of Surat, c. 1700-1750 / by *Ashin Das Gupta*. - 1978. X,305 p. ISBN 3-515-02718-1

41 Bangladesh: constitutional quest for autonomy, 1950-1971 / by *Moudud Ahmed*. - 1978. XVI,373 p. ISBN 3-515-02908-7

42 Bestimmungsgründe und Alternativen divergierender regionaler Wachstumsverläufe in Entwicklungsländern: eine theoretische und empirische Analyse unter besonderer Berücksichtigung der Regionalentwicklung in Ost- und Westpakistan 1947-1970 / von *Heinz-Dietmar Ahrens*. - 1978. XV,392 S. ISBN 3-515-02827-7

43 Das tibetische Handwerkertum vor 1959 / von *Veronika Ronge*. - 1978. VIII, 181 S. ISBN 3-515-02793-9

44 Hunza und China (1761-1891): 130 Jahre einer Beziehung und ihre Bedeutung für die wirtschaftliche und politische Entwicklung Hunzas im 18. und 19. Jahrhundert / von *Irmtraud Müller-Stellrecht*. - 1978. VII,139 S. ISBN 3-515-02799-8

45 Interdependenzen zwischen gesamtwirtschaftlichem Wachstum und regionaler Verteilung in Pakistan / von *Heinz Ahrens und Wolfgang-Peter Zingel*. - 1978. XXXVI,882 S. ISBN 3-515-02830-7

46 Institutioneller Agrarkredit und traditionelle Schuldverhältnisse: Distrikt Dhanbad, Bihar, Indien / von *Hans-Dieter Roth*. - 1978. XIX,364 S. ISBN 3-515-02795-5

47 Comparative evaluation of road construction techniques in Nepal / by *Hans C. Rieger and Binayak Bhadra*. - 1979. XIII,257 p. ISBN 3-515-03120-0

48 Labour utilization and farm income in rural Thailand: results of case studies in rural villages, 1969-70 / by *Friedrich W. Fuhs* in cooperation with Gregory Capellari and Fred V. Goericke. - 1979. XVI, 371 p. ISBN 3-515-03001-8

49 *Aruṇantis Śivajñānasiddhiyār*: die Erlangung des Wissens um Śiva oder um die Erlösung. Unter Beifügung einer Einleitung und Meykaṇṭadevas Śivajñānabodha aus dem Tamil übersetzt und kommentiert von Hilko Wiardo Schomerus. Hrsg. von Hermann Berger, Ayyadurai Dhamotharan und Dieter B. Kapp. 2 Bde. - 1981.XVI,745 S. ISBN 3-515-03874-4

50 Tamil dictionaries: a bibliography / by *Ayyadurai Dhamotharan*. - 1978. 185 p. ISBN 3-515-03005-0

51 Die Problematik regionaler Entwicklungsunterschiede in Entwicklungsländern: eine theoretische und empirische Analyse, dargestellt am Beispiel Pakistans unter Verwendung der Hauptkomponentenmethode / von *Wolfgang-Peter Zingel*. - 1979. XIV,554 S. ISBN 3-515-03002-6

52 Viêt-Nam: die nationalistische und marxistische Ideologie im Spätwerk von Phan-Bôi-Chau (1867-1940) / von *Jörgen Unselt*. - 1980. XIII,304 S. ISBN 3-515-03133-2

53 Auswirkungen der Nahrungsmittelhilfe unter P.L. 480 auf den Agrarsektor der Entwicklungsländer: dargestellt am Beispiel Indiens / von *Joachim von Plocki*. - 1979. 240 S. ISBN 3-515-03144-8

54 Paschtunwali: ein Ehrenkodex und seine rechtliche Relevanz / von *Willi Steul*. - 1981. XIV,313 S. ISBN 3-515-03167-7

55 The *Stūpa*: its religious, historical and architectural significance / ed. by Anna Libera Dallapiccola in collaboration with Stephanie Zingel-Avé Lallemant. - 1980. VII, 359, [103] p. ISBN 3-515-02979-6

56 Faktorproportionen, internationale Arbeitsteilung und Aussenhandelspolitik: eine theoretische und empirische Analyse unter besonderer Berücksichtigung von Singapur, Westmalaysia und Pakistan / von *Norbert Wagner*. - 1980. XV, 333 S. ISBN 3-515-03300-9

57 Jyotisa: das System der indischen Astrologie / von *Hans-Georg Türstig*. - 1980. XVIII,343 S. ISBN 3-515-03283-5

58 *Naṉṉūl mūlamum Kūḻaṅkaittampirāṉ uraiyum* / ed. by Ayyadurai Dhamotharan. - 1980. XXVIII,246 p. ISBN 3-515-03284-3

59 Britische Indien-Politik, 1926-1932: Motive, Methoden und Mißserfolg imperialer Politik am Vorabend der Dekolonisation / von *Horst-Joachim Leue*. - 1981. XI,259 S. ISBN 3-515-03395-5

60 *Städte in Südasien*: Geschichte, Gesellschaft, Gestalt / hrsg. von Hermann Kulke; Hans Christoph Rieger; Lothar Lutze. - 1982. XVIII,376,41 S. ISBN 3-515-03396-3

61 Die Erörterung der Wirksamkeit: Bhartrharis Kriyāsamuddeśa und Helārājas Prakāśa zum ersten Male aus dem Sanskrit übersetzt, mit einer Einführung und einem Glossar versehen / von Giovanni Bandini. - 1980. 200 S. ISBN 3-515-03391-2

62 Die landwirtschaftliche Produktion in Indien: Ackerbau-Technologie und traditionale Agrargesellschaft dargestellt nach dem Arthaśāstra und Dharmaśāstra / von *Johannes Laping*. - 1982. X, 155 S. ISBN 3-515-03521-4

63 Kānphaṭā: Untersuchungen zu Kult, Mythologie und Geschichte śivaitischer Tantriker in Nepal / von *Günter Unbescheid*. - 1980. XXXIII,197,16 S. ISBN 3-515-03478-1

64 Die Kasten-Klassenproblematik im städtisch-industriellen Bereich: historisch-empirische Fallstudie über die Industriestadt Kanpur in Uttar Pradesh, Indien / von *Maren Bellwinkel*. - 1980. XII,284 S. ISBN 3-515-03499-4

65 Tamang ritual texts 1: preliminary studies in the folk-religion of an ethnic minority in Nepal / by *András Höfer*. - 1981. 184 p. ISBN 3-515-03585-0

66 Tamang ritual texts 2 / by *András Höfer*. - (forthcoming) ISBN 3-515-03852-3

67 Towards reducing the dependence on capital imports: a planning model for Pakistan's policy of self-reliance / by *Heinz Ahrens and Wolfgang-Peter Zingel*. With a contribution by Syed Nawab Haider Naqvi. - 1982. XVI,337 p. ISBN 3-515-03853-1

68 Aspekte der regionalen wirtschaftlichen Integration zwischen Entwicklungsländern: das Beispiel der ASEAN / von *Alfred Kraft*. - 1982. X,298 S. ISBN 3-515-03801-9

69 Indien, Nepal, Sri Lanka: Süd-Süd-Beziehungen zwischen Symmetrie und Dependenz / von *Citha Doris Maass*. - 1982. XXI, 380 S. ISBN 3-515-03802-7

70 *Grundbedürfnisse als Gegenstand der Entwicklungspolitik*: interdisziplinäre Aspekte der Grundbedarfsstrategie / Norbert Wagner und Hans Christoph Rieger (Hrsg.) - 1982. VIII,220 S. ISBN 3-515-03838-8

71 The vagrant peasant: agrarian distress and desertion in Bengal, 1770 to 1830 / by *Aditee Nag Chowdhury-Zilly*. - 1982. XV,196 p. ISBN 3-515-03855-8

72 Orissa: a comprehensive and classified bibliography / by *Hermann Kulke* in collaboration with Gaganendranath Dash and Manmath Nath Das, Karuna Sagar Behera. - 1982. XXIII,416 p. ISBN 3-515-03593-1

73 Adat, Macht und lokale Eliten: eine Studie zur Machtstruktur der Pfarrei Habi in Sikka, Flores, Indonesien anhand der Einführung der Institution Gabungan Kontas 1975/76; eine empirische Untersuchung / von *Paul Rudolf Nunheim*. - 1982. XVI,345 S. ISBN 3-515-03834-5

74 Tamil: Sprache als politisches Symbol; politische Literatur in der Tamilsprache in den Jahren 1945 bis 1967; mit besonderer Berücksichtigung der Schriften der Führer der dravidischen Bewegung: E. V. Rāmacāmi und C. N. Aṇṇāturai / von *Dagmar Hellmann-Rajanayagam*. - 1984. VII,249 S. ISBN 3-515-03894-9

75 Moderne Gesetzgebung in Indien und ihre Auswirkung auf die Landbevölkerung: eine Dorfstudie aus Uttar Pradesh / von *Eva Prochazka*. - 1982. XI,133 S. ISBN 3-515-03893-0

76 Status and affinity in middle India / by *Georg Pfeffer*. - 1982. VII,104 p. ISBN 3-515-03913-9

77 *Indology and law*: studies in honour of Professor J. Duncan M. Derrett / ed. by Günther-Dietz Sontheimer and Parameswara Kota Aithal. - 1982. XI, 463 p. ISBN 3-515-03748-9

78 Über Entstehungsprozesse in der Philosophie des Nyāya-Vaiśeṣika-Systems / von *Hans-Georg Türstig*. - 1982. XIX,101 S. ISBN 3-515-03951-1

79 Cheap lives and dear limbs: the British transformation of the Bengal criminal law 1769-1817 / by *Jörg Fisch*. - 1983. VII, 154 p. ISBN 3-515-04012-9

80 Brata und Alpanā in Bengalen / von *Eva Maria Gupta*. - 1983. X, 210 S. ISBN 3-515-04063-3

81 The *Modī documents from Tanjore in Danish collections* / edited, translated and analysed by Elisabeth Strandberg. - 1983. 386 p. ISBN 3-515-04080-3

82 Agrarverfassung und Agrarentwicklung in Thailand / von *Friedrich W. Fuhs*. - 1985. XVIII,311 S. ISBN 3-515-04553-8

83 Mokṣa in Jainism, according to Umāsvāti / by *Robert J.Zydenbos*. - 1983. IX, 81 p. ISBN 3-515-04053-6

84 Fischerei und Fischereiwirtschaft im nördlichen Ceylon: Standort und Lebensraum der Fischer im Norden der Tropeninsel / von *Thomas Gläser*. - 1983. XV,196 S. ISBN 3-515-04054-4

85 Thailands Lehrer zwischen 'Tradition' und 'Fortschritt': eine empirische Untersuchung politisch-sozialer und pädagogischer Einstellungen thailändischer Lehrerstudenten des Jahres 1974 / von *Ingrid Liebig-Hundius*. - 1984. XII, 342 S. ISBN 3-515-04121-4

86 *Ethnologie und Geschichte*: Festschrift für Karl Jettmar / hrsg. von Peter Snoy. - 1983. 654 S. ISBN 3-515-04104-4

87 Malediven und Lakkadiven: Materialien zur Bibliographie der Atolle im Indischen Ozean / von *Thomas Malten*. - 1983. 101 S. ISBN 3-515-04125-7

88 Astor: eine Ethnographie / von *Adam Nayyar*. - 1986. XIII, 120 S. ISBN 3-515-04344-6

89 Zwischen Reform und Rebellion: über die Entwicklung des Islams in Minangkabau (Westsumatra) zwischen den beiden Reformbewegungen der Padri (1837) und der Modernisten (1908); ein Beitrag zur Geschichte der Islamisierung Indonesiens / von *Werner Kraus*. - 1984. X,236 S. ISBN 3-515-04286-5

90 Energie und wirtschaftliche Entwicklung in Entwicklungsländern: das Beispiel Nepal / von *Jürgen Steiger*. - 1984. XX,329 S. ISBN 3-515-04345-4

91 Kampf um Malakka: eine wirtschaftsgeschichtliche Studie über den portugiesischen und niederländischen Kolonialismus in Südostasien / von *Malcolm Dunn*. - 1984. XV,275 S. ISBN 3-515-04123-0

92 Portraits in sechs Fürstenstaaten Rajasthans vom 17. bis zum 20. Jahrhundert: Voraussetzungen, Entwicklungen, Veränderungen; mit besonderer Berücksichtigung kulturhistorischer Faktoren / von *Juliane Anna Lia Molitor*. - 1985. 179 S. ISBN 3-515-04346-2

93 Bangladesh: era of Sheikh Mujibur Rahman / by *Moudud Ahmed*. - 1984. XI,282 p. ISBN 3-515-04266-0

94 Die politische Stellung der Sikhs innerhalb der indischen Nationalbewegung, 1935-1947 / von *Christine Effenberg*. - 1984. VI,232 S. ISBN 3-515-04284-9

95 'Hir': zur strukturellen Deutung des Panjabi-Epos von Waris Shah / von *Doris Buddenberg*. - 1985. VIII,156 p. ISBN 3-515-04347-0

96 Dialectics and dream: an evaluation of Bishnu Dey's poetry in the light of Neo-Marxian aesthetics / by *Subhoranjan Dasgupta*. - 1987. X, 273 p. ISBN 3-515-05134-1

97 Das Tor zur Unterwelt: Mythologie und Kult des Termitenhügels in der schriftlichen und mündlichen Tradition Indiens / von *Ditte König*. - 1984. XII, 389 S. ISBN 3-515-04410-8

98 Religionspolitik in Britisch-Indien 1793-1813: christliches Sendungsbewußtsein und Achtung hinduistischer Tradition im Widerstreit / von *Cornelia Witz*. - 1985. VIII, 137 S. ISBN 3-515-04527-9

99 Landschenkungen und staatliche Entwicklung im frühmittelalterlichen Bengalen (5. bis 13. Jahrhundert n. Chr.) / von *Swapna Bhattacharya*. - 1985. XIV, 171 S. ISBN 3-515-04534-1

100 *Vijayanagara - city and empire*: new currents of research / ed. by Anna Libera Dallapiccola in collaboration with Stephanie Zingel-Avé Lallemant. - 1985. ISBN 3-515-04554-6

Vol.1. Texts. - XIII,439 p.

Vol.2. Reference and documentation. - X,221 p.

101 Zur Relevanz mikroökonomischer Theorie für die Analyse des ökonomischen Verhaltens der Wirtschaftssubjekte in Agrarsektoren von Entwicklungsländern / von *Rainer Marggraf*. - 1985. IX,295 S. ISBN 3-515-04513-9

102 Zur Methodik kosten-nutzen-analytischer Bewertung verteilungsorientierter Preispolitik: mit empirischen Untersuchungen zur Agrarpreispolitik Thailands und der Europäischen Gemeinschaft / von *Lothar Oberländer*. - 1985. XV, 320 S. ISBN 3-515-04490-6

103 Zentrale Gewalt in Nagar (Karakorum): politische Organisationsformen, ideologische Begründungen des Königtums und Veränderungen in der Moderne / von *Jürgen Frembgen*. - 1985. XII,441 S. ISBN 3-515-04588-0

104 *Regionale Tradition in Südasien* / hrsg. von Hermann Kulke und Dietmar Rothermund. - 1985. XXIV,256 S. ISBN 3-515-04519-8

105 Law and society East and West: dharma, li and nomos, their contribution to thought and to life / by *Reinhard May*. - 1985. 251 S. ISBN 3-515-04537-6

106 Darul-Islam: Kartosuwirjos Kampf um einen islamischen Staat Indonesien / von *Holk H. Dengel*. - 1986. VIII, 255 S. ISBN 3-515-04784-0

107 Aṅkāḷaparamēcuvari: a goddess of Tamilnadu; her myths and cult / by *Eveline Meyer*. - 1986. XII,329 p. ISBN 3/515-04702-6

108 Die Vāḍabalija in Andhra Pradesh und in Orissa: Aspekte der wirtschaftlichen und sozialen Organisation einer maritimen Gesellschaft / von *Elisabeth Schömbucher*. - 1986. IX,253 S. ISBN 3-515-04835-9

109 Guru-Śiṣya-Sambandha: das Meister-Schüler-Verhältnis im traditionellen und modernen Hinduismus / *Ralph Mark Steinmann*. - 1986. XI,312 S. ISBN 3-515-04851-0

110 Herrschaft und Verwaltung im östlichen Indien unter den späten Gangas, ca. 1038-1434 / von *Shishir Kumar Panda*. - 1986. III,184 S. ISBN 3-515-04861-8

111 Farakka Barrage: roots of the dispute between India and Bangladesh / *Khurshida Begum*. - (in press)

112 *Developments in Asia*: economic, political and cultural aspects / ed. by Christine Effenberg. - 1987. 545 p. ISBN 3-515-05049-3

113 Annotated bibliography of new Indonesian literature on the history of Indonesia / by *Holk H. Dengel*. - 1987. 114 p. ISBN 3-515-04988-6

114 Die Stadt Badulla: Strukturentwicklung und Zentralität eines Ortes im östlichen zentralen Hochland der Insel Ceylon / von *Siegbert Dicke*. - 1987. XII,311 S. ISBN 3-515-04995-9

115 Social accounting matrix als praxisnahes Daten- und Modellsystem für Entwicklungsländer / von *Elmar Kleiner*. - 1987. X,210,[20],3 S. ISBN 3-515-04997-5

116 The problem of 'Greater Baluchistan': a study of Baluch nationalism / by *Inayatullah Baloch*. - 1987. VIII,299 p. ISBN 3-515-04999-1

117 *Portuguese Asia*: aspects in history and economic history; 16th and 17th centuries / ed. by Roderich Ptak. - 1987. VIII, 219 p. ISBN 3-515-05136-8

118 Rahmat Ali: a biography / by *Kursheed Kamal Aziz*. - 1987. XXXIII,576 p. ISBN 3-515-05051-5

119 Sozio-ökonomische Determinanten der Fertilität der Landbevölkerung im Nord-Punjab: Fallbeispiel Muradi Janjil, Pakistan / von *Eva-Maria Herms*. - 1987. XII,256 S. ISBN 3-515-05058-2

120 Ziarat und Pir-e-Muridi: Golra Sharif, Nurpur Shahan und Pir Baba; drei muslimische Wallfahrtstätten in Nordpakistan / von *Harald Einzmann*. - 1988. IX, 185 S. ISBN 3-515-04801-4

121 Yantracintāmaṇiḥ of *Dāmodara* / critically ed. by Hans-Georg Türstig. - 1988. 166, 5, 40 p. ISBN 3-515-05212-7

122 Die sowjetische Entwicklungspolitik gegenüber der Dritten Welt unter besonderer Berücksichtigung Indiens / von *Klaus-Dieter Müller*. - 1988. ISBN 3-515-05284-4

123 Wirkungen wirtschaftspolitischer Maßnahmen auf die effektive Protektion von Rohstoffproduktion und -verarbeitung: mit empirischen Untersuchungen zur philippinischen Volkswirtschaft / von *Markus Kramer*. - 1988. ISBN 3-515-05348-4

124 Sozialstrukturen im Kumaon: Bergbauern des Himalaya / von *Monika Krengel*. - 1988. ISBN 3-515-05358-1